本书为教育部人文社会科学研究项目成果
（编号：13YJA752019）

王贺英 著

日本隐逸精神的不朽歌魂
西行法师研究

中国社会科学出版社

图书在版编目（CIP）数据

日本隐逸精神的不朽歌魂：西行法师研究／王贺英著 . —北京：
中国社会科学出版社，2016.4
ISBN 978 - 7 - 5161 - 7726 - 6

Ⅰ. ①日⋯　Ⅱ. ①王⋯　Ⅲ. ①西行法师（1118～1198）
—人物研究　Ⅳ. ①K833.135.6

中国版本图书馆 CIP 数据核字（2016）第 045897 号

出 版 人　赵剑英
责任编辑　郭　鹏
责任校对　张依婧
责任印制　李寡寡

出　　　版　中国社会科学出版社
社　　　址　北京鼓楼西大街甲 158 号
邮　　　编　100720
网　　　址　http://www.csspw.cn
发 行 部　010 - 84083685
门 市 部　010 - 84029450
经　　　销　新华书店及其他书店

印　　　刷　北京明恒达印务有限公司
装　　　订　廊坊市广阳区广增装订厂
版　　　次　2016 年 4 月第 1 版
印　　　次　2016 年 4 月第 1 次印刷

开　　　本　710×1000　1/16
印　　　张　21.5
插　　　页　2
字　　　数　375 千字
定　　　价　68.00 元

目　　录

序：开掘日本民族和美的原始精神

生活在日本平安时代晚期到镰仓时代早期的歌僧西行法师（俗名佐藤义清），以他传奇的经历与2000多首脍炙人口的和歌，在日本家喻户晓。而对于多数中国读者来说则几乎是一个陌生的名字，远不如川端康成、大江健三郎声名显赫。就是在日本古代文学中，他也无法和《源氏物语》的作者紫式部、俳句诗人松尾芭蕉的知名度比肩。承蒙王贺英君的信任，嘱我为她呕心沥血的西行法师研究专著作序，得以有机缘深入翔实地了解其人的思想艺术与持久的影响力，特别是当下迅速升起的热度，无疑是一次学习的良机。

一

粗读一遍王君的书稿，就已经咨嗟不已。掩卷沉思，首先是动乱历史中的"不朽传奇"让我肃然崇仰。深陷于复杂险恶政治旋涡中的西行法师，在贵族没落、武士崛起的政治史转折之豁隙崖边，以隐遁的修行方式完成对佛理正觉的阐释，担当起文学史和文化史发展的轴心作用和辉煌巅峰时代的艺术创造使命；也以精湛的和歌艺术承担起寻找精神家园（原乡）的永恒歌咏，使日本民族和美的原始精神在一个末法的时代存亡绝续、弘扬光大；使人类共同的和平理想，以优美的艺术形态在罪恶的尘世间翱翔。这就难怪，在一个高科技、全球化的时代，一个中古时代的歌人会赢得普遍的爱戴、推崇与认同，因为他所表达的心灵情感启发了后工业危机中的现代人，对于"自我的再认识"，以及可望而不可即的精神高度。这使人联想起美国1960年代经济高速发展时期，风行一时的日本文化热，和美的精神是日本民族原始思想中最具有人类性的心灵矿藏，而且源于对人类大自然之恋的原初情感。归根结底，人类对精神家园的渴望，自古至今，都是所有文学艺术生成发展的心灵原动力，不同形态的文学样式承担着各民族重要的文化生态功能。

作为不朽传奇的西行法师成为一个不可破译之谜，被他越来越多的崇拜者所神话，他 50 年的修行生涯成为读者千年不衰、"独一无二"的信仰。西行纪念地层出不穷，除了大量歌碑（创作之地）外，挂衣处的古木、休息过的歇石和圆寂地点的争议，各种话题都强化着他作为文化精神符号的特殊价值。骤然的升温，则正如王君所分析的，自 1980 年代泡沫经济破灭后，"日本经济陷入衰退，……日本国民生存压力增大，近年来全球经济危机使日本的失业率达到战后的最高点，自杀、过劳死大量出现，……上班族尤其崇拜西行法师"，作为一个无法复制的精神偶像，成为他们对原乡（大自然）与自由人生永恒的梦想。西行信仰就是自然信仰，就是和美自由的人生信仰。

其次，则是不能想象王贺英君以病弱的身躯，如何能够承担起这样繁重的科研任务。而且，本书只是她西行法师研究工作中极小的部分，不仅如她后记中所说，计划中的后四章还来不及修订纳入本书，还有整体规划中的《西行法师和歌选》与《西行法师传》尚在翻译编撰中。作为同袍之友，深知她的体能与家境。她素有王黛玉的雅号，却在而立与不惑交接之际，独自负笈东渡扶桑求学，成为著名汉学家中岛敏夫先生的高足，靠打工完成博士课程，在烦琐沉重的教学工作中，几乎是以一己之力承担这样浩大的科研项目。而且，其学养之深厚、工作之细致深入和方法技能之全面，都让我继续着早年对她的钦佩，也生发出对她求道似治学精神之敬重。别的暂且不说，单就把 31 个字母的和歌翻译成顺畅的 7 言两行的汉诗，就足以让人望而生畏。不由回想起她当初的另一个雅号"一字师"，过人的语言接受与表达能力、精通两种语言、熟悉两种文化，使她得天独厚地成为文化传播的使者，这也可以算作"天将降大任于斯人……"吧。

而且，王贺英君 2006 年选择这个课题的时候，日本的西行热尚在潜伏期，早于 2009 年日本成立"西行学会"3 年，不期然而遇的幸运是以无意识的鉴赏兴趣为先导。这不由使人联想起文化史的一般规律，任何一个文化事件都有一个思潮的积蓄过程，普遍的心灵感受是其冲破历史岩层、涌出泉眼的地下暗河。所谓的"歪打正着"，其实也是有隐秘的历史根源与文化心理逻辑的因果必然。20 世纪以降的世界历史拉动着中国社会的急剧动荡，一代人成长的风土中充满了不确定的文化因子。王君家道的波折与人生的坎坷，都和整个民族的苦难与转折紧密纠结，生存的现实体验也是她课题选择的必然心灵诉求，不是趋奉时髦的投机取巧之辈所能抵达的境界。专业学科的限制只是形式的外因，像对话框一样的技术规范也只是自由心灵的依存形式。她借助西行法师的研究，在开掘日本民族和美精神的学术活动中，也完成着对"自我的再认识"和心灵的深度表达。种族的差异与时间的跨度，只是审美的心理距离，而人类学的普遍性与共通性，才是她的心灵追寻繁花盛开的彼岸世界之旅中与热点话题相遇的和鸣。

为此，我只有以童蒙之心，写下一些自己阅读的粗浅感受和对治学之道的联想心得。

二

美国作家海明威有一句名言，冰山浮在海上，露出水面的只有八分之一，八分之七隐蔽在水下，以此比喻现代小说简约化的叙事原则。对于文学研究来说，却必须勘测水下的八分之七，否则，水上的八分之一也解读不了。这就是每一个伟大的作家都有大大超于自己创作的研究著作的缘由。他们文本的有限语言结构，为后人提供了精神探索的神秘原乡，汗牛充栋的各种翻译与研究文本都是追寻者的心灵痕迹，使文本的意义无限增值。

对于一个异族的读者来说，对日本古代和歌的了解大概也只有百分之一，对于水下 99% 的探寻简直就是沼泽中的探险，在漫无边际的泛文本泥水中竭泽而渔地搜集文献、考辨资料，立一家之说，可谓艰苦卓绝。在一个重实利、重享受、普遍浮躁的消费时代，王君的工作也带有隐者修行的宗教意味。当然，对于真正的学人来说，学术本身就是人生信仰的一部分。而且，这项工作不仅有赖于多年的学术积累，也需要方法技能的全面训练，才能艺重不压身，选择有效的方法，解决诸多疑难问题，为传奇祛魅，将符号的意义还原为真实的历史。

王君在日本最古老的汉学中心爱知大学的学习生涯，无疑为她奠定了研究方法的基石，而日本学界特别重视实证的传统在她的研究工作中，尤其起到独一无二的骨架支撑。对于西行法师生命中的各种谜团，她详尽地归纳罗列，一一引证文献加以辨析，力排众议并令人信服地得出自己的结论。比如作为日本隐逸文学之宗的西行法师，已经担任退位天皇"鸟羽院"的近侍北面武士的要职，年轻、家富、心无忧与一心向佛，前途无量，却突然抛弃年轻的妻子和幼小的孩子毅然出家。他的出家之谜一开始就吸引着众多人的好奇，各种说法都带有猜测的性质。比如，预感残酷屠戮的历史浩劫、感念挚友暴病身亡、摆脱对皇后绝望的暗恋、无常观的影响，等等，王君都详尽引证周边文献一一加以对照，找出各家之说的起源与破绽，最终有保留地认可了综合说中的部分结论，促成西行法师抛妻别子走上隐遁歌僧之路的最重要原因，是他本身诗人的浪漫气质与对自由奔放生活的向往，北面武士的生涯束缚了他的和歌创作。一如陶渊明"不愿为五斗米折腰"，才有千古流传的《归去来辞》；纳兰容若厌恶御前侍卫的官场生涯，常怀"山泽鱼鸟之思"，才有《饮水词》的不朽篇章……古往今来，所有的艺术天才，都是无法安于世俗生活的，这是一个难以两全的悖论，要艺术就不能顾及世俗的荣辱。而对每一个西行周边的人物与事件的考察，都牵扯着日本平安朝敏感的政治神经，因为佐藤家族与皇室夹缠不清的久远渊源，还有皇室内部隐秘的血缘世系的错乱，必然要涉及西行的家世、平安朝末期的政坛风云，以及思想文化史的流变。本书的第一章题为"西行法师生活的时代"，就是深入挖掘梳理他与平安时代政治史的关系。时间序列的梳理是王君重要的考辨技术，这也是历史叙事的基本准则，文学研究也无法规避这个准则，所谓通过人物进入历史，就是以时间的隧道为开门的芝麻，虽然细小却是发现对象与其时代关系功败垂成的密钥。

统计学方法的大量应用，也是王君著作一个让人叹服的工作亮点。日本民族的工匠技艺传统，转化在学术规范中，就是量化的精细。比如，对有"樱花诗人"之称的西行和歌中樱花出现的次数、支撑"花月诗人"之谓的月亮数量，作为隐逸的草庵诗人吟咏草庵的和歌总量，作为行吟的漂泊诗人描写行旅的篇章，等等，都提供了具体精准的数据。不仅如此，在论述他身前身后的影响时，将历代合集中的西行作品数量与集子总量的比例，也给出明确的数字佐证。其他如对西行诗歌中歌枕词频的统计，所居住过的草庵数量，等等，也都有田野调查的数据。在王君的著作中很少出现大概一类含糊其词的论述，几乎所有的小论点都有翔实的资料基础，绝对没有笼而统之、似是而非与隔靴搔痒的结论。在一般认为数据不是知识的学术新潮中，王君却以精确的统计数字为砝码，使所有的知识获得实证的重量。

　　不少学者对各国学术的风格都有归纳比较，笔者常常疑惑，与其突出各自的风格，何不融合各国学术研究的优长，开出学理方法的新路？老一辈史学家陈寅恪先生认为一个时代的学术发展依赖两个条件，新资料的发现与新方法的运用。像西行法师这样的历史之谜，新资料的可信度难以确认，他在被神话的过程中也不断地被善意地造假，而综合运用各种方法，则是探幽发微的最佳选择。王君在多年的学术生涯中，显然深谙个中三昧，综合运用了所有前人积累起来的方法，而又以传统学术的训诂考据为本，其统计学的量化则使知识的含金量更高。

三

　　超越价值判断、还原历史，是 20 世纪分析史学基本的工作原则。王君的工作最让人叹服的，就是她能超越自己和世人对西行法师的崇仰，把符号学的西行和历史学的西行加以区别，对其生平考证具有还原意义。这在符号学盛行，主义林立、"作家死了""文本死了"、文学史也行将就木的时代，她的工作近于沉入空洞能指的泡沫之底，勘测历史礁石形成的矿脉走向与构造。她沿袭着陈寅恪先生文史互证的方式，在时间的顺序中勘察扫描传主五十年间的行状。但语义的重心仍然是文学，有别于史家的学术落点，以西行心灵的奥秘作为阐释的重点，由此推衍出他与历史的互动关系，以及多方面的伟大贡献。从文本进入人物的心灵，由人物心灵进入历史，再从历史重返文本，这种互读的阐释方法是对文史互证解读方法的推进，也是基于文学特质的研究方法，文本的生成与接受的影响在细读中被整合成一个完整的语义系统。

　　对于西行法师之所以被史家定为日本隐逸文学之宗的缘由考证，王君由引日本学界的定评开始，首先考察他的隐遁与和歌创作的特殊关系，突出的贡献是改变了隐者歌不多、歌多者不隐的传统。"平安时代正是人们很容易在精神上接受诅咒的力量的时代！"佛教分正法、象法与末法三期，处于末法时代的平安朝中后期，社会上出家成风。歌与隐的关系成为考察西行所处平安时代的契机，告别了以模仿中国为主流的"唐风歌咏、国风黯黑"的早期，假名的出现标志了"国风文化"取代"唐风文化"

的文化史转折，日本民族独特的审美意识由此觉醒，催生了第一部敕撰和歌集《古今和歌集》，民族民间化的和歌取代外来的贵族化的汉诗，与政治史场景相呼应，为西行前无古人的隐歌一体的人生绘制出整体的背景。其次则是确认了他与当时和歌创作团体的游离关系，即脱离了宫廷歌合（歌会）的赛事，也远离隐遁者或欲隐者的民间俱乐部"歌苑林"，在感应文化史主潮的同时，以艰苦孤独的隐居与漂泊完成自己的佛法修行和对大自然的艺术礼赞。这使日本和歌从他开始，才出现了真实丰富的自然景观。在他之前和歌中的自然都是想象的自然，或者沿袭重复前人赞美自然的陈词。并且以此带动了日本美学的大转向，以物哀之情的"闲寂之美"取代宫廷贵族和歌的"幽玄之美"。并且影响到后世一些文体的程式化因素，比如，三行十七个字的短小俳句中，必不可少的季语，形成了深入文体缝隙的深远影响。

王君大量的工作是从解读作品入手，寻找西行法师行为的心灵逻辑，考辨文化史的细节。比如，他的出家方式是以傍寺院、结草庵而居、半僧半俗，故日本亦称隐逸文学为"草庵文学"。草庵之隐既区别于一些失意政客宫廷歌人退隐于寺庙的无奈（近似于清代的逃禅），也不同于中国历来以隐求显的终南捷径，而是满怀欣喜地结草庵于寺庙附近，而且从二十三岁到七十三岁不曾终止。因此王君令人信服地得出结论："西行的出家隐遁并不是消极的遁世，而是一种积极的人生态度。"这和陶渊明式归田园居之隐亦有大的形式差异，西行并没有田产以自给自足，是靠附近寺庙的接济度日。对于后世人把草庵描绘得如农家庭院的浪漫想象，王君也以同时代人的诗文加以澄清，恢复草庵的原初形态。西行的追随者优秀歌人良宽对自己五合庵的表述成为草庵简陋的旁证："索索五合庵，室如悬磬然。户外杉千株，壁贴偈数篇。釜中时有尘，甑里更无烟……"，印证了西行和歌的描述："雨后菖蒲饰草庵"，"雪埋山路绝人迹"，以及时人传说他居某地草庵时，以岩石上的凹槽为砚，来叙述他山居生活的真实状况。而他却能在孤独寂寞中，"独居草庵心内喜"。当然也求其友声："如有能忍寂寞人，何妨结庵与我邻。"他在其他隐者充满号泣的草庵里自得其乐，一改此前草庵作为"悔恨意"的语用指代习惯，才能使之成为隐逸文学的象征。他以《山家集》命名自己的集子，就是强调作为山里人家的隐逸者身份，至此草庵才能成为隐逸文学的象征。

对于西行五十年间几乎遍及日本全境的旅行，王君也以各种文献与其和歌相对照，说明他的漂泊与隐居及和歌创作的关系。首先，在当时的日本，对于出家人来说，旅行就是修行的一种方式，隐居与旅行一静一动地构成出家者完整的修行画面。漂泊是不断返璞归真的精神修行，免于与身边的自然与人妥协，苟安于现状，失却隐遁之本意和敏锐的感觉。因此得出结论，"草庵与漂泊二者兼而有之的生活才是'隐'的应有之意"。大自然对于隐遁者来说犹如先祖，是他们舍弃一切全身心投入的灵魂故乡，也是浊世与净土之间的边境地带，是他们的灵魂通往佛国的中介与暂居之地。"隐居草庵的西行与行走在大自然中的西行，构成了一个完整的隐者形象"。而对于他五十年间几乎遍及全日本的足迹，择其要者为例，概述漫游的范围、内容与艺术收获，还有对文化史与文学史的特殊贡献。奈良时代日本律令制国家一经形成，旅行就开始盛行，官员赴任、佛教徒云游等，纪行文也由此出现。和歌在《万叶集》中已有旅之词语，至平安时代的"敕撰和歌集"则特设"羁旅部"，把旅之和歌发展到顶点滥觞于西行，因而被称为漂泊的歌僧、旅行的歌人、浪迹天涯的云游僧。

所谓择其要者，不仅是创作的重要收获之旅，也包括心灵的必修之旅。因此，王君对西行几次主要旅行的动机、经历与创作都进行了详尽的考证。尽管她以诗人的浪漫情怀作为西行出家的主要动机，认为漂泊之心是他一生旅行的主要动力，但是对每一次的具体动机还是加以区别，以之描画出西行法师的心灵轨迹以及与历史的深刻联系。比如，西行法师出家三年之后的第一次长途旅行的目的地是东北边鄙之地、防御虾夷人的边关、被世人想象为秘境的未开化少数民族聚居的陆奥。对其动机历来众说纷纭，比如参拜著名法师，排遣恋人之死的悲伤，对祖居之地的乡愁，寻访古代歌枕，或者只是出于对未知世界的好奇。王君一一加以甄别，以可信度高者为引，对照西行此时的和歌，提出首次陆奥之旅虽然只留下二十来首和歌，对西行法师来说却意味着一次再出家。因为上路之前所作和歌中多有对自我的质疑与反省："弃世出家犹未隐，缘何犹似世间人？""俗世似舍犹未舍，心地犹未离京城。"王君由此推断西行法师"一生都在自我省察、自我凝视"，所以摆脱原有的环境到陌生之地长途跋涉，是一次再出家的自我巩固，这大概也可以说明为何这一次耗时三年的旅行，创作的和歌数量却有限，更多的效果是坚定了出家修行的决心。他在对陆奥地区历代歌枕的探访，改变了日本此前诗歌以歌枕为抽象符号的想象性咏叹，既是心灵朝圣的膜拜，又是先验还原的艺术探源。此后的二度重游，西行创作了大量的和歌，进入了艺术创作的高峰期。西行的陆奥之旅通过与先贤对话，升华了艺术的精神。由此"……一个对自己未来还很茫然的年轻人，成长为一个道心坚定的出家僧人，和技巧高度成熟的优秀歌人"。而他此行在文学史和文化史上的客观贡献，也被后人铭记："由于西行的陆奥之旅，日本东北才真正成为和歌吟咏的地方，成为和歌能够达到的地域，……西行担当了把京都与东北边鄙联系在一起的作用。"这虽然是他无心插柳的结果，但也是文学史上的一个通例，艺术家在自我感兴的同时，也咏叹出了同时代人乃至人类共同的精神情怀，而激发灵感的外部载体的无意相遇，又为文化史做出了意外的贡献。主观与客观实在是鸡生蛋与蛋生鸡一样扯不清的问题，中国古代的边塞诗也是一例。人与历史就是这样难解难分地绞缠在一起，文化史的演进也在这绞缠中偶然地生发。此后，他一生居住过十几个草庵，不少草庵都是在旅途中搭建，实践了日本隐逸歌人"生在旅途、死于旅途"的至高精神理想。而且，也实现了他的夙愿，希望自己在佛教创始人释迦牟尼圆寂那一天，死于盛开的樱花与皎洁的月光之下，他2月16日圆寂（释迦牟尼是2月15日），减去时差正好同日。这成为西行信仰中的奇迹，当时他就成为神话性人物。

又如，西行五十一岁时的四国之旅除了以往参拜大师的通常动机外，不同以往的另一个目的则是为了报答已死去的崇德上皇的知遇之恩。他担心因为政治冤屈怨恨而死的崇德灵魂不得安宁，而去为他镇魂。而且，西行经由这一次旅行，完成了作为歌僧的转换期，从借助大自然的花月万物诸行的感悟，转而直接进入"释教歌"创作。崇德由于皇室神秘的血缘世系错乱，而在权力斗争的"保元之乱"中被政治去势，出家以后仍被发配到荒僻之地的讚岐，在以血写经回到京师的愿望破灭之后，在46岁的壮年便满怀怨恨抑郁而死。此后的平安朝迅速没落，武士集团趁势崛起，天灾人祸频仍。短短十年之间，平治之乱（平、源两姓武士集团彼此征伐）、安元京都大火、治承旋风、养和大饥馑、元历大地震，日本社会黑暗、民不聊生。读书人普遍认为末法时代到来，"厌弃秽土、欣求净土"的民间佛教净土宗信仰，取代政教合一的官方宗教天台宗与真言宗，开始广泛流行。由于现实的苦难，民间将根源追溯到冤屈致死的先上皇崇德的愤懑。传说他生前就变作了怪兽天狗，而且死前口吐毒誓："愿自己变作日本国的大魔怨，取皇为民，取民为皇"，应验了武士取代宫廷贵族的历史大势，成为后世历史演义的重要题材。王君以这个历史情境为前提，考察西行法师在废皇崇德死去四年之后，四国之旅中的讃岐之行多重的心理动机：作为崇德母族的家臣之后，他们之间有着深入血缘的情感联系，而且其母还是被猜测的西行暗恋之人；年龄相近，有总角之谊；以及对和歌创作的共同兴趣与才情的激赏，崇德政治失意之后就寄情于和歌，成为平安歌坛的领军人物。还有对于佛教的共同信仰，虽然出家的动机不完全相同，但是都远离了世俗的生活，所以他的镇魂之词也是以佛理为依据："往昔金殿玉楼居，而今死后何所欲。"王君在他与崇德及其代表女官之间十几年间的唱和中，发现草蛇灰线一样的心灵轨迹，分析出他拜谒崇德墓复杂真实的动机。笔者猜测，以当时民间关于崇德诅咒的广泛流传，西行法师的镇魂之旅除了他与崇德私人交谊之外，大概也承担着某种社会的宗教使命，多种因素促成他不顾年迈与旅途艰险，毅然走上镇魂之旅。实际上，他确实有几次旅行是出于"砂金劝进"的募捐活动，这也印证了王君的论断，西行出家不是消极遁世，而是一种积极的人生态度，他是以宗教家的精神担当抚慰着一个时代的众生苦难，并且尽其所能地奉献。

还原对象在历史中的真实处境，才能破解研究对象最真实的心灵感应的奥秘，文本是最好的密码。

四

王君学养的深厚，还表现在文本细读的功力。这本研究专著几乎可以作为词典来读，每一个概念都有细致准确的释义，从物理、文理到佛理，每一个词都几乎承担了时间的标记功能，成为通往思想史、文化史、艺术史的门径，验证着"新批评"的一句名言，一个词可以关联着一部漫长的文化史。而且，在释义中着重发掘能指覆盖之下所指的时代转换，构筑出立体的语义结构。这本著作的后四章，就是以西行法师的和歌内容来分类细读研究，"草庵之歌""四季歌""旅行之歌"与"释教歌"是他创作的和歌的四大类，也是他一生隐居习佛、礼赞自然、漂泊采风与崇佛弘佛的具体记录。而且，在深入释义的同时，西行阐明不同内容对日本和歌创作的独特贡献。除了上文所涉及过的"草庵"的出现形成系谱，成为隐逸文学的代名词，还有他采风式的旅行之歌中，在把日本东北纳入和歌吟咏范围的同时，也第一次把海与海边风物以及渔民的劳作生活写进了和歌，大大扩展了和歌的表现领域。这使这部著作以词汇为节点，编织出一个文化语义之网，使所有史的内容彼此交错，而又结构严谨地建筑起多重话语的大厦。

比如，从一开始，王君论述西行法师的出家就涉及佛教在日本平安朝的状况，以及西行皈依佛门的出家过程与方式，但在此后的若干章节中，对日本佛教的知识以词语为中心进行了深入浅出的阐释。比如佛教最早是在公元6世纪从中国经朝鲜传入，至奈良朝成为日本的国教，作为"镇国之宝物"而奠定了政教合一的官方体系，影响到律令制国家的形成。日本最早派遣的遣唐使都是取经的学问僧，与此同时，汉字也由佛经与其他文献传到日本，掀起学习大唐文化的热潮，成为贵族身份的重要文化标志，因此而有"国风暗黑"的结论。平安朝进行了重大的改革，佛教由官方统一管理变成自行管理，从宫廷走向了民间，在相对的独立中，与皇室形成互动的关系。与此同时，是"国风昌盛"，假名简化了汉字书写，也颠覆了贵族的文化特权，民族化与民间化的潮流是文化普及、复兴的前提，第一部长篇小说《源氏物语》即出自当时的职业妇女宫廷女官之手，并且出现了一个世界历史上绝无仅有的女性文学占据社会中心的繁盛时期。从学习大唐到确立民族文化为主体，正是和歌取代汉诗的深层历史文化表征。这也是日本人一直引以为荣的，接受外来文化的时候是以自己的文化为本位进行择取，加以简化变通，就是在全面学习汉文化时代，也绝对排斥缠足、科举与太监制度。平安末期出现的崇佛高潮，则是在盛极而衰的末法时代的危机焦虑中，对佛教再一次的改革与变通。王君由此考察西行法师与官方与民间教派的联系，得出他接受的是混融的佛教信仰，因而是一个无宗无派的僧人。而对于他的一些组诗中的中心词，诸如《法华经》之"花"的详细考证、《地狱图》之内容篇幅与画家等，都进行了简明扼要的诠释，不仅是佛教的一般信仰，还包括在日本起承转合的发展中各种真假难辨的传说典故。而在西行和歌创作的贡献中，强调他拓宽了表现领域的结论，还有文体的贡献，历来被称为"歌屑"的释教歌，在佛教大昌的平安时代，由于大唐诗人白居易的"狂言绮语观"被巧妙地曲解传播，使以吟咏男欢女爱为正宗的日本和歌摆脱了佛家戒律中"口业"之忌，适应崇佛的需要迅速兴起。西行的名言代表了那一时期自觉的艺术变革："咏出一首歌，如造一尊佛，乃至作十首百首，积十尊百尊之功德。"释教歌开始普及，到了西行法师的手里更是前无古人地长足发展，其中 67 岁作的 27 首《观地狱图》更是打破了艺术表现领域的禁忌，把地狱景观纳入和歌的吟唱范围，足以和 20 世纪初感觉表现主义美学思潮相媲美，咏叹面对人在地狱中所经历的种种酷刑时的内心战栗、恐惧与软弱，近似于法国艺术家罗丹雕塑的境界。在和歌"感物兴叹、抒发个人情怀"为主流的时代，在拓展了表现领域的同时，美学风格也趋于前卫的姿态，而且显示了他驾驭题材的非凡能力。

此外，王君对和歌形式的熟稔，也为她对西行和歌的准确解读提供了技巧的保证，比如，反语的运用，相近词语的排列。作为双关语的挂词一般是以五个音节来修饰其他词汇，本身没有独立的意义，近似于中国戏剧唱词中的水词和诗歌中的垫字。还有草枕作为"旅"的专用枕词，等等，虽说只是辅助的手段，但都需要深入研习才能熟练掌握，才能证明西行法师和歌技巧的圆熟，以及对和歌发展的独特贡献。一般来说，艺术的问题就是形式的问题，而且最终要落实到语言形式上，词语的分析才能在结构的整体关联中呈现为饱满的语义场。

五

这样细致的词语释义，使王君以西行和歌的意象为中心，打通了他的心灵与文化史经络息息相关的脉门。在泛文本的比较与对照中，王君提纲挈领又深入浅出地阐释了他艺术精神的精髓，以及破译着他之所以成为"不朽传奇"的千古之谜。

王君以各种资料分析论述西行作为花月诗人，赋予花的独特语义。在他之前的歌人也普遍以花入和歌，但是此花非彼花。中世纪以前，在"唐风歌咏、国风暗黑"的《万叶集》时代，日本和歌由于受汉语的影响，以咏梅为主，歌人多以梅花的高洁以自喻；中世纪以后，在"国风昌盛"、民族审美意识觉醒的平安时代，日本本土的樱花取代了梅花的表意功能，本土化的过程影响到和歌取象的变化。农耕民族热爱自然的审美意识已经深入人心，花与节气的依存关系、稀有的美丽都浓缩着大自然的精华，成为最普遍的审美对象。而樱花在日本分布极广，成为所有民众生活世界中最直观的自然之美，取代外来先验审美经验的梅花便是顺理成章的转变。词语在她的著作中承担着文化史的标记功能，这是历史文化语言学的方法。

　　樱花的自然属性也因此影响了日本民族审美的价值取向。故高桥英夫认为："一般认为日本人的樱花观其中心印象被落花所占据。……被樱花所吸引，是从樱花盛大美丽的凋落开始，似乎是实感性的。"启示了他们对美的短暂与转瞬即逝的无限神秘感兴，落花的迅疾也触动着无数饱受战乱折磨的心灵。如今道友信在《关于美》中所言："日本传统是把短暂渺茫看作美的。"著名日本文学翻译家林少华先生也认为"日本文学之美是落花之美"。

　　西行一生痴迷樱花，为樱花癫狂，空前绝后地创作了 272 首吟唱樱花的和歌，占他所有创作的十分之一强。而一些未注明樱花的和歌所咏也是樱花，在他的和歌中，抽象的花就是樱花，著名如"恨无仙人分身术，一日看遍万山花"，其咏之"花"即为樱花，观花的急切心情也和樱花花期短有关。他对大自然的赞美，形成的"闲寂流之美"，从大自然之寂感受到心灵之寂，在物我合一的美学境界中，樱花转瞬即逝的自生自灭是最直观的物象。这与大唐诗人孟郊"一日看遍长安花"之花有着语义的本质差异，人工种植的花草是文明的产物、是俗世功名的转喻；而西行所歌咏的樱花是自然的存在，是造化无意天成的美丽。同一个词在不同的定语修饰下，体现着文明与自然的两项对立，也体现着俗世与西方净土的两项对立。樱花最直观地展现了闲寂之美，所以西行全身心地投入其中："愿与樱花同凋落，与君同怀弃世心"。歌咏樱花就是歌咏大自然之美，也就是转喻出隐居大自然的歌者之美。而他开启的"物哀"的美学先河，也和樱花迅疾如雪飘落的物象有关。尽管在他之前也有人歌咏过落花之美，但是寄托的是惋惜的感伤之情，而西行所赋予的是闲寂流的潇洒之美。他一改寂寞、物哀这些前人的陈词，转换为新的语用，将自我的伤感转变为对万物的不忍之心，仍然充满了对大自然的热爱赞美之情。西行借助樱花的美丽，以和歌的形式与大自然对话，近于李白"花间一壶酒，对影成三人"。这也是如后继者所诠释的，闲寂之美就是风雅。王君引用松尾芭蕉之语，"所谓风雅，随造化，友四时也。……随造化而回归造化也"，可谓恳切，沈从文所谓"美丽是哀愁的"，汪曾祺也以为"寂寞是一种很美的境界，"农耕民族对大自然的礼赞，从始至终都是各民族美学范畴彼此影响渗透的基本主题。

　　西行在和歌中赋予樱花最重要的是佛理的意义，樱花之瞬息开落，绚烂至极而归于平淡，在西行看来，乃佛教所谓无常观之自然体现。才能由此生发出物哀之美，由《万叶集》时代的惋惜，体现为无常观的潇洒之美，使西行法师集佛道与风雅于一身。如一些日本学者所言："樱花对西行来说具有绝对皈依的对象的价值，樱花虽然不是神，但是却给西行带来一种精神上的平静。……把身体和精神都寄托给樱花，……樱花是带有浓厚宗教色彩的存在。"由此，樱花在西行的语用中以不同的限定修饰，表达了种种佛理的隐喻，形成一个表意系统：著名的吉野山之樱花象征着佛祖的慈悲之心，是原乡西方净土的转喻；迟开的樱花是"众生皆可成佛"的偈语。以百花缭乱形容法华经的广大无边、光辉灿烂，真花指法华本身。樱花与佛教中至高无上的莲花直接通假，此即彼，彼即此，因为都美丽纯洁。樱花诗人，其实是一个延伸、改变了樱花象征语义的佛教诗人。

　　在西行的和歌中比樱花出现得还要多的语词是月亮，有 397 首。而且，比樱花的分类更加细致，有变化微妙的四季之月，其中以对秋月的吟咏最频繁，因为它已经是重要的季语，其他如格外明亮的旅途之月、与之为友的草庵之月、海上之月，等等。而且，王君以细致的解读发现西行所咏之月皆为满月，在近四百次的语用中艺术表现并不重复，体现出西行艺术感觉的敏锐与语言技巧的丰富圆熟。而且，他极富变化的月之歌，归根结底，终极的语义都是真如之月——真实永恒与平白如常之月，体现为佛理所谓真如之象。"皎洁的月成为观照西行内心的一面镜子"，"烦恼终未得开悟，知我心者唯我心"，唯有月亮能使他摆脱俗世的烦恼。月光永远不变，成为佛教真理的象征，从东到西运行，而重合于西行的法号，以心投月，就是寄托向往西方净土之心。真如之月是自我的投射，也是佛祖之化身，我心即佛的中介物。

　　正是在这一层语义中，王君提纲挈领地发掘出月在西行的和歌中，与花相同的宗教意义，而且揭示了这两个词具有并列连用的语义关联：花代表着美丽，月亮代表着纯洁，前者体现着无常，而后者则象征永恒，都是佛、佛的经典与佛理的喻体。由此，王君以文学史学家王国维的"有我之境"，论证了西行作为花月歌人的主客观因素，一再引他著名的言志之歌："物化阳春如释尊，望月在天花下殒。"准确地阐释了西行的佛教信仰对他和歌创作的决定意义，以及对和歌主题思想的丰富，使表现男欢女爱的狂言绮语中飘荡起浓郁的佛香，使花月歌人的称谓获得深层宗教语义的结构支撑。而西行所咏之花月，又皆为深山之花与草庵、旅途之月，这两个并列的词语就涵盖了对于他的所有指认，诸如漂泊诗人、行吟诗人、云游的歌僧等，成为他全部和歌的核心词语，也辐射连接起所有的自然、社会与文化的词汇。

这一组提纲挈领的基本词语在四季歌中幻化为各种带有季语性质的意象词语。春之花与莺、夏之雨与草、秋之红叶与露珠、冬之雪与落叶、猎鹰等，都以大自然的闲寂之美体现着无常的终极佛理。西行在以和歌咏唱四季风物，来赞美大自然的造化之美，留下了人与自然和谐相处的不朽诗篇。正如后人所说，是大自然成就了西行，西行展现了大自然之美。但是，西行自己却不满于这个美学的评价，认为这些四季景象都是最高存在的化身："我咏的歌完全异乎寻常，寄情于花、杜鹃、月、雪，以及自然万物，但是我大多把这些耳闻目睹的东西都当做虚妄的。虽然歌颂的是花，但实际上并不觉得它是花，尽管咏月，实际上也不认为它是月。……这种歌就是如来的真正形体。"宗教的意义与审美的效果高度整合，他以艺术的方式崇佛，而读者则是在他的佛理中欣赏到净化心灵的艺术。无意间，艺术承担了传播宗教的功能，这也可以解释，生活在解剖与分析、分别知与超自然环境时代的人众，在无神论的氛围中，西行充满感悟的自然诗篇，成为人们找回自己精神家园的媒介。何况西行所信仰的宗教是万物归一的大化之境，是以如来的名义呈现的伟大的自然神。

王君深入文本缝隙的词语分析，则在西行主观礼佛的大前提之下，进入文化史的细节考辨，不经意之间，在如来的神圣光环中，补充了人类文化活动的种种信息，等于把人也纳入了大化造物之流程。比如，她分析"莺"作为春天的季语，语源在中国南朝丘迟《与陈伯之书》"暮春三月……群莺乱飞"，而且，语源在传播，比如，杜鹃在中国存在于一个久远而哀伤的典故中，在日本则简化演变为"冥府的向导""迎灵鸟"。菖蒲在西行的和歌中使用频率也较高，他的草庵夏天会被菖蒲遮掩，王君注重它作为季语和端午节的关系，"端午"临近夏至节气，各种蚊虫动物纷纷活跃，而且时逢重五，五是阳数，有极阳之意，有违阴阳平衡的传统文化理想，阳气极盛故为恶日。菖蒲提神通窍，健骨消滞，故端午节要将其悬挂在居室，用作杀虫灭菌的药物。"荻"是日本秋天的七草之一，且因花色发紫而喻祥瑞的紫色，又勾连着唐锦染色的传说，这个季语也就不是纯粹的自然物，而带有文化标志的意味，因为按照当地风俗秋天要熬食七草粥。露珠亦为秋天的季语，西行和歌咏之为"洒在衣袂上的悲秋之泪"，而相对于唐诗的伤春，日本文学更侧重悲秋，平安时代有七夕当天收集草叶上的露水研墨书写和歌献佛之俗等。就是在国风昌盛的时代，也割不断唐文化对日本影响的语源。在西行的笔下，四季之物无不体现着物哀之情，而且都是他的"我之物"，并非独自占有之物，而是独自静静观照之物。这样博大的情怀与沉静的审美态度，是西行和歌超越于俗世利害，翱翔于广大时空的精神价值，也是以词语编码的真如之像。

王君这样细致入微的词语释义，就将自然的季语和文化史的标记重合为一，使西行礼佛的艺术创造中带有为人类祈福的性质，这和他"释教歌"的创作互为表里。西行在赞美化育万物的如来之时，也赞美了顺应自然创造了宜人风雅文化的人类。这使他的宗教精神中充满了祥和的人文精神，直接的体现是捕鲍鱼、捉海螺的渔事场景，儿童游戏的场面等顺乎自然的人间生活，间接的则是了悟生死的镇魂与砂金劝进等和歌中所表现出来的对自然之神的敬畏。所以，他把和歌的创作与造佛的活动相提并论，将艺术的创造和诵经媲美："不断地斟酌着一句和歌，就犹如唱出一句真言。"西行以艺术的形式承担宗教功能的自觉意识可谓超前，也转述出他对艺术创作虔诚的宗教精神。这就难怪他在重复的主题中，以不重复的语言形式，不断陌生化着前人的修辞语用。当年所造的佛像不知留存下来多少，而西行的和歌却千年流传，这是他成为"不朽传奇"的真正秘诀。

王君以自己艰苦卓绝的解码工作，演绎着西行学会成立时对他的定位："作为贯穿中世纪文化全领域的精神传统源泉的巨人"，是"涉及中世纪文化各领域的自由人典型"。处于"巨人"与"自由人"的精神高度，"西行已经成为活性化的原动力，全方位地渗透至文化的各个部分"。甚至有的学者认为"日本文化从最初至最后都可以从西行的角度重新书写"。这种认同中包括了当代人克服危机的自我拯救。王君的工作推动了对日本民族和美的原始精神的开掘，也具有造佛式的功德。

写下这些肤浅的心得，以致贺。

季红真

2015 年 3 月 15 日

于沈阳烽火四台

自　序

　　提起西行法师，许多日本人都会想起他那首著名的和歌，"物化阳春如释尊，望月在天花下殒"。其意思是说，他希望自己能像释迦牟尼那样，在旧历的 2 月，死在融融的月光辉映着的盛开的樱花树下，而他果然如自己所愿，奇迹般地在释迦牟尼圆寂的 2 月 15 日的次日辞世，走完了他那传奇的一生。

　　西行法师是生活在日本平安时代的隐遁歌人，他年仅 23 岁就抛妻弃子出家，其后 50 年，或隐居在草庵中潜心修行，或行走在名山大川之间探幽访胜，创作出了两千多首脍炙人口的和歌。由于他一生为樱花所痴狂，所以被热爱樱花的日本人称为"樱花歌人"；又由于他一生漂泊，所以又被称为"漂泊歌人"，在开创了日本美学理念"幽玄"之美的《新古今和歌集》中，收录了西行的和歌多达 94 首，是收录最多的一个。在西行辞世 800 多年后的今天，日本国民仍然对他喜爱有加。在日本和歌史上，出现过许多优秀的歌人，但没有一个歌人能像西行那样受到后世人的仰慕，也没有一个歌人像西行那样充满传奇色彩，直到今天仍然被神秘的面纱所笼罩。尤其是他那神奇的"圆寂"，更深深地感动了当时的人们，所以在他死后不久，以他为主人公的故事就开始流行，有关他的各种传说也不胫而走。镰仓时代出现的各种"西行物语"，更使一个本来是历史上真实存在的隐遁歌人，变成了一个半神化的人物。随着西行神话的不断扩大，各种艺术形式中也出现了西行的身影。如能剧《江口》《西行樱》；落语《西行》《西行鼓之瀑》；长歌《时雨西行》，小说《雨月物语》等。不仅如此，日本许多地方都千方百计地和西行扯上关系，例如在日本许多地方都出现了西行的"歌碑"，上面镌刻的和歌据说是西行当年到当地修行时创作的，但有些和歌确实根本不是出自西行之手。现在这样的"歌碑"在全日本有 100 多个。冠以西行名字的纪念物也不断涌现，不仅有西行庵，西行堂，西行谷，西行岭，西行樱，西行桥，西行井，还有西行回眸处，西行返回地，西行清水等，包括西行从未涉足的北海道某地，也称发现了西行的足迹。至于西行在某棵松树上挂过衣服，在哪块石头上歇息过，更为当地人所津津乐道，引以为自豪。关于他的圆寂之地，一般认为是河内府（现在的大阪）的弘川寺，但实际上另有几处也宣称西行是在他们那里圆寂的。可见在日本已经形成了一种"西行信仰"。而成立于2010 年的"西行学会"，更使对西行的研究发展到一个新的阶段。

历经 800 多年的岁月更迭，西行的魅力历久不衰。学者们研究他，是因为他为研究者们提供了一个极好的研究对象，他的身上存在着太多的谜，令专家学者们的研究热情历久不衰，诸如他为什么年仅 23 岁就出家隐遁，其动机是什么？他的许多恋歌的对象到底是谁？他的那些朦胧诗般的和歌里究竟潜藏着什么？他长达 50 年的修行生活究竟是怎样的？他的圆寂为什么竟能自己事先预告？他对后世日本文学的影响？等等，都是学者们研究的对象。然而直到今天，许多问题不仅依然众说纷纭，没有结论，而且许多谜团反而越来越深了。一位研究西行的学者甚至断言，西行将永远是个谜。

普通的日本人喜爱西行，是因为西行那种自由奔放的生存方式是他们所憧憬而却无法达到的。尤其是 20 世纪 80 年代后期泡沫经济破灭后，日本经济陷入衰退，长期的不景气使日本的失业率达到战后的最高点，使日本人的生存压力越来越大，自杀、过劳死等报道经常见诸报端。在这种情况下，日本人对西行更加崇拜，他们希望自己能像西行那样抛弃一切去追求自由，在大自然中与山川草木为伴，不必为求职升迁而焦虑，不必为家庭所累，不必为汽车房子的贷款而发愁。然而毕竟时代不同了，现代的日本人无法复制西行，所以西行只能是他们的一个梦想而已。

一　出家之谜

西行原名佐藤义清，出家前是退位天皇"鸟羽院"的"北面武士"，相当于我国古代宫廷的"御前侍卫"，属于下级武官。不过要当这个北面武士不仅要会"弓马之道"，还要会作和歌，此外还得长相俊秀。可见当时的西行可以称得上是个青年才俊，前途无量。据藤原赖长（一位大臣，后追随退位天皇发动"保元之乱"，战败而死）的日记《台记》记载，西行法师"以历代武士仕法皇，家富，年轻，心无忧，在俗时入心于佛道，遂以遁世，人叹美之"，并明确记载西行出家时年仅23岁。

西行生活的日本平安时代末期，源氏、平氏两大武士集团为争夺天下而征伐不断，导致天下大乱，民不聊生，从而使佛教大炽，出家隐遁者不在少数，但像西行那样年纪轻轻就隐遁山林者还是罕见的。况且从他的家世和他自身的情况来看，他似乎是无须走上出家之路的。但他却毫无征兆地向"鸟羽院"递交了辞呈，离开宫廷，抛弃了年轻的妻子和年幼的儿女，来到离京都不远的东山，自结草庵隐居下来。

关于西行出家的动机，是后世的研究者们一直争论不休的问题之一。西行自己在生前从未说过自己为什么出家，他的两千多首和歌中也没有明确点出这个问题。出家时他曾写下两首和歌，"话说珍惜焉不惜，今日舍身为救身"，"舍身之人果舍乎，不舍之人乃舍矣"，含蓄地抒发了自己的胸臆，说自己舍弃眼前的一切是为了自我救赎。但我们还是无法从中破解他隐遁的真实动机，似乎他有意给后世的人们留下一些悬念吧。于是几百年来各种说法纷纷出现。归纳起来主要有知己突然死亡说，失恋说与受佛教无常观影响说等。

这几种说法中失恋说影响最大。这种说法应该是最能引起人们兴趣的，因此直到今天仍然有不少学者坚持这种观点。这个传说的盛行主要是因为西行创作了大量的"恋歌"，写得缠绵悱恻，却又没有明确所"恋"的对象是谁，这就为后世喜爱西行的人的想象插上了翅膀。说西行爱上的那个人的地位与西行差距悬殊，这一点大家都没有异议，但这个人究竟是谁，却无实指。有说是皇后身边的女官，有的甚至直接说就是皇后本人。这位名叫璋子的皇后的身世也颇为传奇，她年幼时是"白河天皇"宠妃的养女，据说因其聪明美丽，颇受天皇喜爱，结果在她刚刚成年时就被年近六旬的天皇所引诱。此时早已退位的天皇本想为她找一个好的归宿，但却未能如愿，结果阴差阳错，成了他的孙子也就是当时的"鸟羽天皇"的皇后。据说那时璋子已有孕在身，而年仅15岁的"鸟羽天皇"也听说过璋子与祖父的逸事，但因为被璋子的美貌所吸引，所以还是立她为皇后。不久璋子生下皇子，即后来的"崇德天皇"。据说这件事尽人皆知，人们把这父子二人称为"叔父子"，就是说那个孩子表面上是"鸟羽天皇"的儿子，但实际上是"鸟羽天皇"的叔父。"崇德天皇"的这种特殊身世使他一直得不到父皇的喜爱，他8岁即位，23岁时，被迫让位给年仅 3 岁的同父异母的弟弟，而这个弟弟的母亲是他父皇的新宠。

后世把璋子与西行扯上了关系，是因为西行曾在璋子的娘家做过"家臣"，后来也一直来往不断。璋子年长西行 20 岁，在西行出家的第三年也因为失宠而出家，出家后不到两年就郁郁而死。西行曾写过对她的辞世表示哀悼的和歌，与她身边的女官也有不少唱和之作。她的儿子"崇德天皇"在被逼退位后因发动"保元之乱"而被流放到讃岐，西行曾写和歌表达安慰之情，并在"崇德天皇"死后到讃岐做过镇魂之旅。大概就因为这些原因，很多有关西行的传说就说西行爱恋的那位与他身份悬殊的女子就是曾经的皇后璋子，认为西行的那些"恋歌"就是写给璋子的，甚至有些研究者认为西行那些描写樱花和明月的和歌里就有璋子的影子。笔者认为，这实在有些牵强附会，大多属于稗官野史之类。大概是因为男女之情最能吸引人们的眼球，而在世俗看来根本不可能的爱情更能引发人们的好奇之心吧。

受佛教无常观影响而出家隐遁的说法似乎更有说服力。当然有很多研究者怀疑一个年仅 23 岁的年轻人是否会有那么坚定的无常观，但这一点不仅有可靠的史料记载，还可以从他出家前多次到东山拜访空仁法师看出端倪。据说当西行与朋友拜访结束离开时，空仁法师送他们到码头，并一边诵经一边目送他们远去。当时空仁法师站在高高的岸边，风儿吹拂着他那褐色的僧衣，那身影在西行眼里是那样高大，那诵经的声音在西行听来是那样美妙，真是"此曲只应天上有，人间哪得几回闻"啊。还有一个更有力的证据是，西行是他出家后给自己起的法号，佛教所追求的是西方净土，谓佛的理想世界在西方，西行，即向西而行。平安时代后期，宫廷贵族已是日薄西山，而两大武士集团源氏和平氏为争夺天下而连年征伐。因此也有学者认为西行预见到了天下大乱而走上隐遁的道路。但笔者认为这种人为抬高西行的做法并不可取，但他凭借一个诗人特有的敏感而隐隐感受到社会的变化也不是不可能的。再加上受到当时社会上佛教无常观的影响，才最终归隐山林。西行死后不久，各种版本的《西行物语》就开始出现，还出现了根据西行故事创作的《西行画卷》。其中有一幅画上画的是年轻的西行决心出家时，内心烦躁不安，回到家来却被年仅 3 岁的女儿缠住撒娇，西行不胜其烦，一脚把女儿踢倒在地，足见他的决心是多么坚定。后来在他的劝说下，他的妻子也出了家。他的女儿先是寄养在西行的弟弟家，后来又成为贵族的养女。女儿长到 16 岁即将出嫁时，西行则找到女儿，劝说女儿也出家为尼，女儿按照父亲的意愿，来到"高野山"的一家寺院，与母亲一起修行。据说他的儿子最终也走上了这条路。由此可见，西行因为受佛教"无常观"的影响而走上隐遁之路的理由比较可信。

近年来，也有学者提出了综合原因说，即西行的隐遁是以上几种原因合力的结果。还有一种看法是，西行天生具有诗人浪漫的气质，向往自由奔放的生活，而"北面武士"只能妨碍他的追求，于是毅然舍弃眼前的一切而投入大自然的怀抱，自由地投入和歌的创作当中。

二 与和歌相伴的隐遁生活

西行 23 岁出家，73 岁去世，在当时人均寿命不到 50 岁的日本中世可以算是长寿的。在长达 50 年的隐遁生涯中，西行不论是隐居草庵还是行走在旅途，始终都是与和歌相伴。从生气勃勃的青年到垂暮的老年，西行一直没有停止对和歌艺术的追求。他的歌风日臻成熟，达到了一个前所未有的高度。可以说，出家隐遁这一决断，使平安末期的日本宫廷少了一个可有可无的下级武士，却使日本文学史上多了一个对后世产生深刻影响的优秀歌人。那么，西行是怎样度过了长达 50 年的隐遁生活的呢？

出家的头几年，西行先是在京都附近东山的草庵中安下身来，偶尔出去参加一些歌会，与同样隐遁在山里的朋友交流。日本的隐士和中国的不同，中国的隐士一般隐居在田园，以耕种等来维持生计，而日本的隐者类似出家人，但又不是到某个寺院成为僧人，而是自己在山林中结草庵而居，靠一些寺院的接济来维持生活。所以日本的隐士半僧半俗，是一个很特殊的群体。由于日本的隐士都居住在草庵，所以日本的隐者文学也被称为"草庵文学"。据说西行从出家到辞世的长达 50 年的时间里，住过的草庵有十几个。因此草庵也常常出现在西行的和歌里，成了他歌咏的对象。当时的草庵是什么样子，今天的人只能通过想象了。现在日本各地的"西行庵"不用说不会是当时西行住过的，都是当地人按照西行辞世后出现的《西行画卷》复制的。画面上的草庵看来很舒适，几间草房，一个院子，院门外孩童在玩耍。其实当时的草庵很简陋，草庵生活并不是那么浪漫。据说西行在二见浦隐居时，砚台是一块石头，中间的凹槽被他用来研墨。一到冬天，大雪封山，草庵的生活更加艰苦，除了物质上的匮乏，还有精神上的孤独与寂寞。很多出家隐遁的人由于忍受不了而放弃。日本的研究者称，由隐逸者所撰写的《撰集抄》中"充满了号泣"。西行毕竟也是血肉之躯，在刚刚隐遁时也曾流露过寂寞的情怀。但他很快调整了过来，从最初的不适到逐渐喜爱，经历过一个十分艰苦的过程。他那些描写草庵生活的和歌，充分表现出对草庵生活的喜爱。他的和歌集叫《山家集》，山家，即山里人家，山里人家住的，就是草庵。

当然，西行的50年隐遁生活并非只局限在草庵里。正如他被后世称为"行吟诗人""漂泊歌人"一样，他一生的大部分时间可以说是在旅途中度过的。所以有学者说，西行生在和歌中，生在旅途上，最后也是死在旅途上。西行的旅行不是文人雅士的游山玩水，而是一种亲近大自然的修行手段。西行出家后先后到过陆奥和日本西部等地云游，陆奥地方就去过两次。日本多山，国土的百分之六十是山地，在交通极不发达的古代，旅行可以说是相当危险的事。但西行还是不畏艰险，行走在崇山峻岭之中，欣赏大自然的美景，用心去讴歌大自然，在大自然中发现自我，感悟人生。他游名山大川，宿古刹荒野，餐风饮露，跋山涉水，在旅途中创作了大量的和歌。一些日本文学史认为，他的和歌是"日本文学对大自然礼赞的开始"，的确，他的和歌中充满了对大自然的赞美，所以他能受到热爱大自然的日本人的特殊喜爱也就不足为奇了。

西行对大自然的讴歌更多地集中在对后来成为日本国花的樱花上。

日本中世以前的诗歌受中国文学影响，咏花诗歌主要对象以梅花为主，最早的诗歌总集《万叶集》中所提到的花大部分也是梅花。中世后，遍布日本各地的樱花逐渐取代了梅花成为吟咏的主要对象。特别是樱花盛开时的绚烂，花期的短暂，以及花落时迅急的特性触动了当时日本人饱受战乱折磨的心，使他们联想到人生苦短，转瞬即逝，就像樱花一样。因此古往今来，吟咏樱花的日本诗人不计其数，但最喜爱樱花的，吟咏樱花最多的还是西行，可以说西行的创作是前无古人，后无来者。在他一生共创作的两千多首和歌中，描写樱花的就有272首之多。为了赏樱花，他不顾危险深入深山老林，"恨无仙人分身术，一日看遍万山花"；为了不错过开花的机会，他不惜每天前往观察，"何处樱花先迎春，盼花之心实难忍"；因为惋惜樱花的凋落，他甚至希望睡在樱花树下，让落樱掩埋自己的身躯，"今宵思花看不厌，落英埋身花下眠"。开篇引用的那首有名的和歌更是表达了他对樱花的痴爱之情，在他幻想自己的死亡时，也希望能死在樱花树下，甚至希望自己死后，后人也能把樱花供奉在自己的灵位前。

被后世称为"花月歌人"的西行，除了写下大量的吟咏樱花的和歌之外，还留下了376首咏月的和歌，比吟咏樱花的和歌还要多出100首，足见他对月的痴迷之情。"春夜云霞遮明月，月色朦胧惹人醉"，"夏夜明月穿云出，月光如水池面凝"，"秋深夜寒秋云冷，月光皎洁明如冰"，"深冬山里月色澄，庭院无水如敷冰"，春夏秋冬四季的明月都是他吟咏的对象；"若无月色映草庵，谁为庵友慰心田"？"幸有月光为庵友，若无月光庵居愁"，月色月光也是他隐遁生活的朋友；"鹫山之思空念远，真如之月在我心"，"远望月隐西山边，我心相随向西行"，月在西行心目中是真如之月，是指引他走向西方净土的向导。

作为出家隐遁的歌人，后世把西行定位为"歌僧"，即创作和歌的僧人。既然是僧人，那么就必须有宗教信仰。因此，西行的和歌中还有一个重要的内容就是有关佛教的和歌，这类和歌被称为"释教歌"。西行一生艰苦修行，他把对佛法的理解都融入140余首"释教歌"中，使佛教思想与和歌达到了完美的结合。

西行本来出身于武士世家，本人又曾是退位天皇的"北面武士"，但在他的和歌里却从来没有对弓马之道的赞美，对即将到来的武士政权的建立似乎也抱着与己无关的态度，全身心地投入和歌的艺术世界。1186年8月15日，年近古稀的西行在旅途中遇到了刚刚建立镰仓幕府的不可一世的源赖朝。当时源赖朝40岁，仰慕西行的才华，遂邀请西行彻夜长谈。据说二人从和歌之道谈到弓马之道，相谈甚欢。把西行和武士联系到了一起，这是唯一的一次。第二天一早，西行不顾源赖朝的执意挽留，坚持要离开。源赖朝只好送给他一只银猫和许多钱财，但西行一出门就把那些财宝转送给了在外面玩耍的孩子们。

在西行的各种传说中，人们所津津乐道的还有一个"出家与妓女"的故事。据说西行晚年，有一次在参拜天王寺的途中突遇大雨，到附近的人家敲门避雨。没想到给他开门的是一个叫白妙的妓女。妓女一看是个老和尚，就拒绝开门。于是西行就作了一首和歌说，尘世本是暂住地，为何如此来吝惜？白妙也作和歌回答说，既是出家舍俗世，为何留心俗世事？白妙最后还是开门让西行进来躲雨。西行向白妙讲述了佛理和人生的道理，使白妙幡然醒悟，痛感自己的人生是多么空虚，于是也出家为尼了。这段逸事在江户时代被编在"长呗"（民间音乐）和"谣曲"（日本传统戏剧能乐的唱词）中。联系到西行劝说自己的妻女出家的传说，使我们对他出家的动机是源于佛教"无常观"的影响一说更加认可。

西行最终的"终焉"之地据说是在"河内府"（今大阪府）的弘川寺。在那里，他终于实现了"望月在天花下殒"的愿望。那里四面环山，大量种植樱花树，四面的山峦都被樱花树所覆盖，抚慰痴爱樱花的西行的灵魂。

三 不朽的传奇

西行圆寂后，他能在自己希望的时间里离开人世，实现自己生前愿望的事迹迅速传遍京城，据说很多人感动得流下热泪。随着有关他的各种传说的不断出现，而且越传越神，日本人对西行也越来越感到亲切，在日本人心目中的地位也越来越高。这表现在对他的艺术成就的肯定上。他圆寂15 年后，"敕撰"的《新古今和歌集》历时十余年终于问世，全集共 20卷，共载和歌近 2000 首，而收入的西行和歌达到 94 首。西行是收入作品最多的人。而西行出家前问世的《词花和歌集》中，他的和歌仅有一首以"无名氏"的名义被收入，他在世时问世的《千载和歌集》也不过收入了他的和歌 18 首，随着时间的推移，他的和歌成就越来越被人们所认识。

后世对西行在和歌上的成就给予很高评价。下令编纂《新古今和歌集》的"后鸟羽院"（天皇退位后称某某院）对西行颇为赏识，他称西行是"天性歌人"，认为他的和歌"所达到的高度无法用语言描述"。文学博士安田章生先生也说，"如果让我举出日本和歌史上最有成就的三位诗人的话，我要举出西行、柿本人麻吕和芭蕉"。柿本人麻吕是万叶时代最具代表性的歌人，被后世称为"歌圣"，芭蕉则是江户时代最具代表性的俳句歌人，被后世称为"俳圣"。安田章生先生把西行放在这二人之前，可谓含义颇深。

西行的和歌开创了日本隐逸文学的先河。隐逸文学最初始于西行，是他用和歌把隐逸文学形象化，充分展现了隐逸文学的生命力。隐逸文学不止有一种样式，除了西行样式以外，还有《方丈记》的作者鸭长明的样式和《徒然草》的作者兼好的样式，日本文学史在谈到隐逸文学时也常常以二人为代表，但后世对隐逸文学的继承却将二人排除在外，而对西行的继承却形成了一个"系谱"。正如被称为"俳圣"的芭蕉在《笈小文》中所说的那样，"西行的和歌，宗祇的连歌，雪舟的绘画，利休的茶，其道一以贯之"，和歌、连歌、绘画、茶，本来是各不相干的艺术，但它们的精神却是一脉相承的。西行的和歌产生于隐逸生活之中，对隐逸生活的标志之一的"草庵"的描写是鸭长明和兼好的作品中所没有的，正如西行当年由于对空仁法师草庵生活的憧憬而毅然走上出家隐逸的生活一样，后世的许多日本隐逸者大都是受到了西行的影响，江户时代的芭蕉就是其中最典型的代表。他像西行那样在江户（今东京）结草庵而居，芭蕉的名字就是因为他的草庵前面有一棵芭蕉树，于是他给自己的草庵取名叫"芭蕉庵"，后来芭蕉就成了他的名字。芭蕉还效仿西行到各地旅行，足迹直到北九州。他那篇有名的《奥州小路》就是在奥州旅行之后写下的。旅行中他到处寻访西行留下足迹的地方，当地的"俳人"们尊称芭蕉为"今西行"，而芭蕉本人则自谦为"犬西行"。芭蕉的许多俳句也很明显地渗透着西行的影子。晚年的芭蕉曾在京都郊外的"西行庵"的旁边结下草庵，至今在那里，西行庵与芭蕉庵仍比邻而居，排在一起。

日本文学的特点之一是与大自然的融合，西行的和歌充满了对大自然的礼赞，洋溢着"闲寂"流的美。"闲寂"以风雅为基调，而风雅的对象就是美丽的大自然。直到今天，日本的"俳句"仍以描写自然风光景物为主，每一首都要有表示季节的"季语"，这可以说是对西行的一种继承。西行的和歌巧妙地将"闲寂"形象化，他不仅用优美的语言赞美大自然，还巧妙地把自己的心境融入大自然，使二者合而为一。"仰望月光悲戚戚，心境凄然荒草寂"，表面上西行是在描写荒野、明月的自然现象，但使人感受到的并不只是自然现象本身，而是由"荒野"和"明月"构成的一种"闲寂"的意境，秋月映照着荒野，使人从大自然之"寂"感受到心灵之"寂"，从而发现一种"闲寂"之美。

后世的日本人不仅喜爱西行的和歌，而且对西行独特的生活方式也十分憧憬，历代都出现过悉心模仿西行的人。其中较为知名的有被称为"女西行"的日本南北朝时代的"后深草院二条"。她虽然深受退位天皇"后深草院"的宠爱，但同时又和摄政的"近卫大殿"、高僧"有明月"等有着复杂的感情纠葛，最后被驱逐出宫。二条沿着西行走过的道路开始了"忏悔之旅"，她在自己所写的一本书的末尾写道，"修行的决心是源于幼时看过的《西行修行记》，那时就对西行非常憧憬"。还有江户时代的一位叫"似云"的歌僧，他在和歌中追寻佛法，50 岁时才开始隐遁。他羡慕西行，追寻着西行的足迹走遍各地，晚年在西行圆寂的弘川寺住下，并发现了圆寂后没有留下标记的西行的坟墓。据说这个墓位于弘川寺后的山中，是一个圆形的坟冢，既没有石碑，也不见日本人坟前常见的五轮塔。但"似云"确认那就是西行的坟墓，他觉得这是自己虔诚修行使菩萨显灵的结果，激动得作歌一首，"西行寺后留古冢，我今觅得泪沾衣"。此后他连年前去拜谒，并写下《西行法师古坟记》敬献给弘川寺，接着在西行墓的周围种植下一千株樱花，最后在旁边结草庵住了下来。他留下遗言，把自己的坟墓建在西行墓的对面。现在那里被樱花树环抱，经常有西行的崇拜者到那里参拜，特别是春天，参拜者更多。在"似云"发现西行墓后，那里的僧人开始在弘川寺内供奉起西行和西行妻子的像，终于使弘川寺是西行圆寂之地的说法逐渐被认可，几乎所有的研究著作或论文都说弘川寺是西行的终焉之地。

关于西行墓是不是在弘川寺的后山，一直就有很多人提出疑问，一座没有任何标识的坟墓怎么就可以断定是西行的呢？笔者 2008 年春拜访京都东山的"西行庵"时，那里的庵主（自称是西行的后人）就对此表示了强烈的疑义。他主张西行的圆寂之地就在自己做住持的"西行庵"。这个问题也是西行的谜团之一，只能等待日本的研究者们继续研究了。

进入 21 世纪，日本对西行的研究依然没有停止。而 2009 年 4 月"西行学会"的成立，更是为日本的西行研究者搭建了一个很好的平台。但正如白州正子女士所说，越研究谜团越多。也许这些谜团将永远是不解之谜吧。

王贺英

2015 年 3 月 15 日

于沈阳听雨轩

绪论　西行法师在日本文学史上的地位

日本文学评论家安田章生在《西行与定家》的开篇说中写道，"自古以来，在日本的诗人中受到众多的人景仰和爱戴的，大概是西行吧。如果让我举出日本和歌史上最高峰的三位诗人的话，我要举出西行与柿本人麻吕、芭蕉"。① 柿本人麻吕是《万叶集》时代的歌人，芭蕉是江户时代的散文家、歌人。安田章生认为西行是日本和歌史上三位著名的诗人之一，并把他排在前，可见其对西行的评价之高。其实最早对西行给予最高评价的是下令编纂代表日本和歌最高成就《新古今和歌集》的太上皇"后鸟羽院"，他在自己的"歌论"（和歌理论）中说，"西行极富雅趣，且其心颇深，如此罕见歌人极难现身于世。西行乃天性歌人，绝非凡庸之辈，其歌风极难模仿，其和歌所达高度亦无法用语言描述"。② 也正是由于他对西行的高度肯定，在西行圆寂 15 年后问世的《新古今和歌集》中才收录了西行的和歌 94 首。西行是该集中收录作品最多的一个。

2009 年 4 月，"西行学会"在日本成立，该学会在成立宗旨中，引用了西行研究学者目崎德卫先生在《风雅与无常》中对西行的评价，称其是"作为贯穿中世文化全领域的精神传统源泉的巨人"，是"涉及中世文化各个领域的自由人的典型"。③ "巨人"和"自由人"是西行学会对西行的定位。该学会以"西行学"的名义，为研究西行搭建了一个很好的平台。近年来，一股"西行热"在日本悄然兴起，长期的经济不景气使普通的日本国民向往"自由人"西行的生活方式，"西行学会"正是在这

---

① 安田章生：『西行と定家』，講談社 1975 年 2 月版，第 8 頁。
② 後鳥羽院：『後鳥羽院御口伝』，『日本文学大系·歌論集·能楽論』，岩波書店 1959 年 10 月版，第 145 頁。
③ http：//kasamashoin.jp/saigyo.html，最后访问日期，2015 年 4 月。

一背景下宣告成立的。2010 年 8 月，该学会的会刊《西行学》出版。发刊词的标题是"作为人类学的西行学"，[①] 全文如下：

> 我们从《西行学》创刊号出发。我们通过西行踏上了自我再发现之旅。
>
> 我们成立了研究这位跨越平安时代末期到镰仓时代初期，留下两千多首和歌的遁世僧人的学会——西行学会。我们创办了从多角度研究西行的杂志——《西行学》。我们志同道合的 175 位同仁，为了西行学会的会员，为了那些通过本刊而相识的未来的同仁，在此发出自己的心声。
>
> 如果研究西行的和歌与传说可以发现基于《记纪歌谣》与《风土记》的表现方式的话，反之留下西行痕迹的不仅有鸭长明的散文与慈圆的和歌，而且通过一遍·宗祇·芭蕉等和歌歌人而扩大到能乐与歌舞伎的领域。近世的通俗小说也有对西行的刻画，西行雕塑、西行佛堂，甚至有名为西行的村庄。
>
> 西行的影响不仅局限于文学、历史、宗教及其他艺术领域，推进近代化的文化以及对其加以抑制的文化也吸取了西行的影响。西行已成为活性化的原动力，全方位地渗透至文化的各个部分。
>
> 日本文化从最初至最后都可以从西行的角度重新书写。换言之，我们思考西行，解读西行，描述西行，就等同于思考、解读、描述我们自己。
>
> 这就是西行学即人类学的原因所在。

西行（1118—1190）原名佐藤义清，出家前是太上皇"鸟羽院"的御前侍卫。23 岁那年，这个原本前途无量的青年武士抛妻弃子，来到京都附近的东山结庵隐居起来，自更其名为"西行"，号"西行法师"。之后，西行数次变换隐居地点，他以高野山为中心，数次到陆奥、四国等地出游修行，足迹遍布日本各地，留下了大量优秀的和歌。他的和歌创作直接影响了被称为"俳圣"的松尾芭蕉的创作，至今俳句中必有"季语"（表示季节的词语），也是滥觞于西行。他在长达 50 年的隐逸生活中创作

---

① 西沢美仁：『西行学·創刊第一号』，笠間書院 2010 年 8 月版，第 1 页。

了两千多首和歌，较为全面地展现了隐逸生活的各个方面，开启了隐逸文学的先河。他在和歌中融入了自己对佛教的理解，把隐逸与和歌、和歌与佛教结合起来，扩大了和歌的表现领域；他在大自然中发现了"闲寂"的美，在和歌的创作上使"闲寂"的美学理念得以形象化，丰富了和歌的表现手法。西行的和歌直接影响了后世的和歌创作，在日本文学史上占有重要地位。

第一节　开启了日本隐逸文学的先河

一　隐逸与隐逸文学

隐逸文学是一种特殊的文化精神孕育出来的独具特色的文学。所谓隐逸文学，顾名思义是由隐士所创造的文学。《广辞苑》对隐士的定义是，"断绝和俗世人交往，静静地隐居于山林者"。① 隐逸文学在日本文学史上被称为"隐者文学"，活跃在中世文坛的鸭长明、吉田兼好二人被认为是"隐者文学"的代表。二人都是出家隐遁的"隐者"，鸭长明的随笔《方丈记》，吉田兼好的随笔《徒然草》与平安时代著名女作家清少纳言的《枕草子》齐名，并称为日本文学史上的"三大随笔"。但从日本文学发展史上看，西行的创作年代不仅早于鸭长明和吉田兼好，且作品在对隐逸生活的表现方面更加全面，对后世隐逸文学也产生了较大的影响。

作为农耕社会的日本，自古以来热爱大自然的审美意识深入人心，历来不缺少产生隐士的土壤，也向来不缺乏出家隐遁的隐者。作为隐逸文学，其创作主体必须是隐士，其创作的客体即文学作品必须与隐逸生活相关。西行之前的著名隐士行尊、能因、空仁等人，虽也创作了一些和歌，但作品不多，影响不大，尚构不成作为一种文学流派的隐逸文学。在西行生活的平安时代，占据歌坛主流地位的藤原俊成和藤原定家父子虽然在和歌创作上成绩斐然，然而他们却一直生活在京城，其描写大自然风光的和歌大都是他们凭空想象或从古人和歌中演化而来，因而也与隐逸文学无缘。而西行则从 23 岁出家至 73 岁圆寂，长达 50 年一直过着隐逸的生活，创作的和歌达两千多首。这些和歌不仅是西行情感表述的载体，更是西行50 年隐逸生活的真实写照。他把自己长达 50 年的隐逸生活，浓缩在一首

---

① 　新村出：『広辞苑』，岩波書店 1998 年 11 月版，第 207 頁。

首和歌中，使隐逸与和歌第一次在日本的文学史上完美地结合了起来，开启了日本隐逸文学的先河，成为日本隐逸文学的代表人物，为日本文学史留下了一笔宝贵的财富。

西行生活的日本平安时代末期，是宫廷贵族逐渐走向没落，新兴的武士阶级崛起的时代。以藤原氏为首的外戚权倾朝野，以"摄政""关白"的形式独揽朝政。皇室成员为争夺皇位尔虞我诈，藤原氏一族也在为争夺"摄政"权而互相倾轧。种种矛盾交织在一起，最终酿成了"保元、平治之乱"。另外，源氏和平氏两大武士集团连年征伐，战争不断，致使民不聊生，民怨沸腾。黑暗的现实生活使整个社会笼罩在绝望之中，因此佛教的"无常观"开始大行其道，"厌离秽土，欣求净土"的"净土宗"俘获了对现世感到绝望的人们，出家隐遁之风颇为盛行。受佛教"无常观"影响的西行，为了追求一个能潜心自由地创作和歌的环境，西行选择了"跳出三界外，不在五行中"的出家生活。他在出家前用这样一首和歌向自己侍卫的"鸟羽院"辞行："纵惜今世惜不尽，今日舍身为救身。"和歌虽然没有直接说明自己出家的原因，但却明确表示，自己的出家隐遁是一种自我救赎：要想拯救自己，必须逃离现世。

隐逸者的外在特征是住草庵与修行，它既是隐逸者的生活方式，也是作为隐逸文学的和歌所应表现的客体。西行的和歌也主要表现在这两个方面。

二　草庵——隐逸者的象征

草庵既是隐逸者的生活居所，也是隐逸者脱离俗世的净土，更是隐逸者的象征，所以日本的"隐者文学"又被称为"草庵文学"。西行在出家后的数年在京都周边，壮年有30年在高野，晚年在伊势，总共50年的隐逸生活里所筑草庵达十余个。西行在世时出版的自选和歌集名为《山家集》，所谓"山家"，即山里的人家，对西行来说，"山家"即在"山里"所结的草庵。在西行的和歌里，"山里""山家""草庵"等词反复出现，其中"山里"的出现频率很高，仅《山家集》就出现过99次，① 以至一提起"山里""山家""草庵"，很多日本人马上就会想起西行，想起西

---

① 萩原昌好：《西行と雪月花》，《国文学解釈と鑑賞》2000 年 3 月号，至文堂，第 157 頁。

行的和歌。例如，"深山草庵把身安，居此方解世间哀"，"水珠如玉滴檐下，雨后菖蒲饰草庵"，"雪埋山路绝人迹，独居草庵心内喜"，"黄昏水鸟鸣草庵，疑是仙人来投宿"。这一类和歌来源于西行的真实生活体验，是居住在京城的宫廷贵族创作不出来的。

　　西行时代的山里草庵生活的艰辛是生活在现代的人们无法想象的，它不仅有物质生活的匮乏，更有精神上的孤独与寂寞。平安时代的很多隐逸者最终因无法忍受而离开草庵返回京城，留下来的隐逸者也在和歌中表达着他们的悔意，用石田吉贞的话说就是"充满了号泣"，① 而在西行的笔下，草庵生活充满了诗意，充满着"闲寂"的美。西行出家前曾多次到京都附近的东山拜访隐逸者空仁，那时，简陋的草庵就成了他憧憬的地方，身穿褐色僧衣的隐者空仁的生活深深地吸引着刚满 20 岁的西行。"如有能忍寂寞人，何妨结庵为我邻"，"山里寂寞访客断，若无寂寞愁更添"。如果还有能够忍受寂寞的人，那就也来筑一个草庵与我做邻居吧；这幽幽深山的草庵如果没有寂寞的话那就会使我陷入忧愁了。身居草庵的西行，从开始时难忍寂寞到渐渐习惯了寂寞，甚至开始享受由寂寞带来的身心愉悦，认为如果没有"寂寞"这个朋友相伴，将会是一件非常令人忧愁的事。这种只有达到极高境界的隐逸者才有的情怀，足以使西行作为隐逸者的代表载入日本文学的史册。

三　修行——隐逸者的生存方式

　　修行是隐逸者生活方式中不可或缺的，修行对隐逸者来说就像淬火一样，可以使隐遁的决心更加坚定。日本平安时代隐逸者的修行不仅在草庵中，更要到广阔的大自然中去感受佛法。西方文学把游历各地进行诗歌创作者称为"行吟诗人"，日本文学的研究者将西行称为"漂泊歌人"，其含义是相同的。草庵虽然使西行那漂泊的灵魂有了一个安身立命之所，但这种安宁只是人为营造的心理安慰，不可能产生质的飞跃。为了使自己的灵魂真正接近"西方净土"，坚定自己出家的决心，西行数度外出修行，陆奥、伊势、四国等地都留下了西行的足迹。石田吉贞认为，"如果隐遁歌人长久地隐居在草庵中，隐遁者的个性就会迟钝，就会对已经习惯了的

---

① 　石田吉贞：『隠者の文学——苦悶する美』，講談社 2001 年 11 月版，第 123 頁。

草庵生活产生妥协，所谓脱离俗世也就变得不彻底了"。① 可见外出修行也是隐逸者生活的一部分，而描写这种行为的和歌也是隐逸文学的重要内容。

西行的和歌很多是以修行为题，如"修行去伊势""修行去远方"等。在日本，那些古代名人留下和歌的地方被称为"歌枕"，遍访这些"歌枕"之地是西行到各地修行的重要内容。据调查，西行的和歌中出现的"歌枕"之地共有 190 处，涉及 369 首和歌。② 西行通过对那些"歌枕"之地的探访，在大自然中发现自己，感悟人生。如在陆奥，他追寻能因法师的足迹，"月影映照白河关，遥思能因远离难"；在四国，他探访弘法大师当年结过草庵的遗迹，"大师灵地无云翳，月色如水海如冰"；在大峰，他以艰苦的修行表达对"行尊"这个集佛道与风雅为一身的先辈的敬意，"大峰山顶明月照，风驱云雾沉谷底"。日本多山，在交通极不发达的古代，旅行是一件十分危险的事情。西行的旅行不是文人雅士的游山玩水，而是把云游各地与修行有机地结合，在与大自然的亲密接触中思考人生，感受万物，探究佛法的真理，从而对隐逸生活有了更加理性的认识，对隐逸与和歌的融合更加自如，隐逸的决心也更加自觉，更加坚定，最终从一个名不见经传的下级武士蜕变为一个影响日本文学发展的"隐者歌人"，一个在日本文学史上占有一定位置的传奇"歌僧"。他的和歌无不深深打下了隐逸者的烙印，是脱离俗世的隐逸者从内心深处发出的咏叹。

50 年的隐逸生涯成就了"歌僧"西行，他用自己的和歌书写了一个隐逸者的多彩人生，忠实地记录了一个隐逸者的心路历程，多角度地展现了一个隐逸者的生活轨迹，勾勒出一个隐逸者的完整形象。正如松本雄二所言，西行是"第一个把和歌的目的与生活方式的一致性带入和歌史上的作家"。③ 西行个人的隐遁生活与和歌融为一体，无法分离，可以说西行是日本文学史上把隐逸生活与和歌完美结合的先行者，是日本隐逸文学的开拓者。

---

① 石田吉贞：『隐者の文学——苦悶する美』，講談社 2001 年 11 月版，第 123 页。
② 神作光一：『西行と漂泊』，『国文学解釈と鑑賞』1976 年第 6 号，至文堂，第 143 页。
③ 松本雄二：『西行論の覚え書』，『共立女子大学・短期大学文科論文誌「紀要」』2000年 5 月版，第 15 页。

第二节　扩大了和歌的表现领域

　　日本最古的典籍《古事记》《日本书纪》开始出现的"记纪歌谣"可谓日本和歌的雏形，而 8 世纪问世的《万叶集》则是日本古代和歌的集大成之作。至平安时代，日本的和歌创作达到了巅峰，和歌的数量和质量都实现了质的飞跃，和歌技巧更加成熟，和歌理论也开始出现。西行生活的平安时代末期，宫廷贵族的歌人们由于生活空间局限于京城，满足于在宫廷"歌合"（歌会）上吟风弄月，因此他们的和歌题材相对狭窄，缺乏深刻的思想内涵。而西行隐居山林，远离主流歌坛，独自在体制之外，在广阔的大自然中进行和歌创作，这使他的创作空间远远大于宫廷歌人。当时出家隐遁的歌人或有出家隐遁志向的歌人经常在一起吟诗作赋，组成了名曰"歌林苑"的和歌俱乐部，但西行并未成为其中的一员。不仅与"歌林苑"，西行与宫廷歌坛也一直保持着一定的距离。即使是当时非常流行的宫廷贵族的"歌合"（歌会）上也没有留下西行歌咏的痕迹。正如目崎德卫所言，"把自己限定为专门的歌人·歌坛人的话，就如同专属于某一寺院或某一教团一样，并不是西行所需要的清高纯洁的地方。正是由于与'歌林苑''歌坛'保持着一定的距离，才使他能坚持出家隐遁的夙愿，坚持出家隐遁者的自由"。① 长达 50 年的隐逸生活使西行可以在远离宫廷、远离京都的广阔天地里进行创作，各地云游使西行可以接触到多姿多彩的社会生活，多地的修行生活使他能更好地审视自我，审视人生。不仅使他的和歌扩大了表现领域，也使他的和歌具有较为丰富的内涵。西行辞世 15 年后下令编纂《新古今和歌集》的太上皇"后鸟羽院"对西行给予极高的评价，"西行极富雅趣，且其心颇深，如此罕见歌人极难现身于世。西行乃天性歌人，绝非凡庸之辈，其歌风极难模仿，其和歌所达高度亦无法用语言描述"。②

一　在和歌中融入了佛教思想

　　西行的两千多首和歌不仅描写了隐逸生活的诸多侧面，更重要的是把

---

　　①　目崎德衛：『西行』，吉川弘文館 1993 年 11 月版，第 88 頁。

　　②　後鳥羽院：『御鳥羽院御口伝』，『日本文学大系·歌論集·能楽論』，岩波書店 1959 年 11 月版，第 145 頁。

自己从决心出家到圆寂前的所思所想用和歌真实地记录了下来，特别是他在和歌中阐释了自己对佛教的理解，融入了佛家的思想，从而扩大了和歌的表现领域，可以说这类和歌是西行对日本和歌史的一大贡献。

这一类和歌统称为"释教歌"。可分为两种，一种是直接的"释教歌"，即直接阐释佛教教义，把佛教的教义教理等与佛教相关的东西用和歌加以表现，如"观地狱图""法华经二十八品""十乐"等。另一种是间接表达佛教思想及自己体验的，这类和歌表面上没有直接出现与佛教相关的词句，但其内容却充满着深深的佛意。

其中的28首"观地狱图"组歌不仅在西行的"释教歌"中颇为独特，在日本和歌史上也独树一帜。西行看到的地狱图是根据当时广为流布的佛教"六道轮回"所绘制的"六道绘"，是佛教以图画的形式对众生进行教诲的一个工具。它生动地描绘了地狱的悲惨，并以此折射出人世间的丑恶欲望、争斗等形象。力图激起人们对地狱的厌恶，对西方净土的向往。但地狱图太过惨烈，很多人不忍观看，显然其内容不适宜作为和歌的题材。但西行却反其道而行之，创作出了28首"观地狱图"组歌。"不忍观图心生畏，我身可有果报罪"？"亡者地狱受酷刑，生者俗世不自省"，"阿弥陀光映地狱，沸水清澈变莲池"，可见地狱图使西行受到了极大的震动。他在反思自己是否也有那些因果报应的罪孽呢？他悟到人应该在今世积德行善，否则死后就会下地狱，那时后悔也来不及了。

《法华经二十八品》则告诉人们应该怎样做才能到达西方净土，显示了西行对佛教教义的理解达到了相当的高度。佛教大炽的平安时代，各种佛经纷纷问世，寺院讲经活动遍地开花。《法华经》是《妙法莲华经》的简称，是佛教的主要经典之一。经中宣扬三乘归一之旨，自以其法微妙，故称妙法莲华经。西行从《法华经》二十八品中选取其中的词句作为"歌题"，把自己对佛教教义的理解用和歌加以阐释。如以"安乐行品深入禅定见十方佛"为题的和歌"深山修行心月澄，真如之月明如镜"；以"普贤品弘誓深如海历劫不思议"为题的和歌"弘愿深如难波海，救赎大网顿悟心"；以"一念弥陀佛即灭无量罪现受无比乐后生清净土"为题的和歌"念佛能灭无量罪，西方净土又重生"等，充分表达了西行对《法华经》的深刻理解。

"十乐"是往生集上卷列举的西方极乐净土的十种快乐。西行的"十乐"描绘了一个理想的境界，展现了因信仰佛教而最终在西方净土往生的种种快乐。如以"莲花初开乐"为题的"极乐往生托莲台，欢乐无限莲花开"；以"圣众来迎乐"为题的"追寻佛祖心色染，净土紫云随风展"；以"圣众聚会乐"为题的"连理枝头比翼鸟，庆幸世间结深缘"等。三种类型的"释教歌"描绘了众生一步步走向西方净土的三个阶段："观地狱图"使众生认识到地狱的恐怖，从而在俗世积德行善，不做恶事；"法华经二十八品"则是加深对佛理的认识，自觉为走向西方净土铺平道路；"十乐"则描绘了佛者经一生修行最后来到西方极乐世界的欢乐。西行用这类和歌表达自己虔诚的佛者之心，阐释自己对佛理的认识和对佛教的自觉自省。西行的出家很重要的原因是受到佛教无常观的影响，而他的佛心在50年的隐逸生活中也不断得到磨炼，最终达到佛教者的最高境界。

西行直接表达自己佛教思想的和歌除了"释教歌"外，还有一种间接表达了他的佛教思想及自己的体验，这类和歌大多集中在西行的"花月歌"中。"花月歌人"是后世对西行的另一称呼。花代表着美丽，月象征着纯洁。在日本的平安时代，雪月花的审美意识深入人心，并直接影响到和歌的创作。日本最早的和歌集《万叶集》受中国文学的影响，其中的花多指梅花，而平安时代"和风文化"逐渐取代了"唐风文化"，日本人独特的审美意识开始觉醒，遍布日本各地的樱花成为日本人的最爱，吟咏樱花的和歌大量出现，"花"开始特指樱花。西行晚年自编的《山家心中集》以36首咏花月歌开始，并在书名旁写下"此集应为花月集"。西行一生创作的咏樱花的和歌达272首之多，咏月的和歌有376首之多。诚然，京都也有花与月，宫廷贵族吟咏花与月的和歌也有相当的数量。然而此花非彼花，此月非彼月。西行所咏的花不是生长于宫廷之花，也不是在京都所见之月，而是在深山所见之花，在草庵，在修行途中所观之月，是以一个远离俗世的隐遁者的眼睛所观所见，因此，无不打上隐遁者的印记，无不带有佛教无常观的色彩。他并没有把樱花单纯看作自然界的一种植物，把月看作一种天体，而是把花月与自己的佛家思想紧紧地连在了一起，向花月投入的感情具有更深的含义。这种感情从萌芽到形成一种割舍不断的情结，正如他自己所说，"我咏的歌完全异乎寻常。虽是寄兴于花、杜鹃、月、雪，以及自然万物，但是我大多把这些耳闻目睹的东西看

成是虚妄的，……这种歌就是如来的真正形象"。① 他甚至直截了当地说，
"咏出一首歌，如造一尊佛；不断地斟酌着一句和歌，犹如唱出一句
真言"。②

二　在和歌中融入了对自我的凝视与反省

西行为了实现自我救赎而出家隐遁，在长达 50 年的隐遁生活中，西
行并非悠悠然在大自然中行走放歌，其两千多首和歌也并非只一味描写风
花雪月。出家隐遁虽是西行人生道路的一个重要节点，但并不是西行人生
的终极目标，他并没有因为出家隐遁而放弃对人生的思考，也没有放弃对
自我的反省。因而在他的和歌中，有相当数量反省自己的人生的和歌。安
田章生称其"具有超过他人一倍的强烈的情感和复杂曲折的内心，而且
把这样的内心深入挖掘下去，有力地锤炼再锤炼"。③

西行在年仅 23 岁时就出家隐遁，并非年轻人一时的心血来潮，而是
经过长时间的思索和内心的挣扎，可以说出家隐遁的决心十分坚定。但出
家隐遁后所面对的生活的艰辛，精神上的寂寞，他的内心并非没有动摇，
他反省自己"弃世出家仍未隐，缘何犹似世间人"，"俗世似舍犹未舍，
心地犹未离京城"，"出家斩断世人缘，何故内心俗世牵"？出家隐遁之初
西行并没有直奔深山，而是在距京都很近的周边山上辗转，偶尔也会因事
而返回京都。西行为此烦恼不已，他在和歌中反省自己，出家隐遁就是要
斩断与俗世的因缘，但为何还是与俗世藕断丝连，自己的心也似乎仍未离
开京都？正是为了彻底抛弃俗世的一切，西行才踏上了"再出家"的各
地云游修行之旅。可以说西行一生都在自我省察，自我凝视。甚至在观赏
根据佛教教义绘制的"地狱图"时也不忘检讨自己，"不忍观图心生畏，
我身可有果报罪"？由于"地狱图"描绘的图景恐怖至极，西行不忍细细
观看，但他同时也问自己，是否也有那些死后会遭到报应的罪过呢？

被称为"花月歌人"的西行，在多达 272 首咏樱花的和歌中，写下
了"春风无情吹花落，醒来犹自黯神伤"，"真魂出窍附山樱，樱花凋落
魂归身"，"赏花之人心内苦，缘为心忧花落时"等和歌，把对樱花而痴

---

① 松本雄二：『日本文艺史·第二部』，筑摩书房 1981 年 4 月版，第 103 页。
② 同上。
③ 安田章生：『西行』，弥生书房 1993 年 11 月版，第 126 页。

狂，对落花而失魂的心描写得淋漓尽致。于是他写下"世间一切皆抛舍，为何独存爱花心"的和歌反省自己，他向自己发问，既然已经抛弃了俗世的一切，为什么还对樱花如此狂热呢？对月亮的感情也是如此。"月"对西行来说不只是静静观赏的对象，不仅是"真如之月"的象征，也是西行凝视自己内心的工具。西行把自己的悲伤、祈祷、喜悦都寄托给"月"，即把"月"作为寄托自己人生感慨的对象。他把没有开悟的心比作"浑浊之水"，"迷惘之心浑浊水，如何映照真如月"，说的是如果不能很好地领悟佛法，那么自己的内心就犹如浑浊之水，无法映照西方净土的明月；在题为"观心"的和歌中，西行写道"驱除黑暗心月澄，真如之月西山倾"，反思自己在没有领悟佛法之前，心中一片黑暗，而佛法驱除了心中的乌云，真如之月照亮自己前往西方净土的道路，皎洁的"月"成为观照西行内心的一面镜子。

据西村真一在《文艺研究》第 53 集发表的《西行的述怀歌》中统计，仅在《山家集》的 1643 首和歌中，包含"心"的和歌就有 313 首，占《山家集》的 18% 左右。其中以自己的心为焦点的和歌常常以"わが心かな"（我的心啊）结尾，或在和歌中有类似的表现。"烦恼终未得开悟，知我心者唯我心"，这首和歌的歌题是"心以经文自悟心自证心"，"心"自己开悟，以"心"来证明自己的心。西行反省自己的内心，虽然仍然迷惑，但了解自己存活至今却仍不开悟的内心的，还是自己的"心"。"人生无常何须烦，决意潇洒赴黄泉"，这是西行面对死亡时内心清静的祈祷，与西行的自我凝视融为一体，静静地沁入内心的深处。

西行与同时代其他和歌歌人最大的区别在于，西行的和歌在倾情描写大自然的风光中渗入对人生的深刻思考，融入了自己对佛教教义的理解，融入了对自我的凝视与反思。"后鸟羽院"称他的和歌"极富雅趣，且其心颇深"就是这个道理。当宫廷贵族的歌人的代表藤原定家回避即将到来的改朝换代，称"红旗征戎非吾事"时，西行却在和歌中对源平两大武士集团的征伐给普通百姓带来的苦难表示了极大的愤怒；当宫廷贵族歌人龟缩在宫廷中吟风弄月，从汉诗和古代和歌中寻找灵感时，西行却行走在大自然中探幽访胜，寻访隐遁的先贤们留下的遗迹，追寻大师的脚步，在艰苦的修行中加深对佛教教义的理解，反思自己的内心，思考人生的真谛。因此他的和歌就有了非同一般的意义，就具有了较为深刻的思想内涵，从而能打动一代代日本人的心灵。

三　在和歌中融入了多种题材

平安时代初期被称为日本的"国风暗黑时代"，在诗歌领域，汉诗一统天下，创作汉诗成为贵族的必备素养，而和歌则难登大雅之堂，只能存在于王公贵族的私人场合，成为描写男女恋爱生活的工具。假名的出现，标志着"国风文化"代替"唐风文化"的开始，直接催生了第一部敕撰和歌集《古今和歌集》的诞生。但当时从贵族家中收集的和歌基本上以表现男欢女爱为主，为此主编歌集的纪贯之等人不得不自己动手创作"羁旅歌"等，以使歌集的内容不至于只有男女爱人之间的吟唱。尽管如此，和歌的题材仍然是恋爱与"雪月花"的世界，而西行对日本文学的贡献之一，除了在和歌中融入佛教思想之外，还扩大了和歌的表现领域，在他的两千多首和歌中，不仅有和歌中常见的恋爱之歌，也把许多在同时代其他和歌中难得一见的题材在和歌中加以表现，从而扩大了和歌的表现范围。

岛国日本四面环海，但令人不可思议的是，古往今来的和歌歌人很少把目光投向大海，描写大海的和歌屈指可数。而一生行走在大自然中的西行却被大海深深吸引，走出京城，走出深山，亲近大海，写下了描写海上明月的"摇橹划出播磨滩，海上明月尽情看"，"风平浪静月澄明，海面无云波浪平"，"月光如水难波潟，月映海面明如冰"，海上的明月与陆上的明月相比更加明亮，月光也更加皎洁。描写海上之鸟"白鸥"的"濑户潮风清寒早，淡路海岸白鸥鸣"，"海岸夜阑清霜凝，白鸥齐鸣和海风"，"绘岛之滨白鸥鸣，今宵波浪映月明"。不仅如此，西行把古往今来的和歌中极少描写的渔民生活也写入了和歌。"渔夫并肩浮海面，欲潜海中捕鲍鱼"，"岩石洼处栖海螺，渔夫潜水忙捕捉"，"渔夫辛劳满载归，海藻海螺与海蛤"，"快快来采新海菜，昆布石花与海苔"。这是西行的"四国之旅"时留下的和歌，在海边，西行目睹渔民为生计潜海捕捉着鱼虾海菜，这样的生活场景，是久居京都的人无法看到的，而对行走放歌在崇山峻岭的西行来说，渔民的生活也是难得一见的新鲜。西行为渔民的勇敢而感动，因而留下了日本和歌史上少有的诗篇。

组歌"游戏之歌"是西行晚年回忆童年生活之作，这也是日本和歌中少见的。"竹马为杖今日倚，老迈犹忆儿时戏"，"童子茅草编马骑，而今老迈忆往昔"，"幼时游戏捉迷藏，钻进角落把身藏"，"弯竹作弓射麻雀，少年头戴鸭舌帽"，已是老年的西行回忆起童年时的游戏，草编竹马，用竹子做弹弓射麻雀，捉迷藏等，充满了童趣，也充满了生活的情趣。

西行的和歌除了日本和歌常见的题材之外，还融入了很多一般和歌所没有的内容。产生于宫廷之外的西行的和歌，是西行行走于大自然，广泛接触社会生活的产物，因而具有与宫廷歌人所不具备的特质，其多种题材的和歌也丰富了和歌的表现领域，为日本和歌的发展做出了贡献。

第三节　在大自然中发现了"闲寂"之美

平安时代是日本文学史上的黄金时期，假名的出现，"和风文化"代替了"唐风文化"，给日本文学带来了生机和活力，物语、随笔、日记、和歌等各种文学形式百花齐放，特别是和歌创作达到巅峰，形成了"幽玄""闲寂"等构成日本传统审美意识基调的文学理念。"幽玄"以雄踞当时歌坛的藤原俊成与藤原定家父子为代表，"闲寂"以西行为代表。前者出自宫廷，是宫廷贵族的审美理念，其特征是华美、朦胧；后者产生于大自然，是隐遁者的审美情趣，其特征是素朴、幽雅。西行在他长达50年与大自然的共生中发现了"闲寂"的美，作为"闲寂"流美学理念的先行者，用自己的两千多首和歌诠释着"闲寂"流美学理念的真谛。

一　西行和歌中的"闲寂"之美

以自然万物为友的"闲寂"之美，是隐遁者在孤独中追求大自然之美的产物，是隐逸文学的重要美学标志。隐居山林与大自然相伴终生的西行从大自然中发现了"闲寂"之美，他把对大自然的热爱充分表现在"闲寂"美上，把自己的心境与大自然有机融合，使"闲寂"不是作为玄而又玄的理念，而是作为可触可感的形象展现在读者面前。

"幸得世间有深山，逃离俗世把身安"，"深山寂寞无访客，若无寂寞愁更添"，隐遁生活虽然艰辛寂寞，但幸亏世上有深山老林让西行能构筑草庵，有大自然万物的千姿百态抚慰他那颗孤独寂寞的心，山林隐遁的生活给他的和歌创作提供了取之不尽的题材，可以说大自然成就了西行，隐遁生活成就了西行。当寂寞减少了痛苦的要素，寂寞也变成了一种美，大自然的一切都因寂寞而更加美丽。在常人难以忍受的艰辛寂寞中，西行感受到了大自然的勃勃生机和"闲寂"之美。"夏夜明月穿云出，月光如水池面凝"，"水珠如玉滴檐下，雨后菖蒲饰草庵"，这是两首描写夏季的和歌。万籁俱寂的夏夜，明月穿云而出，夜空繁星点点，月光倒映在如镜的水面，静谧的夏夜是那样令人陶醉；突降的一场夏雨给西行带来了久违的快乐，他欣喜地看着像玉一样晶莹剔透的水珠一滴滴落在草庵的檐下，于是他采来新鲜的菖蒲草装饰着简陋的草庵。一幅闲静幽雅充满着"闲寂"美的山居图展现在读者面前。这种境界再深入一步，就有了那首著名的《秋夕歌》，"无心之人知物哀，秋夕泽畔鹜飞天"。秋日黄昏，泽畔一片幽静，突然，一只鹜鸟展翅腾飞，划破天际飞向远方。西行选择了鹜鸟打破寂静突然飞起的画面，展现了以往的和歌所没有的天高地阔的意境，鹜鸟展翅飞起的瞬间的"动"与秋日黄昏的永恒的"静"形成鲜明对照，大自然的生命律动与深山泽畔的永恒寂静完美地结合在了一起，万物的真实都通过这一瞬间的"闲寂"的美而感悟，达到了"闲寂美"的最高境界。这种境界只有排除一切杂念"心如止水"的人才能达到，只有用全部的身心去拥抱大自然，感受大自然的人才能欣赏。"闲寂"之美就是大自然之美，是隐居大自然的隐者之美，寄情于大自然的隐遁者从大自然的一切中都能发现深深的美，正如"俳圣"（俳句之圣）松尾芭蕉所说"所见之处，无不是花，所思之处，无不是月"。①

　　西行对大自然的礼赞在他的和歌中随处可见。无论是对花与月的赞美，还是对山川草木的吟咏，以及对鸟类动物的描写，无不流淌着"闲寂"流的美与无常的美。甚至宫廷贵族和歌中从未出现的海岛风光也是他吟咏的对象。"濑户潮风清寒早，淡路海岸白鸻鸣"，"海岸夜阑清霜凝，白鸻齐鸣和海风"，淡路岛是濑户内海最大的岛屿，来到这里修行的西行看到了在内陆无缘得见的大海，清晨的海岸，潮风料峭，白鸻齐鸣，打破了冬日的寂静，肃杀的冬季似乎也变得生机盎然；夜阑人静的海岸寒凝清霜，群鸟和着海风在鸣叫。他个人的和歌集《山家集》以"四季歌"开始，对春夏秋冬四季景物的吟咏也充满了"闲寂"的美感。"春风阵阵送梅香，深山柴庵雅趣藏"，"深山杜鹃声声闻，盛夏野草绿如茵"，"秋夜草庵闻鹿鸣，月影融融入窗棂"，"深冬庭院霜似雪，落叶积水月影

---

　　①　松尾芭蕉：『笈の小文』，『日本古典文学大系・芭蕉文集』，岩波书店 1959 年 10 月版，第 52 頁。

寒”，四季风物各有不同，西行以他那诗人特有的敏感与洞察力，细致入微地描写了春天梅花的清香，夏天野草的繁茂，秋天明月的澄澈，冬天霜雪的寒意，读来无不给人以“闲寂”的美感。正如石田吉贞所说，读西行的和歌，会使人“感受到深山的清香，原野的芬芳，即使在封闭的宫殿中也能感到吹进来一股高原的清风”，① 这种美学理念被后世的俳句所继承，而俳句中必有“季语”（表示季节的词语）就是滥觞于西行的四季咏物和歌。如代表春天的樱花，代表夏季的野草，代表秋天的红叶，以及代表冬季的冰雪。这样一来，俳句中即使没有出现“春夏秋冬”的词语，人们也能从代表不同季节的景物中感受到四季的存在。

　　“闲寂”作为一种美学理念只能在隐遁生活中才能产生。铃木大拙认为，“闲寂”的真正意义是“贫困”，“之所以称其为‘贫困’，是因为它不执着一切世俗的东西，诸如财富、权力、名誉等等。而且，在这种‘贫困’人的心中，他会感到有一种因超越时代、社会而具有最高价值的存在——这就是‘闲寂’的本质构成”。② 铃木大拙的论述充分说明了“闲寂”的本质，即排除一切杂念，抛弃世俗的一切，这种境界只有真正的隐遁者才能达到。隐遁者把对生活的要求降到了最低的程度，江户时代的“歌人”、也是西行的崇拜者良宽曾这样描写隐遁者生活的草庵：“索索五合庵，室如悬磬然。户外杉千株，壁贴偈数篇。釜中时有尘，甑里更无烟。唯有东村叟，时敲月下门。”③ 据说西行在“二见浦”的草庵极其简陋，地上铺着芦苇，用石头的凹槽代替砚台。夏天，草庵常常被野草遮蔽，冬天常常被大雪掩埋，西行 50 年隐遁生涯的艰辛程度可见一斑。出家前前途无量的西行，抛弃了世俗的一切，甘愿在草庵和艰苦的修行中度过自己的一生，正是没有世俗杂念的束缚，才能使他成为如白洲正子所说的“像空气那样自由的无色透明的人”。④ 只有这样的人，才能在大自然中发现和欣赏“闲寂”之美，才能用全部的身心吟诵“闲寂”之美。

---

① 石田吉贞：『隠者の文学——苦悶する美』，講談社 2001 年 11 月版，第 123 頁。
② 铃木大拙著，陶刚译：《禅与日本文化》，生活·读书·新知三联书店 1989 年 6 月版，第 16—17 頁。
③ 石田吉贞：『隠者の文学——苦悶する美』，講談社 2001 年 11 月版，第 120 頁。
④ 白洲正子：『西行』，新潮社 1988 年 10 月版，第 247 頁。

二　"俳圣"芭蕉对西行美学理念的继承

一种文学形式能否为后世所继承和发展，是它是否具有生命力的具体体现。日本镰仓时代的"俳圣"（俳句之圣）松尾芭蕉在《笈小文》中指出："西行的和歌，宗祇的连歌，雪舟的绘画，利休的茶道，其贯道之物一如也"①，芭蕉的这一论述，概括了自己的俳句思想理论。他认为，西行的和歌、宗祇的连歌、雪舟的绘画和利休的茶道，其艺术形式虽然不同，但其艺术精神却是相通的。他如此看重西行的和歌，把它放在几种艺术形式的首位，是因为他认为西行的和歌是自己创作理念的源头，是因为在西行身后形成了一个隐逸文学的系谱，而他则是这一系谱的重要一环。这一系谱的特征是"风雅"，即"闲寂美"，西行的和歌是这种文学理念的充分体现和最好的诠释，而芭蕉则继承和发扬了这一文学理念并使其最终得以完善。

芭蕉对西行的继承是自觉的，无论是生活方式，还是俳句创作，无不以西行为楷模。他像西行那样结草庵而居，因庵前有棵芭蕉树而名"芭蕉庵"，进而把芭蕉作为自己的名号。芭蕉的一生也数次外出云游，而西行留下的"歌枕"之地是他必去的地方。《芭蕉文集》中不论是散文还是日记，经常出现与西行有关的内容。在他的俳句中，他曾细读过《山家集》的痕迹随处可见，很多俳句明显透露出西行和歌的影子。著名的散文《奥州小路》就是他自觉追随西行"闲寂"的风雅的结果。西行有"身如蕉叶风吹破，人生在世何所依"的和歌，而芭蕉也有"蕉影下游玩，风吹雨打蕉叶烂，唯有爱依然"的俳句，可以明显看出受到了西行和歌的影响。

芭蕉对西行的继承和发展是多方面的，但主要是对"闲寂"的美学理念的继承。他那首在日本脍炙人口的经典俳句"古池呀，青蛙跳入水声响"（林林译）②，明显是受了西行的影响，使人自然联想起西行那首"无心之人知物哀，秋夕泽畔鹜飞天"的和歌。二者的构思和意境异曲同工，都是把瞬间的"动"与永恒的"静"构成鲜明的对比，使读者在领

---

①　松尾芭蕉：『笈の小文』，『日本古典文学大系・芭蕉文集』，岩波書店 1959 年 10 月版，第 52 頁。

②　郑民钦：《俳句的魅力》，外语教学与研究出版社 2008 年 5 月版，第 11 页。

悟到大自然的神奇魅力的同时，感受到大自然"闲寂"流的美。"闲寂"的美学理念是以佛教的无常观为思想基础，佛教认为世间万物都是无常的，是瞬息万变的。因此西行在对大自然的咏叹中也渗透了深深的禅意。在他对大自然顶礼膜拜倾心歌颂的同时，也把自然万物看成是虚妄的，他认为这样的和歌"就是如来的真正形象"。① 这种把吟咏和歌与佛教的禅意相结合所显示出的"闲寂"的美学理念，对后世产生的影响不可估量。芭蕉的美学理念"蕉风"的形成，就是对西行的这一美学理念继承和发扬的结果。这一点也充分证明了西行是日本隐逸文学的开拓者，充分证明了他在日本文学史上的地位。

西行的一生，是隐遁与和歌完美结合的一生。他开启了日本隐逸文学的先河，他把自己的隐遁生活以及对佛教的理解忠实地记录在和歌之中，使他的和歌在洋溢着"闲寂"美的同时，具有较为深刻的内涵。作为日本隐逸文学的代表，西行可以说是实至名归。如今在日本掀起的"西行热"，是对西行在日本文学史上所占有的地位的肯定，也充分证明了对西行继续研究的必要性。

西行的和歌版本种类很多，本书引用的和歌所依据的是日本第一书房1987 年版，由伊藤嘉夫校注的《山家集》。书中所引和歌后的数字是《山家集》中和歌的编号。

---

① 松本雄二：『日本文芸史·第二部』，筑摩书房 1981 年 3 月版，第 103 頁。

第一章　西行法师生活的时代

卡尔·马克思认为，"人的本质并不是单个人所固有的抽象物，它是一切社会关系的总和"。① 生活在不同时代的人都会深受那一时代的影响，时代的变迁，社会环境的嬗变，都不可避免地影响着生活于其中的人们。

西行法师生活于日本平安时代末期。从794年迁都到"平安京"，到1192年源赖朝被任命为"征夷大将军"，并开设"镰仓幕府"的约四百年间，史称"平安时代"。平安时代在日本历史上占有重要地位。"唐风文化"被"国风文化"所代替，具有鲜明的民族特色的文化出现在日本列岛，迎来了追求唯美的贵族文化发展的全盛期。这一时期，不仅诞生了被联合国教科文组织（UNESC）认定为世界上第一部长篇小说的《源氏物语》，物语、随笔等文学体裁也相继问世，和歌更是繁荣发展到巅峰时期，对后世的日本文学、日本文化以及诸多方面所产生的影响不可估量。

尽管平安时代创造了光辉灿烂的文化，但历史证明，当一个朝代处于末期，各种社会矛盾都达到了不可调和的程度，这个朝代也将不可避免地走向灭亡。平安时代末期也是如此。此时的日本，在宫廷内，既有皇室成员为争夺皇位而不断上演的骨肉相残悲剧，也有"摄关"家族为争夺摄政地位的互相倾轧的事件；宫廷外，既有武士集团为扩大势力范围的互相征伐，也有因饥馑而造成的饿殍遍野，民不聊生。西行法师的一生经历了"保元之乱""平治之乱""源平争霸"及平氏的最终灭亡，武士政权"镰仓幕府"的建立，目睹了战乱与"养和饥馑"等自然灾害带给平民百姓的深重灾难。这一切无疑对西行法师的人生产生了深刻的影响。明确西

---

① 马克思、恩格斯：《关于费尔巴哈提纲》，《马克思恩格斯全集》第三卷，人民出版社1960年5月版，第5页。

行法师所处的时代背景，对西行法师的研究具有重要意义。

第一节　保元之乱

"保元之乱"是 1156 年（保元元年）发生在京都的一场动乱。这场动乱虽然是皇室·摄关家族内部的势力之争，但"源平"两大武士集团也由此分为两派展开武力冲突，拉开了两大武士集团互相征伐的序幕，武士这一新兴阶级登上了日本历史舞台。皇室分为崇德上皇（退位天皇）与鸟羽上皇两派，"摄关"的藤原氏家族也出现了父子·兄弟的对立。这是一场名副其实的骨肉相争，皇室分为两股势力你争我斗始于"保元之乱"，藤原氏家族分为两派互相倾轧也始于这场动乱。这场动乱以崇德上皇一方的彻底失败而告终，动乱的发动者崇德上皇被流放到讃岐，最终在抑郁中辞世，再也未能返回京都。

1156 年 7 月，"保元之乱"因鸟羽上皇之死而爆发。镰仓时代的高僧慈圆在所著的《愚管抄》中，称这一事件为"乱逆"，"鸟羽上皇驾崩后，日本国发生乱逆事件，此后日本国进入了武士时代"。[1] 事件的表面是皇室成员为争夺皇位而上演的骨肉相残，但其中的原因错综复杂，渡部治认为，"保元之乱"是"与'摄关'政治对立的'院政'因其内部矛盾与对立而发展为卷入武士势力的战乱"。[2] 之后发生的"平治之乱"也是如此。

一　院政内部的矛盾激化与"保元之乱"发生的原因

所谓"院政"始于白河天皇（1053—1129）让位给崛河天皇（1079—1107）成为"上皇"的应德三年（1086）。白河天皇在位 14 年，崛河天皇即位时年仅 8 岁。白河天皇让位后成为"上皇"，为处理家事而开设了院厅，作为天皇的监护人而掌握了政治上的发言权。这就是所谓"院政"的开始。执掌"院政"的退位天皇被称为"某某院"，因而执掌"白河院政"的白河上皇被称为"白河院"。

---

① 冈见正雄、赤松俊秀校注：『日本古典文学大系 86·愚管抄』，岩波书店 1967 年 3 月版，第 206 页。

② 渡部治：『西行』，清水书院 1998 年 1 月版，第 19 页。

　　"院政"开始前，政治实权长期由摄关家即外戚，具体来说由天皇母系一族所把持，"院政"的实行，使政治实权转移到天皇的父系一族，即被称为"上皇"的父亲方面。

　　崛河天皇1107年驾崩，其长子、年仅5岁的宗仁亲王即位，此人就是后来西行作为"北面武士"所侍卫的鸟羽天皇。而在1156年发动"保元之乱"的崇德天皇是鸟羽天皇的儿子。但白河、鸟羽、崇德三代天皇之间的关系有着不可告人的秘密。据载，崇德天皇不是鸟羽天皇与皇后璋子（后来的"待闲门院"）的儿子，而是璋子与鸟羽天皇的祖父即白河天皇的儿子。1212年成书的《古事谈》卷二有这样的记载，"待闲门院"作为白河的养女入宫，其间与白河私通，此事人尽皆知。崇德乃白河之子。鸟羽亦知此事，公然把崇德叫作"叔父子"（名义上是儿子，其实是自己的父亲崛河天皇的弟弟、自己的叔父之意）。此事成为"保元之乱"爆发的远因（现代日本著名作家渡边淳一著有小说《天上红莲》，描写了白河与其养女璋子的忘年之恋）。

　　白河在显仁亲王即后来的崇德天皇虚岁5岁时逼迫年仅21岁的皇孙鸟羽天皇退位，让崇德天皇即位，鸟羽天皇成为"上皇"。此时正值"院政"的最盛时，政治实权仍掌握在白河手里。1129年白河驾崩，鸟羽院的"院政"拉开了序幕。鸟羽院后来与"美福院"得子于1139年生下躰仁亲王，由于当时崇德天皇没有儿子，鸟羽上皇让崇德天皇收其为养子。躰仁亲王刚刚3岁，鸟羽上皇就像当年白河对待自己那样，逼迫崇德天皇退位，让躰仁亲王即位。

　　据《愚管抄》记载，崇德天皇同意让位，但以为成为上皇后自己理应实行"院政，所以在下圣旨时称躰仁亲王为'皇太弟'"。万万没有想到躰仁亲王即位成为近卫天皇后下的第一道御旨宣称，"院政"由自己的父亲鸟羽上皇继续实行。天皇年仅3岁，这个御旨出自鸟羽上皇之手不言自明。由于"鸟羽院政"的存在，崇德院被称为"新院"，政治权利依然掌握在鸟羽院之手。这也是"保元之乱"爆发的原因之一。

　　近卫天皇自幼多病，年仅17岁就一命归西。当年让出皇位本不是出于本意的崇德上皇，以为近卫天皇一死，即使自己不会重登皇位，至少自己的儿子也理应即位。但没有想到鸟羽院却让自己的同母弟弟"后白河天皇"登上皇位，自己与自己的儿子都被彻底排除在外。崇德不明白鸟羽院为什么要这样对待自己，心中的怨恨无法排解。这是"保元之乱"

爆发的直接原因。

二　摄关家族的内部分裂与"保元之乱"爆发的关系

"摄关"是"摄政"与"关白"的简称。平安时代中后期，以藤原氏为首的外戚权倾一时，以"摄政""关白"的形式独揽朝政。在天皇年幼时，辅政者称为"摄政"，天皇亲政后，辅政者称为"关白"。"关白"即"报告"之意。"关白"一词最早出现在中国《汉书·霍光传》中，"光自后元秉持万机，及上即位，乃归政。上谦让不受，诸事皆先关白光，然后奏御天子"。[①] 日本平安时代以后称辅佐天皇执行政务的要职为"关白"。884 年光孝天皇时，一切奏文在天皇御览前先提交给藤原基经，听取他的意见。到了天皇亲政以后，一切事物仍都要向藤原氏报告，实权掌握在"摄关"手中。这是"摄关政治"的开始。担任摄关者兼任大政大臣。11 世纪初，以藤原道长为首的"摄关政治"达到全盛。他先后将四个女儿嫁给四代天皇，人称"一门四后"。

保元之乱爆发前，由于院政的实行，摄关家族的势力已经今非昔比，但争夺摄关权利的家族斗争却越演越烈，父子兄弟之间的对立也趋于表面化。

藤原道长死后，藤原忠通成为关白。他与父亲藤原忠实、同父异母弟弟藤原赖长之间的矛盾日益加深。首先是父子矛盾。藤原忠实曾是崛河天皇的"关白"，在鸟羽天皇即位后先是摄政，后成为"关白"。但与其疏远的白河上皇却剥夺了藤原忠实的权位，把关白权位给了其子忠通。藤原忠实不得已到宇治隐居，父子二人的关系就此恶化，藤原忠实的感情倾向于另一个儿子藤原赖长也就不足为奇了。深受父亲喜爱的藤原赖长比藤原忠通小 22 岁。久安五年（1149），藤原忠实剥夺了忠通的"氏长者"（氏族首长）的地位，把这一地位给了赖长。如此一来，父子与兄弟之间的关系更加恶化。

永治元年（1141）即位的"美福门院"得子的皇子近卫天皇于久寿二年（1155）驾崩，年仅 17 岁。此时一种奇怪的流言在宫中悄悄流传。流言说，近卫天皇之死是因为与鸟羽院、美福门院及近卫天皇对立的

---

① 班固撰，颜师古注：《汉书》卷六十八《霍光传》，中华书局 1960 年 6 月版。第 2948 页。

"崇德院"的诅咒。平安时代正是人们很容易在精神上接受诅咒的力量的时代，所以这个流言很快就被宫中的人们所相信。另外，虽然藤原赖长把自己的养女送进宫中成了近卫天皇的皇后，但由于其树敌太多，这件事却起了相反的作用，有传言说赖长也和崇德一起诅咒了近卫天皇，致使其过早离世。鸟羽院本来就因怀疑崇德是其祖父的儿子而对其十分憎恶，如今又因相信近卫天皇是因其诅咒而死，对他的厌恶进一步加深。而崇德因为自己的同母弟弟雅仁亲王继承皇位成为"后白河天皇"，而自己不但不能重登皇位，自己的儿子即位的梦想也彻底破灭了，因此内心充满怨恨。崇德与失意的藤原赖长最终结成了同盟。而"诅咒"的风传，完全是"美福门院"得子和藤原赖长的兄长——藤原忠通的阴谋。这一谣言的传播与鸟羽院对谣言的接受，成为压垮崇德的最后一根稻草，绝望的崇德终于下了发动暴乱的决心，"保元之乱"终于爆发。

三 "保元之乱"的爆发与武士集团的崛起

从 630 年开始，大和朝廷开始向唐朝派遣"遣唐使"，全面学习唐朝的政治和文化，对律令制度进行改革，继续实行班田收授制度。由于赋税过重，10 世纪后，扔下土地逃亡的农民大量出现。地方豪族大量兼并土地，加上对荒地的大规模开发，其拥有的庄园面积逐渐增加。随着庄园在全国范围的扩大，拥有私营田的郡司、庄官、大名主等即地方庄园主的势力逐渐强大，为保护自己的利益及争夺周边的私营田和对雇工的支配权，各庄园主制备武器，将自己的家丁武装起来，从而形成了武士这一特殊阶级，并很快发展壮大起来。刚刚出现的武士集团只是一个家族的小集团，其后逐渐集中在势力强大的武将的麾下，在各地形成了较大的武士团。地方的庄园主是武士团的首领，他们分居全国各地，为了维护自己的地位和势力而逐渐聚集起来，到 12 世纪中叶，日本已形成了两大武士集团：一个是以近畿以东武藏野一带的关东为根据地的源氏集团；另一个是以近畿以西的"西国"为根据地的平氏集团。源、平两氏都是皇族的子孙，两大武士集团在地方都有各自的势力范围，而巨大的财力和强大的武力则成为他们势力的基础。

久寿三年（1156）7 月 2 日，鸟羽院驾崩。当鸟羽院病危之时，崇德想去探望这位名义上的父亲，却被拒之门外。这时，"后白河"天皇与崇德兄弟间的对立到了一触即发的时刻。

崇德决心起事，而"后白河"天皇一方也已有所察觉，开始积极应对。但对立双方都是皇室与摄关家的联合，哪一方都不具备武力，崇德一方欲发动暴乱，"后白河"天皇想将其镇压，都不得不依靠刚刚兴起的武士的力量。崇德一方联合了源为义、源为朝父子与平忠正的武士，"后白河"天皇一方召集了源义朝（源为义之子、源为朝之兄，年长源为朝16岁）、平清盛（平忠正的侄子）。源平两家并未团结起来一致对外，而是各自参加了对立的一方。崇德一方既有源氏家族的源为义父子，也有平氏家族的平忠正；"后白河"天皇一方既有源氏家族的源义朝，也有平氏家族的平清盛。摄关家族中父子、叔侄分属两大阵营，而为首的崇德与"后白河"天皇本是同母的亲兄弟。可以说"保元之乱"是一场骨肉相残的悲剧。

7月11日黎明，"后白河"天皇一方的源义朝军与平清盛军突袭了崇德所在的白河殿，战斗打响。崇德一方的源为朝英勇抵抗，但最终却不敌源义朝军与平清盛军的猛攻而败下阵来。崇德仓皇出逃，至仁和寺出家，藤原赖长逃亡途中战死，崇德被抓获，最终被流放到讚岐。源义朝俘虏了自己的父亲与五个弟弟，平清盛也抓住了叔父一家。追随崇德的源为义希望自己的长子源义朝能放自己一马；同样追随崇德的平忠正也希望自己的侄子能保自己一命。二人按照当时的风俗出了家，已然是出家人的二人期待着自己子侄的亲情，却未料等待他们的是无情的杀戮。

天皇一方的强硬人物信西强烈反对将二人流放，极力主张判处二人死刑。平清盛选择了大义灭亲，杀掉了自己的叔父平忠正一家父子五人，以逼迫源义朝也杀掉自己的父亲与兄长，从而进一步削弱源氏的势力。源义朝无奈，也对自己的父亲和四个弟弟举起了屠刀。五个弟弟中的源义朝逃到了九州，但不久就被抓获。最初幸运地保住了性命，被流放到伊豆大岛，最终仍然被杀。追随崇德的武士也悉数被斩首。

落败的崇德被流放到讚岐，用自己的鲜血抄写了五部大乘经呈送"后白河"天皇，以此乞求"后白河"天皇的赦免。但这位同母的弟弟根本不予理睬。崇德悲愤难平，发下誓愿"愿为日本之大魔怨，扰乱天下，取民为皇，取皇为民"。① 自此不食不修，郁郁而终。

---

① 永吉安明、島田勇雄校注：『日本古典文学大系31・保元物語』，岩波书店1961年7月版，第181頁。

"保元之乱"中源平两大武士集团的作用不容小觑。武士集团也通过这一事件发现了自己的重要性，从此不甘于受皇室与"关白"的驱使，转而谋求自己的独立与发展，从而正式登上了历史的舞台，拉开了武士掌握全国政权的序幕。

"保元之乱"是院政内部的矛盾冲突的必然结果，摄关的藤原氏一族的互相倾轧也使他们分别支持院政内部互相争斗的两派。而没有武装力量的两派不得已分别依靠两支武士集团，从而造成了武士集团的进一步发展壮大。

第二节　平治之乱

"保元之乱"三年后，以源义朝为首的源氏与平清盛为首的平氏两大武士集团的对立越演越烈，终于在 1159 年（平治元年）爆发了"平治之乱"。

一　藤原信西的得势与保元新政的实施

"平治之乱"中一个重要人物是"后白河"天皇一派的藤原信西。信西是"保元之乱"胜利者一方的最重要的人物。藤原信西是藤原家族的旁支，据说学问很深，且其妻曾为"后白河"天皇的乳母，因而深得"后白河"天皇的信任，逐渐掌握了政治实权。

通过"保元之乱"，信西充分认识到了武士力量的重要性。当时武士中最有实力者无疑是"保元之乱"的胜者平清盛与源义朝。但信西因和平清盛有相同的贵族文化趣味，所以二人的关系密切，且远胜于与源义朝的关系。原因是源义朝的关东武士的粗野与信西格格不入，而源义朝也对信西抱有不满的情绪。杀掉自己的父亲和兄弟本是平清盛和信西的逼迫所致，而"保元之乱"后源义朝所得到的奖赏却远远少于平清盛。为了搞好与信西的关系，源义朝想把自己的女儿嫁给信西的儿子，但却被毫不留情地拒绝了，很快，信西与平清盛结成儿女亲家。如此一来，源义朝对信西与平清盛的怨恨越来越深。

另外，"保元之乱"平息后，摄关家族所拥有的庄园和领地大部分被朝廷没收，摄关家族的势力大幅衰退，政治权利集中到"后白河"天皇手中。"后白河"天皇开始推行"保元新制"。其主要内容有，九州归上皇（治天之君）所有；上皇的命令之外不许存在其他私人权利；所有的公私领地最终的支配权归天皇或上皇所有。"保元新制"整理了全国的庄园，减少了因争夺庄园的所有权而引发的纷争，使全国的庄园都在天皇或上皇的支配之下。

推进"保元新制"的是深得"后白河"天皇信任的信西。信西也借机把重要的官职让自己的儿子担任，从而招致了"后白河"天皇过去家臣及贵族的不满。信西镇压了反体制势力，重用"北面武士"（天皇或上皇的御林军、西行法师出家前曾任此职）中势力最大的平氏，平氏一门的势力因此逐渐增大。

二 源义朝的失意与"平治之乱"的爆发

与"平治之乱"有关的还有一位叫藤原信赖的人物。藤原信赖是藤原家族的旁支，尽管才学与武艺都很一般，但却很讨"后白河"上皇的欢心，仅仅三年时间就火箭般升到"正三位"的位置。趾高气扬的藤原信赖向信西提出想升任"近卫大将"，在"后白河"上皇那里说一不二的信西拒绝了。于是藤原信赖也和源义朝一样，对信西越来越反感。

平治之乱

如此一来，失意的源义朝与在信西那里遭到冷遇的藤原信赖结为同盟，形成反击信西与平清盛的联盟。

保元三年（1158），"后白河"天皇让位给太子守仁亲王（二条天皇），自己成为上皇，"后白河"的院政拉开序幕。"二条"天皇当时15

岁，虽然年轻，但内心却渴望由自己执政，掌握实权。天皇的近臣"大纳言"藤原经宗、"检非为使别当"藤原惟方也有同样考虑，于是与藤原信赖、源义朝勾结，"平治之乱"一触即发。

平治元年（1159）12 月 9 日深夜，藤原信赖与源义朝趁平清盛去熊野参拜神社（熊野当时有本宫、速玉、那智三大神社，并称"熊野三山"）之机攻入"后白河"上皇行宫，将"二条"天皇和"后白河"上皇软禁起来，并把行宫烧毁，然后杀到信西的寓所。由于信西早就觉察到敌人的动向事发后，独自逃往别处。藤原信赖与源义朝为了抓到信西，把信西的妻妾子女全家杀害。

信西很快被捉住，并被斩首，其首级在京都的大街上被人拖来拽去后悬挂在监狱的门上。

政敌信西被斩之后，藤原信赖与源义朝放松了警惕，认为平清盛已经陷入孤立，也没有带什么武器，估计不久就会投降。因此也未乘胜追击，给了平清盛以喘息的时间。

平清盛得知政变的消息后大惊失色，急忙从近畿召集大量的武士从熊野返回京都准备反击。身在京都的藤原信赖与源义朝所率领的军队数量并不多，平清盛所带兵力远远超过二人，军事力量占据了优势。见此情形，京都的的贵族开始暗中协助平清盛，把"二条"天皇带到了平清盛的宅邸六波罗馆保护起来。"后白河"上皇也摆脱软禁逃到京都西北部的仁和寺。贵族们纷纷到六波罗馆请安。平清盛的军队理所当然地成为天皇所属的正规军，即"官军"，而藤原信赖与源义朝的军队则成了对抗天皇的"国贼"。"二条"天皇于是下达了追剿"国贼"的命令。

历史悲剧重演，砍下信西首级的藤原信赖最后也落得个身首异处的下场，其所率领的武士也大都掉了脑袋。一场以血洗血的权利斗争就此分出了胜负。

源义朝企图带领年仅 13 岁的源赖朝逃往东国，途中二人走散，源义朝不得已逃到世代侍奉源家的家臣长田忠致之处，孰料长田忠致父子早已反水，出卖了源义朝，天皇将源义朝处死。

与亲人走散的源赖朝逃亡途中被人发现，随后被押解回京都。等待他的是与父亲同样的命运。就在源赖朝命悬一线之时，平清盛的继母"池禅尼"动了恻隐之心，向平清盛求情保住了源赖朝一命。源赖朝最终被判流放到伊豆半岛。平清盛至死都没有料到，最终就是这个源赖朝结束了平家的统治，并建立了镰仓幕府，开创了延续 650 年之久的武士时代。

"平治之乱"平息后，平氏一族的繁荣达到了鼎盛。平清盛先是就任内大臣，50 岁时升任太政大臣，家族中位列公卿者 16 人，殿上人 30 余人。在全国拥有庞大的庄园，大半个日本都在平家的控制之下。平清盛独揽大权，建立了"六波罗政权"。由于"六波罗政权"依附于摄关政治与院政，并非真正意义的武士政权，最终成为平家最终灭亡的原因之一。

第三节 坛之浦海战

坛之浦海战是源氏武士集团彻底打败平氏武士集团的终极对绝之战。平氏武士集团虽然建立了"六波罗政权"，挟天子以令诸侯，权倾朝野，却在之后短短的二十几年后就灰飞烟灭，退出了历史舞台。

一 平清盛及平氏一族的跋扈

平清盛在平息保元、平治之乱中立下卓著战功，于是平氏一族作为新兴的武士阶级登上历史舞台，逐渐成为权倾一时的豪族。平清盛把养女滋子进献给"后白河院"，滋子生下宪仁亲王后，被立为中宫。宪仁亲王即位成为"高仓"天皇后，平清盛又把自己的女儿德子送进宫中成为"高仓"天皇的中宫，1178 年生下了"安德"天皇。平清盛不仅残酷镇压反平氏的势力，还废除了"关白"藤原基房，由自己的女婿来担任"关白"一职。依靠平清盛平息了保元、元治之乱的"后白河院"眼见平氏一门的专横跋扈已到了天怒人怨的地步，想要收回平氏一族的权力，但却为时已晚。1179 年，平清盛停止了"后白河"上皇的院政，不久上皇又遭到平清盛放逐，被幽禁在离宫"鸟羽殿"。第二年"高仓"天皇也被迫让位给平清盛之女德子所生之子，只有三岁的"安德"天皇。平清盛独揽朝政，开始了独裁统治。

二 源平争霸与坛之浦海战

平清盛将朝政大权独揽激起全国各地的反叛，1180 年"后白河"法皇（天皇或上皇出家后称"法皇"）的次子"以仁"亲王发动对平氏的叛乱，兵败后男扮女装逃到"三井寺"，后死于宇治桥的激战之中；源赖朝奉旨在东国举兵讨伐平氏，于富士川大败平军；木曾义仲也在信浓举兵

坛之浦海战

讨伐平氏，四国、九州的军队也纷纷背叛平氏，讨平的烽火燃遍日本各地。1183 年源义仲大军攻入京城，平氏挟持 6 岁的"安德"天皇与象征皇权的三种神器逃到九州，却遭到奉法皇之命的地方豪族的驱赶，只好乘船逃到了海上。

1185 年 3 月，源平两股势力集结所有兵力在今关门海峡一带的"坛之浦"决一死战。源氏一族的源义经率战船 840 余艘，平氏一族的平知盛率战船 500 余艘，在相隔不足 500 米的距离对峙，一时间，海上战旗飞舞，杀声震天，蓝色的海峡被鲜血染红。最初熟悉海战的平军占有优势，但战至午后，因海洋潮流逆转，源军乘势反击，平军如雪崩般退却。平清盛之妻二品夫人让"安德"天皇遥拜伊势神宫，并告诉他说，大海之下也有都城啊，然后怀抱"安德"天皇投海自尽。幼帝之母、平清盛之女平德子也随之投海，德子被人救起，后来出家。平知盛等平家将领纷纷跳海，平氏彻底失败。

著名的军事小说《平家物语》中对源平争霸做了生动的描写，展现了那一段波澜壮阔、纷繁复杂且又悲壮无比的历史。

坛之浦海战为持续几十年的源平争霸画上了一个句号，源氏登上了历史舞台，当年差点死在平清盛刀下的源赖朝结束了平家的统治，并开创了延续 600 年之久的武士政权——镰仓幕府。

第四节　天灾人祸　民不聊生

平安时代末期，战乱频仍之上各种天灾人祸不断，给民众带来了深重的灾难。1174 年的安元大火、1180 年的治承旋风、1181—1182 年的养和大饥馑、1185 年的元历大地震等，整个日本列岛变成了人间地狱。

安元大火：1174 年 4 月 28 日深夜，京都的樋口富小路燃起大火，火借助狂风向西北方向扩展，越过 80 米宽的朱雀大路，烧毁了藤原俊盛的府邸，从京都东南部一直烧到西北部。火借风势越烧越旺，朱雀门、太极殿、大学寮、民部省等统统化为灰烬。大火向北一直烧到大内，迫近皇宫，"高仓"天皇与中宫平德子逃到藤原邦纲府邸避难。大火燃至第二天早晨仍未熄灭。这场大火烧毁了京都的三分之一。

治承旋风：1180 年 4 月 29 日，大旋风袭击京都，一时间狂风大作，所过之处房倒屋塌，只剩下残垣断壁，居民家中财物全部被吹向天空。呼啸的狂风震耳欲聋，宛如地狱里的暴风。京都居民的财产受到极大的损失。

养和大饥馑（1181—1182）：持续两年春夏无雨，秋冬又遭台风洪水轮番袭击，农作物颗粒无收。粮食短缺再加上疫病流行，京都城里饿殍遍野，尸臭熏天。逃难的饥民成群结队，其状惨不忍睹。据史料记载，养和大饥馑仅在京城就造成 42000 人死亡。

元历大地震（1185）：日本是多地震地区，但这场大地震非常罕见，山体崩塌掩埋了河流，悬崖坍塌滚入山谷，海水倒灌冲向陆地。地面开裂，地下水喷涌而出，街道变成泽国，马匹不能立足。堂舍塔庙无一完整。灰尘冲上天空，犹如烟雾一般。地动山摇，天崩地裂。此次地震余震不断，造成京都民众损失惨重。

从 1174 年到 1185 年，短短十年之间水、火、风、地震，四种灾害轮番来袭，这种天地的异动空前绝后，在日本引发了人们的恐慌。而且这十年正是源平争霸最激烈的时期。源平两大武士集团之间经历了石桥山之战、富士川之战、俱利伽罗岭之战、一之谷之战、屋岛之战和平氏最后灭亡的坛之浦海战。天灾加上人祸，整个日本仿佛变成了人间地狱，老百姓生活在水深火热之中，仿佛进入佛经上所说的末法时代，"厌离秽土，欣求净土"的净土信仰开始流行。

第五节　西行法师与时代风云人物的关系

"保元之乱"爆发时西行法师已 39 岁，出家 16 年，源平两家在坛之浦展开决战，结束了平氏武士集团仅二十余年的统治时，西行 68 岁。可以说西行法师犹如时代的见证者一样，亲历了平安时代后期的动乱时代。但他并非只是一个旁观者，由于他的出身，他与平安时代后期那些叱咤风云的人物有着千丝万缕的关系。这使西行法师与一般的"歌僧"有着很大的不同，也使他的和歌散发着独特的魅力。探讨西行法师与平安时代后期风云人物的关系，是研究西行法师的重要内容之一。

一　与鸟羽上皇的关系

西行法师原名佐藤义清，出家前是鸟羽院的"下北面"武士。设立北面武士制度始于"白河"上皇，北面武士与上皇（实行院政后称某某院）的院司或近臣一起在上皇身边工作，平时保卫上皇的安全，上皇外出行幸时在车后武装随行。北面武士是由上皇的心腹组织的近卫队、御林军，是支持上皇的武装力量。平安时代末期因官阶不同，而分为上北面与下北面，上北面由四位官阶、下北面由五位·六位官阶的人担任。上下北面各 30 人。担任这一职务的人不仅要武艺超群，还要相貌英俊，而且还要有文学修养。西行与自己直接服务的"鸟羽院"之间的关系不可谓不深。这种感情在他做北面武士时所写的和歌中充分地表达了出来。

　　君がすむやどの坪をばきくぞかざるひじりのみやとやいふべか
るらむ（510）

　　满庭菊花齐绽放，实至名归仙人宫。

　　伊藤嘉夫认为这首和歌是西行19岁时随驾到鸟羽院的"仙洞离宫"
时所作。[1] 西行在这首和歌的序中说，"鸟羽院"的车队浩浩荡荡，离宫
的庭院中菊花盛开。菊花的花期较长，人们把它喻为长寿之花，而长寿又
使人联想到仙人。因为种植菊花的是"鸟羽院"的名为仙洞的离宫，所
以西行在和歌中称其为仙人宫。从这首和歌来看，西行对"鸟羽院"的
感情很深。他感到"鸟羽院"居住的仙洞离宫就像仙人居住的地方，将
其称为"仙洞"真是名副其实。而在年轻的西行的心里，"鸟羽院"是否
也像仙人那样存在着呢？

　　西行在出家前向"鸟羽院"辞行时所作的两首和歌是研究西行出家
原因时不能不提到的。

　　身を捨つる人はまことに捨つるかは捨てぬ人こそ捨つるなりけ
り（2169）

　　舍身之人果舍乎，不舍之人方舍之。

　　惜しむとて惜しまれぬべきこの世かは身を捨ててこそ身をも助
けめ（2083）

　　纵惜今世惜不尽，今日舍身为救身。

　　这两首和歌不仅可以读出西行出家前的心情，也可看出他与"鸟羽
院"的关系非同一般。否则一个下级武士的辞职不必直接惊动"鸟
羽院"。

　　"鸟羽院"驾崩后，西行特意从隐遁的高野山返回京都送葬，不仅作
和歌表达悼念之意，而且彻夜为"鸟羽院"守灵。

　　こよひこそおもひしらるれあさからぬ君にちぎりのあるみなり

---

① 伊藤嘉夫：『山家集』，第一書房1987年4月版，第86頁。

けり（853）

　　往昔伴君缘匪浅，今宵送君在墓园。

　みちかはるみゆきかなしきこよひかなかぎりのたびと見るにつ
けても（854）

　　人世旅途唯今宵，明日将踏往生桥。

　　在"鸟羽院"的葬礼上，西行回忆做"鸟羽院"的北面武士时深得
"鸟羽院"的信赖，不禁感慨万千。北面武士时代，西行曾多次陪同"鸟
羽"上皇视察安乐寿院（鸟羽上皇的陵寝），当时随行的除了西行，还有
他入宫前的主人德大寺实能，足见当时西行深受"鸟羽"上皇的器重，
后来西行虽然出家了，但他无法忘记与上皇的缘分，所以特意下山参加上
皇的葬礼，发出了"往昔伴君缘匪浅"的悲叹。西行有很多和歌与"鸟
羽院"有关，而不幸的是，西行与遭"鸟羽院"厌恶的崇德上皇也关系
匪浅，这使西行的心情十分矛盾。而正因为"鸟羽院"与崇德上皇的错
综复杂的关系，才引发了"保元之乱"。

二　与崇德上皇的关系

　　"鸟羽院"的辞世，使皇室的明争暗斗的矛盾终于爆发。崇德是这场
父子、兄弟、叔侄之间的血肉相争的中心人物。关于崇德为何发动保元之
乱，并试图把自己的亲弟弟拉下天皇的宝座，由自己或自己的儿子取而代
之，上文已经做了交代。然崇德是否知道鸟羽上皇讨厌自己、不给自己留
一点出路的原因何在，史书上并无记载。但《古事谈》记载，"鸟羽院"
与崇德的关系不睦是公开的秘密，可见崇德对此并非一无所知。

　　西行年长崇德一岁，在做"鸟羽院"的北面武士时，二人有不少和
歌上的唱和。

　　　ありがたきのりにあふぎのかぜならば心のちりをはらへとぞ思
ふ（936）

　　君赠香扇我供佛，香风佛意拂心尘。（西行）

　　　ちりばかりうたがふ心なからなむのりをあふぎてたのむとなら
ば（937）

　　佛法无边拂心尘，虔心向佛莫疑心。（崇德）

　　西行供佛的香扇是崇德所赠，宫中女官奉旨在包裹扇面的纸张上写下了崇德的和歌。西行收到香扇后写和歌谢恩，崇德也写和歌作答。两首和歌表现出二人在佛教信仰上的一致。西行不仅与崇德有相同的信仰，还积极协助崇德敕撰和歌集的编纂工作。

　　在西行的和歌集中有很多与崇德有关的和歌，对崇德的不幸遭遇，西行充满了同情。"保元之乱"爆发时西行已经出家 16 年，这场动乱虽然是交织着皇室、摄关家族、武士集团之间错综复杂的关系的大动乱，但对西行来说，动乱后崇德的命运才是他最关心的。当得知崇德兵败后逃到仁和寺落发为僧时，西行立刻赶去看望，并写和歌加以安慰；在崇德被流放期间，西行也经常通过崇德的女官与其互赠和歌，表达对崇德的同情之意。

　　　かかるよにかげもかはらずすむ月を見るわがみさへうらめしきかな（1316）
　　　　如此世道月影澄，望月我身亦可憎。
　　　ことのはのなさけたえたる折節にありあふ身こそかなしかりけれ（1317）
　　　　和歌之道渐式微，生逢斯时实可悲。

　　在第一首的"序"中，西行写道，"世上发生了大事件，崇德院于仁和寺落发出家。……月明之夜咏此歌"。所谓"大事件"即"保元之乱"，崇德因"保元之乱"失败而逃到仁和寺欲出家为僧。西行内心充满了痛惜之情，马上赶到仁和寺探望。当夜的月色与往常一样明亮，对崇德的处境痛心不已的西行觉得仰望月色的自己也很可憎。

　　第二首中的"ことのは"指的是和歌之道，西行与崇德不仅因为他是旧主人家的后代，也因为年龄相仿的二人在和歌创作上趣味相投，常有唱和之作，同时西行对崇德的和歌造诣也十分钦佩，因此当崇德因"保元之乱"兵败而出家甚至遭遇流放时，西行不禁感慨从此和歌之道将会逐渐衰颓，为此感到非常悲哀。

　　　ほどとほみかよふ心のゆくばかりなほかきながせみづくきのあ

と（1224）

讚岐路遥空悬念，心心相印盼书简。

崇德被流放到讚岐之后，西行虽然十分挂念，但因为路途遥远，无法到当地去探望，只能空怀悬念之情。尽管如此，西行坚信自己与崇德心心相印，因此他希望与崇德常有书信往来。崇德被流放八年后在讚岐郁郁而终，年仅46岁。四年后西行来到崇德的陵寝前写下这样一首和歌：

よしやきみむかしのたまのゆかとてもかからむ後は何にかはせむ（1446）

往昔金殿玉楼居，而今死后何所欲？

表达了对崇德的悼念之情。即使你昔日居住在漂亮的皇宫里，如今又能如何呢？西行虽然同情这位生于乱世命运多舛的昔日天皇，但却只能用和歌加以安慰。崇德在流放地讚岐辞世四年后，西行来到讚岐为崇德做镇魂之旅。足见西行对崇德的特殊感情。

曾作为"鸟羽院"的北面武士，深得天皇信赖的西行，十分了解"鸟羽院"对崇德的憎恶，但他仍与崇德保持着亲密的关系，除了二人年龄相仿，兴趣相同之外，还因为崇德的母亲"待闲门院"璋子是西行入宫前的主人德大寺实能的妹妹。

三 与"待闲门院"璋子的关系

西行入宫成为"鸟羽院"的北面武士前，曾是左大臣德大寺实能的家臣，由于实能的举荐，西行得以入宫成为"鸟羽院"身边的近卫。因此西行对入宫成为"鸟羽院"中宫的璋子有着非同一般的感情，对璋子的儿子崇德的亲近也与此有关。由于"鸟羽院"一直怀疑崇德不是自己的骨血，因此对璋子也很疏远。崇德年仅23岁时被迫退位，让位给"鸟羽院"的新宠"美福门院"所生的年仅3岁的近卫天皇。近卫天皇即位第二年，璋子出家。璋子的出家，不仅是因为失宠，而是从崇德被逼退位这件事上意识到了儿子的处境，也深知"鸟羽院"为什么这样对待崇德，因此试图用出家来保护儿子，使"鸟羽院"放过自己的儿子。在近卫天皇驾崩后，崇德以为即使自己不能重返皇位，自己的儿子也能登上皇位。

没想到"鸟羽院"却让崇德的同母弟弟"后白河"天皇即位，甚至连"院政"也不许崇德实行，崇德被彻底边缘化，被永远排除在皇权之外。忍无可忍的崇德，在"鸟羽院"刚刚辞世就迫不及待地发动了"保元之乱"。

出家后的"待闲门院"璋子一心向佛，在青灯黄卷中凄凉度日，两年后辞世，年仅 45 岁。

出家的皇后"待闲门院"

"待闲门院"璋子落发出家时，西行已经出家两年。为落发结缘而写经是当时的习俗，璋子即求人抄写《法华经二十八品》中的一品，结成集后供奉在佛前。西行不仅自己积极响应，还为完成这一写经计划不辞辛苦奔走在高官显贵之间。并因此找到内大臣藤原赖长，藤原赖长在日记

《台记》对此事有如下记载，"西行法师来云，依行一品经，两院（鸟羽院与崇德院）及贵处均应允。不嫌料纸美恶，只自笔书写即可。余承诺书写'不轻品'。又问其年龄，答曰二十有五。前年出家"。① 这是研究西行的主要史料之一。为研究西行留下珍贵史料的藤原赖长，正是其后与崇德一起发动"保元之乱"者之一，最终在动乱中战死，庄园被全部没收。

四　与平清盛的关系

平清盛是桓武天皇的子孙，被赐平姓，与西行同龄，二人曾同为上皇的北面武士，但在平安时代末期这一动乱的年代，两人却有着完全不同的际遇，走上了完全不同的道路。西行出家隐遁，成为对后世日本文学产生重要影响的"歌僧"；平清盛在保元、平治两大战乱中立下大功，得到"后白河"上皇的信任而平步青云。随后平清盛逐渐架空上皇，独揽朝政，直至建立了平氏的武士政权。1181 年，骄横一世的平清盛得热病而亡。4 年后，平氏政权在坛之浦海战中灭亡。

西行与平清盛当年同为北面武士，在同一地点工作，彼此之间应该相互有所了解。二人的交往虽然没有史料记载，但在西行的和歌集《山家集》中却有这样一首与平清盛有关的和歌。

消えぬべきのりの光のともしびをかかぐるわたのとまりなりけり（934）

法会灯火渐阑珊，何时再见佛之光？

1172 年，平清盛在福原（今神户）举办"千僧经供养"时，曾邀请西行参加。这一年西行 55 岁，已出家 30 年之久。而与西行同年的平清盛经保元、平治之乱后，建立了平氏的武士政权"六波罗政权"，并强行迁都到福原。此时平氏政权已岌岌可危，或许是为了求得佛祖的保佑，平清盛在高野山等地大兴土木，举办"千僧经供养"灯会。西行看到法会的灯火渐渐熄灭，不禁感叹在这"末法之世"，佛祖的教诲将会怎样进行下

---

① 藤原赖长：『台記』。增補『史料大成』刊行会『史料大成』，臨川書店 1965 年 11 月版，第 64 頁。

去呢？表达出了深深的忧虑之情。

尽管西行被昔日的同事邀请参加了法会，但他对源平争霸造成的天下大乱还是持批判的态度。这一点在后几章中将加以论述。

西行在高野山修行时，正值朝廷为建造纪伊的日前宫对高野山民众课以重税之时。因西行给当时执掌朝政的平清盛写信恳求，这一重税才得以免除。从中也可看出西行与最高当权者的关系。

五　与源赖朝的关系

前文提到，平治之乱失败后，年仅 13 岁的源赖朝与父亲源义朝在逃跑途中被分别抓获，父亲被杀，源赖朝被流放到伊豆大岛。1180 年奉旨举兵讨伐平氏，失败后以镰仓为根据地招兵买马，1184 年再次举兵，1185 年在坛之浦大败平氏，最终建立了武士政权——镰仓幕府。此时的源赖朝已经 40 岁。

据《吾妻镜》记载，1186 年 8 月 15 日，刚刚建立镰仓幕府，不可一世的英雄源赖朝在参拜鹤岗八幡宫时，手下人报告有一老僧在神社门前徘徊，于是源赖朝请进老僧，得知老僧是西行法师，源赖朝非常高兴，将其请进来彻夜长谈，请教和歌之道与"弓马之道"。第二天中午，西行不顾源赖朝的执意挽留，坚持离开镰仓继续云游。源赖朝只好放行，并送给他许多珍宝，其中有一只银猫甚是珍贵。西行推辞不过，只好勉强收下。一出门就将所有礼物都送给了在附近玩耍的孩童。①

《吾妻镜》所载故事可能有后人演绎的成分，但西行与源赖朝一面之缘在历史上确有其事。从中可以看出，西行虽然出家多年，但毕竟出身于武士世家，对"弓马之道"并不陌生。但其出家后直至辞世，佛道修行与和歌创作贯穿他的一生，与自己的武士出身相关的事情唯此一件。

除了上述几人之外，西行与其他几位时代的风云人物也有着值得一提的交集。如在论述西行与"待闲门院"璋子的关系时提到的藤原赖长，是与崇德一起发动"保元之乱"的中心人物，正是他的日记，记载了西行的年龄、出身以及出家等信息。

"白河"上皇也是应该提及的人物之一。西行生于元永元年（1118），当时是"鸟羽"天皇时代，其祖父"白河"主持院政。虽然西行与"白

---

①　『新訂増補国史大系·吾妻鏡』，吉川弘文館 1992 年 3 月版，第 240 頁。

河院"没有直接的关系，但从他的几首和歌中可以看出他对"白河"在位时的治世充满着怀念之情。

　　　　勅とかやくだすみかどのいませかしさらばおそれてはなやちらぬと（117）
　　祈盼敕命降樱花，圣旨难违花盛开。
　　なみもなくかぜををさめし白川のきみのをりもや花はちりけむ（118）
　　白河治世四海清，樱花常开享泰平。

　　第一首写的是希望"白河"法皇下圣旨给樱花，让樱花常开不败。第二首是怀念"白河院"的治世，认为"白河院"治世时河清海晏，一片泰平景象。

　　正如上文所述，"白河"与"鸟羽"祖孙之间的混乱关系是"保元之乱"爆发的原因之一，西行虽然与"白河"没有直接的接触，但他对"白河"的治世之功十分崇拜，以至多年后还在和歌中加以称颂。

　　综上所述，西行的一生亲历了从贵族政权到武士政权转变的时代大变革时期，在乱世中走完了自己不平凡的73年的人生之路。与此同时，西行作为一名出家"歌僧"，在其身后自不必说，即使在其生前也并非默默无闻，除了他的和歌在当时即为人所称道之外，他与时代的风云人物也有着或远或近、错综复杂的关系。这种关系不仅为他的和歌创作提供了丰富的素材，也使西行有别于同时代的其他歌人。

第二章　西行法师出家隐遁的原因

日本的平安时代出家隐遁之风极为盛行。作为农耕社会的日本，一直不乏出家者。不仅有一般文人出家，也有贵为天皇者出家。早在奈良时代，就有天皇、皇后、皇太后一起出家的记录，"以万乘之尊而剃发受戒，以此为开端"。[①] 进入平安时代，随着佛教的大炽，出家隐遁更是蔚成风气，从平城天皇开始，几乎历代天皇最后都选择出家（天皇出家后称"法皇"），皇后、皇子中出家者则更多，而中下层贵族和文人的出家在平安时代更是平常之事。

平安时代出家隐遁之风盛行的原因与佛教的大昌有很大的关系。正是因为佛教的大昌，才使身处动乱时代的贵族与文人转而向佛教教义寻求精神安慰，进而逃离滚滚红尘，到远离俗世的山林中隐遁起来。而西行的出家隐遁也与佛教在平安时代的大昌有着直接的关系。

第一节　平安时代的佛教大昌

史家公认佛教是公元 6 世纪从中国经朝鲜半岛传入日本的。进入奈良时代，圣德太子积极地向中国派遣"遣隋使"（后为"遣唐使"），这些"遣隋使""遣唐使"中除了以学习中国先进的政治、法律及文化为己任的"留学生"外，另有一类名曰"学问僧"的以学习中国的佛教文化为主的"僧人"。据《日本书纪》记载，当时的"留学生"要少于"学问僧"。另据木村宫彦在《日中文化交流史》中的统计，入唐求法的知名僧

---

① 村上专精著，杨增文译：《日本佛教史纲》，商务印书馆 1981 年 9 月版，第 38 页。

人达 112 人，占入唐人数的 67％ 之多。① 日本正式派人到中国求学是在隋大业三年（607），第一批入唐的全部是僧人，而没有留学生。"遣隋使"小野妹子在觐见隋炀帝时，陈述他的来意是"闻海西菩萨天子重兴佛法，故遣朝拜。兼沙门数十人，来学佛法"。② 这些"学问僧"从唐朝引进了佛教的教义，不仅带回了《法华经》《华严经》《金刚般若经》《无量寿经》等珍贵的佛教经典，而且带回了关于佛寺的建筑和佛像塑造以及各种佛教艺术的新知识，推动了佛教在日本的发展。

　　佛教作为唐朝先进文化的载体传入日本，直接导致了奈良时代佛教的兴盛，进而影响到日本社会思想文化的各个领域，乃至政治制度的各个方面，推进了日本社会的革新及文化的进步。奈良时代的佛教以"南都六宗"为主。圣德太子把佛教作为"镇护国家之宝"，当作众生的最终归宿，万国的最高准则，并以佛教为基础制定了律令制度，使佛教在日本扎根，成为日本的国教。日本第一部宪法《十七条宪法》明确将佛教作为治国施教之本，要求臣民"笃敬三宝"，"三宝者，佛法僧也，则四生之终归，万国之极宗。何世何人，非贵是法？人鲜尤恶，能教从之。其不归三宝，何以直枉？"③ 在这种理念的指导之下，奈良朝开始大建佛寺和佛塔，注释中国的佛教经典，成立"写经所"等，日本迎来了佛教文化的黄金时代。佛教传入日本整整 200 年的天平胜宝四年（752），东大寺大佛开光佛事盛大举行，"日本已经完全变成佛教国家了"。④

　　进入平安朝以后，朝廷在推行新政的同时，对佛教界进行了整顿，佛教由国家经营改为由寺院僧侣自行经营，朝廷可以将佛教作为国家统治的工具，佛教也积极主张护国的教法，巧妙地谋得了国家的庇护，佛教与国家建立了双向的关系，佛教变成了国家的宗教。另外，被称为"入唐八家"的最澄、空海、常晓、圆行、圆仁、惠运、圆珍、宗睿八位遣唐学问僧，又从唐朝带回了数量繁多的经论、章疏、佛像、佛具等，其他一些无名的学问僧也从唐朝带回了大量的与佛教有关的经典及佛教用品。与此

---

　　① 木村宫彦著，胡锡年译：《日中文化交流史》，商务印书馆 1980 年 4 月版，第 255—258 页。

　　② （唐）魏征等撰：《隋书·倭国传》，中华书局 1973 年 8 月版，第 1827 页。

　　③ 坂本太郎：『聖德太子全集第一卷』，龍吟社 1942 年 8 月版，第 348 页。

　　④ 梅源猛著，卞立强、李力译：《世界中的日本宗教》，四川人民出版社 2006 年 7 月版，第 40 页。

同时，唐朝的高僧大德也不畏艰险东渡日本传授佛法，如鉴真和尚，他数次渡海失败，甚至失明，但却矢志不改，最后终于来到了日本奈良，向日本僧人系统地传授佛法，对日本佛教的发展所发挥的作用不可估量。

平安时代的佛教脱胎于唐朝，带有明显的唐朝印记。但随着佛教在日本的传播，佛教界已不满足于对经典的简单诵读，一些高僧大德把自己对佛教经典的理解书写下来，佛教理论著作开始问世。如《往生要集》《日本往生极乐记》等。这些著述带有鲜明的日本本土特色，标志着平安时代的佛教已经逐步脱离了对唐朝佛教的简单模仿，而转化为适应日本本土的，符合日本人心理的新兴宗教。

在朝廷的努力下，佛教经奈良朝近百年的积淀，至平安时代已成为最盛行的宗教。由最澄和空海分别从中国传入的天台宗与真言宗更是由于朝廷的支持而占据了主要地位。这两种宗教被朝廷奉为"镇护国家之宝"，由于二者符合朝廷实现政教合一的理想，有利于对国家的统治，因而受到朝廷的特别推崇，也使佛教逐步从宫廷走向了民间。

在朝廷的大力支持下，两个主要佛教宗派"天台宗""真言宗"风行社会，无疑也影响着生活在平安时代的普通民众。特别是从"天台宗"发展而来的"净土宗"的创立和净土信仰的形成，更加速了佛教在日本庶民间的传播，使佛教从国家宗教逐步演变为民间信仰。

佛教认为释迦牟尼圆寂后佛教分正法、像法、末法三个时代，所谓末法时代是指历史发展到了佛教教义均被消灭的法灭时代。史家一般认为日本于 1052 年进入末法时代，此时已是平安时代的中后期，各种社会矛盾已经到了不可调和的程度。王朝国家体制的矛盾愈加深刻，呈现出深刻的末期症状。保元、平治之乱的相继爆发，源平两大武士集团的相互征伐，安元大火、治承旋风、养和饥馑、元历大地震在短短的 10 年之内相继为害，使日本社会处在极度动荡与混乱之中。宫廷贵族已从兴盛走向衰亡，预感到即将退出历史舞台，在惶惶不可终日中醉生梦死；官职的世袭化与私属土地的强化而产生的社会闭塞，使受压抑的中下层贵族也陷入绝望之中，人们看不到王朝与个人的前途；普通民众更是在水深火热之中饱受煎熬，对未来不抱任何希望。战乱与灾害的叠加，使日本社会犹如进入佛教所说的充满污秽与罪恶的"末法之世"，致使佛教大昌，否定现世的末法思想开始流行。混乱的社会现实使人们接受了"厌离秽土，欣求净土"的"净土宗"思想，祈愿离开这个混乱污浊的现世，前往没有悲哀痛苦的来世，即被称为"净土"的西方极乐世界，出家隐遁一时成为风气。瞻西在《中右记》中说，"佛日已隐，法水长灭"，对因末法到来而感到不安的人们鼓吹普及"净土教"。佛教思想统治着平安时代人们的精神世界，文化素养深厚的宫廷贵族可以从多种多样的佛教经典著作中汲取精神养分，没有文化的底层庶民也可以用简单的唱念"南无阿弥陀佛"来寻求心灵的慰藉。

第二节　平安时代文人对佛教的接受

"遣唐使"与学问僧从大唐带回的大量佛教的教旨、教理，"都是由汉语、汉文书写，且这些经典均博大精深不易理解"。①能读懂这些佛教经典的无疑是掌握了汉文的宫廷贵族与中下层贵族。

据《日本书记》记载，汉字于公元 6 世纪随佛教一起传入日本之前，日本没有记录其语言的文字。汉字何时传入日本并无明确的史料可考。但《三国志·魏书·倭人传》中记载，公元 240 年，倭王（日本天皇）曾"上表答谢恩诏"，②可见当时汉字已传入日本，倭王手下已有可用汉字撰写官方文书的班子。圣德太子时代向隋朝天子递交的国书也是用汉字书写，但不言而喻，当时日本能掌握汉语的人毕竟是极少数。6 世纪中叶，中国典籍与佛教一起经朝鲜半岛传入日本，对大和时代的日本的政治经济文化等产生了深刻的影响。在朝廷的积极倡导下，日本朝野上下学习汉文化的热情空前高涨，急需大量的汉文书籍。于是公元 607 年日本朝廷首次派遣小野妹子出使隋朝，其使命之一即是求购汉文典籍。公元 618 年，唐代隋兴，中日文化交流也进入了新的阶段。从公元 630 年至公元 894 年，日本共派遣"遣唐使"19 次（其中 3 次失败）。赴唐求法的"遣唐使"在学习大唐的经济文化的同时，也购求大量各类文集带回日本。当时派遣到中国的"学问僧"远多于留学生，他们在各寺院学习佛法之后，也把大量的佛教经典带回日本。当时的日本没有印刷技术，从唐朝带回的汉文典籍又远远无法满足宫廷贵族学习汉学和佛教经典的需要，于是公元 734 年，朝廷成立了官办的"写经所"，由经过严格的考试选出的"写经生"

---

① 塚田晃信：『釈教歌考』，『国文学解釈と鑑賞』1985 年 1 月号，至文堂，第 107 页。
② （晋）陈寿撰，（宋）裴松之注：《三国志·魏书》，中华书局 1959 年 2 月版，第857 页。

来抄写佛教经典及其他汉文典籍，以弥补学习资料的不足。

　　日本虽然没有同时引入唐朝的科举制度，但在学制上却学习了唐朝在京城设立国子监，在地方设立学校的做法，在中央设立了"大学寮"，开设纪传（中国史）、文章（文学）、明经（儒教）、明法（法律）四科。"大学寮"是律令制下朝廷直辖的培养官僚的机构，入学者仅限于五品位以上的贵族及史官的子孙，考试成绩优异者可被授予从初位到八位的官位。"大化革新"之后，历代朝廷不仅大力倡导汉文化教育，而且在选拔官吏时也把汉文化水平的高低作为重要条件，因而宫廷贵族与中下层贵族都倾心于子女的汉文化教育。至平安时代，汉文化在日本社会的地位已达到顶峰。朝廷录用官吏时，一般都课以有关汉文化知识的考试。汉文化水平越高，入仕成名的机会越多，甚至可以进入最高的权力阶层。在朝廷政策的激励下，平安贵族渴望把自己的子女培养成精通汉文化的人才，纷纷在家里设私塾，聘请教师在家中教授子女汉文经典。创作出世界上第一部长篇小说《源氏物语》的紫式部，就是在家中私塾接受的汉文化教育。在"男尊女卑"的时代，像紫式部这样在家中接受汉学教育的中下层贵族的女子占有相当的比例。其中如紫式部那样具有高度汉文化修养的女子后来成为后妃的女官走入宫廷，从而成就了一批女作家，使平安时代成为在世界文学史上绝无仅有的女性占据文坛重要位置的时代。

　　佛教经典是日本汉文化知识的重要组成部分，贵族社会学习的汉文化知识之中也自然包括佛教经典，因而他们接受佛教思想并进而成为佛教信仰者是顺理成章的。在生产力低下的古代日本，处于社会底层的庶民既没有资格也没有条件学习汉学，接受汉学教育是贵族的专利。

　　在历代天皇的大力推动下，日本从宫廷贵族到中下层贵族都争相学习汉语，百官争诵汉诗，创作汉诗自大和时代起逐渐成为上流社会必备的教养，成为官僚贵族出人头地的必需条件，儒教"文章经国"的思想成为多数读书人的梦想。751 年，日本出现了第一部汉诗集《怀风藻》。进入平安时代，日本对汉文化的吸收达到高潮，出现了公元 9 世纪的"唐风讴歌时代"，三大敕撰汉诗集《凌云集》《文华秀丽集》《经国集》相继问世，作者上至天皇，下至僧侣和一般的读书人。发起"劝学会"的平安时期著名学者庆滋保胤在《池亭记》中写道，"池西置小堂安弥陀，池东开小阁纳书籍，……在朝身暂随王事，在家心永归佛刹，……盥洗之初参西堂，念弥陀，读《法华》；饭餐之后入东阁，开书卷，逢古贤"。①
一方面写出了阅读中国典籍的乐趣，另一方面也流露出对佛教经典的崇
敬。印证了平安时代文人在学习中国诗文的同时，也较早接触到佛教经
典，较早接受佛教思想的浸润，进而较早形成对佛教的信仰。

　　日本文人佛教信仰的形成，与历代朝廷的大力提倡也有很大关系。圣
德太子在《十二条宪法》中将佛教作为"镇护国家之宝"，要求全体臣民
都要信奉佛教。日本朝廷第一次派遣使者使隋时，使者小野妹子所肩负的
两项使命中的第一项就是带"沙门数十人来学佛法"。② 佛教自传入日本
后经历代积淀，至平安时代已进入全盛时期，日本固有的宗教"神道教"
反而依附于佛教而存在。由最澄和空海从中国带回的"天台宗"和"真
言宗"由于受到朝廷的推崇而最为盛行，由"天台宗"发展而来的"净
土教"在平安时代末期更扩展到社会下层庶民中间。置身于这种佛教氛
围浓郁的社会背景之下，接受了佛教经典熏陶，对佛教经典有了深刻理解
的文人们，其佛教信仰之心也随之愈加强烈。平安时代商业不发达，大多
数庶民所从事的是不需要使用文字的农业或渔业等工作。朝廷当时也没有
财力建立对庶民进行基础教育的学校，加之没有印刷技术，庶民接触文字
的机会很少，因而多数庶民属于不会读写的"文盲"。而处于社会上层的
贵族由于身份的差别，使他们拥有接触汉文书籍，接受汉诗文教育的特
权。当时由"遣唐使"带回的佛教经典是已经由唐朝的高僧大德翻译成
汉语的佛教典籍，能够直接阅读这些汉语佛教典籍的无疑是具备较高汉文
化修养的文人，这是大多数普通庶民所无法做到的。因此，平安时代的文
人的佛教信仰形成不仅要远远早于同时代的普通民众，他们对佛教教义理
解的深度、佛教信仰的坚定程度也远在普通庶民之上。这种对佛教教义的
理解与信仰是促使他们走上出家隐遁道路的重要原因。

第三节　净土宗与无常观的流布

　　佛教自 6 世纪传入日本之后，在统治者的扶植下逐渐发展起来。进入

---

　　①　大曾根章介校注，庆滋保胤著：『本朝文萃卷十二·池亭记』，岩波書店 1996 年 4 月版，
第 91 页。

　　②　（唐）魏征等撰：《隋书·东夷传·倭国》，中华书局 1973 年 8 月版，第 1827 页。

末法时期的平安时代中后期，日本社会进入了"乱逆时代"，社会的混乱前所未有。武士集团的崛起挑战着宫廷贵族的政治权利，贵族统治集团逐渐从兴盛走向衰亡。在动荡的社会现实面前，终日耽于享乐的王公贵族产生了强烈的失落感，他们深知这种享乐生活已经维持不了多久，于是陷入醉生梦死之中，不仅极力谋求现世的享乐，也祈盼来世的幸福。而平素对现世不满的中下层贵族与普通民众也因看不到希望而更加厌世，同样也祈盼来世的极乐世界。于是"厌离秽土，欣求净土"的净土宗开始流布。按照佛教的说法，佛的国土是洁净美好的，没有任何尘世的污染，所以称为"净土"；而世人居住的尘世则充满污浊，故而称作"秽土"。"净土"也称"极乐世界"，是一个没有苦难的，人人尽享幸福的理想世界。按照"净土三大部"《无量寿经》《阿弥陀佛》《观无量寿经》的说法，这个"净土"在世界的西方，因此"净土"也被称为"西方净土"。

　　佛教的无常观在平安时代中后期的流布，其背景也正是由于"净土宗"的兴盛。可以说"厌离秽土，欣求净土"是身处末世的人们的一种追求，而无常观则是这种追求的理论基础。佛教谓世间一切事物都不能久住，都处于生灭成坏之中，故称无常。《涅槃经》《寿命品》称，"是身无常，念念不住，犹如电光暴水幻炎"，[①] 是指人世间的一切都不是一成不变的。正因为如此，身处平安时代中后期的贵族们在享受着骄奢淫逸的生活的同时，内心深处所掩藏着的是不可名状的空虚，只能逃到佛教的无常观里安慰自己，而这种无常观也不可避免地蔓延到日本普通民众中。正如民歌集《闲吟集》中所唱的那样，"不论何事都如梦幻，都如泡影，梦幻啊梦幻，南无三宝，我们百姓啊，看不见啊。我想进入那梦幻的世界，哪怕只有一次啊"。[②] 这种无常观的内涵是，一切看起来存在的东西都是不存在的，都是虚假的。世间万物都不能久住，都处于生灭成坏之中，眼前的一切其实都只不过是一种梦幻的存在，都如电光、暴水和幻梦，都是短暂的，如梦幻泡影、露水闪电那样短暂，如海市蜃楼般不真实。而只有西方极乐世界的净土才是永恒的，才是人类的最终归宿。故称"无常"。受"无常观"的影响，平安时代出家隐遁者很多，出家隐遁似乎是平常之事。

---

① （北梁）昙元谶译，林世田等校：《涅磐经》，宗教文化出版社 2001 年 6 月版，第 6 页。
② 石田吉贞：『隠者の文学——苦悶する美』，講談社 2001 年 11 月版，第 75 页。

　　平安时代出家隐遁者大量涌现的背景，是末法时代佛教大昌下的无常观的流布，"厌离秽土，欣求净土"成为人们普遍的追求，而中下层贵族文人由于接受佛教的程度深于普通民众，则构成了出家隐遁者的主体。

　　佛教学者上觉于建久九年（1198）完成的《和歌色叶》一书中将日本古今优秀诗人进行了分类，在第六篇"名誉歌仙者"中，分类列举了从《万叶集》到《千载集》的古今优秀诗人共450人。在最后的"入道"一项中，上觉列举了包括西行在内的36人。这36人都是舍弃原来的官职而入道的，例如西行是由"右兵尉卫"入道，如觉是由"多峰武将"入道，寂念是由"伊贺大进"入道的等。所谓"入道"即入佛道。① 佐藤正英认为上觉把隐逸者归入"入道"一项，显示了上觉作为佛教学者的卓越见识。

第四节　关于西行出家原因的几种说法

　　西行辞世至今已800多年，有关他出家隐遁的原因一直是西行研究者争论不休的问题之一。生活在平安时代末期的西行的出家隐遁无疑也是受到佛教的影响，但一个年仅23岁的年轻人是否有如此强烈的信仰，以致抛弃大好前程，扔下年轻的妻子和年幼的孩子出家隐遁，是研究者争论的主要原因。加之西行本人在自己的和歌与其他文字材料中从未就此有任何直接的表述，就更使人们对他出家隐遁的原因充满好奇，也给西行的研究者们留下了一个难解的谜团。

　　在日本文学史中被称为隐逸文学代表的鸭长明，在谈到平安时代末期出家隐遁者出家隐遁的原因时写到：这些人"或被主君逐出家门，或悲叹人生之艰辛，或因爱妻离世，或因官职升迁不顺而愤世，种种不如意，故弃世而入佛道"。② 石田吉贞在《隐者の文学——苦悶する美》一书中，对《撰集抄》中所记载的隐遁者的出家的动机做了统计，认为可分为几类。

　　第一类是由他人之死而引起。其中因主君之死而隐遁的有5人，因妻子之死和因儿女之死而隐遁的各3人；第二类是因对现世的感慨而引起。

―――――――――――――――――

　　① 佐藤正英：『隠遁の思想――西行をめぐって』，東京大学出版会1977年5月版，第78頁。

　　② 三木記人校注：『新潮日本古典集成・方丈記・発心集第七之十三』，新潮社1981年5月版，第336頁。

如厌世和对佛教之争、对世间俗务感到厌烦等各 1 人；第三类是因为人际关系的纠葛而引起。其中包括家庭失和，与他人发生财产纠纷等，也各占 1 人；第四类是受佛教无常观即佛教影响。各有 1 人。①

事物的发展都会有外部与内部两方面的原因，西行出家隐遁也有其特定的外部与内部原因。弄清楚西行法师的出家原因，对研究西行的和歌与思想将起到至关重要的作用。

西行辞世 800 多年来，有关其出家隐遁的原因归纳起来主要有如下几种观点。

一 政治原因说

西行的一生，经历了平安时代末期的社会动荡与变革，在他 73 年的人生旅途中，"保元之乱""平治之乱""源平争霸""坛之浦海战"相继爆发，最终源赖朝取代平氏建立了镰仓幕府。西行出家前，"保元之乱"尚未爆发，他还是以佐藤义清的名字做"鸟羽院"的北面武士。年轻有为，多才多艺，深得"鸟羽院"的信任。从同为北面武士的平清盛最终成为一代霸主的事实来看，如果西行不出家，其前途也会是一片光明。但正如第一章所述，西行并不是时代的旁观者，他与皇室成员之间有着复杂的人际关系。特别是鸟羽与崇德之间的矛盾冲突，使与二人同样有着亲密关系的西行无所适从。

因为怀疑崇德不是自己的儿子，而是祖父与自己的皇后璋子的私生子，"鸟羽院"对崇德及崇德的母亲璋子一直怀有戒心，不仅剥夺崇德的皇位，连崇德儿子继承皇位之路也彻底堵死，还把崇德的最后一点希望——实行"院政"之路也一并堵死，崇德铤而走险，在没有做好万全的准备之下贸然发动了"保元之乱"，这场暴乱毫无悬念地以失败告终，崇德最终在流放地告别了人世。

随侍"鸟羽院"，又深得信任的西行，对"鸟羽院"有着深厚的感情。但崇德是璋子的儿子，而璋子是左大臣德大寺实能的妹妹，西行在成为北面武士之前是左大臣德大寺实能的家臣（西行成为北面武士还是由于他的推荐），对于自己恩人的妹妹及妹妹的儿子，西行自然有着非同一般的感情。再加上西行与崇德年龄相仿，有相同的创作和歌的兴趣，因此

---

① 石田吉贞：『隠者の文学——苦悶する美』，講談社 2001 年 11 月版，第 62—64 頁。

从内心深处同情崇德及璋子的处境。作为"鸟羽院"的近卫,对于"鸟羽院"为何讨厌崇德,为何采取种种手段阻止崇德掌握权力,西行不可能不知道。夹在这样水火不容的二人之中,可想而知西行的内心十分矛盾。不妨设想如果西行不出家而是继续做"鸟羽院"的北面武士的话,那么在"保元之乱"中他将如何自处?也许正是由于这个原因,西行在崇德与"鸟羽院"一方的矛盾公开化并酿成动乱之前出家隐遁。换言之,西行的出家隐遁是为了明哲保身。

这就是"政治原因说"的由来。这种说法主要是由川田顺提出。[①]

但是"保元之乱"爆发时西行已经出家 16 年了,早已远离了政治的旋涡,所以这种说法不过是后世对西行的人为抬高。当然,他凭借一个诗人特有的敏感,对"山雨欲来风满楼"的局势隐隐感到不安,担心宫廷内的权利之争波及自己也不是不可能的。但以此认为西行是因政治原因而出家的说法缺乏说服力。

二 知己暴亡说

"知己暴亡说"是另一种说法。西行有一个同为"北面武士"的好朋友名叫佐藤范康,两人同为"鸟羽院"的"北面武士"。有一天二人结束公务一同返家,分手前二人互道晚安,相约第二天一同入宫。没想到第二天一早当西行去范康家时发现门前已经乱成一团,里面传出阵阵哭声,一打听才知道原来好朋友昨夜暴病身亡,一夜之间两人阴阳两隔,因此深感人生无常,于是决心出家。[②] 这种说法来源于多种西行物语。

然而这种说法同样经不起推敲。出家隐遁并非小事,这个有关今后人生之路的重大决定不可能在短时间内就匆忙做出。西行出家前创作了这样一首和歌:

> そらになる心は春のかすみにて世にあらじともおもひたつかな
（786）
> 厌离俗世求净土,宏愿之心似春霞。

---

① 川田順:『西行』,創元社 1940 年 6 月版,第 111 頁。
② 村上元三:『西行』,德間文庫 1993 年 10 月版,第 18 頁。

这是西行出家前到东山法轮寺拜访出家隐遁的空仁法师时所作。虽然是在俗之身，但西行已经下定了出家隐遁的决心。看到茫茫天地被云霞所笼罩，西行从自我意识的框架中解放出来，云霞笼罩的天地与决心遁世的心相重合，终于使西行超越了世俗的束缚。这首和歌的"歌题"说这首和歌是"下定脱离俗世的决心时，在东山与友人寄霞抒怀"，"宏愿之心似春霞"表明是春季所作，西行出家是在 10 月 15 日，可见从他下定决心到实际采取行动大概用了将近 10 个月的时间。因此因友人暴亡而突然出家隐遁的说法应该是后世演绎的结果。

三　失恋说

"失恋说"是说西行爱上了一位地位远远高于他的女人，甚至有研究者认为西行恋爱的对象是"鸟羽院"的皇后、崇德的生母"待闲门院"。最终对方因为害怕社会舆论而断然与他分手，西行因绝望而愤然出家。《源平盛衰記》说，"西行发心出家源于恋爱之故"，并引用一首和歌"思ひきや富士の高根にひと夜ねて雲の上なる月を見んとは"（遥思富士高山顶，一夜住宿云居上），同时说明"此歌の心を思ふには、ひと夜の御契りは有りけるにやと"（思此歌之心乃有一夜之约），而与西行有"一夜情"的是"申すも恐ある上ろう女房"（身份很高的女官），西行是因与这位女官的恋爱失败而出家。① 但西行留下的和歌中并没有这一首，似应是《源平盛衰記》作者的杜撰。

此外，《西行物語》《西行花传》等也持这种观点。《西行花传》甚至描写了西行的恋爱对象是皇后"待闲门院"璋子，二人之间有过一夜情。

这类故事中所描写的"待闲门院"璋子，容貌美丽，感情奔放。除了与"白河院"私通外，与当时的"前备后守季通""增闲"的童子等都有关系，并都有正史野史记载，但与西行的关系却没有史料佐证。《西行花传》中所说的二人的一夜情，其场景被设定在璋子观看"流镝马"的表演之后。说璋子被年轻英俊的佐藤义清（西行）的表演所迷住，当夜遣自己的心腹女官"崛河局"把他带到了自己的寝宫。这一桥段与中国的古典名剧《红娘》异曲同工，或许《西行花传》的作者辻邦生是从

① 松尾葦江校注：『源平盛衰記』，三弥書店 1994 年 5 月版，第 56 頁。

《红娘》中获得了灵感。

　　"失恋说"应该是最能引起人们兴趣的说法，因此直到今天仍然有不少学者坚持这种观点。这个传说的盛行主要是因为西行创作了大量的"恋歌"，歌写得缠绵悱恻，却又没有明确所"恋"的对象是谁，这就为后世喜爱西行的人的想象插上了翅膀。说西行爱上的那个人的地位与西行差距悬殊，这一点大家都没有异议，但这个人究竟是谁，却众说纷纭。有说是皇后身边的女官的，有的甚至直接说就是皇后璋子。这种猜测的依据是西行在"待闲门院"出家后，为了她落发结缘而四处奔走，作《法华经》一品经书写劝进活动。为此他先后找到鸟羽、崇德两位退位天皇以及许多身份高贵的贵族，而这些与西行身份悬殊的人都毫不犹豫地答应了。西行为了旧主人家的女儿如此卖力奔走，引发了后世的许多猜想。甚至有学者认为，西行吟咏樱花的和歌中有"待闲门院"璋子的影子,① 暗示对璋子的爱恋无法实现是西行出家的原因，而西行的和歌集中的"恋歌"被认为就是写给"待闲门院"的。

　　　　つつめども涙の色にあらはれてしのぶ思ひは袖よりぞちる
　　（1333）
　　　　强忍泪水衣袖遮，泪红泄露爱之情。
　　　　わがなげく心のうちのくるしきを何にたとへて君にしられむ
　　（1343）
　　　　我心为情空悲叹，如何譬喻使君知？
　　　　あふまでの命もがなとおもひしはくやしかりける我が心かな
　　（1359）
　　　　如愿相逢死亦足，思念更深悔恨留。

　　（1333）写到，为了不被周围的人发现我们的恋情，我强忍泪水，并用衣袖把泪痕包裹，但泪水的颜色却暴露了我的心是多么的痛；（1343）说，我的心为爱情而发出悲叹，我对你的爱要怎样形容才能使你知道呢？（1359）说的是，我终于如愿与你相逢了，但相逢后却留下了更深的思念，使我更加悔恨。这是《山家集》中"恋百首"中的三首，收在歌集

────────────

　　①　白州正子：『西行』，新潮社 1988 年 10 月版，第 41 頁。

的"杂"部中，而《山家集》中另有"恋"部，整部《山家集》中一共
有恋歌 297 首。① 而西行恋爱的对象到底是谁，和歌中并没有明确回答，
因此说西行因爱上皇后而最终无法实现而出家，或因失恋而出家的说法并
无史料佐证，基本上属于后世的推测。

四　佛教影响说

这种说法主要来源于内大臣藤原赖长的日记《台记》。"十五日戊申。
西行法师来云，依行一品经，两院（鸟羽院、崇德院）以下，贵族皆应
允也。不嫌料纸美恶，只可用自笔。余承诺书写'不轻品'"。② 藤原赖
长的日记是有关西行的最可靠的资料之一。它不仅记载了西行为出家皇后
"待闲门院"璋子结缘而奔走于王公贵族之间，求写《法华经》的经过，
而且从另一个侧面印证了西行出家的原因主要是受佛教的影响。为结缘而
请人书写《法华经》本身就是佛教活动，更何况《台记》在介绍了西行
的家世后，明确说明西行"自俗时入心于佛道"，"遂以遁世，人叹
美之"。

此外，还有综合原因说。即西行的隐遁是以上几种原因合力的结果。
还有一种追求和歌创作自由说，说西行天生具有诗人浪漫的气质，向往自
由奔放的生活，而当"北面武士"只会妨碍他的文学追求，于是毅然舍
弃眼前的一切而投入大自然的怀抱，自由地投入和歌的创作当中。③ 此
外，还有草庵憧憬说，认为西行下决心出家隐遁是因为对草庵生活的
憧憬。④

西行出家隐遁的原因到底是什么？尽管数百年来有种种推测，但唯一
可靠的资料无疑是上文提到的藤原赖长的日记《台记》。笔者认为，详尽
分析《台记》的具体内容，是破解西行出家隐遁之谜的重要途径。

---

① 安田章生：『西行』，弥生書房 1993 年 11 月版，第 100 頁。
② 藤原頼長：『台記』。増補『史料大成』刊行会『史料大成』，臨川書店 1965 年 11 月
版，第 64 頁。
③ 目崎德衞：『西行の思想史研究』，吉川弘文館 1982 年 6 月版，第 101 頁。
④ 久保田淳：『西行と草庵と歌と』，『国文学解釈と鑑賞』1976 年第 6 号，至文堂，第
30 頁。

第五节　从《台记》看西行出家隐遁的原因

"十五日戊申。西行法师来云，依行一品经，两院（鸟羽院、崇德院）以下，贵族皆应允也。不嫌料纸美恶，只可用自笔。余承诺书写'不轻品'。余又问其年，答曰二十五。去去年出家。抑西行法师者，本兵卫尉义清也。左卫门康清之子。以历代勇士仕法皇。自俗时入心于佛道，家富，年轻，心无忧，遂以遁世，人叹美之"。①

藤原赖长的日记在叙述了西行来访的目的之后，用寥寥数笔，对西行的出身、家世、出家的原因及出家后的社会反响等都做了介绍。下文笔者拟逐句加以分析，试图对西行出家隐遁的原因作出较为合理的解释。

一　"以历代武士仕法皇"

西行为世人所知，是他的出家僧人与和歌歌人的身份。但原名佐藤义清的西行，出家前的官职是兵卫尉，具体身份是"鸟羽院"的"下北面武士"。西行是他出家后的法名。《吾妻鏡》文治二年八月十五日条有如下。

晚年的西行受藤原重源委托，为了东大寺大佛的再兴做劝进途中来到陆奥时，恰好刚刚夺取平氏天下的一代枭雄源赖朝到鹤岗神宫参拜，源赖朝听说西行来访非常高兴，马上请进西行，请教和歌与弓马之道。西行云，"弓马事者，在俗之当初，虽传家风，保延三年八月遁世之时，秀乡朝臣以来九代嫡家相承兵法烧失，依为罪孽因，其事曾以不残留心底，皆忘却了"。② 从这段记事来看，已经出家隐遁多年的西行有意回避自己的家世，或许多年远离俗世，对自己的武士世家出身已经淡忘了。但在源赖朝的一再要求下，西行还是彻夜"于弓马事者，具以告之"。骁勇善战的天下霸主源赖朝要向出家隐遁多年的老僧西行请教弓马之事，也可印证西行的武士家世之显赫。西行虽然并未以此为傲，但却能彻夜与源赖朝畅谈弓马之事，或许在他的内心深处还潜藏着对自己先祖的敬仰吧？

---

① 藤原頼長：『台記』。増補『史料大成』刊行会『史料大成』，臨川書店 1965 年 11 月版，第 64 頁。

② 『新訂増補国史大系・吾妻鏡』，吉川弘文館 1992 年 3 月版，第 240 頁。

据日本学者考证，远在奈良时代，西行的先祖"鱼名"就活跃在政界，官至左大臣，后因受谋反牵连被贬谪，致使家道中落。至400年后的平安时代才重新崛起，历代任镇守将军、东海追捕使等。特别是先祖俵藤太即藤原秀乡在"将门追讨"与"三上山百足退治"中立下战功后，家族才作为武士的名门而闻名于世。虽然西行的先祖姓藤原，但与君临政界的摄关家族藤原家族没有任何关系。秀乡育有千晴与千常二子，千晴一支成为在地豪族，积累了不少家财；千常一支上京发展，选择了下级武官之路。历代任"左卫门尉""检非违使"等，并开始以佐藤为姓。西行就是千常一支的第八代，幼年时父亲佐藤康清去世，但祖父季清尚健在，西行受祖父熏陶长大成人。祖父季清不仅武艺高强，而且对"检非违使"的历史很有了解，编纂了《佐藤判官季清记》传给子孙。

西行的外祖父监物清经虽然没有显赫的家世，但多才多艺，是蹴鞠高手，《梁尘密抄口传集卷十》及《蹴鞠口传集》两书中对此都有记载。所以后世研究者认为，西行性格的刚强来自于父系遗传，和歌等才能来自母系遗传。

藤原赖长在日记中记载西行出身于武士世家，出家前又是"鸟羽院"的北面武士，而且当时正值武士集团已经登上历史舞台之时，取贵族统治以代之只是时间问题，按理说西行理应沿着武士之路继续走下去，也许像同僚平清盛那样出人头地也未可知。但这些都未能阻挡西行走上出家隐遁之路的脚步。所谓"以历代武士仕法皇"，说的是西行出身于武士世家，出家前以这种身份守卫"法皇"。"法皇"即"鸟羽院"，因其出家而被称为"法皇"。

二 "家富、年轻、心无忧"

据日本学者考证，平安时代买官已经常态化，西行家族为了使西行能入宫为官，曾用去近一万匹绢的巨额"任料"。如果没有丰厚的家产支撑，如何拿得出如此一笔财物？这笔巨额财物是佐藤氏（西行家族）作为庄园领主从庄园的收入得来的。据说西行家族在纪之川右岸有一处名为"田仲庄"的庄园。这处庄园土地肥沃，盛产稻米。藤原赖长的日记说西行"家富"是有根据的。

幼年丧父的佐藤义清（西行）是在17岁那年，经祖父季清与母亲多方奔走，加上内大臣德大寺家的援助，终于以巨额财物打通了西行进宫的

策马扬鞭的年轻西行

道路。西行成为"兵卫尉",当上了"鸟羽院"的北面武士,受到"鸟羽院"的特殊关照。北面武士在"鸟羽院"的身边担任警卫,不仅要求武艺高强,也要求有"风雅的素养"。虽然只是下级武官,但美好的前途似乎已经在向他招手。做北面武士期间,年轻的西行曾作歌一首:

ふしみすぎぬをかのやになほとどまらじ日野までゆきてこまころみむ(1529)

策马扬鞭过伏见,马不停蹄到日野。

伏见和日野都是地名,两地相距很远。读这首和歌,一个生机勃勃,英姿飒爽,策马扬鞭的青年武士形象展现在了我们面前。可以想象,如果不出家隐遁,一直在"鸟羽院"身边侍奉的话,将会有大好的前途等待着西行。

西行出家时年仅23岁,因此,赖长称其为"年若"(年轻)。在当时出家隐遁者多是年事已高的老人的环境下,年仅23岁的年轻西行为什么抛弃大好前程,抛弃妻子儿女出家隐遁?

赖长认为，家境富裕，又前程无量的年轻西行应该是"心无忧"的。赖长及当时京城的人们认为，以这样的家世为背景的西行根本不可能出家。但西行到底是否心无忧，只有他自己知道。赖长强调西行"心无忧"，是从西行的家境等分析出来的，而且似乎用这样的强调来反衬听到西行出家后人们的反应。

三 "遂以遁世，人叹美之"

赖长的日记最后写道："遂以遁世，人叹美之。"在佛教大昌，无常观流布的平安时代中后期，出家隐遁本就没有什么稀奇，但那些隐遁者大多年长于西行，是人生告一段落时的出家，其中有的是身染重病，试图以出家来祈求延长生命，有的是人生失败导致悲观厌世而最终出家。如被后世日本文学称为"隐者文学的代表"的《方丈记》的作者鸭长明，就是因为争夺神社的继承人地位失败而出家，皇后"待闲门院"则因失宠而出家，崇德是因发动"保元之乱"失败而出家。类似这些因人生的种种不如意而出家隐遁，人们已经习以为常，见惯不怪了。而像西行这样一个年轻、家庭条件优越、前途无量的人似乎不应该走上出家隐遁之路，因此他的出家遁世才会有这么大的反响，先是惊讶，进而赞美。赖长说西行"遂以遁世"，一个"遂"字，可以想见当时的人们对西行欲出家一事似乎早有耳闻，但还是半信半疑，所以用"遂以遁世（终于遁世）"和"叹美"来表现人们在听到这一消息后的反应。说到底西行不过是一个年轻的下层官吏，按理来说他的行动不会惹人注意，之所以人们对他的出家遁世反应如此强烈，其原因也是因为他的"家富、年轻、心无忧"。

四 "在俗时入心于佛道"

赖长日记虽然很短，但其中透露的信息却很多。从"在俗时入心于佛道"来看，赖长认为佛教的影响才是西行出家隐遁的根本原因。笔者比较认可这一说法。

1. 佛教大昌的大环境对西行的影响

西行出家前是如何受到佛教思想的影响，进而入心于佛道的，并无明确的史料记载。但从当时社会上佛教大昌的大环境，以及作为中下层贵族的子弟，自幼就接受良好的教育来看，从汉文经典中接受佛教思想的影响也是很自然的。

　　西行年幼时的天治元年（1124），由瞻西上人劝进，京都的东山云居寺建起八丈大佛，民众不分贵贱纷纷前往参拜、结缘。类似这种轰动京城的敬佛礼佛的活动对年幼的西行的影响可想而知。西行决心出家前后正是佛教劝进活动非常兴盛的时期，劝说人们与佛教结缘，追求做善的"劝进上人"的活动十分活跃。这些活动的根据地就是京都附近的东山。西行出家后也参加了连接东山与洛中的清水寺桥建造的劝进活动，在高野山修行期间也参加了建造莲花乘院的劝进活动。而他拜访赖长也是为了"待闲门院"的一品经劝进活动。所以赖长说他"在俗时入心佛道"并非空穴来风，西行出家隐遁后的活动也印证了佛教对西行的影响。

　　西行出家隐遁前向"鸟羽院"辞行时作了这样一首和歌：

　　　　惜しむとて惜しまれぬべきこの世かは身を捨ててこそ身をも助けめ（2083）
　　　　欲惜今世焉不惜，今日舍身为救身。

　　这里所说的"身"是指处于俗世之"身"，西行要舍弃俗世之"身"，是为了拯救这个俗世之"身"。为何要"舍身"，为何要"救身"，是因为现世是污浊的，是无常的，不可久住的，唯有舍弃它，才能拯救它。可见西行的出家是为了自我救赎，舍弃俗世的一切，是为了拯救自己，为了脱离现世的"秽土"，走向佛教的"净土"。因此，西行的出家隐遁并不是消极的遁世，而是一种积极的人生态度。

　　西行是武士世家出身，本人又是鸟羽院的"北面武士"。在出家隐遁者辈出的平安时代，出家隐遁者大多是中下层贵族文人，武士与佛教信仰似乎有些相背。西行虽为武士出身，但在和歌中，却从未出现与武士身份相关的只言片语，他对自己在俗时的武士身份似乎有意回避。源赖朝消灭了平氏集团，建立了武士政权镰仓幕府，预示着武士时代的到来，但西行并未感到是自己时代的到来。说到底，西行虽身为武士，但从骨子里来说他不是武士，而是醉心于和歌创作的文人。因此，说西行是为了全身心地投入和歌创作之中而出家隐遁的说法，也并非没有一点道理。但仅仅因为这个原因就走上隐遁之路也并不尽然。说到底西行是个歌人，和歌创作是他一生的追求。后世对西行的称谓很多，如花月歌人、漂泊的歌人等，但他的身份始终是"歌僧"，即创作和歌的僧人。日本人所熟知的西行画像就是一个身穿僧衣的老人，左手捻着佛珠，右手托着和歌的歌册。这似乎可以间接地印证西行出家隐遁是因为醉心于和歌创作。但西行终其一生都是法师的身份，都是以出家人的形象出现在世人面前。因此，西行出家隐遁的原因虽然不是绝对的、单一的，但主要的原因还是受佛教的影响。

2. 对现世的"厌离"思想

佐藤正英在《隐遁の思想——西行をめぐって》一文中指出，"隐遁就是脱离俗世"。① 西行为什么要脱离俗世，他所生活的俗世又是怎样一种状态？西行所生活的日本平安时代末期，正是贵族社会在经历了两百多年的辉煌之后已逐步走向没落的时期。两大武士集团——源氏与平氏集团的崛起，更加速了贵族社会走向灭亡的步伐。在朝廷内部，皇室成员为争夺皇位上演了一幕幕父子、兄弟相残的悲剧，藤原家族也为争夺"关白"的宝座而互相倾轧，甚至在各自家族内部的父子、兄弟、叔侄之间展开了殊死的斗争，拉帮结伙，形成派系，钩心斗角，甚至相互残杀。各个派系为了扩大自己的力量，从而更有利地打击对方，纷纷把目光投向了地方的武士集团。趁朝廷内部忙于争权夺利无暇顾及地方之机而发展壮大起来的源平两大武士集团，成了朝廷各派竞相拉拢争夺的对象。而两大武士集团也在卷入宫廷的斗争中逐渐发现了自己的实力，他们不甘心自己成为被利用的工具，于是借机发展扩大自己的武装力量，从当初被利用的角色转而占据了主导地位，并最终推翻了平安时代的贵族统治，建立了自己的武士政权。在武士集团逐渐登上历史舞台的几十年里，先后发生了"保元之战""平治之乱"和两大武士集团的最后鏖兵之战。群雄割据，互相争霸，战争不断，使当时的日本社会硝烟四起，天下大乱，民不聊生。贵族社会已病入膏肓，日见衰落，其灭亡只是时间的问题。眼见大势已去，回天无力的贵族开始上演最后的疯狂，沉溺于骄奢淫逸的生活中不能自拔，每天在醉生梦死里打发着岁月。

平安时代后期被称为"末法时代"。释迦牟尼圆寂后的1000年之间，功德依然充分，佛法渗透，被称为"正法时代"；过了1000年之后，功德渐渐薄弱，被称为"像法时代"；再过1000年，佛的功德消失，即进入"末法时代"。而平安时代末期，不论是时间，还是社会乱象，正处在

---

① 佐藤正英：『隐遁の思想——西行をめぐって』，東京大学出版会1977年9月版，第69頁。

佛法所说的"末法时代"。意识到"末法时代"的不只是普通百姓，更有那些朝廷贵族。天灾人祸等人间乱相所构成的"世"摧毁了人们的生活勇气，他们迫切需要一种精神上的支柱来支撑他们脆弱的心灵。于是，"厌离秽土，欣求净土"的"净土宗"开始流行，并迅速占领了人们的精神世界。所谓秽土，无疑是指尘世，所谓净土则是指佛教的西方净土。

　　西行被后世称为"天性的歌人"，很早就显示了超凡的才华。歌人的特性使他对社会环境的敏感超过世人，源平争霸的乱世的迫近，使有着纤细神经的年轻歌人西行的内心自然而然地受到无常观、厌世观的影响。这一点，从他隐遁前的和歌中便可窥视一斑。

　　　　くれ竹のふししげからぬよなりせばこの君はとてさしいでなまし（1511）

　　　　世如竹节多忧烦，不然还俗在朝间。

　　　　あしよしをおもひわくこそくるしけれただあられればあられけるみを（1512）

　　　　世事善恶分辨难，祈盼己身无关联。

　　　　惜しむとて惜しまれぬべきこの世かは身を捨ててこそ身をも助けめ（2083）

　　　　纵惜今世惜不尽，今日舍身为救身。

　　　　そらになる心は春のかすみにて世にあらじともおもひたつかな（786）

　　　　厌离俗世求净土，宏愿之心似春霞。

　　　　世をいとふ名をだにもさはとどめおきてかずならぬ身のおもひでにせむ（787）

　　　　厌世出家世留名，微不足道成追忆。

　　（1511）中的"君"，伊藤嘉夫认为可能是指因"保元之乱"失败出家的崇德上皇。[1] 如果俗世不是像竹子的节那样繁多的话，你就可以还俗返回朝廷了，婉转地表达了对俗世的厌烦之意。（1512）说自己没有分辨善恶的能力，所以盼望俗世的纷乱能与自己无关。其实西行对善恶并非没

---

　　① 　伊藤嘉夫校注：『山家集』，第一書房 1987 年 4 月版，第 218 頁。

有分辨的能力，希望俗世的纷乱与己无关也是不现实的。西行只是以此来表达自己对混乱的俗世的厌恶。后三首和歌中也都有"世"，（2083）的"この世"，（786）的"世にあらじ"，和（787）的"世を厭う"，足以表明西行决心隐遁的态度；（2083）是西行想要隐遁后向"鸟羽院"告辞时的和歌，从中可以找出西行为何隐遁的蛛丝马迹。西行后世的研究者们对西行隐遁的原因一直是众说纷纭，而西行本人在自己的和歌里对此却从未有过明确的表述。西行向"鸟羽院"辞行时的和歌虽然很含蓄，并没有直接阐明自己要隐遁的原因，但从他"舍身为救身"的表白中可以看出，他的隐遁是为了拯救俗世中的自己。为什么要救身？是因为西行已经明白这个俗世已经不能久留了。在（786）的"歌题"中西行写到，欲舍尘世之时偶与他人"寄霞述怀"时所作。（787）的歌题是"情怀与前首歌同"。这两首和歌已经不像（2083）那样含蓄，而是直截了当地表明了自己决心隐遁之意。这两首和歌已经明白无误地道出西行对"世"即俗世的态度，他厌恶这个"世"，所以他要舍弃这个"世"。在净土宗大行其道，无常观主宰了世人的平安时代，向往山林隐居生活者不在少数，但像西行这样对尘世有清醒认识的并不多见，对隐遁生活发自内心喜爱的更是凤毛麟角。他清楚自己在做什么，为什么要这样做。

　　如果说西行隐遁前对隐遁还有些许犹豫的话，那么他隐遁之后的和歌又是怎样描写他对"世"的心境的呢？

　　　　すずか山うき世をよそにふりすててていかになり行くわが身なるらむ（796）

　　　　舍弃尘世欲何往？而今翻越铃鹿山。

　　　　なにごとにとまる心のありければ更にしもまた世のいとはしき（797）

　　　　现世何事执着心？出家更厌俗世身。

　　　　世の中をそむきはてぬといひおかむおもひしるべき人はなくとも（789）

　　　　背离俗世离家园，世人不解亦心甘。

　　对于刚刚隐遁不久的西行来说，内心多少有些彷徨是不足为奇的。虽然隐遁前他多次前往东山，拜访在那里结庵而隐居的空仁法师，并对这位先行者发自内心地景仰，但当自己也遁入山林，对于今后的人生之路，他还是多少有些不安。（796）的"序"写道，"避世欲赴伊势隐居途经铃鹿山所作"。他在前往隐居之地的途中仍难掩心中的忧虑，虽然自己已经为避世而隐居，但今后的人生之路该如何去走，内心却充满了彷徨与不安。（797）的歌题是"述怀"，他问自己，在俗世间还有什么能留住我的心吗？结论是，现在对自己曾经生活过23年的俗世更加厌恶了。（789）的序中写道，"遁世时赠送朋友之言"，说自己彻底背离俗世出家了，即使无人能真正理解自己也无妨。这三首和歌里出现的俗世、现世（浮き世），厌世（世の厭しき），背离俗世（世の中をそむき）三个词，在以后西行的和歌中也大量出现，可见西行对"世"的思考一直没有停止。

西行63岁之后的数年间，源平争霸的战争愈演愈烈，天下大乱，犹如人间地狱。西行对此非常愤怒，他对"世"的厌恶更是达到了顶点。

　　　　世の中に武者おこりて、西東北南いくさならぬところなし。う
　　ちつづき人の死ぬる数きくおびただし。まこととも覚えぬ程なり。
　　こは何事のあらそひぞや。あはれなることのさまかなと覚えて
　　（自武士现于世，东西南北无处不战乱频仍，死者不绝，数字惊人，
　　难以想象。究竟为何如此刀兵相向？愚蠢，哀哉！）
　　　　死出の山越ゆるたえまはあらじかしなくなる人のかずつづきつ
　　つ（1868）
　　　　死者纷纷赴黄泉，亡灵不绝过冥山。

在这首和歌的序中，西行写到的"世の中"的"世"，就是西行所生活的平安时代中后期，武士集团相互征伐，造成普通武士与无辜百姓的大量伤亡的社会现实。数年来，连绵不绝的战乱使大批百姓流离失所，又连续两年遭遇洪水与干旱的袭击，农作物歉收甚至绝收，没有粮食可以运往京城。结果京城的大街小巷饿殍遍地，十室九空。京城内外到处残垣断壁，往日繁华的街市已经不见了踪影，宛如一座人间地狱。对这样的"世"，西行的内心充满了厌恶，他不明白源平两家究竟为何事要大动干戈，因此，西行怒斥他们"愚蠢！"对无端死于战火的普通百姓，他的内心充满了同情。在这首和歌里，他描写无辜死于战火或饥荒的人不断地越过冥土之山即地狱之门，恐怖至极。

　　综观西行的和歌，大量出现的"世"都是用了厌世、避世、忧世、弃世等词。西行对"世"持否定态度是不容置疑的。"世"是客观存在的，对它采取什么态度完全依人们的世界观与人生观来决定。对于那些不得不仍然生活在俗世的人们，西行虽然没有明确表明自己的态度，但我们从他对"世"所表现的否定中似乎可以窥见西行隐秘的内心世界。

　　西行的崇拜者慈圆在《愚管抄》卷四写道："保元元年七月二日，鸟羽院去世后，日本国陷入'乱逆'，其后迎来了武士时代。"① 西行隐遁是在"武士时代"之前的20年。人们对西行隐遁前是"北面武士"的记忆已经有些模糊了。而西行自己对于这个似乎应属于"我们的时代"的到来并没有任何与自己有关的感觉。与他同时代的藤原定家曾有和歌模仿白居易的"红旗破贼非吾事"（刘十九同宿·时淮寇初破），在日记中称"红旗征戎非吾事"，仍然沉浸在自己的和歌世界里。而西行则在自己的和歌里对源平争霸给老百姓带来的灾难直截了当地表达了愤怒之情。很显然，虽然他是武士世家出身，隐遁前又是"鸟羽院"的"北面武士"，但他并没有把自己看作源平武士集团的同道。我们从他留下的两千多首和歌中，也没有发现任何与自己的出身有关联的蛛丝马迹。他对源平争霸的乱"世"一概否定，并在他的歌中对这个乱世进行了无情的讽刺。

　　　　武者のかぎり群れて死出の山こゆらむ。山だちと申すおそれあらじかしと、この世ならば頼もしくもや。宇治のいくさかとよ、うまいかだとかやにてわたりたりけりと聞こえしこと思ひいでられて（武士们成群结队地越过冥土山，看来是不惧怕山贼。在现世如果不惧怕山贼该多好啊！但不幸的是这是冥土的故事。令我想起了宇治征战时用筏子过河的传闻）
　　　　しづむなる死出の山がはみなぎりて馬筏もやかなはざるらむ（1869）
　　　　武士征战坠黄泉，扎筏逃命落深渊。

在这首和歌的序中西行写到的"宇治征战"，指的是源平两大武士集

---
　　① 岡見正雄、赤松俊秀校注：『日本古典文学大系86・愚管抄』卷四，岩波書店1967年3月版，第206頁。

团在宇治川进行的一场恶战。西行用这首歌讽刺源平争霸的战争，暗示争霸的结果只能是两败俱伤，受苦的只能是无辜的老百姓。

　　源平争霸发生在西行出家隐遁40年之后，在远离俗世的40年中，西行对俗世有了更清醒的认识，对"世"的讽刺、厌恶、批判更加强烈。但这也从另一个侧面印证了西行出家隐遁的原因之一是对现世的厌离之情。

　　　　よのなかにすまぬもよしやあきの月にごれるみづのたたふさかりに（783）

　　　　　　浊水难映秋月影，浊世月昏不栖身。

　　西行把现世比作浊水，佛教信仰者是不能在污浊的"世"栖身的，因此还是出家隐遁为好。这首和歌的"序"这样写道："送应出仕朝廷而出家隐遁者。"这是当西行听到曾经出仕朝廷的人出家后写给他的和歌，对他脱离俗世出家隐遁的行动表示赞赏，也间接地表达了自己对污浊俗世的厌恶，对出家隐遁生活的肯定。

　　3．对隐遁生活的憧憬

　　社会风气的影响，"歌人"的气质和敏感的天性，使西行厌恶污浊的现世，憧憬隐遁山林的草庵生活。当时隐居在嵯峨山的空仁法师是西行崇拜的偶像，出家前的西行曾数次与朋友前去拜访。坐在简陋的草庵中，聆听空仁法师传授的佛法，西行如醉如痴。在西行眼里，简陋的草庵是那样闲静，草庵生活是那样充满诗意，坐在那里，可以忘记俗世的喧嚣，远离乱世的滚滚红尘，灵魂得以净化，身心得到洗涤，精神可以达到"净土"的美好境界。那种抛弃俗世，专心于佛道修行，兴之所至就吟诵和歌，像风儿一样自由的生活深深吸引了年轻的西行，以至到了晚年仍然回忆起当年的情景，可见当年对空仁法师的拜访怎样强烈地冲击着年轻的西行的心。出家前他曾作过这样一首和歌：

　　　　しばのいほと聞くはくやしき名なれどもよにこのもしきすまひなりけり（788）

　　　　　　早闻草庵悔恨名，实为世间宜居地。

　　　　いざさらばさかりおもふもほどもあらじはこやがみねの花にむ

つれし（1594）

　　仙洞赏花能几时？告别之日终将近。

　　山ふかくこころはかねておくりてき身こそうきよを出でやらね
ども（1595）

　　身在俗世未出家，心神早已赴深山。

　　（788）如藤原赖长的日记《台记》所记载的那样，出家前的西行不
仅"家富"，而且与左大臣家人私交深厚，又是"鸟羽院"的近侍，对于
生活优裕的西行来说，草庵给他的最初印象，首先应该是"悔恨名"。但
在实际拜访了出家隐遁的空仁法师在东山的阿弥陀房的庵室之后，映入他
眼帘的草庵却是那样的充满情趣，使他感到草庵实为世间宜居之地。虽然
他不知道草庵究竟什么地方吸引了他，但首先使他纠正了"悔恨名"这
一先验的观念，从而迅速地向憧憬遁世倾斜。从西行与空仁法师的交往来
看，吸引他的似乎主要不是草庵，而是空仁的形象。当他离开空仁返回京
城时，空仁送他们来到渡口，一边诵经一边目送访者远去。当时空仁法师
站在高高的岸边，口诵着《法华经提婆达多品》中的经文"大智德勇健，
化度无量众"，风儿吹拂着他那褐色的僧衣，那身影在西行眼里是那样高
大，那诵经的声音在西行听来是那样美妙。看到竹筏缓缓离去，空仁吟诵
到，"祈盼竹筏早日归"，西行回答，"竹筏渡我过井川"。在这里，西行
用竹筏象征把自己渡到西方净土的交通工具，在充满喜悦的心底，隐藏着
得到佛法渡过彼岸的决心。拜访空仁返回京都之后，西行又托人把装有布
施的匣子和一封信送到了空仁的草庵。可以说，西行从与空仁的交往中坚
定了出家隐遁的决心。所以在（1594）中，当他陪伴鸟羽上皇去仙洞离
宫时不由得发出感叹，仙洞离宫的樱花盛开，而我还能有几次欣赏它呢？
与之告别的日子，出家隐遁的日子即将来临。（1595）描写的是，虽然现
在我还在俗世生活，形式上还没有实现出家隐遁的愿望，但我的思想早已
达到了出家的境地，心也早已飞赴深山之中。这几首出家隐遁前的和歌充
分反映出西行对草庵生活即出家隐遁生活的向往与憧憬，因此他的出家隐
遁绝不是一时冲动，也绝不是心血来潮，而是经过深思熟虑的必然行动。

　　4．对西方净土的追求

　　对草庵生活即出家隐遁生活的憧憬并非只是奔赴深山结一草庵安顿下
来即可，归根结底出家隐遁不只是生活地点、生活方式的改变，而是通过

这种改变达到一种终极目标，也就是来到佛教修行者最向往的地方——西方净土。

　　山端にかくるる月をながむればわれも心の西にいるかな（942）

　　远望月隐西山顶，我心相随向西行。

　　にしにのみこころぞかかるあやめ草このよばかりのやどと思へば（233）

　　西方净土在我心，今世不过暂住地。

　　いり日さすやまのあなたはしらねども心をかねておくりおきつる（1024）

　　不知净土在何方，心随落日向西行。

（942）的"月隐西山"指西方净土，"我心相随"指皈依佛门，但自己仍身处俗世，应该怎样做才好呢？直接表明了"厌离秽土，欣求净土"的思想，也暗合"西行"的法号；（233）直接表明了自己的理想是西方净土，认为只有西方净土才是自己的家园，而俗世不过是早晚要离开的暂住之地；（1024）写到，虽然我身在俗世，但我的心憧憬着西方净土，现在我的心要跟随落日向西而行。

以"寄霞述怀"为题的和歌表达了西行决心出家隐遁时的心情。

　　そらになる心は春のかすみにて世にあらじともおもひたつかな（786）

　　厌离俗世求净土，宏愿之心似春霞。

久保田淳认为"这首和歌在西行传记与西行研究中已成为一个标志性的作品"。[1] 其中表达的也是出家隐遁的决心及心愿实现后的喜悦。"そらになる"本来指身体游离升上天空之意，但在这里指的是心灵的天空向着另一个空间，即佛教的西方世界上升的意思。尽管出家隐遁伴随着内心的些许不安，但也潜藏着向着光明的天空飞翔的兴奋之情。

―――――――――――――――

① 久保田淳：『西行山家集入門』，有斐阁1978年8月版，第107页。

　　"北面武士"佐藤义清出家后自己取法号为"西行"，更是西行佛教思想的有力证明。"西行"，即向西而行。这里的"西"不是俗世中地理上的方位，而是佛教的极乐世界——西方净土的象征。佛教"净土三大部"《无量寿经》《阿弥陀佛经》《观无量寿经》认为，佛教的"净土"在世界的西方，因此西行将"西行"作为自己的法号，是表达自己要向佛教的西方净土而行的意愿。上述这些和歌既是西行对自己法号的诠释，也是他对自己佛教思想的阐述。

　　西行出家隐遁后写下了大量的"释教歌"（有关佛教教义的和歌），即使表面上描写雪月花的和歌，也透露出浓浓的佛意。从西行最有名的一首和歌更能看出这一点。

　　　　ねがはくは花をのしたにて春しなむそのきさらぎのもちづきのころ（88）

　　　　物化阳春如释尊，望月在天花下殒。

　　意思是说，要像释迦牟尼那样，在阳春季节，圆寂在月光照耀下的樱花之下。不可思议的是，西行果然在释迦牟尼圆寂纪念日的第二天离开了人世。西行这种传奇似的圆寂，在当时的京城造成了不小的轰动。据说很多人感动得热泪盈眶，西行在死后不到半个世纪，各种有关西行的传说就开始出现。而且越传越神，把一个历史上真实存在的西行演变为一个半人半神的人物。这也是西行直到今天仍然受到人们的喜爱，对他的研究一直不断的原因所在。另外，从这首和歌中也可看出佛教对西行的影响，甚至使他在即将离世时，心里所想的依然是佛祖，依然是西方净土。

　　西行的出家隐遁以脱离所谓的"秽土"之举以期达到前往西方净土的目标。其实即使他脱离了俗世投身到大自然中，也并未真正到达理想的"净土"，即西方的极乐世界，而只不过是对西方净土的一种追求而已。但无论如何，这种脱离污浊的现实世界而隐居山林的行为已经缩短了与净土之间的距离，向净土大大地迈进了一步。换言之，山林是介于秽土与净土之间的中间地带。佐藤正英在《隐遁の思想——西行をめぐって》中将其称为"边境"。① 他认为，这个"边境世界"是通向"彼岸世界"即净土的必经之路，对于像西行那样的隐遁者来说，这种边境世界就是以草庵为核心的大自然。出家隐遁者置身于这个边境世界，才能看到彼岸世界即极乐世界，才能最终到达这个世界。这个世界被称为"原乡世界"，对西行来说，佛法的世界就是作为原乡的世界而呈现的，原乡世界是自己本来应该存在的世界，而山林是到达原乡世界的途中必须经过的边境世界。而西行的出家隐遁就是舍弃俗世，使自己置身于边境世界。

西行虽然出身于历代武士之家，自身又是太上皇的御前侍卫，但却"在俗时即一心向佛"，而且最终选择了出家隐遁的道路，武士与出家人，两种不同身份的转换似乎有些令人难解其意，但归根结底，西行骨子里流淌的还是诗人的热血，诗人的敏感使他对日益险恶的社会现实充满了怀疑，而对佛教的无常观有了更深刻的理解，自然萌发了摆脱俗世的思想，对出家隐遁的生活更加向往。如果说动荡的社会现实，净土宗、无常观的影响，是促使西行走上出家隐遁道路的"外因"的话，那么其"内因"就是潜藏于西行内心深处的佛教思想，具体说就是"厌离秽土，欣求净土"的"无常观"。这种无常观遇到亲友突然离世或失恋等人生的打击之时，这些"外因"通过"内因"发生了作用，西行的出家隐遁就顺理成章了。正如石田吉贞在《隐者の文学——苦悶する美》中所说，"隐遁的直接原因是无常。即使有历史性的社会性的各种原因，但直接从内心深处唤醒人们脱离俗世，把人类逼迫到隐遁状态的，的确是无常。无常观就像当今被告知患了癌症的人抛弃一切立刻住院一样，被无常观驱使的隐者也是抛弃一切逃往山林"。②

综上所述，西行主要是因为受佛教"无常观"的影响而走上隐遁之路的理由比较可信。

---

① 佐藤正英：『隠遁の思想——西行をめぐって』，東京大学出版会 1977 年 8 月版，第 17 頁。

② 石田吉貞：『隠者の文学——苦悶する美』，講談社 2001 年 11 月版，第 17 頁。

第三章 "山里"草庵之歌

在日语里，"山里"是指山中的人家。据统计，在西行的和歌里，"山里"或"深山"一词反复出现，有 99 例之多。① 在《山家集》中的和歌以及序里，与"山里"同义、近义的山居、山寺、田家、田庵、幽居、草庵等，以及指称特定的山里的地名更是不胜枚举。"山里"生活是西行遁世后生活的基本，50 年生活在"山里"，与"山里"的大自然融为一体的隐遁生活，使西行的和歌与"山里"密不可分，其吟咏"山里"及"山里"生活的和歌构成《山家集》的主要内容。正如川本皓嗣所说，"熟知和歌的读者看到'山里'一词，就会立刻想起西行的许多歌咏'山里'的和歌"。② 西行的和歌里频频出现"山里"一词，山本皓嗣先生认为，"山里"一词与"世"或"都"等词相对立，表面上有孤独、寂寞这种否定之意，而实际上却相反，蕴含着深切体味从世俗的喧嚣得到解放、获得了十分安宁的心境这种颇为积极的价值。③ 这个词能使人联想到弃世、遁世，在"山里"结草庵。

作为隐遁歌人的第一人，西行在隐遁后长达 50 年的岁月里，一直生活在"山里"。他熟悉、喜爱山里的生活，歌咏山里的生活成为他生命中不可或缺的重要内容。在《万叶集》中完全不见踪影的"山里"一词，从《古今和歌集》以后开始被人们反复吟唱，可谓滥觞于西行。日本的和歌俳句多以"山里"为题，其影响延续至今，西行可谓功不可没。

---

① 萩原昌好：《西行と雪月花》，《国文学解释と鑑赏》2000 年 3 月号，至文堂，第 157 頁。

② 川本皓嗣著，王晓平等译：《日本和歌的传统——七与五的诗学》，译林出版社 2004 年 3 月版，第 125 页。

③ 同上。

　　考察西行的一生，笔者认为西行应该最终定性为"歌僧"，即创作和歌的僧人。作为僧人当然要出家，但西行不仅出家，而且隐遁。所谓出家是离开家庭，而隐遁或曰遁世，是不仅离开家庭，还要离开俗世。因此，平安时代出现了这种特殊的出家方式——隐遁。也就是说，平安时代文人的出家具有与传统意义上的出家所不同的特点。他们并非出家到某一寺院潜心修行，过着"青灯黄卷"的清教徒生活，而多是选择在大自然中结一草庵隐遁起来。日本多山，秀美的山林之中适宜构筑草庵。草庵不仅是隐遁者的居所，也是他们远离尘世修行的净土。草庵已经深深地融入了隐遁者的生活，对隐遁者来说，草庵是他们的灵魂，也是他们的标志，所以日本的隐逸文学也被称为"草庵文学"。中世的草庵大都在大寺院的附近，高山上的草庵与寺院相隔不远，孤寂的炊烟与诵经之声不可思议地结合在一起，构成了一幅只有在日本中世才有的风俗画。据说当时在熊野构筑的隐遁者草庵达 300 多个。这种在大自然中构筑草庵的隐遁方式，不仅可以远离俗世，也可以使他们心无旁骛地从事和歌的创作。"西行舍弃了俗世，舍弃了家庭，但只有和歌的世界是舍弃不掉的，因为和歌是西行的草庵生活之友"。①

　　西行 23 岁出家隐遁，73 岁圆寂，据记载，西行遁世后数年在京都周边，壮年的 30 年在高野，晚年的 7 年在伊势，在大自然中送走了 50 年的遁世生活。虽然是出家僧人，但西行并未专属于某一寺院，所以从未在寺院长期居住，也从不在一个地方定居，西行的生活据点是"山里"，在山里临时搭建的草庵是西行的主要居所。即使在长期生活的宗教圣地高野山，也是结草庵而居。外出旅行途中的居所也是草庵。因此，西行的和歌大都是在山里的环境下，以山里生活为题材创作出来的。他的和歌集名为《山家集》，所谓"山家"，即"山里的人家"，对西行来说，就是山里的草庵。"进入新古今世界的西行和歌在类型上是以草庵、山家生活为背景的生活抒情歌的范围"。② 西行创作的和歌也大都以"山里"为背景，"在这个词语的周围张开了一面联想的网目：'弃''世'在'山里''山边''结''庵'（或草庵）"。③

---

　　① 安田章生：『西行と定家』，講談社 1975 年 2 月版，第 61 页。
　　② 赤羽淑：『西行と定家』，『国文学解釈と鑑賞』1976 年第 6 号，至文堂，第 71 页。
　　③ 川本皓嗣著，王晓平等译：《日本和歌的传统——七与五的诗学》，译林出版社 2004 年 3 月版，第 125 页。

第一节 "山里"自然美的形成

家永三郎认为，"对山里生活的憧憬是以从'飞鸟时代'以来的传统的'自然爱'以及将其强化了的中古时代以后的厌世思潮为内在契机，以中国思想、佛教思想两大外来思想为外在契机而成长起来的"。① 关于佛教思想如何使平安时代后期的文人憧憬山里生活的，上文已经论述，此处不再赘述。而所谓"中国思想"，即日本学者松村雄二在《日本文芸史·第二部》中所说的："隐者的产生虽然是由于王朝体制的堕落、厌世的净土思想的流行和末法思想所带来的危机感，但却有中国隐逸思想的背景……"② 以无为自然为理想的老庄思想，如"竹林七贤"那样的超凡脱俗的生活，都给予平安时代的文人以深刻的影响。而作为山林爱好、山林隐遁的性情，吟咏隐逸生活的汉诗的影响也不容忽视。王维的"寂寞柴门人不到，空林独与白云期"，白居易的"人间荣耀因缘浅，林下悠闲气味深"等都是平安时代文人喜爱的汉诗。表现日本人山林思想的"山里"一词也随着平安时代隐遁者的大量出现而走入和歌之中。

考察日本和歌史，可以发现"山里"一词在日本最古老的和歌集《万叶集》中并未出现，而在《古今和歌集》中却出现了七首。但在这七首和歌中，"山里"不是作为"自然美"的空间而出现，而是寂寞、冷清的代名词。

1. 春たてど花もにほはぬ山ざとはものうかるねにうぐひすぞなく（春上·15 在原棟梁）

  春日已过花开晚，山里莺鸣声亦懒。

2. みる人もなき山里のさくら花そとのちりなむ後ぞさかまし（春上·68 伊勢）

  山里樱花无人赏，群芳凋后独开迟。

3. ひぐらしのなく山里の夕暮は風よりほかにとふ人もなし

---

① 家永三郎：『日本思想史における宗教的自然観の展開』。目崎德衞編：『思想読本·西行』，法蔵館 1984 年 9 月版，第 58 頁。

② 松村雄二：『日本文芸史·第二部』，築摩書房 1981 年 4 月版，第 98 頁。

（秋上・よみ人しらず205）

　　黄昏蝉鸣秋风里，山里无人访蓬荜。

　　4．山里は秋こそことにわびしけれしかのなくねにめをさまし
つつ（秋上・214　壬生忠岑）

　　山里深秋夜更悲，鹿鸣几度惊梦回。

　　5．山里は冬ぞさびしさまさりける人めも草もかれぬとおもへ
ば（冬・315　源宗）

　　冬至山里寂寞添，草枯叶落无人烟。

　　6．しらゆきのふりてつもれる山里はすむ人さへや思ひきゆら
む（冬・328　壬生忠岑）

　　山里积雪路更遥，居者思念几时消。

　　7．山ざとはもののわびしことこそあはれ世のうきよりはすみ
よかりけり（雑下・944　よみひとしらず）

　　冬日山里添枯寂，却比俗世更宜居。

　　七首中都有"山里"，第一首"春日已过花开晚，山里莺鸣声亦懒"，
描写的是春天过去了樱花尚未开放，就连莺的鸣叫也是那样慵懒；第二首
"山里樱花无人赏，群芳凋后独开迟"，描写的是樱花似乎知道即使盛开
了也无人欣赏，只好在群芳凋落后默默地独自开放；第三首"黄昏蝉鸣
秋风里，山里无人访蓬荜"，描写的是秋日寂寞的山里，除了在秋风里鸣
叫的蝉儿之外，没有一个来访者，使人想起清代马致远那首有名的《天
净沙》，"枯藤老树昏鸦，小桥流水人家。古道西风瘦马，夕阳西下，断
肠人在天涯"；第四首"山里深秋夜更悲，鹿鸣几度惊梦回"，描写的是
寂寞的深秋山里，到了夜晚更觉悲伤，隐居者几次被鹿鸣声惊醒；第五首
"冬至山里寂寞添，草枯叶落无人烟"，描写的是冬季的山里更加寂寞，
草枯了，叶落了，一丝的人烟都感觉不到；第六首"山里积雪路更遥，
居者思念几时消"，描写的是积雪阻住了进山的道路，居住在山里的人更
加思念山外的亲人；第七首"冬日山里添枯寂，却比俗世更宜居"，描写
的是冬日的山里更加寂寞，但与俗世相比，这点寂寞又算不了什么，意识
到山里也许比浮世适合人类居住。《古今和歌集》里出现的这七首和歌中
的"山里"，所描绘的几乎都是寂寥、孤绝的空间。

　　把"山里"作为美的空间加以吟咏始于《拾遗集》收录的藤原公任

的和歌。在《拾遗集》里，"山里"一改《古今和歌集》中的孤寂、寂寞、人迹罕至的印象，而变为隐遁者寄宿的地方，变为欣赏杜鹃歌唱的闲寂、理想、美的空间，其背景就是隐遁歌人的大量出现。《后拾遗集》的问世，更是扩大了这一表现，该集共收录了 28 首"山里"之歌，西行的"山里"之歌也被收录其中。在《拾遗集》中一首也未收入的吟咏秋天"山里"的和歌，在《后拾遗集》中一下子收录了 9 首，从春夏向秋冬大幅倾斜，说明和歌已经扩大了"山里"的表现范围。而在私家集（歌人个人的和歌集）中，"山里"一词更是频繁出现，甚至已成为私家集中不可或缺的表现题材。即使是没有出家隐遁的歌人也喜欢在自己的和歌中吟咏"山里"，描写自己想象中的山里草庵生活。西行把自己的和歌集命名为《山家集》，充分说明了其对山里草庵生活的喜爱。

家永三郎认为，"西行对山里的寂寞泰然处之，反之感到无上的喜悦，打开了灵魂救赎的特殊心境"，他认为西行的那首"山里来客已断念，若无寂寞愁更添"的和歌"达到了其精神展开的极限，把人们引导至玲珑的境地，无限深刻澄澈透明的世界"。① 这无疑是对西行和歌的最高赞美，从中也可看出西行的表现"山里"之美的和歌对山里自然美的形成发挥了重要作用。

第二节 "山里"自然美的展开

"山里"的自然美在平安时代中后期形成，在《拾遗集》中始露端倪，在《后拾遗集》中逐渐扩大。而构筑在"山里"的草庵无疑也成为"山里"自然美的一部分。隐遁者以"山里"的草庵为居，草庵既是隐遁者的安身立命之所，也是他们观察大自然和创作和歌的地方。因此，草庵也是隐遁歌人倾心讴歌的题材之一，"山里"的自然美首先在草庵展开。西行在出家隐遁前曾数次去隐遁歌僧空仁的草庵拜访，对草庵生活的憧憬也是他出家隐遁的原因之一。佐藤正英认为西行的出家隐遁是对西方净土的憧憬，但"山里"并非西方净土，而是走向西方净土的过渡地带，即边境世界。而对西行来说，他的边境世界是以草庵为核心的。因此他创作

---

① 家永三郎：『日本思想史における宗教的自然観の展開』。目崎德衛編：『思想読本・西行』，法藏館 1984 年 9 月版，第 56 頁。

了数十首以草庵为中心的和歌。

一　"山里"草庵的实态

　　平安时代的隐遁者大都选择在京都周边的山里搭建草庵。这种做法的目的与中国唐代的隐者不同。唐代的隐者选择在长安附近的终南山隐居，是为了便于被朝廷发现而得到入世升迁的机会。因此留下了"终南捷径"的成语。日本平安时代的隐遁者选择在京都附近的山里搭建草庵，主要是因为即使隐遁也需要维持生命的食物，而隐居在京都周边，可以方便从京都得到食物的补给。因此，在当时京都的周边山里有 300 多个隐遁者的草庵存在，构成了平安时代末期的一大风景。

西行庵

　　当时的草庵到底是什么样子，今人无法亲眼得见，我们只能从史料的描述中做些猜测了。江户时代的西行崇拜者，也是隐遁诗人的良宽这样描写草庵：[①]

　　　　索索五合庵，室如悬磬然。

---

　　① 唐木顺三：『良寛』，筑摩書房 1974 年 2 月版，第 12 頁。

户外杉千株，壁贴偈数篇。

釜中时有尘，甑里更无烟。

唯有东村叟，时敲月下门。

　　良宽给自己的草庵起名为五合庵。从诗中看，草庵的确简陋至极，"悬磬然"是说室内空无一物，"偈"是赞美佛教教义、解释佛教教理的韵文体的经文。这也从侧面说明出家隐遁者受佛教的影响之深。"釜中时有尘，甑里更无烟"是说良宽常常无米下锅，以至锅中积满了灰尘。草庵生活的艰辛由此可见一斑。

　　镰仓时代的《撰集抄》中对草庵有如下描写：①

山林砍柴薪，槲叶葺屋顶。

风吹树梢响，蓬蒿闻鸟鸣。

秋夜长漫漫，清晨猿啸声。

深山无人知，流泪到天明。

　　良宽的诗描写的是草庵的内部环境，而《撰集抄》描写的是草庵的外部环境，也描写了居住在草庵中的隐遁者的心境。搭建在深山里的草庵十分简陋，到了秋天，草庵生活更加艰难，庵外狂风吹得树梢沙沙作响，时时传来的猿啸声在空旷的深山里回荡，更增添了凄凉寂寞之情，所以隐遁者常常"流泪到天明"。石田吉贞在《隐者の文学——苦悶する美》中写道，"隐遁就是脱离社会，在脱离了社会的同时也脱离了人群。……舍弃了人群就变成了石头一般的东西。变成石头被遗弃在深山，是悲剧的极限。描写隐遁的《撰集抄》等充满了号泣就不足为奇了"。②《西行上人传抄》中说西行在二见浦的草庵是芦苇为席，一块有凹槽的石头做砚台。③可见隐遁者居住的草庵绝不是像现代人的山间别墅那样舒适。

　　草庵生活有两个显著特点，一是物质生活的艰辛，二是精神生活的寂寞。构筑在山里的草庵十分简陋，往往用柴做四壁，用茅草葺屋顶，这样

① 伊藤嘉夫編：『西行全集第二巻』，ひたく書房 1981 年 2 月版，第 134 頁。

② 石田吉貞：『隠者の文学——苦悶する美』，講談社 2001 年 11 月版，第 17 頁。

③ 桑原博史訳注：『西行物語』，講談社 2007 年 8 月版，第 106 頁。

的草庵连风雨都不能阻挡，更不用说防御冬季的严寒了。阳光与月光都能透过缝隙洒入庵中，一场风雨也可能把草庵毁掉。如果是旅行途中临时搭建的草庵，将会更加简陋。住在这样的草庵中，其生活的艰辛不言而喻。如果说生活上的艰辛还是可以忍受的话，那么精神生活的孤独与寂寞却不是任何人都能够忍受的。换言之，孤独与寂寞比生活的艰辛更加难以忍受。草庵远离俗世，没有亲人与朋友相伴，尽管有同为隐遁者的存在，但彼此之间却不可能有更多的联系。大多数时间草庵中只有隐遁者一人独居，其孤独与寂寞可想而知。特别是到了冬季大雪封山，连道路都被掩埋，隐遁者需要忍受的不只是严寒，还有死一般的寂静与孤独。所以长期以来描写草庵生活的和歌如《撰集抄》所言"充满了号泣"。

二 草庵生活的艰辛与寂寞

虽然家永三郎认为西行描写草庵生活的和歌把人引入了玲珑境地，但西行的和歌并非一味地描写这个"玲珑境地"的澄澈，而是既有独居在此的喜悦，也有难忍草庵生活的矛盾心理。特别是草庵生活的初期，当他怀着对出家隐遁生活的憧憬进入深山草庵，开始真正的出家隐遁生活时，他发现草庵生活远不如想象的那样浪漫，因此他的和歌中不可避免地描写了隐遁生活的艰辛与寂寞。西行和歌的最大魅力与显著特点在于真实、淳朴，他没有违心、刻意地描写草庵生活的悠闲与浪漫，而是把山里的生活不加修饰地展现出来。他在50年的隐遁修行生活中不断克服这种矛盾心理，终于到达顿悟的最高境地，实现了自己"物化阳春如释尊，望月在天花下殒"的理想。他描写草庵的和歌更能充分证明这一点。

> あばれたる草の庵にもる月を袖にうつしてながめつるかな（388）

月光流泻透柴庵，揾我衣袖伤心泪。

> あはれにぞものめかしくはきこえけるかれたるならのしばのおちばは（1046）

主人出行草庵空，狂风透庵吹不停。

> かぜあらきしばの庵はつねよりもねざめぞものはかなしかりける（1221）

途中结庵狂风吹，秋夜难眠心更悲。

　　なにとなくすままほしくぞおもほゆるしかあはれなる秋の山ざ
と（477）

　　深秋山里闻鹿鸣，身居草庵物哀浓。

　　むぐら枯れて竹の戸あくる山ざとにまたみちとづる雪つもるめ
り（1805）

　　葎草枯萎竹门开，山里积雪路径埋。

　　もろともにかげをならぶるひともあれや月のもりくるささのい
ほりに（409）

　　月光如水映草庵，唯盼有朋共婵娟。

　　としのうちはとふ人さらにあらじかし雪も山ぢもふかきすみか
を（622）

　　草庵春来无客问，雪深路断更无人。

　　山里は雪ふかかりしをりよりはしげる葎ぞみちはとめける
（1714）

　　深山积雪埋小径，夏草繁茂更难行。

　　わりなしやこほるかけひの水ゆゑにおもひ捨ててしはるのまた
るる（623）

　　严冬水槽冻为冰，深山草庵盼春风。

　　谷の庵にたまのすだれをかけましやすがるたるひののきをとぢ
ずば（1457）

　　柴扉冰凝如玉帘，深山草庵不得出。

　　こけふかき谷の庵にすみしよりいはのかげふみ人もとひこず
（792）

　　山谷草庵青苔深，岩影小路无屐痕。

　　脱离了俗世来到深山结草庵而居，本是西行的自觉选择。正是因为受
佛教无常观的影响，为追求西方净土，西行踏上了出家隐遁之路。出家前
他曾做和歌"厌离俗世求净土，宏愿之心似春霞"，兴奋之情溢于言表，
似乎对即将到来的草庵生活充满了期待，似乎对草庵生活的艰苦并没有多
少思想上的准备。但实际投入草庵生活，却发现大自然并非只有美丽的一
面。从上面的和歌可以看到，夏季，野草遮天蔽日，掩埋了道路；秋天，
简陋的草庵不敌肆虐的狂风，使西行彻夜难眠；冬季，更是积雪封山，不

得出行，就连引水的水槽、草庵的柴门都被冻结。即使是春暖花开的春天，草庵也仍然是寂寞的。山谷中青苔深深，岩石的影子投到小路上，上面却没有来客踏过的痕迹。因此他也曾望着透过破旧草庵的月光流下伤心的泪水，也盼望着有人能与自己为伴，一起来赏月，共同熬过寂寞的时光。大自然的严酷，独居草庵的寂寞，使西行对草庵生活有了清醒的认识，严酷的大自然对隐遁者的意志力的确是一种无情的考验。

草庵生活除了物质生活的艰辛之外，更难忍受的应该是精神生活的寂寞。"さびし"（寂寞）一词从《万叶集》到《词花集》中很少使用，但到了《千载集》和《古今和歌集》中却开始大量使用。根据统计，"さびし"（寂寞）一词在西行的两千多首和歌中有 26 例，其中在描写冬天的草庵生活时使用最多。冬季是一年中最萧瑟的季节，人迹罕至的深山里，一到冬季天寒地冻，滴水成冰，大雪掩埋了进山的道路，访客的脚步更难到达，草庵的寂寞更甚于其他季节。

　　かきこめしすそののすすきしもがれてさびしさまさるしばのいほかな（552）
　　芒草葳蕤锁草庵，霜袭草枯寂寞添。
　　玉まきしかきねのまくず霜がれてさびしく見ゆる冬の山ざと（562）
　　霜打篱笆藤如玉，山里草枯实孤寂。
　　霜かづくかれのの草のさびしきにいつかは人のこころとむらむ（555）
　　枯野荒草冰霜凝，严冬寂寞难留心。
　　霜にあひていろあらたむるあしの穂のさびしく見ゆるなにはえのうら（561）
　　苇穗染霜无颜色，难波江滨寂寞深。
　　山ざとはしぐれしころのさびしさにあらしのおとはややまさりけり（615）
　　山里时雨淅沥沥，狂风呼啸更孤寂。
　　はなもかれもみぢもちりぬ山ざとはさびしさをまたとふ人もがな（609）
　　花枯叶落深山里，访客皆无添孤寂。

花もちり人もみやこへかへりなばやまさびしくやならむとすらむ（168）

花落赏客返京城，山里寂寞又重来。

あばれたる草のいほりのさびしさは風よりほかにとふ人ぞなき（1235）

草庵破旧凝寂寞，唯有狂风无访客。

松かぜの音あはれなる山ざとにさびしさそふるひぐらしのこゑ（1022）

山里草庵闻松涛，秋蝉哀鸣添寂寥。

人きかぬ深き山べのほととぎす鳴く音もいかにさびしかるらむ（1992）

俗世岂闻杜鹃鸣？庵边频发寂寞声。

松風はいつもときはに身をしめどわきてさびしきゆふぐれのそら（1176）

松涛时时深山鸣，黄昏天空寂寞情。

つのくにのあしのまろやのさびしさは冬こそわけてとふべかりけれ（611）

苇葺草庵在摄津，冬日来临寂寞深。

やどごとにさびしからじとはげむべしけぶりこめたりをののやまざと（618）

小野山里烟雾浓，山山烧炭寂寞深。

くもとりやしこの山路はさておきてをぐちがはらのさびしからぬか（1060）

志古山路在云取，小口之原实孤寂。

みくまののはまゆふおふるうらさびて人なみなみにとしぞかさなる（1108）

熊野之滨木绵生，岁月徒增寂寞心。

この里は人すだきけむ昔もやさびたることはかはらざりけむ（1927）

昔日人众今日荒，此处寂寞古今同。

上述和歌都是吟咏草庵寂寞的歌。（552）（562）（555）（561）都是描写严寒季节山里霜袭草枯的和歌。（552）的序说"在觉雅僧都（高级僧人）的僧房与人们吟咏山家枯草"，可见是以"山家枯草"为题的和歌。描写夏季繁茂的芒草埋没了简陋的草庵，经过冰霜的侵袭，芒草虽然枯萎，但仍然封锁着草庵，使居住在庵中之人更觉得寂寞；（562）描写藤条也在霜打之后像玉一样缠绕着草庵的篱笆，山里草枯叶落，更增添了寂寞之情；（555）的歌题为"枯野草"，被冰霜覆盖的枯野的荒草寒冷孤寂，这寂寞的严冬怎能留下人的心呢？（561）的歌题为"水边寒草"，是"冬歌十首"中的一首。芦苇的穗子经过冬日冰霜后改变了颜色，使"难波"江滨的寂寞更深了，西行以此来形容冬天山里草庵的寂寞；（615）描写冬季的山里阴雨连绵，庵中人的耳边只有狂风呼啸的声音；（609）描写冬季的深山里花也枯萎了，红叶也凋落了，无人来拜访草庵，更显得寂寞难耐。西行根据自己的真实体验把冬天山里草庵的寂寞淋漓尽致地表现出来；（168）描写樱花凋落后，进山赏花的人都返回了京都，深山又重归寂寞；（1235）也是描写冬季的深山没有人来访，破旧的草庵，呼啸的狂风，更增添了寂寞之情；（1022）描写秋蝉的哀鸣；（1992）描写杜鹃的鸣叫也显得那么寂寞。杜鹃的鸣声在俗世京都的人很难听到，但在这寂静的深山草庵里，杜鹃却在草庵旁边不断发出哀婉的鸣叫；（1176）描写深山中松涛的声音让人感到寂寞，而在黄昏的天空下倾听松涛的鸣响更使人寂寞难耐；（611）描写西行来到摄津之国时正逢严冬，芦苇做顶的草庵也凝聚着深深的寂寞之情；（618）描写花枯叶落的小仓山里烧炭的浓烟遮天蔽日，使山里的寂寞更深了；（1060）描写云取山的志古山路是寂寞的，而小口之原也同样是寂寞的；（1108）描写像熊野之滨生长着的木棉萧条冷落一样，西行的心也随着岁月的增长而觉得寂寞；（1927）中的"此处"指的是右大臣藤原实赖的宅邸遗迹，这个名叫小野殿的地方不论是人来人往的往昔，还是荒凉衰败的现在，其寂寞的情趣并无什么变化。这些和歌所描写的霜雪覆盖的荒野，难波的江滨，摄津之国的草庵，小口之原，黄昏的松涛，生长着木棉的熊野之滨，小野殿的遗址，都是寂寞的地方。但所有这些都是冬日应有的景色，西行在这冬日的寂寞中发现了其特有的价值。

三　草庵生活的情趣

安田章生在评价西行的和歌时说，"西行的和歌有时也被伤感的眼泪

濡湿。具有敏锐的感性，丰富的感情的诗人西行，称其为感伤家并非不可
思议。在感伤的摇荡中其孤独感、对人的思念也更深了。但他终于克服了
这浅浅的感伤，这也是西行的形象与和歌的魅力所在”。① 西行并不讳言
深山草庵生活的艰辛。他在和歌中不仅如实地描写了深山草庵生活，人们
从他的作品里也深深感受到了孤独与寂寞，但难能可贵的是，西行并没有
只沉浸在对草庵生活的感伤之中，而是在与大自然的交融中努力克服自己
那浅浅的感伤，发现草庵生活所独有的情趣。

　　隐遁在深山草庵的西行，对山间万物观察细腻，万籁俱寂中，他凝神
倾听着各种声音，松涛阵阵、风暴之声不绝于耳，山谷间还有潺潺的流
水，虽然增添了寂寞之情，但也增添了草庵生活的情趣。如果没有亲身的
体会，这些和歌是很难创作出来的。

　　　　こほりしくぬまのあしはら風さえて月もひかりぞさびしかりけ
る（567）
　　　　沼泽冰凝月光澄，风吹苇丛寂寞浓。
　　　　千鳥なく吹飯のかたを見わたせば月かげさびし難波津のうら
（1769）
　　　　白鹤齐鸣吹饭湖，月影孤寂难波浦。（注：吹饭、难波为地名）

　　　　さびしさは秋みし頃にかへりけり枯野を照らす有明の月
（2059）
　　　　秋夜月色寂寞凝，枯野残月更凄清。
　　　　いほにもる月の影こそさびしけれやまだはひたのおとばかりし
て（334）
　　　　秋夜月影映草庵，山田引板寂寞添。
　　　　いづくとてあはれならずはなけれども荒れたるやどぞ月はさび
しき（380）
　　　　秋月孤寂映陋庵，融融月色情趣深。

　　这是表现月影寂寞的五首和歌，（567）描写冰封沼泽，寒风吹过枯

---

① 　安田章生：『西行』，弥生書房 1983 年 7 月版，第 52 頁。

萎的芦苇丛，寒冷清澈及寂寞寒冷之中更加澄明的月光，更加孤寂的人；
（1769）描写"吹饭之浦"白鸻齐鸣，环顾四方，月光映照之下的湖面闪
闪发光，远处的难波浦显得更加清寂；（2059）描写残月孤寂，秋天的夜
空下枯黄的原野是多么寂寞；（334）与（380）两首描写的是草庵之月。
深山里的秋夜，透过草庵的屋顶的月影凝结着寂寞，随风传来引板（用
来轰走田间野鸟的响器）的单调响声，更增加了草庵的寂寞；在荒凉简
陋的草庵凝望着融融的月色，虽然显得是那样的孤寂，却又有着深深的
情趣。

　　　　ふかくいりてすむかひあれと山道を心やすくもうづむこけかな
（794）
　　青苔封没庵前径，深山独居我心澄。

　　西行经常用"すみ""すむ"即澄澈来描写秋月，也经常以此来描写
自己深山独居的心境。由于远离俗世，与大自然融为一体，他觉得自己的
心也变得澄澈起来。西行和歌所描写的寂寞是植根于山里草庵的真实生
活，他把自己在深山草庵的真实生活如实地表现出来，不矫情，不做作，
也把真情实感融入和歌之中，并在其中发现草庵寂寞生活的价值。
　　既然草庵生活如此的艰辛、寂寞，那么西行是否像有些隐遁者那样逃
离深山，离开草庵，回到俗世生活中去呢？如果他不愿让隐遁生活半途而
废，希望坚持自己的理想的话，那么他怎样继续在草庵中生活下去？
　　草庵生活的艰辛、寂寞是客观存在的，隐遁者无法对此加以改变，那
么能够改变的只有自己的心态，即对待大自然、对待深山草庵环境的心
态。在艰辛寂寞的草庵生活中，西行在用和歌真实地记录草庵生活的真实
一面的同时，也在寂寞中不断修行，试图从另一个角度解读草庵生活，他
把"山里"的风物都当作自己的朋友来对待。这样一来，艰辛的山里草
庵生活展现出大自然的另一面。

　　　　ひとりすむいほりに月のさしこずはなにか山べの友にならまし
（1030）
　　若无月色映草庵，谁为庵友慰心田？
　　しばのいほはすみうきこともあらましを友なふ月の影なかりせ

ば（1032）

　　幸有月光为庵友，若无月光庵居愁。

　　はるのほどはわがすむいほのともになりてふるすないでそ谷の

鶯（39）

　　山谷旧巢莺飞离，莫离草庵为我邻。

　　さまざまのあはれありつる山里を人につたへて秋の暮れぬる

（1638）

　　深秋撩拨物哀情，山里野趣唤友朋。

　　たにのまにひとりぞまつも立てりけるわれのみ友はなきかとお

もへば（1023）

　　山谷庵前松一棵，而今朋友唯有我。

　　みづのおとはさびしきいほの友なれや峯のあらしのたえまたえ

まに（1026）

　　狂风掠过山谷间，寂寞庵友水潺潺。

　　おとはせでいはにたばしるあられこそよもぎのまどの友となり

けれ（1045）

　　霰打岩石雪飞泻，草庵蓬窗我之友。

　　ふりうづむ雪をともにて春まてば日をおくるべきみ山べの里

（620）

　　雪乃我友埋草庵，深山闲居盼春天。

　　ひとりねのともにはならできりぎりすなくねをきけばもの思ひ

そふ（503）

　　蟋蟀草庵枕边鸣，深山独眠唤友朋。

　　离开了官途和俗世，在深山草庵中孤独地生活，没有来访者，西行在严酷的大自然中享受着四季变换的山里风物，克服了大自然与人类的距离，深山的景色，莺、松、水声、月光、雪，甚至蟋蟀等都成为草庵的朋友。正因为有了这些朋友相伴，草庵生活不仅不再孤寂，反而产生了另外一种情趣。（1030）用一种假设的方法，说如果没有月色，谁会成为草庵生活的朋友来安慰我的心灵呢？（1032）说幸亏有月光做我的朋友，如果没有月光的话草庵生活将会多么寂寞；（39）中，西行甚至对黄莺发出呼唤，让黄莺不要离开旧巢，还是留下来做朋友吧！（1638）描写深秋的山里有各种野趣，它们也在呼唤着朋友，而西行也是这些朋友中的一员；
（1023）描写草庵前有一棵青松，西行对它说，在这深山里，你的朋友只
有我一个人哟！在这里，西行把青松当作人来看待，亲切地与之聊天；
（1026）中西行描写，当狂风掠过山谷时，潺潺的水声也成为草庵之友；
（1045）则描写碰撞到岩石上的雪霰飞溅开来变成雪沫，使西行感到十分
亲切，觉得那些飞溅的雪沫也是自己的朋友；（620）中甚至觉得埋没了
草庵的冬雪也是自己的朋友；（503）中更是把夜晚在枕边鸣叫的蟋蟀也
当成了自己的朋友，有了这鸣叫声为伴，西行感到在深山草庵里独眠也并
不孤寂。西行全身心地投入情趣盎然的大自然中，采取了与之融为一体的
态度。运用拟人的手法描写大自然并非西行的专利，但在西行的和歌中运
用最多，也运用得最为生动。"而今踏上漂泊路，唯留庵前松一人"（こ
こをまたわれすみ憂くてうかればまつはひとりにならむとすらむ）西
行把松树当作人来看待，他对松树说，我就要离开草庵踏上旅途了，松
啊，今后庵前只剩下你一个人了。言外之意是，你是否也会寂寞啊？当西
行用另一种心态环顾山里，审视草庵生活后，发觉山里的风物与王朝贵族
社会的风雅华丽完全不同，那是一种可称为精神上的差别，西行把在这山
里的风光酿出的情趣称为"物哀"或"闲寂"，而西行正是"闲寂"的
美学理念的创始者。

西行的观念发生变化后，山里草庵的生活充满了情趣，山林中的万物
也具有了不一样的美感。

　　　　ぬしいかに風わたるとていとふらむよそにうれしき梅のにほひ
を（48）
　　　　僧房主人实可厌，频送梅香入庵来。
　　　　梅が香を山ふところにふきためていりこむ人にしめよ春風
（49）
　　　　风送梅香入深山，访客衣袂梅香染。
　　　　しばのいほにとくとくうめのにほひきてやさしきかたもあるす
まひかな（50）
　　　　山里草庵藏雅趣，梅香夜夜伴春来。
　　　　立ちよりてとなりとふべきかきにそひてひまなくはへる八重葎
かな（516）

山里草深行路难，葎草缠绕邻家垣。

ちる花のいほりのうへをふくならばかぜ入るまじくめぐりかこ
はむ（149）

落花飘飘落满庵，宛如为我葺庵顶。

山ざとにたれをまたこはよぶこどりひとりのみこそ住まむとお
もふに（59）

身单影只在草庵，雏鸟枝头鸣声欢。

山ふかみかすみこめたるしばの庵にこととふ物はうぐひすのこ
ゑ（1074）

莺啼声声客入山，云霞渺渺掩草庵。

さかぬまの雨にも花のすすめられて疾かれとおもふはるの山ざ
と（171）

时雨亦从春花言，匆匆来访山中庵。

をやまだの庵ちかくなく鹿の音におどろかされておどろかすか
な（482）

鹿鸣惊醒庵中人，急开庵门鹿惊奔。

わび人のすむ山里のとがならむ曇らじものを秋の夜の月
（2023）

闲寂之人居草庵，秋夜月光映草庵。

霜さゆる庭の木のはをふみわけて月は見るやととふ人もがな
（568）

庭院落叶凝霜寒，盼客同赏美婵娟。

山里を訪へかし人にあはれ見せむ露しく庭にすめる月かげ
（2026）

庵无访客物哀情，庭院露滴月影澄。

わづかなるにはのこ草のしら露をもとめてやどる秋のよの月
（335）

秋夜明月映草庵，庭院小草白露寒。

“出家的西行首先选择的是草庵生活。一个人居住在草庵，一个人感受内心的澄澈，这是遁世者西行深深的喜悦"。① 置身于生机盎然的山里，西行尽情地享受着大自然的馈赠。生活在京都的贵族文人虽然也偶尔与大自然接触，也用和歌吟咏大自然，但他们只是以此作为他们附庸风雅的贵族生活的点缀，只是把大自然作为自己和歌的创作题材，因而他们把自己与大自然隔离开来，看待大自然的目光与看待其他事物一样，把二者的关系分得很清楚。因而他们吟咏大自然的和歌总是缺少西行那样的韵味。而西行是把自己融入大自然中，亲切地与大自然交流，这种与大自然的亲密接触给西行带来了无限的喜悦。

上述和歌对草庵生活的描写充满了情趣，显示出习惯了草庵生活之后的西行对草庵生活的喜爱。（48）（49）（50）都是描写山里梅花的。春风把梅花的香气送进深山，使访客的衣袂都染上了梅香；梅花的香气夜夜传来，使他觉得简陋的草庵掩藏着雅趣；尽管他喜欢梅花的芳香，但还是半开玩笑地埋怨对面僧房的主人为什么这么讨厌，频频把梅香送进自己的草庵来；（516）描写西行出门回来路过临近的草庵，注意到葳蕤的葎草爬满邻家草庵的墙垣，大自然充满了无限的生机；（149）描写飘落的樱花花瓣落满自己的草庵，犹如为自己的草庵葺了一个樱花花瓣的屋顶。这首和歌在读者的眼前展现出一幅美丽而温馨的画面，想象着粉红色的樱花花瓣厚厚的堆积在草庵的顶上，都会不由自主地露出会心的微笑；（59）描写的是，草庵虽然简陋，但却时时听到雏鸟在枝头欢唱；（1074）描写草庵掩映在渺渺的云霞里，黄莺的啼鸣使独居在此的隐遁者心旷神怡；（171）描写时雨霏霏伴着春花，草庵生活充满了诗意；（482）描写鹿鸣惊醒了睡梦中的西行，他推门想看看是怎么回事，想不到却把门外的小鹿惊得一路狂奔而去；（2023）（568）（2026）（335）都是描写月光的，如水的月光映照着草庵，庭院的积水反射着月光，月影清澄，独居草庵的人也内心宁静、澄澈，充满着物哀之情。在许多人眼里艰辛寂寞的草庵生活，在西行的和歌里却展现出了不一样的一面，彻底颠覆了"充满了号泣"的原有印象。

鸭长明在《方丈记》中写道："我们不能全部吸取佛教的教义，如今

---

① 安田章生：『西行と定家』，講談社 1975 年 2 月版，第 59 頁。

虽然喜爱草庵生活，喜欢草庵的寂静，但还是感到不方便。"① 虽然鸭长
明在日本文学史上被称为日本隐者文学的代表，但他对草庵并非真心喜
爱，而是表现出一种无可奈何的态度。其实他的出家不是像西行那样因为
受佛教无常观的影响与对草庵隐遁生活的憧憬，而是因为他在争夺家族的
"下鸭神社"的"神主"职位失败而出家隐遁。如果他能如愿当上神社的
"神主"，也许他就不会出家隐遁了。可见并不是什么人都能真心喜欢草
庵生活，只有那些彻底抛弃俗世并具有坚定信仰的人，才能对草庵生活发
自内心地喜爱，才能深刻体会草庵生活的意义。

　　　　身のうさのおもひしらるることわりに抑へられぬはなみだなり
けり（731）
　　　若非遁世隐山林，不知身忧悔终身。
　　　　身のうさをおもひしらでややみなましそむくならひのなき世な
りせば（990）
　　　若非深山结草庵，厌世无处把家安。
　　　　身のうさのかくれがにせむ山ざとは心ありてぞすむべかりける
（992）
　　　寂寞草庵隐我身，求道之心初有居。
　　　　をじかなくをぐらの山のすそちかみただひとりすむ我が心かな
（478）
　　　小仓山麓闻鹿鸣，独居草庵我心澄。
　　　　わがものとあきのこずゑをおもふかなをぐらのさとにいへゐせ
しより（531）
　　　小仓山里欲安家，红叶之梢我之花。
　　　　をりしもあれうれしく雪のうづむかなかきこもりなむとおもふ
山ぢを（1455）
　　　遁世幽居心内喜，雪掩山路访客稀。
　　　　中々にたにのほそみちうづめゆきありとて人のかよふべきかは
（1456）

---

　　① 鸭长明：『方丈記』。西尾实校注：『日本古典文学大系 30』，岩波书店 1957 年 6 月版，
第 44 頁。

雪埋山路路不辨，访客不到心内安。

さびしさにたへたる人のまたもあれないほりならべむ冬の山ざ
と（560）

若有能忍寂寞人，何妨结庵为我邻？

とふ人もおもひたえたる山ざとのさびしさなくはすみうからま
し（1019）

山里寂寞访客断，若无寂寞愁更添。

山深くさこそ心はかよふともすまであはれはしらむものかは
（2161）

深山与我心相印，点亮心火感慨深。

习惯了草庵生活之后，西行开始庆幸自己选择了出家隐遁的道路，
（731）中，他觉得如果自己没有遁世隐居山林的话，可能就会悔恨终身；
（990）说如果不在深山结草庵隐居的话，厌弃俗世的自己将在何处安身
呢？（992）说幸亏有寂寞的草庵成为我的居所，使我的求道之心即向佛
之心才有了安放之处；（478）与（513）都是描写在小仓山的草庵生活，
虽然独居草庵，但听到小鹿的鸣叫，他感到内心也澄澈起来；在小仓山安
家，即结草庵居住下来之后，山里的红叶也成为了"我之花"；（1455）
与（1456）都是描写深山大雪过后，山路被大雪掩埋没有客人造访，但
他也没有觉得寂寞，而是内心充满了喜悦；在（560）中，西行甚至颇有
些自得地吟诵，如果还有能忍受寂寞的人，请你也到深山结草庵做我的邻
居吧！（1019）中也说，山里的寂寞就那样寂寞着吧，如果没有寂寞我反
倒会忧愁呢！最后的（2161）干脆说深山与自己心心相印，它点亮了自
己的心中之火，使他感慨颇深；（478）中"ただひとりすむ"（一人独
居），表现了西行把深爱寂寞，喜爱孤独的孤高之情表现得淋漓尽致。在
喜爱孤高的同时，也有无限的自爱之情。松尾芭蕉非常喜欢"山里寂寞
访客断，若无寂寞愁更添"这首和歌，他在《嵯峨日记》中说，"西行上
人吟咏'若无寂寞愁更添'，是说他要做寂寞的主人"，① 在这样的精神
性的训练之后，西行终于达到了与深山心心相印的最高境地，觉得深山的

---

① 　松尾芭蕉：『嵯峨日記』，『日本古典文学大系 46・芭蕉文集』，岩波书店 1959 年 10 月
版，第 104 頁。

隐遁生活点亮了自己的心火，使自己发出了深深的感慨。

西行因为憧憬草庵生活而走上了出家隐遁的道路。艰辛寂寞的草庵生活对每一个出家隐遁者来说都是一个严峻的考验。很多人由于忍受不了深山里的草庵生活而重新逃回京都，即使生活在草庵的人也在和歌中表达了悔恨之意，和歌中充满了号泣。西行在最初的草庵生活中也经历了一个从兴奋到冷静，再到重新认识的过程。这个重新认识不只是对草庵生活的习惯，而是发现山林的魅力，发现草庵生活的情趣，并从中发现了草庵生活的意义。使他能在 23 岁出家隐遁后一直与大自然相伴，在深山草庵的隐遁生活中度过了长达 50 年的岁月，最终实现了在佛祖释迦牟尼圆寂的次日 "花下殒身" 的愿望。

第四章　四季歌

　　西行自 23 岁隐遁，直到 73 岁离世，一直都是以大自然为伴。他在山林中结草庵而居，与他相伴的是风花雪月，是树木森林，是飞禽走兽，是河谷的水声，是樵夫的斧声。他辗转于日本各地，尤其钟情到人迹罕至的深山去探幽访胜。在远离俗世的大自然中，西行度过了整整 50 年的隐遁岁月。他用和歌与大自然对话，从大自然中去发现"闲寂"之美，从而使心灵得以净化，使灵魂得以升华。可以说，大自然成就了西行的和歌，而西行的和歌也使大自然的美展现在人们的面前。西行被称为"天生的歌人"可以说是实至名归。

　　被称为"俳圣"的松尾芭蕉在《笈の小文》中写道，"所谓风雅，随造化，友四时也。所见无处不花，所思无处无月。所思无花之时等同夷狄，内心无花之时与鸟兽同类。出夷狄而离鸟兽，随造化而回归造化也"。[1] 所谓"造化"即大自然、存在、无常大法之意。遵从"造化"，是隐遁者生存的根本。所谓"友四时"，"所见无处不花，所思无处无月"，即以四季风物为友。四时风物皆如花月般美丽。隐遁者目之所及的一切都无比灿烂，如果达不到这一点，则与鸟兽无异。"随造化，友四时"，被美所环绕，是隐遁者生存之道，是隐遁者生命回归之源。

　　位于亚洲大陆东部的日本列岛四面环海，既有巍峨的群山，也有大量湍急的溪流，四季分明，风光秀丽。自古以来日本的文人墨客就写下了大量吟咏大自然的和歌。不论是日本最早的和歌集《万叶集》，还是中古的《八代集》《三代集》中，吟咏大自然的和歌都占有很大的比重。但是这

---

　　① 　松尾芭蕉：『笈の小文』，『日本古典文学大系 46·芭蕉文集』，岩波书店 1959 年 10 月版，第 52 頁。

些歌人所写的和歌大概都是偶尔亲近大自然后的产物，像西行这样投身于大自然中，用自己的整个身心感受大自然，甚至达到物我两忘的境地，用自己的心灵去讴歌大自然的，可以说并不多见。平安时代中后期涌现出的隐士们也创作出了许多吟咏大自然的佳作，但像西行那样把吟咏大自然当作自己生命的一部分的，应该说只有西行一人。在西行创作的多达 2000 余首的和歌中，大多是以大自然为歌唱对象的咏物歌。他的创作直接影响了被后世称为"俳圣"的芭蕉的创作。芭蕉的所谓"蕉风"的形成，可以说是滥觞于西行。西行的影响至今不衰的一个重要原因，也是源于他那些吟咏大自然的和歌契合了日本人与大自然融合的民族心理。

描写大自然离不开对四季风光的吟咏。西行以他歌人特有的敏感观察大自然，对四季的轮回有着细致入微的体察。在他的歌集《山家集》中，开篇就是四季之歌。其中有春歌 194 首，夏歌 90 首，秋歌 250 首，冬歌 94 首。可以看出秋歌占压倒多数，是夏歌、冬歌的近三倍。但据伊藤嘉夫编纂的《西行法师全歌集》统计，在西行的 2000 多首和歌中，咏春的和歌共有 333 首，而咏秋歌是 252 首。恩师中岛敏夫先生曾将明代张之象的《唐诗类苑》与日本的和歌集《八代集》《十三代集》进行比较，得出的结论是，唐诗中吟咏最多的是春，而和歌中吟咏最多的是秋。从中我们似乎可以隐约看出中日两国的审美意识和文化心理的差异。日本文学以悲为美，而秋天是万物凋零的季节，预示着严酷的冬天即将来临，面对着萧索的山川草木，诗人们的内心深处油然泛起的自然是一丝悲凉。西行的咏春之歌多于咏秋之歌，显然与日本和歌的总体侧重有些不同。但西行对四季的描写都倾注了同样的激情。因此研究西行描写四季的和歌，不仅可以使我们对这位天才歌人的内心世界有所了解，也可以使我们通过这些和歌感受到日本和歌的独特魅力，从而了解日本人的审美意识和民族心理。

第一节　春之歌

出家隐遁在深山的西行与大自然亲密接触，亲身感受四季的变化，得以对四季的轮回及四季特有的风物进行细致的观察，所创作的和歌无不洋溢着大自然的气息，使读者也感受着大自然的无穷魅力。

西行出家是在 10 月，从季节上看已是深秋，在经历了萧瑟的秋冬之后，西行终于迎来了出家隐遁后的第一个春天。春天是万物复苏的季节，大自然重新焕发了活力，深山里到处充满了鸟语花香，生机盎然，空气中也弥漫着春的气息。

一   迎春之歌

> 年くれぬ春くべしとは思ひ寝にまさしく見えてかなふ初夢
> （1）
>   岁暮春色入初梦，梦醒时分已是春。

　　这是描写立春早晨的和歌，是四季歌"春部"的第一首，也是西行《山家集》的第一首。这首和歌的"序"写道，"立春翌日所作"。一年马上就要过去，想着新春即将到来而进入梦乡，一年中的"初梦"也就是第一个梦造访了隐居在深山草庵的西行。醒来之后西行欣喜地感到春天确已来临，自己的"初梦"终于成为了现实。立春是新的一年的开始，按照传统这一天的和歌要明快、喜悦。虽然隐遁在深山似乎应该与俗世中对春天的庆祝有所不同，但西行仍然在除夕之夜梦见了春天的到来，而且在梦醒时分真切地感受到自己的初梦成为了现实，其内心的喜悦难以言表。事实上，出家隐遁在深山草庵的西行，比起出家前在俗世时更加盼望春天，更何况他在头一年的秋末出家，尚未完全适应深山独居的生活，又经历了秋风的肃杀，冬雪的寂寞，其盼望春天的心情更加迫切，以至在梦里也盼望着春天的到来。

　　但一场春雨不期而至，乍暖还寒的天气让人感到春天似乎还未到来。在"年内立春，降雨"的和歌里，西行这样写道：

> 春としもなほおもはれぬ心かな雨ふる年のここちのみして
> （1146）
>   年内立春降春雨，天寒犹觉春尚远。

　　年内立春，降下了第一场春雨，但春寒料峭，天气尚未转暖，使人感到春天似乎还很遥远。尽管如此，春天毕竟来到了深山，西行欣喜地看到了大自然的变化。

　　　岩間とぢし氷もけさはとけそめて苔の下水みちもとむらむ
（1939）
　　　冰锁岩间今朝溶，苔下融水觅流途。
　　　春知れと谷の細水もりぞくる岩間のこほりひまたえにけり
（17）
　　　溪流知春水潺潺，冰消雪融岩石间。
　　　降りつみし高峯のみ雪とけにけり清滝川の水の白波（1940）
　　　深山高岭积雪溶，清龙川水白浪涌。
　　　とけ初むるはつ若水のけしきにて春たつことのくまれぬるかな
（5）
　　　春来深山冰雪融，拂晓汲水邪气除。

　　春天来到深山，最大的变化就是冰雪的消融。远离都市的深山，冬季
的气温更低，不仅草庵常常被冰雪覆盖，山间的小路也常常被冰雪掩埋，
深山的一切都被冰雪封锁。而冰雪的消融是春天到来的最好象征。
（1939）描写冬天被冰雪锁住的岩石间，如今虽然在地表看不到流水，但
苔藓之下的融化的冰水可能正在寻找流出的途径吧？（17）描写冰雪消融
后，岩石间的溪水潺潺流淌，仿佛溪水也知道春天的到来；（1940）描写
深山高岭上的积雪消融后，更以势不可当的气势冲向清龙川，使清龙川白
浪翻卷，气势磅礴；（5）描写冰雪消融后，西行按照当时的习俗汲来春
天的第一桶水，以祛除邪气，保佑新的一年平平安安。

　　　たちかはる春を知れとも見せがほに年をへだつる霞なりけり
（4）
　　　冬去春来欲告知，新旧之交云霞起。
　　　山の端のかすむけしきにしるきかなけさよりやさは春のあけぼ
の（2）
　　　山端云霞知春来，今朝始迎曙光升。
　　　山里はかすみわたれるけしきにてそらにや春のたつを知るらむ
（13）
　　　彩霞满天深山里，春景明媚早知春。
　　　いつしかと春きにけりと津の国の難波の浦をかすみこめたり

（14）

> 春来津国难波浦，彩霞缭绕早迎春。

预示春天到来的还有满天的云霞。日本三大随笔之一《枕草子》开头一段用优美的文字描写了四季最美的时辰。在描写春天时作者清少纳言这样写道，"春天的拂晓最有情趣。东方的天空渐渐泛白，远山微微露出轮廓，那紫红的云霞细长地飘在天上"。① 西行对春天的朝霞也倾注了满腔的热情，上面几首和歌都是具体歌颂春天拂晓的云霞的。（4）描写的是，云霞是告知春天到来的使者，云霞升起，预示着冬去春来，新旧交替；（2）描写的是，虽然深山里春寒料峭，但山顶的云霞知道春天即将到来，所以从今天早晨开始迎接曙光东升；（13）描写深山里彩霞满天，明媚的春光使人们早早得知春天的到来；（14）描写的是，在津国的难波浦，春天终于来临，西行远望缭绕在山顶的彩云，呼吸着早春清新的空气，对大自然的感激之情油然而生。

西行在迎春之歌中以欣喜的心情歌唱着深山里冰雪消融，流水潺潺，彩霞满天。春天是一年之始，给人以憧憬与希望，因此西行写下了大量的咏春之歌。

二 樱花之歌

在和歌俳句中，代表四季的风物是不可或缺的内容。这样一来，即使和歌俳句中没有直接标明"春夏秋冬"，人们也可以从代表四季的风物中领悟到季节的存在。每个季节都有独特的风物，在热爱大自然的日本人的心目中，春天最具代表性的是美丽的樱花。在《古今和歌集》中如果单纯提到花，主要是指樱花，而在《万叶集》中如果提到花则是指梅花，以更美丽的樱花取代了梅花代表春天，是缘于日本人审美意识的变化。中国的古代诗人对梅花倾注了无限深情，历代都有咏梅的佳作。宋代的隐逸诗人林和靖有诗赞美梅花"疏影横斜水清浅，暗香浮动月黄昏"，陆游有咏梅花的"零落成泥碾作尘，惟有香如故"。中国古代文人赞美梅花，是赋予了梅花不媚俗，有傲骨的品格，是把梅花人格化了。《万叶集》结集

---

① 清少納言：『枕草子』。池田亀鑑校注：《日本古典文学大系·19》，岩波书店 1958 年 9 月版，第 43 页。

的年代正值唐风文化在日本大炽，《万叶集》中的咏梅和歌无疑是受到了中国文学的影响。而《古今和歌集》与《新古今和歌集》结集时和风文化已取代唐风文化占据了主导地位，日本人的审美意识开始觉醒，遍布日本列岛的樱花逐渐博得日本人的青睐。从公元 812 年开始，每年樱花盛开的时节，宫廷贵族都要在皇宫的樱花树下饮酒赋诗。进入江户时代，这种习俗扩大到民间，并一直延续至今，深深渗透到了日本人的生活之中。樱花盛开时的绚烂，花期的短暂，花落时的快速，都深深地触动了日本人那敏感的神经。他们从樱花的开与落中感受到人生的短暂，人世的无常，因而吟咏樱花的和歌也开始大量出现。

　　西行被称为"樱花歌人"，一生吟咏樱花的和歌达到 272 首。① 他对樱花倾注了深深的情感，可以说吟咏樱花的和歌是西行和歌的精华所在。西行不仅在四季歌中吟咏大自然中的樱花，在"释教歌"中也常常把佛法与樱花联系起来。他长达 50 年的隐逸生活中，在与大自然的融合之中，樱花已化为西行人生的一部分。

　　　　いまさらに春をわするる花もあらじやすくまちつつけふもくら
さむ（69）
　　　今亦忧春忘花开，不觉频频探花来。
　　　おぼつかないづれのやまのみねよりかまたるる花の咲きはじむ
らむ（70）
　　　何处山峰花先开？盼花之心实难耐。
　　　花と聞くはたれもさこそはうれしけれおもひしづめぬ我心かな
（158）
　　　闻知花开人皆喜，唯我难抑待花心。
　　　まつによりちらぬ心をやまざくら咲きなば花のおもひしらなむ
（67）
　　　痴心盼花花亦知，惟恐心乱花亦残。

　　这一组和歌可称为"盼花"。春天就要来临，西行盼望樱花的心情越

---

　　① 萩原昌好：《西行と雪月花》，《国文学解釈と鑑賞》2000 年 3 月号，至文堂，第157 頁。

来越急切。他把这种急切的心情表达在和歌里。在四季中，春天是最美丽的。冰雪消融，万物复苏，大自然充满勃勃的生机。而在西行隐居的深山，春天却姗姗来迟，渺无人烟的深山里，西行独自欣赏着这闲寂的美。他盼望着春天早日来到深山，盼望着樱花能早日绽放。（69）描写西行盼花心切，因此他唯恐今年的春天忘记把樱花送到人间，于是频频来到樱花树下探望；（70）描写西行盼望樱花开放的心是那样急切，那样难以忍受，于是他又猜测，今年的樱花会从哪里最先绽放呢？（158）描写每到樱花开放的时节，西行便终日心神不宁，无论如何无法使自己镇静下来。在这寂静的深山里，他希望自己成为最先看到樱花盛开的人；（67）描写西行在猜想，自己的这种心情樱花仙子也会知道吧？他极力按捺自己急切的心情，唯恐由于自己的心乱会使樱花不待盛开就凋残了。宋代辛弃疾曾有一首词这样描写"惜春"之情，"更难消，几番风雨。匆匆春又归去。惜春常怕花开早，何况落红无数"。辛弃疾由于害怕春去花落，甚至害怕春天的花开得太早，因为开得早也就凋谢得早，于是接着对春发出了"春且住"的呼喊。而西行则是唯恐春天忘记了让樱花开放而内心惴惴不安，二者有异曲同工之妙。那么当樱花终于开放时，西行又是怎样描写自己如何赏花的呢？

　　　　おしなべてはなのさかりになりにけり山の端ごとにかかるしらくも（75）
　　　　吉野山中花烂漫，疑是白云绕山峦。
　　　　たぐひなき花をし枝にさかすればさくらにならぶ木ぞなかりける（84）
　　　　樱花绚烂绽枝头，赏心悦目美无双。
　　　　身をわけて見ぬこずゑなくつくさばやよろづのやまの花のさかりを（85）
　　　　恨无仙人分身术，一日看尽万山花。

　　这一组和歌可以用"赏花"来概括。赏花是西行艰辛寂寞的隐遁生活中最令他高兴的事情之一。在经历了焦虑的等待之后，赏花的季节终于来到了。吉野山自古就是观赏樱花的胜地，西行对吉野山的樱花情有独钟，每到樱花盛开的时节，西行都要到吉野山深处赏花，并留下了60余首吟咏吉野山樱花的和歌。（75）描写春风吹开了百花，吉野山中樱花烂漫，盛开的樱花犹如白云般缠绕在山峦之间；（84）描写美丽的樱花绽放在枝头，春风送来了阵阵的芬芳，樱花是那样的美丽，这种美丽世间难有，举世无双；（85）描写西行陶醉在樱花的海洋，他恨自己没有仙人那样的分身之术，如果有的话，他就能在一日之间赏尽万山的樱花了。在西行的生活中，樱花就是和歌，是西方净土的象征，欣赏樱花的美丽，就是欣赏西方净土的美好。因此西行愿樱花永不凋谢，永远盛开，永远陪伴着自己。

吉野山こずゑの花を見し日より心は身にもそはずなりにき（77）
吉野山樱盛开日，爱花之人离魂时。
あくがるる心はさてもやまざくらちりなむのちや身にかへるべき（78）
真魂出窍附山樱，樱花凋落魂归身。
花みればそのいはれとはなけれども心のうちぞくるしかりける（79）
赏花之人心内苦，缘为心忧花落时。

（77）中的"身にもそはず"指的是心从身体中拔出，飞到了吸引自己的樱花那里去了。西行的爱花之心实在太强烈了，以至在看到吉野山美丽的樱花时，觉得自己的灵魂都要被它摄去了；（78）中的"あくがるる心"指的是被樱花所吸引而从身体中飞出的心，也可以说是灵魂。西行觉得樱花如果凋谢的话，也许出窍的真魂会重新回到自己的肉体；（79）中问自己，这离开身体的真魂还能归位吗？盛开的樱花终究还是要凋谢的，预见了这一点，所以他赏花时的内心也是苦的。

西行希望美丽的樱花永远绽放，不希望看到樱花凋谢，于是他写下了这样的和歌。

風ふくとえだをはなれておつまじくはなとぢつけよあをやぎのいと（162）
恳请柳丝缚樱枝，莫叫春风吹落花。

　　こころえつただひとすぢに今よりは花ををしまで風をいとはむ
（142）

　　心知花落实无奈，惜花犹恨落花风。

　　西行太爱樱花了，因此他在（162）恳求柳树，用它那细细的枝条缚
住樱花，不要让春风把它吹落吧！但他知道樱花终究是要凋谢的，于是
（142）中他对春风说，你要吹落樱花你就吹吧！今后我不会珍惜落花，
而是会憎恨你这可恶的风。春风送暖，使樱花绽放，但春风也能吹落樱
花，因此西行一方面恳求春风，另一方面又诅咒春风，这种对春风又爱又
恨的心情在这两首和歌中表达得淋漓尽致。

　　樱花的花期实在是太短暂了，在西行还陶醉在樱花的美丽中时，樱花
已开始凋谢了。

　　春風のはなをちらすと見るゆめはさめてもむねのさわぐなりけ
り（150）

　　春风无情吹花落，醒来犹自黯神伤。

　　このもとの花にこよひはうづもれてあかぬこずゑをおもひあか
さむ（135）

　　今宵思花看不厌，落英埋身花下眠。

　　这一组和歌应叫作"惜花"。西行喜爱樱花，希望它永远绽放。但自
然规律是无情的，花开就有花落，谁也无法阻挡樱花凋谢的脚步，不论西
行怎样不舍，樱花终究还是要凋落的。落花深深刺痛了西行那颗爱花的
心，他用和歌表达了这种深深的惋惜之情。（150）的歌题是"梦中落
花"。在吉野山赏花的西行，某天夜里突然梦见樱花在春风中簌簌凋落，
他难过得从梦中惊醒。虽然明知那不过是一场梦，但西行那颗爱花惜花的
心仍然难以平静；（135）写到，今夜樱花即将散尽，西行不忍再看樱花，
又久久不愿离去。他徘徊在樱花树下叹息着，深知这美丽的樱花第二天就
会落满树下，他无法使樱花继续留在枝头供人观赏，因此情愿睡在樱花树
下，让那缤纷的落英掩埋自己的身躯。

　　"盼花""赏花""惜花"的三部曲，构成了西行的樱花世界。实际
上是描写了西行在春季里与樱花连在一起的整个过程。从樱花未开时等待

行走在吉野山中的西行

的焦虑、担心，到樱花盛开时赏花的欣喜、激动，再到樱花即将凋落时的那种惋惜、心痛，可以看到的是一个爱花如命的敏感的歌人。他的一生与樱花紧紧地联系在了一起，可以说樱花是西行生命的一部分，是支撑他走完人生之路的精神支柱。他对樱花的痴情在日本和歌史上无人可比。在四季歌的春歌中，除了零散的咏樱花的歌之外，还有成组的咏樱花歌。如"咏花之歌"25 首，"咏落花歌"30 首，"花歌"15 首，"即席咏花歌"10 首。西行咏落花的歌之多是显而易见的。在成组的"咏落花歌"以外，还有若干首咏落花歌。如"梦中落花""风前落花""雨中落花""远山残花""山路落花"。花开花落本是大自然的规律，西行偏爱落花，是由于他那颗爱花的心不忍看到落红满地，更是从樱花短暂的生命中悟出了人生无常的道理。因此在"梦中落花"中他在梦到花落时竟难过得惊醒过来，醒来后仍然惊悸不已；在预感到当夜樱花就会凋落时，竟打算睡在樱花树下，让飘落的樱花掩埋自己；甚至希望自己在走向彼岸的西方净土时能在樱花之下殒身。

　　在上述三组和歌中，不论是"盼花""赏花"，还是"惜花"，其中的主角都是西行本人，也就是说，是西行在"盼花""赏花""惜花"。王国维在《人间词话》中把这种境界称为"有我之境"，"有我之境，以我观物，故物皆著我之色彩"。① 樱花本是大自然的一种植物，本身并无喜怒哀乐等感情存在，但当西行对它投入了自己的感情之后，仿佛樱花也有了人类的情感，也就是说，樱花也带上了西行的色彩。

　　青葉さへ見れば心のとまるかなちりにし花のなごりとおもへば
（169）
　　樱花飘落实难舍，无花樱树亦倾心。
　　わきて見む老木は花もあはれなりいまいくたびか春にあふべき
（105）
　　老树樱花今非昨，逢春盛开能几何？
　　花にそむ心のいかで残りけむ捨てはててきと思ふわが身に
（87）
　　世间一切皆抛舍，为何独存爱花心？

　　西行不仅爱樱花，也爱生长出樱花的樱花树，可以说这是西行爱花之心的延伸。樱花凋谢虽然让西行难分难舍，但他在（169）中安慰自己，无花的樱树也很美丽，也可以让我倾心；（105）中西行还把目光投向一株老樱树的花，老樱树已经没有了昔日的风采，西行想到今后轮回的春天里这株老树还能有几次让美丽盛开的花朵来迎接春天的到来呢？如此爱花也使西行自己感到不安；（87）中所谓"そむ"，就是贪恋，对某种物体的贪恋是佛法所说的罪恶，出家隐遁本来是要放弃对俗世的执着之心，不仅要抛舍俗人的世界，也应包括俗世的自然界，只有全部舍弃俗世的一切时，才算真正达到了脱俗和遁世。作为出家人本不应该对樱花如此执着，当他意识到万物皆可抛时，他问自己，抛弃了俗世的一切隐居在深山草庵，为什么唯有樱花不能抛舍呢？却无法做出回答，因为他知道自己为什么会这样。那是因为他把樱花看作佛祖的化身。

　　ねがはくは花のしたにて春しなむそのきさらぎのもちづきのころ（88）
　　物化阳春如释尊，望月在天花下殒。

----

　　① 王国维：《人间词话》，中国人民大学出版社 2004 年 9 月版，第 3 页。

ほとけにはさくらの花をたてまつれ我がのちのよを人とぶらは
ば（89）

若有后世来祭奠，美丽樱花供灵前。

　　这是西行想到自己圆寂时而写的有名的两首和歌，即使这样，西行在想到自己辞世时也无法忘记樱花，在这里，与樱花有关的道理或哲学等全部消失，存在的只有对樱花的依赖，是自己的生命幻化出来的樱花。西行对樱花的痴情，对樱花的迷恋的确非常人可及，在（88）中他甚至希望能像释迦佛祖那样，在阳春里，在明月照耀的樱花树下结束自己漂泊的一生。也许是西行的对佛祖的敬意感动了上苍，他真的在 73 岁时，在释迦佛祖圆寂纪念日的第二天圆寂，来到了西方净土，实现了自己的愿望。这不能不说是难以解释的奇迹；（89）中他希望后世如果来祭奠自己时，也把樱花供奉在自己的灵前。樱花对西行意味着什么，在这两首和歌中作出了明确的回答。

三　莺之歌

憂き身にて聞くもをしきは鶯のかすみにむせぶあけぼのの聲
（32）

惜闻身处艰辛地，朝霞升起闻莺啼。

　　"春眠不觉晓，处处闻啼鸟"，正如大唐诗人孟浩然的这首诗所描写的那样，"处处闻啼鸟"是初春的象征。这只"啼鸟"是否是莺不得而知，但西行在初春所听到的却是莺啼。所以这首和歌的歌题是"寄莺抒怀"，虽然身处出家遁世的艰辛之地，但在朝霞之中回响的莺啼仍然使西行怦然心动。莺在日本人心目中是代表春天的小鸟，因此莺又被称为"春鸟"，"知春鸟"。中国古诗中用"草长莺飞"来代表春天，南朝梁丘迟在《与陈伯之书》中写道，"暮春三月，江南草长，杂树生花，群莺乱飞"。清代诗人高鼎在《村居》中写道，"草长莺飞二月天，拂堤杨柳醉春烟"。唐代诗人金昌绪有一首有名的"闺怨诗"，"打起黄莺儿，莫教枝上啼，啼来惊妾梦，不得到辽西"。在经历了漫长严酷的冬季之后，莺的回归最早带来春天的信息，它唤醒了沉睡的大自然，使深山重新焕发出生命与活力，初春的深山里到处能听到它们美妙的歌声。

　　　　鶯のこゑぞ霞にもれてくる人めともしき春の山里（33）
　　　　初春深山无人迹，春霞帐里闻莺啼。
　　　　鶯はゐなかの谷のすなれどもだみたるねをばなかぬなりけり
（1075）
　　　　深山山谷莺筑巢，鸣声不似乡间鸟。
　　　　鶯のはるさめざめとなきゐたる竹のしづくやなみだなるらむ
（34）
　　　　莺濡春雨竹林啼，雨滴好似莺泪滴。
　　　　ふるすうとくたにの鶯なりはてば我やかはりてなかむとすらむ
（35）
　　　　山谷旧巢莺飞去，我替黄莺空悲啼。
　　　　鶯はたにのふるすを出でぬともわがゆくへをば忘れざらなむ
（36）
　　　　山谷旧巢莺飞去，莫忘守者多孤寂。
　　　　鶯はわれをすもりにたのみてやたにのほかへはいでてゆくらむ
（37）
　　　　莺托我为守巢人，鸣叫飞离岗边巢。
　　　　春のほどはわが住む庵の友になりて古巣ないでそ谷の鶯（39）
　　　　黄莺莫要离旧巢，惟愿春天为庵友。
　　　　鶯は桜に梅のかをるをりは庭の小竹に夜がれをぞする（173）
　　　　春夜櫻梅花盛开，庭院竹林莺往来。
　　　　つくりおきし苔のふすまに鶯は身にしむ梅の香やうつすらむ
（52）
　　　　梅花香染黄莺身，莺归苔巢梅香熏。
　　　　梅がにたぐへてきけば鶯の聲なつかしき春の山里（51）
　　　　莺啼声声梅香添，初春山里实眷恋。

据统计，西行的和歌中吟咏黄莺的有83首之多，[①] 足见其对黄莺的喜爱。(33) 描写初春的深山虽然人迹罕至，但满天的云霞里传来黄莺的鸣叫，告诉西行春天来了，使他的内心充满了喜悦；他在 (1075) 里甚至开玩笑地想到，山里的黄莺的叫声怎么和乡下那些鸟叫声不一样呢？(34) 描写被春雨濡湿的黄莺在竹林啼鸣，西行感到那雨滴好似黄莺的眼泪；接下来的 (35) (36) (37) (39) 四首都提到黄莺的旧巢，他不愿黄莺离开自己的旧巢，他想告诉黄莺，你飞走了，让我为你守着空巢，可是你不要忘了我是多么孤寂，不要忘了我在替你悲啼呢！所以他恳求黄莺还是不要离开，留下来做自己的朋友吧！西行用拟人的手法不仅把黄莺描写得栩栩如生，而且把自己与黄莺的交流，对黄莺的喜爱淋漓尽致地表现了出来；最后 (173) (52) (51) 三首都是把黄莺与梅花联系在一起描写，在樱花和梅花盛开的夜晚，黄莺在竹林中穿梭往来；由于在梅花中飞来飞去，黄莺的身上也沾染了梅花的香气，当黄莺飞回用苔藓筑就的鸟巢时，鸟巢也充满了梅香。这不禁让人想起杜甫的名句，"两个黄鹂鸣翠柳，一行白鹭上青天"，看来中国的黄莺喜爱的是翠柳，而日本的黄莺喜欢竹林与梅花。因为梅花的香气中有黄莺在鸣叫，所以使西行对初春的山里充满眷恋。西行在这里充分调动自己的感官来尽享山里的一切，置身于春意盎然的深山，秀美的山里风景闯入他的眼帘（视觉），梅花的香气刺激着他的鼻腔（嗅觉），黄莺的歌唱涌入他的耳朵（听觉），使他全身心地融入大自然中，尽享大自然的一切美好。

深山里除了黄莺外，还有其他可爱的小鸟。

山里にたれをまたこはよぶこどりひとりのみこそ住まむとおもふに (59)

山里何人唤雏鸟？深山草庵我独居。

もえいづるわかなあさるときこゆなりきぎすなく野の春の明ぼの (40)

初春黎明雏鸟鸣，原野山菜嫩芽萌。

生ひかはるはるのわかくさまちわびてはらのかれ野にきぎすな

---

①　萩原昌好：《西行と雪月花》，《国文学解釈と鑑賞》2000 年 3 月号，至文堂，第157 頁。

くなり（41）

　　荒寂枯野嫩草生，雏鸟盼春深山鸣。

　　春霞いづちたちいでゆきにけむきぎすたつ野をやきてけるかな
（42）

　　山鸡离巢春霞升，嫩草萌芽绿野焚。

　　山里的黄莺深受西行喜爱，不知名的小鸟也同样给西行带来了欢乐。出家隐遁后迎来的第一个春天，一切都是新鲜的，都是在京城中所看不到的。伴随着山菜的萌芽，各种小鸟也活跃起来，它们在枝头跳来跳去，欢快地鸣唱着。深山草庵独居的西行独享着这一切，觉得是那么惬意。春霞笼罩原野，山鸡离开了巢穴到远处去觅食，山菜刚刚萌芽，把原野染成一片绿色，那热烈的绿色犹如燃烧一般。嫩芽，植物的幼苗，雏鸟，生命的初始，一切都在春天里发生，带着希望，带着祈盼，也给西行孤寂的隐遁生活带来安慰。

四　山菜、柳树……

　　山菜也和春霞、黄莺一样，最早向人们报告春天的来临。被冰雪覆盖了整整一个冬天的深山，突然间出现了点点绿色，那是山菜的萌芽，用不了几日，那绿色就会铺满深山。

　　春日野はとしのうちには雪つみてはるはわかなの生ふるなりけ
り（27）

　　深山积雪春日野，春来雪中山菜生。

　　けふはただおもひもよらでかへりなむ雪つむ野べのわかななり
けり（25）

　　野地积雪采菜难，无奈空手把家还。

　　わかなつむ野べのかすみぞあはれなるむかしをとほくへだつと
おもへば（29）

　　初春原野采山菜，往昔隐在云霞外。

　　春雨のふるのの若菜おひぬらしぬれぬれつまむかたみたぬきれ
（28）

　　春雨喜降布留野，春菜濡湿忙采撷。（注，布留野：地名）

うづゑつきななくさにこそあひにけれ年をかさねてつめるわか
なに（30）

扶杖采撷七种草，山菜萌芽人亦老。

　　初春草木复苏，植物的嫩芽钻出泥土，给大地披上绿装。而在远离俗世的深山，山野菜也在冰雪下孕育，嫩叶渐渐露出地面。（27）的歌题是"嫩菜"，描写的是雪中的鲜嫩的山菜，尽管"春日野"这个地方仍有积雪，但他还是确信即使在雪中山菜也还是在生长，不日就可以采摘了；（25）的歌题是"雪中嫩菜"，独居深山的西行在春寒料峭中来到野外去采摘山菜，但积雪尚未融化，山菜尚未萌芽，西行只好失望地空手而归；（29）的歌题是"寄若菜怀旧"，日语把嫩菜称为"若菜"，因"若"与"旧"或"古"相对，所以西行把歌题设定为"寄若菜怀旧"。云霞笼罩原野本来隔开的是空间，但西行看作隔开了"昔日"即时间的东西。可见在西行的意识里，时间与空间是对立的概念，对他来说，云霞把时空都包裹起来，感觉一切都像被帷幕隔离开来。他在帷幕的这边，在春天的原野采摘着刚刚发出嫩芽的野菜，而被这帷幕隔离开来看不见的另一端的景色也许仍然令他怀念。正因为朦朦胧胧看不清楚，才更令人有看清的欲望。毕竟出家隐遁不久（西行在头一年的秋天出家，这一年，他才23岁），西行还不能完全摆脱对俗世的依恋。尽管在平安时代出家隐遁不足为奇，但出家者的年龄大都超过西行，其出家也是人生告一段落时的出家，出家的原因也大多或身染重病，以祈求延长生命为目的，即使出家隐遁也与在俗时的生活没有什么区别，并不像西行那样把出家作为全新的人生起点而出家，也不像西行那样真正地全身心地投入大自然之中，与大自然融为一体。深山中的西行以欣喜的心情迎来春天，看到满天的云霞笼罩四野，周围的一切笼罩在朦胧之中，不由得感到这云霞不仅把俗世与深山隔绝开来，也把现在的自己与过去的自己隔绝开来，因此在欣喜之余也多少有一些惆怅吧！（28）描写大自然的美景还是让他忘记了惆怅，特别是一场春雨过后，山野菜被春雨濡湿，更加鲜嫩诱人。年轻的西行在深山迎来第一个春天，一切都是那么新鲜，所以尽管绵绵春雨淅淅沥沥地下个不停，西行还是冒着春雨来到野外采摘着山菜；（30）描写的是，即使到了老年，也还会拄着拐杖在初春采摘山菜。在日本古代，有在初七吃"七草粥"的习俗。即用春天的七种野菜熬粥，看到刚刚萌芽的山菜，西行

不由得想到当自己老了的情景。虽然身在深山，但恰逢"初七"，也应该
采摘七种山菜煮"七草粥"。西行对生活的热爱由此可见一斑。

なほざりに焼きすてし野のさわらびはをる人なくてほどろとや
なる（182）

农夫烧荒弃早蕨，嫩芽老去无人撷。

ぬまみづにしげる真菰のわかれぬをさきへだてたるかきつばた
かな（183）

茭白杜若沼泽生，花开方可辨分明。

真菅おふるやま田にみづをまかすればうれしがほにもなくかは
づかな（188）

山田水边水草盛，水退喜闻青蛙鸣。

小夜更けて月にかはづのこゑきけばみぎはもすずし池のうきく
さ（1937）

夜阑池边闻蛙鸣，月光如水映浮萍。

（182）中的"早蕨"即初春生长的蕨菜，农夫为了开垦荒地种田而
烧荒，丢弃了初生的鲜嫩的蕨菜，眼看着蕨菜的嫩芽老去无人采摘，西行
似乎有一种惋惜之情；（183）描写的是，沼泽中生长的茭白与杜若很相
似，只有当二者都开花了，才能分辨清楚；（188）与（1937）描写万籁
俱寂的夜里，月光如水映照着浮萍，水草丛生的山田水边传来阵阵蛙鸣。
月光、山田、水草、蛙鸣，构成了春天夜里的一幅美好的图画。

柳树也是春天的风物之一，明媚的春光中长长的柳丝在春风中摇曳，
勾画出一幅只有春天才有的美景。

山がつの片岡かけてしむる野のさかひにたてるたまの小やなぎ
（62）

樵夫斜坡结庵居，新植嫩柳美如玉。

なかなかに風のほすにぞみだれける雨にぬれたる青柳のいと
（64）

春雨濡湿又沐风，柳丝吹干拂又乱。

みわたせばさほのかはらにくりかけて風によらるるあをやぎの

いと（65）

　　远望青柳仁河滩，春风搓捻柳丝乱。

　みなそこにふかきみどりの色みえて風になみよるかはやなぎか
な（66）

　　风吹河柳映水底，水波潋滟色深绿。

　　在中国文学中，人们常用杨柳抽丝来代表春天的到来。明媚的春光
里，柳丝在春风中摇曳着身姿，是那样的妩媚，那样的牵动人心。（62）
中西行写到，樵夫也来到山里结草庵做新居了，他大概是为了砍柴方便才
这样做的吧？尽管是临时居所，可那个樵夫还是种下了一株小小的柳树，
西行觉得那嫩绿的柳枝美得像玉一样；（64）描写春雨濡湿了柳枝，雨后
的春风不仅把濡湿的柳枝吹干，也把柳丝吹得随风乱舞；（65）描写的
是，远远望去河滩上的青柳柳丝被春风搓捻得乱七八糟，看来春风影响了
柳枝的美感；（66）描写春风摇曳，柳丝映在水底，使得水波潋滟，水底
也被染成了绿色。

　　ゆく春をとどめかねぬるゆふぐれはあけぼのよりもあはれなり
けり（194）

　　春光逝去实难留，黄昏难抵拂晓哀。

　　春天从严冬走来，送走严寒，带来万物的复苏。古今中外，人们不吝
词汇，用各种美丽的语言歌唱春天。隐遁于大自然50年的西行，亲眼见
证了春天的绚丽多姿，因此他的咏春和歌中既有春天的代表——樱花的情
影，也有春菜、嫩柳的形象，还有黄莺、青蛙等的身姿，这些和歌无不充
满了对春天的喜爱。但春天尽管美丽，也终究会过去，火热的夏天来到
了，在西行的笔下，夏季的风物同样栩栩如生，令人向往。

第二节　夏之歌

　　かぎりあればころもばかりはぬぎかへてこころははなをしたふ
なりけり（195）

惜春无奈春已去，身换夏衣心慕花。

　　春天匆匆走过，樱花飘落后，夏天带着它如火的热情来到人间，春天的过去令西行惋惜，虽然已经更换了夏季的衣服，但西行的心似乎还在思慕着春天的樱花。西行咏夏季的和歌在他的四季歌中是最少的，但西行对夏季风物的喜爱，可以说并不亚于他对樱花的喜爱。在西行的和歌里，夏天的代表风物是野草，是水晶花，是夏月，是雨，是杜鹃。

一　野草、水晶花……

　　草しげるみちかりあけてやまざとははな見し人の心をぞしる
（196）
　　夏草繁茂遮山径，深山不见赏花人。
　　旅人のわくるなつ野の草しげみはずゑにすげの小笠はづれて
（268）
　　夏草没顶遮身影，远望斗笠草上行。
　　ほととぎすきくをりにこそ夏山の青葉は花におとらざりけり
（215）
　　杜鹃夏山声声鸣，嫩叶青青不输樱。

　　（196）描写如火的夏天来到了深山，野草以它旺盛的生命力热烈地生长着，它是那样繁茂，以致遮蔽了深山的路径。樱花已经凋谢，深山已经没有了赏花人的踪迹，只有野草无拘无束地释放着它们那旺盛的生命力；（268）的歌题是"咏旅途草深事"，是西行的一首充满实感的和歌。旅途中的野草深得没过了头顶，只有头戴的斗笠浮在叶稍之上，远远望去犹如斗笠在草上行走，足见西行对大自然的热爱达到了无以复加的程度，甚至对野草也充满了喜爱之情。看到那茂盛的野草，西行心中涌动的是远离俗世的安宁与惬意；（215）描写每当听到杜鹃鸣叫的时候，新绿就把初夏的山里浸染得生机盎然。从吟咏春天的和歌可以看出西行是如何喜爱樱花。但西行并非偏执之人，在樱花盛开的季节他就尽情地欣赏樱花，但樱花盛开的季节过去之后，他发现新的季节也有喜爱的东西。春天有美丽的樱花，但在夏季生机勃勃的山上，郁郁葱葱的绿叶中，杜鹃声声鸣唱，他觉得夏天的嫩叶也是如此美丽。置身于大自然中，看到与已经过去的春天相比也毫不逊色的风情，西行依然沉浸在喜悦之中。

たつた河きしのまがきを見わたせば井ぜきの浪にまがふうの花（197）

立田河岸水晶花，远眺如浪涌河坝。

まがふべき月なきころのうのはなはよるさへさらすぬのかとぞ見る（199）

水晶花开无月夜，错把白花作白布。

かきわけてをればつゆこそこぼれけれ浅茅にまじるなでしこの花（264）

分开浅茅寻瞿麦，手折鲜花带露来。

露おもみ園のなでしこいかならんあらくみえつるゆふだちの空（265）

黄昏骤雨罩天空，园中瞿麦夏露浓。

五月雨のはれぬ日かずのふるままにぬまのまこもは水隠れにけり（254）

五月降雨无晴日，沼泽水下隐茭白。

春天有美丽的樱花，夏季的水晶花也同样美丽。（197）描写立田河岸盛开的水晶花，远远望去犹如白浪拍打着河坝，可见水晶花开放得多么热烈；（199）描写无月的夜晚虽然昏暗，但水晶花依然绽放，白色的水晶花使人错把它当作晾晒的白布，足见水晶花的洁白与美丽；（264）中的"瞿麦"是平安时代传入日本的，因其四季常开也被称为"常夏"，既是代表夏季的风物，也是秋天的七种草之一。在日本瞿麦的"花语"是纯爱、永远爱、思慕、女性美等，是日本人熟知的形容女性美的花朵。日本最早的和歌集《万叶集》的第（408）首就有"愿君是朵瞿麦花，朝朝暮暮手中拿"的和歌。松尾芭蕉在《奥の細道》有一首俳句"かさねとは八重撫子の名なるべし"，[1] 描写的是芭蕉与友人曾良在旅途中夜宿农

---

① 松尾芭蕉：『奥の細道』。杉浦正一郎校注：『日本古典文学大系·46』，岩波書店1959年10月版，第73頁。

家，得知房东的女儿名叫"かさね"，于是曾良作和歌"邻家有女名阿重，重瓣瞿麦更合情"，意思是说"阿重"这个名字应该叫"重瓣瞿麦"更合适，用以表现那位姑娘的美丽。可见瞿麦在日本人心目中的印象。（264）描写西行在盛夏的深山分开茂盛的茅草寻找瞿麦，折下的瞿麦花还带着清晨的露珠；（265）描写黄昏的一场骤雨不期而至，天空被大雨所笼罩，园中的瞿麦经过雨水的清洗，又沾染上夏天的露珠，显得格外美丽。除了水晶花与瞿麦，夏季里还有沼泽下的茭白。于是（254）描写阴雨连绵，天无晴日，但沼泽之下水中还隐藏着茭白。水晶花、瞿麦花、水下的茭白，都在状点着夏日的深山。

二　夏月、五月雨

西行被称为"花月歌人"，他描写花与月的和歌最多，其中描写樱花的和歌有 272 首之多，而描写月的和歌竟达到 376 首，[①] 不仅超过了描写樱花的和歌，更远远超过描写其他自然景物的和歌。但西行的月歌大都是描写秋月，因为秋天的明月最美丽，最吸引人心。不过夏天的月也有它独特的魅力。《山家集》四季歌中描写夏月的和歌共有 10 首，下面是其中的 6 首。

つゆのぼるあしのわか葉に月さえてあきをあらそふなにはえのうら（273）

苇叶月影露华浓，难波江浦似秋凉。

むすびあぐるいづみにすめる月影はてにもとられぬかがみなりけり（274）

手捧泉水明如镜，双手难收夏月影。

むすぶてにすずしきかげをそふるかなしみづにやどるなつのよの月（275）

心慕凉意掬水清，夏夜月映清水中。

かげさえて月もことにすみぬれば夏のいけにもつらゐにけり（278）

_____

①　萩原昌好：《西行と雪月花》，《国文学解釈と鑑賞》2000 年 3 月号，至文堂，第 157 頁。

夏夜明月穿云出，月光如水池面凝。

おのづから月やどるべきひまもなくいけにはちすの花さきにけ
り（279）

莲花盛开铺满池，月亮欲宿无空隙。

ゆふだちのはるれば月ぞやどりけるたまゆりすうるはすのうき
はに（280）

黄昏雨霁天色晴，莲叶雨滴映月明。

（273）的歌题是"海边夏月"。露水与月一般是表现秋季物哀的风
物，西行把二者用来描写夏季，可谓匠心独运。苇叶上有露水滴落，月影
映在露珠里，使人感到一丝丝凉意，犹如秋天一般；（274）描写西行掬
一捧泉水，水清如镜，但他知道，月影虽然映入其中，但双手是不可能捧
住月亮的；（275）描写的是同样的场景，想驱走炎热的西行把清水捧在
手中，夏夜的月亮清晰地映在清水之中，给人带来一丝清凉；（278）的
歌题是"池上夏月"，描写夏天的夜晚是那样宁静，万籁俱寂，明月穿云
而出，高高地悬挂在天空，夜空繁星点点，池水平静如镜，宛如凝固了一
般。明月倒映在水面，静谧的夏夜是那样令人陶醉。读这首和歌，读者会
感受到一种"闲寂"的美。不由得令人想起"徘圣"松尾芭蕉的那首有
名的俳句，"寂静古池塘，青蛙扑通跳水中，听得水声响"；（279）与
（280）都是描写月与莲花的。（279）的歌题是"咏莲满池歌"，莲花盛开
把莲池都铺满了，即使月亮想要投宿也没有空隙。读这首和歌，读者眼前
似乎出现一个开满莲花的池塘，莲花之密甚至遮蔽了池水，月光无法映照
在池水之上，只能洒在盛开的莲花之上；（280）的歌题是"雨后夏月"，
夏日的黄昏雨过天晴，莲叶上的雨滴映着明月，寂静的深山充满着闲寂之
美。和歌一般很少吟咏莲花，莲花与佛教的关系密不可分，对于出家隐遁
的西行来说，莲花具有象征着西方极乐净土的意义，因此莲花与樱花一样
吸引着他的目光。

夏天的另一个风物是落雨。雨是大自然赐予人类的生命之源，它使万
物得以生长，土地得以灌溉，还给火热的夏天带来一丝清凉。在西行的四
季之歌中，夏季的雨占有很大的篇幅。在 90 首夏歌中，以"五月雨"为
题的就有 25 首。

さみだれの軒の雫に玉かけてやどをかざれるあやめぐさかな（235）

水珠如玉滴檐下，雨后菖蒲饰草庵。

おもはずにあなづりにくきこがはかなさつきの雨に水まさりつつ（259）

孰料小溪难小觑，五月阵雨涨满川。

さみだれにをだの早苗やいかならむあぜのうきひぢあらひこされて（242）

田埂泥土雨冲走，小田幼苗可安否？

さみだれにさののふなはしうきぬればのりてぞ人はさしわたるらむ（253）

佐野舟桥雨水浮，众人乘舟河川渡。

小笹しくふるさと小野のみちのあとをまた澤になすさみだれのころ（239）

五月雨中矮竹生，小径踏开又成泽。

さみだれはゆくべきみちのあてもなしをざさがはらもうきにながれて（256）

夏雨成川何处往？浮木漂流知何方？

（235）描写炎热的夏天，突降的一场雨给西行带来了久违的快乐。他欣喜地看着水珠像玉一样晶莹剔透，一滴滴落在草庵的檐下，雨后的菖蒲草散发着清香，令人心醉，于是他采来新鲜的菖蒲草装饰着简陋的草庵；（259）描写五月的一场雨流入小溪，竟汇成了一条小河，且逐渐涨满河川，奔流而去。西行不由得感叹，一条小溪也不能小觑啊！这里的五月是旧历五月，当时的日本与中国一样实行夏历，因此五月即约相当于公历的六月，是夏初时节；（242）描写一场大雨冲毁了田埂，田埂的泥土也被冲走，西行想到了田里的幼苗，它们是否也被冲走了呢？（253）描写佐野的舟桥被雨水冲得浮在了水面，众人只好乘坐小船渡过了河川；（239）描写夏雨使矮竹破土而生，竹林中的小径被人踏开后又变成了泽国；（256）描写西行看到初夏的雨水泛滥变成了河川，于是想到它将要奔向何处？河流上漂浮的木材知道它们要漂向何方吗？隐遁不久的西行从河流上漂流的浮木联想到自己，已经隐遁到山林的自己究竟要怎样度过自己的一生呢？这是西行隐遁不久后写下的。西行 23 岁时在无常观的驱使下走上了隐遁的道路，在京城附近的嵯峨法轮寺旁结草庵隐遁下来。当时的人们对这位前途无量的年轻人的突然隐遁充满了不解，直到今天，一些人对他的隐遁原因仍然是不解。应该说西行的隐遁决不是他的一时冲动，他的决心是坚定的。但当艰苦孤独的隐遁生活真正开始之后，他也不可避免地不时感到迷茫。于是西行在这首歌里从漂浮在河流中的浮木联想到自己，开始了对自己今后的人生之路的思考。他最终找到了一条把隐遁生活与和歌结合起来的道路。可以说，是和歌给西行的隐遁生活带来了欢乐，成为他孤独寂寞的隐遁生活的精神支柱；而山林中的隐遁生活又使西行能与大自然融为一体，得以亲近大自然，观察大自然，从而给他的和歌创作提供了丰富的取之不尽的素材。西行对大自然的感情在他的 2000 余首和歌中随处可见，在上面几首和歌中不难发现，西行对夏雨的喜爱发自内心，从这些吟咏"五月雨"的和歌中，我们不难看到西行那颗热爱大自然的心。

在《山家集》四季歌中的夏部，有"五月雨"组歌 25 首，其他还有"雨中杜鹃""雨中待杜鹃""雨中瞿麦"等。夏季浪漫的雨给了西行以创作的灵感，使这些描写夏雨的和歌充满了与大自然融为一体的喜悦。

三 杜鹃

夏季的另一个风物是那些鸟类。如果说春天的鸟儿是黄莺的话，夏季的鸟儿就是杜鹃了。在西行吟咏夏季风物的和歌中，杜鹃是经常出现的，有 83 首之多。[1] 这些在山间、林地浅吟低唱的大自然的精灵，给西行的孤独的隐遁生活带来了无穷的乐趣。提起杜鹃，不能不提起唐代诗人李商隐那首有名的《锦瑟》，"锦瑟年华五十年，一弦一柱思华年。庄生晓梦迷蝴蝶，望帝春心托杜鹃"。相传古蜀国帝杜宇，号望帝，在亡国后死去，其魂化为子规，即杜鹃鸟，对故国依然念念不忘，每每夜深时在山中哀啼，其声悲切，乃至泪尽啼血，而啼出的血变成了杜鹃花。因而在中国，杜鹃充满悲切，留下了杜鹃啼血的传说。而在日本，杜鹃被称为初时鸟、山时鸟、待时鸟、田长鸟、沓手鸟、夫妻鸟、卯月鸟、杜鹃、杜魂、

---

① 萩原昌好：《西行と雪月花》，《国文学解释と鑑賞》2000 年 3 月号，至文堂，第157 頁。

子规、不如归等。其中杜鹃、子规、不如归等显然是受到中国的影响。此外，杜鹃在日本还被称为"冥府的向导""迎灵鸟"，是为死去的人们充当通往冥府的向导的鸟。在日本的和歌里，杜鹃是与"雪月花"并存的夏季的风物，在日本平安时代，"雪月花"的审美意识深入人心，而这三者分别是代表冬、秋、春三个季节。冬天的雪，秋天的月，春天的樱花，都是最能勾起人们浪漫情怀的风物，也是和歌中经常被吟咏的题材。夏季的杜鹃尽管被日本人看作"冥府的向导"，但日本人并未因此而讨厌它，在日本人的心目中，它并不像在中国那样是个悲剧性的鸟儿，而是作为夏季的风物之一一直受到日本人的喜爱。之所以没有在"雪月花"中加上一个杜鹃，笔者认为也许是因为杜鹃在日语中的发音是"ほととぎす"，写作汉字是子规、不如归、杜鹃等，不像"雪月花"那样只有一个汉字，因此似乎不便将其纳入"雪月花"中。

さみだれのはれまも見えぬ雲ぢよりやまほととぎすなきてすぐなり（221）

细雨连绵天未晴，杜鹃飞过声声鸣。

ほととぎすきかぬものゆゑまよはまし春をたづねぬ山路なりせば（210）

春访樱花有向导，夏寻杜鹃无路标。

我がやどにはなたちばなをうゑてこそ山ほととぎすまつべかりけれ（204）

草庵门前植橘花，静待杜鹃来我家。

たづぬればききがたきかとほととぎすこよひばかりはまちこころみむ（205）

杜鹃啼声入耳难，彻夜苦等在草庵。

まつことははつねまでかとおもひしにききふるされぬほととぎすかな（211）

杜鹃初鸣殷殷盼，数度闻听听不厌。

まつ人の心をしらばほととぎすたのもしくてやよをあかさまし（207）

杜鹃若知待者心，欢声鸣叫到天明。

ほととぎすひとにかたらぬをりにしも初音きくこそかひなかり

けれ（201）

　山中正修无言行，杜鹃初鸣难告人。

おほゐ川をぐらの山のほととぎす井ぜきにこゑのとまらましか
ば（213）

　大堰河畔小仓山，井堰封堵杜鹃声。

ききおくる心をぐしてほととぎすたかまのやまのみねこえぬな
り（212）

　高间山上杜鹃鸣，越过山巅和我心。

　　上述几首是一组妙趣横生的和歌。（221）的歌题是"雨中杜鹃"，描写夏季的深山中阴雨连绵，天未放晴，杜鹃鸣叫着掠过天空；（210）描写西行被杜鹃曼妙的啼声所吸引，急切地走入深山想追寻杜鹃的身影，没想到这深山中不像春天寻访樱花那样有樱花树作向导，夏季的山中野草茂盛，没有参照的路标，结果迷了路；（204）描写西行听说杜鹃喜欢栖息在橘树上，为了听到杜鹃的鸣叫，西行也在自己的草庵门前种上了一株橘花树，以等待杜鹃的到来；（205）描写西行殷切地盼望能听到杜鹃发出的第一次鸣叫。但听说杜鹃的初鸣很难听得到，于是彻夜在草庵苦等；（211）描写杜鹃初鸣的声音是那么动听，他觉得这鸣声不论听多少次都听不厌；所以（207）中他想对杜鹃说，如果你知道我这急切等待的心，那就不要吝啬了，欢声鸣叫直到天明吧！（201）描写对佛教修行从不马虎行事的西行，甚至在修炼佛教的"无言行"时，听到杜鹃的鸣叫也令他十分心动。但因为正在修炼佛教的"无言行"，所以这种喜悦不能告诉他人，这不禁令西行感到遗憾。身在努力修行，心却向着杜鹃，在严格修行时也被杜鹃所吸引；（213）中西行希望杜鹃的鸣叫声能被封堵在大堰河的井堰之内，那样的话就能时时听到杜鹃的歌唱了；（212）描写的是，杜鹃在高间山上鸣叫着，叫声越过山巅，传到西行的耳边，西行认为那是来与自己的内心相互唱和的，杜鹃的心与自己的心是相通的。到底是什么心呢？西行没有明说，可以猜测，那一定是一颗热爱大自然、与大自然同呼吸共命运的心吧！

四　菖蒲

中国有在端午节悬挂菖蒲、艾叶的习俗，端午最早是作为"恶日"

来过的。相传，端午节源于古代的避"恶日"。端午临近夏至节气，各种蚊虫动物纷纷活跃；而且时逢"重五"，五是阳数，重五也有"极阳"之意。而在传统文化中，讲究的是阴阳平衡，过之则为不吉。所以在端午这个阳气极盛的日子，病毒瘟疫多有泛滥，就被当作"恶日"来过了，从而形成各种各样驱邪的端午节习俗。人们把插艾和菖蒲作为端午节的重要内容之一。艾可驱蚊蝇、虫蚁，净化空气；菖蒲能提神通窍、健骨消滞、杀虫灭菌。端午节这天，家家洒扫庭除，以菖蒲、艾条插于门楣，悬于堂中；或制成人形、虎形，称为艾人、艾虎，妇人小孩争相佩戴，用以驱瘴。

古代中国的端午习俗随着"遣唐使"带回的中国文化一起来到了日本。因此古代日本也有在端午节把艾条插在门楣和用菖蒲做香包挂在身上以驱邪的习俗。深山隐居的西行对季节的更替极为敏感，端午节到来之际，也写下了数首有关菖蒲的和歌。

空はれて沼のみかさをおとさずばあやめもふかぬさ月なるべし（229）

雨过天晴沼泽深，菖蒲未割端午近。

さくら散る宿をかざれるあやめをばはなさうぶとやいふべかるらむ（230）

花落菖蒲饰僧房，正是人称花菖蒲。

さみだれの軒の雫に玉かけてやどをかざれるあやめぐさかな（235）

水珠如玉滴檐下，雨后菖蒲饰草庵。

ちるはなをけふのあやめの根にかけてくすだまともやいふべかるらむ（231）

樱花凋谢逢端午，菖蒲之根做香包。

をりにあひて人にわが身やひかれましつくまのぬまのあやめなりせば（232）

筑摩之沼逢端午，菖蒲花开惹人折。

にしにのみこころぞかかるあやめ草このよばかりのやどと思へば（233）

西方净土在我心，菖蒲今世暂住地。

　　（229）描写的是，虽然雨过天晴，但沼泽的水依然很深，西行因此而担忧，如果沼泽水再不下降的话，菖蒲就无法采摘，那么就赶不上在五月端午挂在门楣上了；（230）的序说，"在高野山被称为'中院'的地方，屋檐插着菖蒲，樱花飘落后很是新奇"，因为是深山，虽然已近五月，但樱花刚刚凋谢，而此时正好是菖蒲花开的时节，僧房的屋檐插的是菖蒲，葺屋顶的也是菖蒲，西行感叹这才是人们称颂的菖蒲花呢！（235）描写阵雨过后，水珠如玉一般滴落到草庵的屋檐之下，西行采来雨后新鲜的菖蒲装饰着草庵，使简陋的草庵充满大自然的鲜活气息；（231）描写樱花凋谢后正逢端午，人们用菖蒲的根做成了香包，挂在身上以驱瘟辟邪，使空气中都弥漫着菖蒲的香气；（232）描写在盛产菖蒲的筑摩之沼，盛开的菖蒲花吸引着人们纷纷前来采摘；在（233）中，西行从菖蒲驱邪想到西方净土，觉得菖蒲驱走的不只是邪气，也会驱走俗世的污浊，而只有西方净土在自己的心里，人世只不过是暂住之地。"可知西行是多么希望在西方净土成佛"。①

　　除了上述描写夏季风物的和歌之外，西行还有一些夏季的和歌值得一读。

　　　　ひばりあがる大野の茅原なつくればすずむこかげをたづねてぞ行く（269）
　　　云雀翱翔茅草原，夏来寻凉树荫间。
　　　ともしするほぐしのまつもかへなくにしかめあはせで明かすなつのよ（270）
　　　火把未燃天将明，夏夜苦短狩猎空。
　　　夏のよはしのの小竹のふしちかみそよやほどなくあくるなりけり（271）
　　　竹林矮竹节相近，夏夜苦短即黎明。
　　　そまびとのくれにやどかるここちして庵をたたく水鳥なりけり（262）
　　　黄昏水鸟叩庵门，疑是樵夫来投宿。

---

①　後藤重郎校注：『山家集』，新潮社 1982 年 4 月版，第 62 頁。

夏山のゆふしたかぜのすずしさに楢のこかげの立たまうきかな
（263）

夏山黄昏柏树荫，晚风送来清凉意。

（269）描写的是，云雀翱翔在茅草丛生的原野本是春天常见的景象，在夏天到来后就连云雀也热得在树荫间寻找着清凉的地方。后藤重郎认为，"和歌中吟咏云雀比较罕见，这是西行有生活体验才吟咏出来的"；[1]（270）描写的是猎手的生活，他们在夏夜里来到深山狩猎，未及点起照明用的松明火把，黑夜就即将过去，期望猎获的牡鹿与牝鹿尚未相逢（据说那时是狩猎的最好时机），黎明就来临了。猎手们一无所获，夏天的夜晚真是太短了。西行观察之细致，于此可见一斑；（271）也是描写夏季夜晚的短暂，短得就像竹林中的矮竹竹节间的距离一般；（262）描写草庵外突然响起叩门的声音，西行以为是砍柴的樵夫要来投宿，没想到却是水鸟扣动了庵门。可见在人迹罕至的深山，水鸟很少看到人类，所以也没有害怕的概念，居然啄起了草庵的门来，给西行带来了意外的惊喜；（263）描写黄昏的柏树树荫下，晚风送来了一股清凉，西行感到十分的惬意。西行描写夏季的和歌虽然不多，但都充满着大自然的勃勃生机，洋溢着西行热爱大自然的热情。四面环海的日本属于海洋性气候，夏季闷热难耐，不是人们喜爱的季节，因此日本自古以来描写夏季的和歌并不多。但西行的吟咏夏季的和歌中却没有一首是埋怨夏季酷热的。比起夏季的酷热，吸引西行的是深山的大自然，是大自然的万物。

つゆのぼるあしのわか葉に月さえてあきをあらそふなにはえの
うら（273）

露染新苇月光寒，竞领秋趣难波滩。

山里はそとものまくずはをしげみうらふきかへす秋をまつかな
（283）

庵外葛叶几重重，随风翻舞待秋风。

这两首描写的是夏末的风光。（273）的歌题是"海边夏月"，芦苇的

---

① 後藤重郎校注：『山家集』，新潮社 1982 年 4 月版，第 70 頁。

新叶染上了露水，映照着月光，露水和月光使人想到了秋天，似乎二者在竞相引领着秋天的情趣；（283）的歌题是"山家待秋"，"葛"是秋天的"七草"之一，"山里"指的是山里的草庵。葛叶茂盛，几乎把草庵掩藏起来。在葛叶下被封闭在深山里的西行像被大自然的旺盛生命力解放一样，等待着吹翻葛叶的秋风的到来。尽管秋天的到访使山里的寂寞更深一层，但他还是急切地盼望着，等待着。

第三节　秋之歌

おぼつかな秋はいかなるゆゑのあればすずろにもののかなしかるらむ（321）

夏去秋来深山里，不由心乱添伤悲。

火热的夏天过去了，秋天来到了深山。秋风吹过，草木凋零，秋风摇动着树木，树叶发出沙沙的声响，枯黄的原野散发着芳香，伸展到河面的红叶摇曳着，这一切自古以来就深深吸引着热爱大自然的日本人。清晨凝结的露珠，夜晚澄澈的秋月，深秋美丽的红叶，是和歌乐于表现的题材。但吹过林间的秋风，薄雾笼罩下的月光，很容易勾起人类的悲哀之情。西行的咏秋和歌不仅数量多，而且充满浪漫情怀，显示出了极高的艺术水平。

一　秋风、露珠、云雾

在西行的四季歌的秋歌中，咏秋风的歌很有特色。秋风是秋天最鲜明的标志，秋风起，代表着秋天的到来。

さまざまのあはれをこめてこずゑふく風に秋知るみやまべのさと（285）

深山树梢凝物哀，八月风起知秋来。

秋たつと人はつげねどしられけりみ山のすその風のけしきに（286）

无人告知秋已到，山麓送风秋色新。

ふきわたす風にあはれをひとしめていづくもすごき秋の夕ぐれ
（320）

秋风吹遍深山里，秋夕处处同孤寂。

（285）描写八月秋风乍起，预示着夏季结束，秋天到来。就连深山的树梢上都似乎凝结着物哀之情；（286）描写虽然无人告知秋天已经到来，但从山脚下送来的阵阵秋风，把秋天的斑斓色彩染遍了深山；（320）描写秋风把物哀之情撒遍大地，给深山带来一片荒凉的景象，而秋日黄昏的荒凉景象所带来的孤寂之情处处相同，使人感到秋天真的来了。在这三首和歌中，西行把秋风带来的东西称为"物哀"，即感物伤怀之情，可见作为歌人的西行，其内心的情感是多么细腻。

秋天的另一个风物是露珠。秋天的特点是气温明显下降，冷空气凝结成晶莹的露珠，给大自然带来的是另一种情趣。因此露珠在日本和歌里一直被作为秋天的风物而加以吟咏。

おほかたの露には何のなるならむたもとにおくはなみだなりけり（325）

世间露珠为何物？我谓衣袂悲秋泪。

みだれさくのべのはぎはらわけくれて露にもすそをそめてけるかな（300）

荻花怒放在荻原，黄昏露珠染衣衫。

ゆふ露をはらへばそでにたまきえてみちわけかぬる小野のはぎはら（295）

小野荻原路难分，拂袖露珠了无痕。

をらで行くそでにも露ぞこぼれけるはぎのはしげきのべのほそみち（298）

原野小径荻叶密，枝条未折露湿衣。

たまにぬく露はこぼれてむさしののくさの葉むすぶ秋のはつかぜ（327）

草叶知秋武藏野，露珠凝结风乍起。

いそぎおきてにはのこぐさのつゆふまむやさしきかずに人やおもふと（289）

急起踏开院中草，风雅之人集露忙。

（325）描写的是西行对露珠的理解。他自问世间的露珠究竟是什么呢？然后自答，那是洒在衣袂上的悲秋之泪。悲秋是中国古代诗词中的重要题材之一。受中国文化的影响，熟知汉诗文的平安时代文人也创作了大量悲秋的汉诗，这种悲秋的情怀随着和歌的中兴也进入了和歌领域，从而扩大了和歌的表现范围。日本文学以悲为美。当大自然进入秋季后，天气变冷，草木凋零，与生机勃勃的春夏形成了鲜明的对比。敏感的日本文人对这一自然现象充满了悲哀之情，反映在和歌中就是"悲秋"和歌的大量涌现。西行认为秋天的露珠是洒在衣袂上的悲秋之泪，并不代表西行吟咏秋天的和歌是多么的悲悲切切，即使是从这首和歌中，人们所感受到的也不仅仅是伤心，而是对秋天的自然现象的一种深深的感慨。把露珠比喻为泪珠，是自古以来日本诗歌的一种联想。而西行把世间的露，与滴落在衣袂上的泪相对照，从而确认自己的心的确对秋天的景物感到悲伤，但又对"おほかたの"即一般的世间之人有一种优越之感；（300）的歌题是"终日见野花"，可见西行是一整天都在欣赏野花中度过。"荻"在古代日本被认为是七种秋草之一。西行到深山去欣赏秋天的荻花，他徜徉在荻花的海洋里，不知不觉天色已晚，荻草上凝结的露珠打湿了他的衣衫；（295）的歌题是"行路草花"，也许是西行在旅途中所作。原野上的小径开满了密密麻麻的荻花，西行在花丛中穿行，细细地欣赏，流连忘返，以致衣服都被黄昏的露珠濡湿，于是他轻拂衣袖掸落了露珠；（298）西行写到，穿过荻叶茂盛的原野小路时，虽然没有攀折那些美丽的枝条，但荻叶上的露珠还是濡湿了衣衫；（327）描写的是武藏野的秋天。武藏野是关东平原的一部分，西行在此地修行时写下了这首和歌。秋风乍起，露珠凝结，草木知秋。西行从草叶上凝结的露珠，从乍起的秋风感到秋天真的来了；（289）描写秋天的清晨，西行早早醒来来到院中，分开院中的野草，收集草叶上的露珠。他把草叶上的露珠小心翼翼地收集到手中，又小心翼翼地把露珠放进砚台，一边轻轻地磨着墨，一边构思着"七夕"献给神佛的和歌。平安时代的文人有七夕当天收集草叶上的露珠研墨来书写和歌敬献给神佛的习俗，西行认为那样的人才是风雅之人。

雾与露一样都是水气遇冷凝结的产物。西行在描写秋天的自然美时，也写下了不少秋雾的和歌。

たちこむるきりのしたにもうづもれて心はれせぬみやまべのさと（469）

独居草庵心未晴，草庵隐在雾霭中。

よをこめてたけのあみどにたつきりの晴ればやがてや明けむとすらむ（470）

秋夜雾锁竹庵门，云开雾散迎黎明。

にしきはる秋のこずゑを見せぬかなへだつる霧のやみをつくりて（525）

秋雾深深隐红叶，满山锦绣不得见。

うづらなくをりにしなればきりこめてあはれさびしきふかくさのさと（467）

鹌鹑鸣叫添孤寂，雾霭重重深草里。

となりゐぬはらのかりやに明かすよはしかあはれなるものにぞありける（481）

深秋黄昏雾朦胧，篠原山里闻鹿鸣。

なごりおほみ睦言つきでかへりゆく人をばきりもたちへだてけり（468）

未及深谈别离难，背影隐在云雾间。

玉章のつづきはみえで雁がねのこゑこそきりに消たれざりけれ（465）

雾遮空中南飞雁，雁鸣声声难消散。

たつた山月すむみねのかひぞなきふもとにきりのはれぬかぎりは（440）

立田山麓雾朦胧，峰顶月澄看不清。

　　虽然雾与露有相似之处，但露珠的特征是晶莹，又常常与眼泪联系在一起，而雾则常用朦胧、轻纱等词汇来形容，给人以一种不确定的浪漫的感觉。（469）描写的是，秋夜已深，离天亮还有一段时间。雾在这时升腾起来。这种自然现象应该是生活在山家草庵的西行的真实体验；（470）描写云雾掩盖了草庵，封锁了竹编的草庵门，此时的西行也许是深夜醒来，也许是一夜未眠，在庵中想象着浓雾包围着草庵的景象。而读者则从庵外看到大雾弥漫，包裹着草庵，包裹着竹编的庵门。当云开雾散时，西行推开竹编的草庵门，迎接新的一天黎明的到来；（525）描写红叶隐在秋雾中，雾中的红叶，满山的锦绣都无法看清，朦朦胧胧，充满了别样的美；（467）描写雾霭重重的深草里，传来鹌鹑的阵阵鸣叫，这鸣叫声更增添了独居草庵的孤寂之情；（481）描写西行在深秋黄昏的朦胧云雾中，倾听着篠原山里小鹿的鸣声；（468）描写草庵中难得有友人来访，但还未来得及深谈就要离开，看着雾霭中友人的背影，西行的心里充满了惋惜之情；（465）中的"玉章"是对他人书信的尊称，这里泛指书信，"玉章のつづき"指的是书信中的草书字体连写不断，西行在这首和歌中用来形容南飞的雁阵，这首歌的意思是，云雾遮挡了列队南飞的大雁，唯有雁鸣声从空中阵阵传来；（440）描写的是立田山麓的云雾遮住了峰顶的月亮，尽管月色澄明，却使人无法看清。西行写雾中的草庵，雾中的红叶，雾中的鹌鹑，雾中的鹿鸣，雾中友人的背影，雾中南飞的大雁，还有雾中的月亮。雾的朦胧中，一切都是那么朦朦胧胧，也正因为如此，一切才具有一种另类的美。

二 秋月

如果说最能代表春天的风物是樱花的话，那么代表秋天的应该就是秋月了。古今中外的诗人无不对秋月倾注了深深的感情。南唐李后主的咏月词最为人们所乐道，"春花秋月何时了，往事知多少"，春天的花与秋天的月，都是诗歌吟咏不尽的题材。"无言独上西楼，月如钩。寂寞梧桐深院锁清秋"，可见月是与秋天联系在一起的。亡国之君李后主的咏月歌充满着伤感之情，"无言""独上""西楼"，"寂寞""梧桐深院""锁""清秋"，每个词都与悲伤紧紧联系在一起，而这些词句连缀在一起，就构成了悲秋诗词的最高境界，所有悲秋的诗词都无法与之相提并论。但西行的咏秋和歌却充满着大自然的无穷魅力，表达出西行对大自然的深深热爱。

西行不但以咏樱花被后世所称道，他的咏月歌也同样打动了后世的日本人。在四季歌的250首秋歌中，咏月歌就有126首之多。如果统计整个《山家集》的话，其数量则达到376首之多，是他所吟咏的自然景物中最多的一个，因此西行被后世称为"花月歌人"。

秋のよの月をゆきかとまがふれば露もあられのここちこそすれ
（349）

秋夜月光明似雪，又见露珠如玉霰。

あまのがは名にながれたるかひありてこよひの月はことにすみ
けり（366）

仲秋之夜银河澄，今宵月色分外明。

秋風やあまつ雲井をはらふらむふけゆくままにつきのさやけき
（379）

秋风吹散满天云，夜深皎月更迷人。

かげさえてまことに月のあかき夜は心も空にうかれてぞすむ
（405）

月光如水月夜明，心如明月更清澄。

雲さえてさとごとにしく秋の夜の氷は月のひかりなりけり
（418）

秋深夜寒秋云冷，月光皎洁明如冰。

秋の月いさよふ山のはのみかは雲のたえまもまたれやはせぬ
（425）

秋夜深山待月升，月隐云后云隙出。

なかなかに心つくすもくるしきにくもらばいりね秋のよの月
（340）

心忧秋夜云遮月，祈盼秋月照山端。

ゆくへなく月に心のすみすみてはてはいかにかならむとすらむ
（393）

云雾升腾赏月难，云遮月时情趣添。

すてていにしうきよに月の澄まであれなさらば心のとまらざら
まし（446）

弃世踏上漂泊路，祈盼秋月照山端。

ながむればいなや心のくるしきにいたくなすみそ秋のよの月
（407）

望月缘何心内苦？祈盼秋月更澄明。

うちつけにまたこむ秋のこよひまで月ゆゑをしくなるいのちか
な（368）

举头仰望月皎皎，来年可否有今宵？

はりまがたなだのみ沖にこぎいでてあたりおもはぬ月をながめむ（342）

摇橹划出播磨滩；海上明月尽情看。

月すみてなぎたる海のおもてかな雲の波さへたちもかからで（343）

风平浪静月澄明，海面无云波浪平。

なにはがた月のひかりにうらさえてなみのおもてにこほりをぞしく（361）

月光如水难波潟，海面映月亮如冰。

月やどるおなじうきねのなみにしもそでしぼるべき契ありける（459）

旅愁之泪衣袖沾，月浮波面同宿缘。

月なくばくればやどへやかへらましのべには花のさかりなりとも（429）

秋日原野开野花，黄昏无月即还家。

世の中のうきをもしらですむ月のかげはわが身のここちこそすれ（442）

不知世忧月色澄，我身欲与月影同。

なにごともかはりのみゆく世の中におなじかげにてすめる月かな（390）

事事变迁世无常，古今不变唯月光。

くまもなき月のひかりにさそはれていく雲居までゆく心ぞも（362）

月光遍洒诚相邀，心随明月赴云居。

月影のかたぶく山をながめつつをしむしるしや有明の空（394）

远眺月影西山倾，黎明残月挂天空。

（349）描写秋天的夜晚，月光明亮似雪，在月光的辉映下，露珠晶莹剔透，宛如玉霰一般。"霰"指雪珠，是雨点下降遇冷凝结而成的微小冰粒，俗谓"米雪"。接下来的（366）（379）（405）（418）四首都是描写月光是多么皎洁，月光如水，月色清澄，深秋的月更是明亮如冰，使自己的心也随之变得澄澈起来。西行对秋月如此倾心，以至在深秋的夜晚急切地等待月亮东升；（425）（340）（393）三首都是把云与月联系起来描写。希望在秋天的夜里欣赏明月，是文人墨客的共同心理。西行也是如此，等待月亮升起的焦躁感，对乌云遮月的担忧，西行的心似乎从未轻松过。所以他有（340）"心つくす"的时候，虽然心里很担心"云遮月"，但一旦出现这种情况，也不会持续很久，乌云会渐渐消散，被云遮住的月亮又从云的缝隙中钻出，秋月又重新照耀着山顶，月亮会再次高挂天空。正因为有这样的期待，所以西行才会对月亮发出呼唤，"祈盼秋月更澄明"。其实云遮月的现象反倒给月亮增添了一种朦胧之美；（393）就写道，虽然云遮月使自己很难赏月，但却使月亮若隐若现，那种朦胧的美给深秋的夜晚增添了无限的情趣；（446）也是盼望月亮更加澄明，照亮自己舍弃俗世之心。两首和歌有异曲同工之妙。

（407）与（368）描写仰望着明月的西行又说他的内心充满苦涩，这是因为他太爱秋月了，以至担心明年的这一天是否还能像今夜一样欣赏这美丽的月色？因此他祈盼秋月更加澄明，照亮自己的内心；（342）（343）（361）三首都是写海上明月的。日本列岛虽然四面环海，但历代歌人几乎不写有关大海的和歌，写海上明月的和歌更是少见，但西行却留有数首与海有关，描写海上明月的和歌。（342）描写小船划出播磨滩，驶向苍茫的大海，海上明月高悬，与在山里看到的明月大不相同，西行尽情地赏玩着海上的明月，内心充满无限的感慨；（343）描写的是大海风平浪静，月色澄明，没有任何遮挡地月光洒向海面；（361）描写明月洒满海面，海面像冻结的冰一样明亮；（459）是西行在旅途中所作。所谓"月浮波面同宿缘"，也许是指旅途中在船上过夜。小船轻轻地漂浮在水面上，西行仰望夜空，看到那皎洁的月亮照着自己，不由得想到是不是自己的前世与月亮结下了什么缘分，才让自己今生与月亮一起漂浮在这同一水波之上呢？

（429）名为"月前野花"，描写月光映照着盛开的野花是如此的美丽，如果黄昏后还是没有明月，那就返回草庵了。在这里的"宿"指的是西行在深山中所结的草庵。西行早已把草庵当作自己的家，可见他已从出家隐遁之初的彷徨，到已经习惯并喜欢上了草庵生活。这首和歌是一种反语的写法，表面上写的是没有明月升起就起身还家，而实际上说的是，为了观赏月下的野花，即使夜深了也不想回家。

月对西行有特殊的意义。如前文所述，西行把月当作自己深山草庵生活之友来看待，因此他曾写过"若无月色映草庵，谁为庵友慰心田"？"幸有月光为庵友，若无月光庵居愁"。因而他认为月是最纯洁的，（390）写到，世间万事都是不断变迁，变化无常的，唯有月光永远不变，它不知道现世的忧愁，没有被污浊的俗世所污染，还是一如既往地把清澄的月光洒满大地，西行表示自己的身心也要像月影一样澄澈；（362）更是想象丰富，西行远望秋夜的月亮没有月晕，明亮的月光洒满大地，于是他猜想，这照耀着自己的月光是不是要邀请自己到云居里去做客呢？那么我的心也将随着月光奔赴佛祖所在的云居吧？《山家集》说这是"菩提院前咏月"，所以西行才会从佛祖想到月亮在邀请自己到月亮上，即云居上去做客。西行对月的痴迷是因为他把月当作佛教真理的象征，所以在（394）中他认为月影也在向西山即西方净土倾斜，于是他向明月投入自己的内心，那颗向往西方净土的心。

西行咏月歌在秋歌里既有成组的，也有单独的。成组的有以"月"为题的 15 首，以"寄月述怀"为题的 7 首，以"八月十五夜"为题的 12 首，以"咏月歌"为题的 43 首。此外还有以"闲待月""海边月""池上月""月似池水""名所月""海上咏月三首""海边明月""月前远望""终夜望月""久待月""云间闲月""月照瀑布""月前荻""月前野花""月照野花""月前草花""月前女郎花""月前虫""月前鹿""田家月""月前红叶""雾隔月""月前述怀""月明寺边""旅宿思月""月前遇友"等为题的咏月歌。这些名目繁多的歌题足以表现西行对月的痴情。

三　红叶、荻花、女郎花、菊花

秋天还有一个代表性的风物不得不提，那就是红叶。多山的日本是秋季欣赏红叶的好地方。每到秋天，秋风吹过后，漫山遍野的红叶如被秋风染醉了一般。所以秋天赏红叶就与春天赏樱花一样，是古往今来的日本人不可或缺的生活情趣之一。

　　　　いつよりかもみちの色は染むべきとしぐれにくもるそらにとはばや（517）

阴云密布问天空，何时降雨催叶红？

いとか山しぐれに色をそめさせてかつかつ織れるにしきなりけり（518）

时雨染色系鹿山，红叶满山色斑斓。

そめてけり紅葉のいろのくれなゐをしぐると見えしみやまべのさと（519）

遥望时雨笼深山，万山红遍层林染。

このまもる有あけの月のさやけきに紅葉をそへてながめつるかな（439）

拂晓残月透林间，月映红叶色更添。

さまざまのにしきありける深山かな花見しみねをしぐれそめつつ（522）

缤纷深山春赏花，峰峦秋雨染红叶。

ときはなるまつのみどりにかみさびてもみぢぞ秋はあけのたまがき（527）

长青松树蔓草缠，秋日染红似玉垣。

おほゐ河井ぜきによどむみづの色にあきふかくなるほどぞしらるる（529）

大堰川坝水不流，水映红叶知深秋。

小倉山ふもとに秋の色はあれやこずゑの錦かぜにたたれて（530）

秋风吹断树梢锦，小仓山麓红叶新。

もみぢちるのはらをわけてゆく人ははなならぬまで錦きるべし（528）

春花凋谢山披锦，秋叶落尽红满山。

わがものと秋のこずゑをおもふかなをぐらのさとにいへゐせしより（531）

小仓山中结草庵，红叶之梢我所有。

西行对大自然的万物都充满着喜爱之情，对每一季节的风物都倾注了关爱之心，其观察之细腻，是平安时代的其他歌人所无法比拟的。西行喜爱春天的樱花，当樱花绽放之时，西行的魂魄都被樱花俘虏，因而写下了

272 首之多的咏樱花的和歌。对秋天特有的风物——红叶，西行也是投入了全部的身心。就像他急切地等待樱花盛开一样，他在深秋也同样急切地等待那万山红遍的时节。一般来说，红叶是随着秋季降雨后天气转凉才逐渐变成红色的，每次秋雨的降临，都会加深红叶的颜色。于是（517）中他问阴云密布的天空，何时才能降下秋雨啊？因为秋雨过后红叶才能染红，他对红叶的期待之情溢于言表；（518）描写当盼望已久的秋雨终于造访深山，西行欣喜地看到系鹿山被满山的红叶装点得多彩多姿，色彩斑斓；（519）描写西行遥望着被秋雨笼罩的深山，只见万山红遍，层林尽染，大自然充满了无穷的魅力；雨后的红叶如此美丽，月下的红叶则更显得妩媚多姿；（439）描写的是，深山的黎明，尚未隐退的月色透过林间映照在红叶上，在如水的月光的映衬下，远远望去，红叶的颜色更浓了，比起白天更增添了一分美丽；（522）描写的是，在高野山的深处，春天可以观赏美丽的樱花，而高野山的深秋也有鲜艳的红叶，峰峦上的红叶也是在秋雨过后展现了五彩缤纷的容颜；（527）描写万古长青的松树缠满了蔓草，秋天把蔓草染成了红色，如红叶一般美丽。在这里，西行用"玉垣"即神社的栅栏来形容蔓草的鲜艳。这首歌是西行在"东国"旅行时见到神社中的蔓草缠绕着松树，而蔓草也被秋风染得如红叶般美丽时而作，因而给人以神圣之感。松树四季常青，但深山的红叶最终要在冬天的风霜中凋落，所以深秋的红叶更给人们以神圣之感。它们用尽自己的力量，把美丽带给人间，直到最后把自己化为深山的泥土。因而西行在红叶身上看到了神圣，看到了大自然的无私与奉献。

　　雨中的红叶、月下的红叶都是那么迷人，而水中的红叶则别有一番魅力。（529）描写大堰河坝的水仿佛凝结了，红叶映在河水里，使人感到深秋已经来临；（530）（528）描写的是晚秋深山的美景。深秋的风吹断了树梢，风霜给深山披上了五彩斑斓的外衣，如同锦绣一般；被秋雨浸染后的红叶更加婀娜多姿，即使红叶落尽，也同样把满山染红。春天有美丽的樱花，秋天有鲜艳的红叶，呼吸着雨后深山里清新的空气，观赏着被山雨浸染得万紫千红的景色，西行对大自然的热爱之情也得以升华到一个新的高度。于是（531）中他"贪心"地认为，美丽的红叶是属于自己的。"わがもの"直译是"我之物"的意思，但这里的"我之物"并不是如现代人理解的那样独占为己有，而是无人打扰，自己一个人静静地观赏的意思。虽然隐居深山时时有寂寞之感，也盼望着能有人来造访草庵，但当他沉醉在大自然的壮美之时，还是希望没有干扰，让自己独自一人来细细品味。

草枯叶落是秋季的主色调，鲜花似乎与这个季节无缘。但仍然有荻花、女郎花、菊花等在秋季盛开，给萧瑟的秋天增添了色彩。

荻满野

さきそはむ所の野べにあらばやは萩よりほかのはなも見るべき（301）

荻花盛开百花杀，原野处处绽荻花。

野荻似锦

けふぞしるその江にあらふ唐にしき萩さくのべにありけるものを（303）

锦江洗出唐锦美，今知原野荻花美。

荻满野亭

わけている庭しもやがてのべなれば萩のさかりをわがものにみる（302）

草庵庭院即野原，荻花开在我花园。

おもふにもすぎてあはれにきこゆるは萩の葉みだるあきのゆふ風（316）

吹乱荻叶秋夕风，风声更添物哀情。

女郎花

をみなへしわけつる袖とおもはばやおなじつゆにしぬるとみてそは（307）

原野盛开女郎花，花露似泪湿衣衫。

女郎花带露

はなのえにつゆのしらたまぬきかけてをる袖ぬらすをみなへしかな（311）

露如白玉缀花枝，欲折花枝衣袖湿。

草花露重

けさみればつゆのすがるにをれふしておきもあがらぬをみなへしかな（309）

露重压折女郎花，花伏地面难立起。

水邊女郎花

いけのおもにかげをさやかにうつしもてみづかがみ見るをみな
へしかな（313）

女郎花影映池中，池面如镜照花容。

月前女郎花

庭さゆる月なりけりなをみなへしししもにあひぬるはなとみたれ
ば（433）

月色如水洒庭院，女郎花开白如霜。

いくあきにわれあひぬらむながつきのここぬかにつむやへのしら
菊（512）

重阳喜摘八重菊，今生几度再逢秋？

月前菊

ませなくばなにをしるしに思はまし月にまがよふしら菊の花
（514）

若无篱笆遮视野，月光白菊无分别。

秋ふかみならぶ花なき菊なればところをしものおけとこそおも
へ（513）

秋深霜袭百花衰，惟愿秋霜不侵菊。

　　上文在论述秋季的风物之一"露"时所引用的几首和歌都是荻花染露，"荻花怒放在荻原，黄昏露珠染衣衫"，"小野荻原路难分，拂袖露珠了无痕"，"原野小径荻叶密，枝条未折露湿衣"。秋天的露滴落在秋季的荻花上，构成了秋季特有的一幅美景。秋季是草将枯叶将落之时，只有为数不多的几种花才能不畏秋寒勇敢地绽放，荻花便是其中之一。荻是多年生草本植物，生长在水边，叶子长形，似芦苇，秋天开紫色花朵。白居易的《琵琶行并序》中有"浔阳江头夜送客，枫叶荻花秋瑟瑟"的诗句。西行喜爱荻花，于是（301）他写道"荻花盛开百花杀，原野处处绽荻花"，当百花凋零的时候，荻花却漫山遍野地绽放着；（303）的歌题是"野荻似锦"，蜀国美丽的唐锦是经过锦江之水的洗涤才织造出来的，今天我才知道，原来荻花也像唐锦一样美丽；（302）的歌题是"荻满野亭"，西行的草庵建在深山原野，推开草庵的门就是原野，所以他说草庵的庭院即原野，那么美丽的荻花就盛开在眼前的花园，就是我的花朵，可以由一人静静地观赏了；（316）描写秋日黄昏吹来的狂风吹乱了荻叶，而风声更增添了物哀之情。尽管荻花如此美丽，但深秋的狂风还是要把它摧垮，因此西行才发出了深深的感慨。

　　"女郎花"被古代日本称作七种秋草之一，《古今和歌集》的撰者之一纪贯之曾有"秋来尚未深，秋意谁能倦，合股女郎花，色衰心已变"的和歌。白居易在《题令狐家木兰花》中写道，"从此时时春梦里，应添一枝女郎花"，宋代陆游的《春晚杂兴》诗之五写道，"笑穿居士履，闲看女郎花"。可见女郎花是古代中日诗人都喜爱吟咏的花之一。（307）（311）（309）都是把女郎花与露水联系在一起，秋天的露水不仅凝结在荻花上，也凝结在女郎花上。（307）描写女郎花上的露珠如泪水一般打湿了西行的衣衫；（311）的歌题是"女郎花带露"，描写露珠如白玉缀满女郎花的花枝，西行想折下一枝却濡湿了衣袖；（309）的歌题是"草花露重"，描写因为露珠太多，以致压断了女郎花，使它伏在地面无法立起；（313）的歌题是"水边女郎花"，女郎花影投射到池水之中，而池面像镜子一样，映照着美丽的女郎花；（433）的歌题是"月前女郎花"，描写如水的月光洒满草庵前的庭院，月光皎洁，白色女郎花如同霜染一般，月光与女郎花交相辉映。

　　（512）（514）（513）是写菊花的，大多数菊花只在秋季盛开，当西行在重阳节喜摘珍贵的八重菊时不仅想到，今生还能有几次在重阳节采摘菊花呢？西行是否也有三国曹操那种"对酒当歌，人生几何？譬如朝露，去日苦多"的感慨呢？（514）是描写白菊的，歌题是"月前菊"，月光映照在白色的菊花上，如果没有篱笆遮挡了视线，月光与白菊几乎没有区别；西行喜欢菊花，当发现在深秋的霜打之下百花纷纷凋零之时，他在（513）中想拜托秋天的寒霜，请它对菊花手下留情，不要侵袭菊花，让它静静地开放吧！

　　秋天是萧瑟的，也是五彩缤纷的，既有美丽的红叶点缀秋色，也有荻花、女郎花、菊花装点着深秋。在西行的笔下，秋天与其他季节一样，色彩斑斓，充满着勃勃的生机。

四 鹿鸣、虫鸣

据统计，西行描写鹿鸣的和歌有 33 首之多。① 鹿鸣是和歌中常用的题材，作为秋季的风物常常被写入和歌之中。鹿作为山林中的动物，其鸣叫声是京城中的文人很难听到的。因为隐居在深山草庵，西行比同时期的贵族文人幸运得多，不仅能亲眼目睹各种野生植物的千姿百态，也能亲耳聆听各种动物的欢声鸣叫。以往只在歌集中读到的鹿鸣，如今真真切切地传入自己的耳中，因而西行写下了如此之多的与鹿有关的和歌。在 33 首吟咏鹿鸣的和歌中，有名为"鹿"的组歌 7 首，也有题为"晓鹿""夕闻鹿鸣""幽居闻鹿""田庵鹿"等。

やまおろしにしかのねたぐふ夕暮をものがなしとはいふにやあるらむ（475）

深秋山顶吹狂风，黄昏惆怅闻鹿鸣。

幽居闻鹿

となりゐぬはらのかりやに明かすよはしかあはれなるものにぞありける（481）

荒野幽居无邻人，彻夜鹿鸣物哀深。

晓鹿

よをのこすねざめに聞くぞあはれなる夢野のしかもかくやなくらむ（479）

梦野拂晓惊梦醒，彻夜鹿鸣物哀凝。

鹿のねをきくにつけてもすむ人の心しらるるをのの山ざと（483）

小野山里闻鹿鸣，庵中居者心内澄。

をじかなくをぐらの山のすそちかみただひとりすむわが心かな（478）

小仓山麓牡鹿鸣，弃世独居我心同。

夕暮闻鹿

---

① 萩原昌好：《西行と雪月花》，《国文学解釈と鑑賞》2000 年 3 月号，至文堂，第157 頁。

　　　しのはらやきりにまがひてなく鹿の聲かすかなる秋の夕ぐれ
（480）

　　深秋黄昏雾朦胧，篠原山里闻鹿鸣。

　　　しかのねをかきねにこめて聞くのみか月もすみけりあきの山ざ
と（333）

　　篱笆墙内闻鹿鸣，秋月来访月色澄。

　　田庵鹿

　　　をやまだの庵ちかくなく鹿の音におどろかされておどろかすか
な（482）

　　鹿鸣惊醒庵中人，急开庵门鹿惊奔。

　　秋季草枯叶落，秋风萧瑟，来访者日渐稀少，深山草庵更加寂寞难
耐。当（475）描写"深秋山顶吹狂风"时，当（481）描写"荒野幽居
无邻人"时，当（483）描写在"梦野"这个地方"拂晓惊梦醒"时，
听到的鹿鸣声就显得那么使人惆怅，觉得那鸣叫声充满了"物哀"之情。
当然，像（483）描写的那样，西行也觉得在寂静的深山草庵中听到鹿鸣
之声，自己的心似乎也变得澄澈起来，像（478）描写的那样，在小仓山
听到鹿鸣时，竟觉得小鹿也是孤独的，所以小鹿与独居的自己同样怀有弃
世之心；当（480）描写的黄昏秋雾朦胧时，当（333）描写的秋月映照
着草庵时，所听到的鹿鸣并不使人感到悲伤，反而感到今夜的月亮似乎更
加澄明。秋天的深山里，不仅鹿鸣声聚拢在篱笆墙内，而且月亮也来拜
访，明月、鹿鸣、山里的草庵，构成了一幅美丽的山居图画；（482）在
上一章已经涉及，描写的是西行在小山田庵时被鹿鸣惊醒，急忙推开庵门
察看时，却不料惊到了小鹿，吓得它一路狂奔而去。也许深山独居的小鹿
从未受过人类打扰，而今突然有个不是自己同类的，也不是在深山里曾经
见过的动物突然出现，它怎能不受到惊吓呢？

　　西行的和歌常常用"すむ"一词，这个词在日语中有"居住"的意
思，也有"澄澈"的意思。和歌创作中有一个技巧叫作"掛詞"，即双关
语。西行常用这种技巧，在和歌中表现自己独居草庵时，其实也暗含着内
心澄明之意。上文引用的西行的赏月歌中，就常常有"心如明月更清澄"
的表现，用月的澄明来表现心的澄澈。在描写鹿鸣时，也写道"小野山
里闻鹿鸣，庵中居者心内澄"，而在月明之夜听到鹿鸣，使他觉得不仅自

己的心更加清澈，月也似乎越发澄澈。倾听着小鹿的阵阵鸣叫，仰望着造访草庵的明月，西行在视觉和听觉上都获得了极大的满足，整个身心都沉浸在大自然的抚慰之中。

　　观察细致是西行和歌的特点之一。大自然的山川草木，春花秋月都进入他的和歌里，就连小小的昆虫也在他的和歌里得到了表现。

　　　　やまざとのそともものをかのたかき木にそぞろがましきあきぜみのこゑ（326）

　　　　山里岗上高木梢，秋蝉鸣声人心焦。

　　　　壁におふるこぐさにわぶるきりぎりすしぐるるにはのつゆいとふべし（505）

　　　　或嫌庭院降雨露，蟋蟀移居壁草中。

　　　　さらぬだにこゑよわかりしまつむしの秋のすゑにはききもわかれず（520）

　　　　晚秋未至虫鸣闻，鸣声渐弱知秋深。

　　　　かぎりあれば枯れゆくのべはいかがせむむしのねのこせ秋のやまざと（521）

　　　　深秋山里野草枯，原野树梢松虫鸣。

　　　　秋の野のをばなが袖にまねかせていかなる人をまつむしのこゑ（495）

　　　　秋野芒穗如挥袖，松虫鸣叫如唤人。

　　　　秋のよにこゑもやすまずなくむしをつゆまどろまできりあかすかな（494）

　　　　秋夜彻夜闻虫鸣，长夜无眠到天明。

　　　　きりぎりすよざむになるをつげがほにまくらのもとにきつつなくなり（498）

　　　　深秋蟋蟀鸣枕边，告知庵人夜已寒。

　　　　ひとりねのともにはならできりぎりすなくねをきけばもの思ひそふ（503）

　　　　蟋蟀亲昵独眠友，鸣声入耳更添忧。

　　　　あきの夜をひとりやなきてあかさまし伴ふむしのこゑなかりせば（493）

秋夜若无虫鸣声，独自哭泣到天明。

はなをこそのべのものとは見にきつれ暮るればむしのねをもき
きけり（329）

终日原野赏秋花，黄昏欲归闻虫鸣。

秋蝉、蟋蟀、松虫，以及不知名的各种虫，都得到了西行细致入微的观察。自然界的昆虫实在太小，不似鹿或其他鸟类那么容易观察。小小的虫子往往隐藏在草丛之中，所以人们只能听到它们微弱的鸣声，而很难见到它们的尊容。（326）中西行描写的秋蝉隐身在高高的树梢里，发出的阵阵鸣叫使人心焦；而（505）中的蟋蟀藏身在墙壁上生出的小草里，于是西行想到，它或许是因为草庵外的庭院里雨后的露重吧，所以才不顾危险寄居在草庵墙壁上的小草中；（520）描写草庵中的西行或许是隐隐听到了蟋蟀的叫声，于是循声而发现了蟋蟀的身影，蟋蟀的鸣声渐渐弱了下来，它的生命旅程即将结束，预示着深秋的到来；（521）描写深秋的山里野草枯黄，西行彻夜聆听着松虫在原野的树梢上鸣叫；（495）描写看到秋天原野的芒草抽穗，芒穗在秋风中摇曳着，仿佛在挥动着衣袖，而松虫也在鸣叫，似乎在呼唤着什么人的到来；（494）描写虫鸣声在秋夜里连绵不断，使西行彻夜难眠直到天明；（498）描写深山草庵的孤独生活使西行把蟋蟀也当成了朋友，觉得它那么亲切地在我的枕边鸣叫，是不是在告诉我深秋已到，夜里将变得寒冷了呢？而（503）（493）两首更是直接说蟋蟀是草庵独居的朋友，尽管他写道"鸣声入耳更添忧"，但他还是写道"秋夜若无虫鸣声，独自哭泣到天明"。其实西行是在用一种反语的写法，说正因为有蟋蟀做我的朋友，所以我才在彻底孤独的深山草庵中，忍受着常人难以忍受的寂寞，在大自然中找到了自己的位置；在（329）中，我们看到一个终日徜徉在原野中欣赏秋花的西行，由于被美丽的秋花所吸引，以至忘记了时间，直到黄昏才想起回家，即回到草庵，这时，耳边传来阵阵的虫鸣。深山原野上，大自然展示着自己的壮美，天地间仿佛只有西行一人，万籁俱寂，使得微弱的虫鸣也能清晰地听到。这种"闲寂"的美，只有脱离俗世隐居深山的人才能欣赏，才能享受。

おぼつかな秋はいかなるゆゑのあればすずろにもののかなしか
るらむ（321）

深秋缘何心难安？不由悲伤满心间。

山ざとは秋のすゑにぞおもひしるかなしかりけりこがらしのかぜ（532）

秋末落叶寒风吹，寂寞山里更伤悲。

くれはつる秋のかたみにしばしみむもみぢ散らすなこがらしのかぜ（533）

红叶终成秋遗物，祈风莫吹叶凋零。

秋くるる月なみわくるやまがつの心うらやむけふのゆふぐれ（534）

秋夕预告时令移，秋去冬来樵夫知。

をしめどもかねのおとさへかはるかな霜にやつゆをむすびかふらむ（535）

惜秋拂晓霜露凝，钟声预告秋将终。

尽管秋天那么美丽，但大自然的四季轮回不以人的意志为转移，秋天终将过去，更加严酷的冬季就要到来。（321）中西行慨叹为什么到了深秋自己的心这么不安呢，而且不由得悲伤充满了心间？（532）描写当秋末的寒风横扫落叶时，寂寞的山里更加令人伤悲；（533）描写为了留下秋天的最后纪念，西行打算最后去欣赏一次红叶，于是他祈求秋风不要把红叶吹落；（534）描写秋日的黄昏，山里的景色渐渐发生了变化，西行很羡慕樵夫能从山里的变化得以知晓季节的更替；（535）描写的是，尽管西行很惋惜秋天即将逝去，但拂晓凝结的霜露，山寺的钟声，都预告着秋天即将过去，冬天就要来临。

在上述几首和歌中，西行似乎在"悲秋"，但在读的时候，所感到的是西行在以他那颗热爱大自然的心感受大自然，在观察山里的四季轮回，他的伤感是不忍看到花谢叶落的伤感，而不是对自己处境的悲伤。

据川本皓嗣先生考察，在和歌中对秋天倾注悲哀之情，即所谓"悲秋"是从《后拾遗和歌集》开始明确起来的。① 日本最早的歌集《万叶集》中对秋天的描写并没有"悲秋"的色彩。受中国六朝时代确立的

---

① 川本皓嗣著，王晓平等译：《日本诗歌的传统——七五三的诗学》，译林出版社 2004 年 3 月版，第 18—45 页。

"悲秋"的影响，日本最早的汉诗集《怀风藻》和此后的汉诗集《文华秀丽集》《经国集》开始出现"悲秋"的套句。由于歌人们对汉诗里"悲秋"的诗句情有独钟，《古今和歌集》中的"悲秋"开始多了起来，而到了《后拾遗和歌集》里，描写秋天"悲伤"的形容词开始固定，这种意境发展到《新古今和歌集》时，终于迎来了"悲秋"的高峰。西行的咏秋歌虽然也常用寂寞之类的形容词，但他对大自然发自内心的喜爱使他超越了同时代的歌人，使他的吟咏秋天的和歌仍然充满了对大自然的赞美之情。

第四节　冬之歌

　　冬季是一年四季中最严酷的季节，深山中的冬季比起平原更加严峻。更何况隐遁者是生活在草庵中。简陋的草庵很难阻挡风雪的侵袭，因此冬季应该是隐遁者不太欢迎的季节。冬季百花凋谢，万木萧疏，天寒地冻，皑皑白雪遮蔽了道路，甚至掩埋了草庵，生活的艰苦可想而知。在一些记载中，当时常常有隐遁者在深山中冻饿而死。但冬天也有其特有的风物，那些风物所具有的独特韵味也是其他季节无法比拟的。

一　落叶、寒草、霜、霰

　　关于落叶。冬天的深山里，万木飘零，草枯叶落，构成了山林中一道独特的风景。落叶一般使人想到的是凄凉、肃杀等形容词，那么西行是怎样描写冬天的落叶的呢？

　　山家落葉
　　みちもなしやどはこのはにうづもれてまだきせさするふゆごもりかな（540）
　　落叶埋路覆草庵，催我闭门越冬寒。
　　このはちれば月に心ぞあらはるるみやまがくれにすまむとおもふに（541）
　　叶落月光无遮挡，深山蛰居心明亮。
　　拂曉落葉
　　時雨かとねざめのとこにきこゆるは嵐にたへぬこのはなりけり

（542）

　　狂风不绝吹落叶，误作初冬阵雨声。

　　水上落葉

　　たつたひめそめし木ずゑのちるをりはくれなゐあらふやまがは
の水（543）

　　秋染红叶落山川，如涤红布水色艳。

　　落葉

　　あらし掃くにはのおち葉のをしきかなまことのちりになりぬと
おもへば（544）

　　风吹落叶如扫尘，庭院红叶实可惜。

　　月前落葉

　　山おろしの月にこのはをふきかけてひかりにまがふかげを見る
かな（545）

　　山风向月卷落叶，月光红叶相辉映。

　　瀧上落葉

　　こがらしにみねの木のはやたぐふらむむらごに見ゆる瀧のしら
いと（546）

　　山峰落叶寒风伴，瀑布白浪红叶间。

　　落葉留網代

　　もみぢよるあじろのぬのの色そめてひをくくりとは見ゆるなり
けり（551）

　　红叶飘零落河面，竹栅染红捕鱼难。

　　这些是西行笔下的初冬落叶的景色。（540）的歌题是"山家落叶"，
描写的是落叶不仅掩埋了山间的小径，也掩埋了隐居的草庵，它在向人们
宣告，冬天来到了，也催促西行从现在开始要做蛰居草庵越冬的准备了。
这无疑是很凄凉的景色，不过那被落叶掩埋的小径和草庵却充满了野趣，
落叶也似乎是在为草庵遮风挡寒；（541）的歌题也是"山家落叶"，描写
的是树木枝繁叶茂时往往会阻挡住月光，而今树叶凋落，月光透过树枝间
的空隙映照着草庵，使憧憬月色的西行内心充满了感动；（542）的歌题
是"拂晓落叶"，彻夜的狂风吹得落叶四处飘零，落叶的沙沙声使西行误
以为昨夜是初冬的阵雨在沙沙作响；（543）的歌题是"水上落叶"，深秋

霜染的红叶在初冬时节落到山川的水面上，把水面都染成了红色，犹如有人在水中洗涤了红布一般；（544）描写的是，铺满庭院的落叶本来是那么美丽，而狂风像清扫尘土一样把红叶吹走了，实在令人惋惜；（545）的歌题是"月前落叶"，被山风卷起的落叶好像要升入天空飞向月亮一样，月光和红叶交相辉映，显得格外美丽；（546）的歌题是"瀧上落叶"，是描写红叶和瀑布的，把红叶与瀑布联系在一起描写并不多见。寒风伴着山顶的落叶随瀑布落下，白色的瀑布掺杂着红叶，红白相间，构成了一幅美丽的图画；（551）的歌题是"落葉留网代"，"网代"是冬季插在河水中用来捕鱼的竹栅栏，描写的是红叶飘落在河面上，顺水飘流到捕鱼用的竹编栅栏上，使竹栅栏也被染成了红色，以致堵塞了竹栅而无法捕鱼。

　　红叶本是代表秋天的风物，西行的咏秋和歌中有 22 首是直接吟咏红叶的。[①] 进入冬季，红叶纷纷飘落，不仅铺满了西行草庵的庭院，也落在山川与河面上。美丽的红叶纷纷凋零，尽管使人感到伤感，但红叶映照着月光，或是随瀑布落下，又构成了另一种美丽的景象。石田吉贞在《隐者の文学——苦悶する美》中写道，"隐遁就是脱离社会，在脱离社会的同时也脱离了人类。……舍弃了人类就变成了石头一般的东西。变成石头被遗弃在深山，是悲剧的极限。描写隐遁的《撰集抄》等充满了号泣就不足为奇了"。[②] 隐遁者写和歌的不在少数，但那些和歌用石田吉贞的话说是"充满了号泣"，而西行即使在描写冬季深山的肃杀时，在和歌中也看不到一丝悲凉。在（545）中，西行描写猛烈的山风狂扫着落叶，但在月色之下，那些被狂风卷起的红叶的颜色却更加浓烈。这时的西行已然忘记了在深山中肆虐的狂风，忘记了已经到来的冬天的寒冷，而是在欣赏着飘落的红叶的美丽。

　　　かきこめししそののすすきしもがれてさびしさまさるしばのいほかな（552）
　　　茅草缠绕锁草庵，霜袭草枯寂寞添。

---

　　① 荻原昌好：《西行と雪月花》，《国文学解釈と鑑賞》2000 年 3 月号，至文堂，第157 页。

　　② 石田吉貞：『隠者の文学——苦悶する美』，講談社 2001 年 11 月版，第 17 頁。

さまざまに花さきけりと見しのべのおなじいろにもしもがれに
けり（553）

原野秋花色如锦，霜袭花枯色亦新。

枯野草

わけかねしそでに露をばとどめおきてしもに枯ちぬるまののは
ぎはら（554）

真野荻原经霜枯，寻路踏入衣袖湿。

しもがれてもろくくだくるをぎのはをあらくわくなるかぜのお
とかな（556）

霜枯荻叶脆易折，耳闻狂风怒吼声。

霜かづくかれのの草のさびしきにいつかは人のこころとむらむ
（555）

霜覆原野枯草凄，严冬人心何处栖。

水邊寒草（水边寒草）

霜にあひていろあらたむるあしの穂のさびしく見ゆるなにはえ
のうら（561）

苇穗染霜无颜色，难波江浦寂寞深。

山里の冬といふことを人々よみけるに（与人咏山里之冬）

玉まきしかきねのまくず霜がれてさびしく見ゆる冬の山ざと
（562）

霜打篱笆藤如玉，山里草枯实孤寂。

霜うづむむぐらがしたのきりぎりすあるかなきかのこゑきこゆ
なり（539）

初冬葎草染初霜，若有若无蟋蟀声。

なにはえのみぎはのあしにしもさえてうら風さむきあさぼらけ
かな（557）

难波江滨苇霜凝，拂晓浦风寒如冰。

たまかけしはなのすがたもおとろへてしもをいただくをみなへ
しかな（558）

女郎花瓣露珠凝，寒冬染霜花姿衰。

上述 10 首是描写冬季枯草的。（552）的歌题是"山家枯草"，夏季里葳蕤茂盛的茅草经过冰霜雪打后已经干枯，相互缠绕纠结在了一起，而且锁住了草庵，幽居草庵之中更增添了山家的寂寞；（553）的歌题是"原野枯草"，西行回想起刚刚过去的秋天，原野花色如锦，而今经过霜袭之后虽然秋花干枯，但颜色却似乎更加鲜艳了。冬季干枯的野草无论如何也不如秋天的野花鲜艳，而冬季深山干枯的野草在西行眼里美丽依旧，是源于西行对大自然的热爱之情；（554）描写的是在这种感情的支配下，他在摄津国"真野"时，看到原野上经过霜雪袭击的荻花时，不禁想到秋天美丽的荻花，在原野上其他花朵纷纷凋谢的时候，唯有荻花绽放在原野，而今虽然干枯了，但西行还是分开荻原，寻路踏入，寻找冰冻的荻花，以致打湿了衣袖；（556）描写的是经霜的荻叶干枯易折，加之狂风怒吼，的确是令人心生凄凉；所以（555）西行感叹，在冰霜覆盖、枯草凄凄的原野，身处严冬的人心将在何处安置；（561）的歌题是"水边寒草"，难波江浦的芦苇染霜后失去了颜色，使人感到冬天的江滨是那样的寂寞；（562）描写篱笆经过霜打之后，藤条像玉一样晶莹美丽，尽管如此，枯草漫漫的山里还是让人感到孤寂；（539）描写的是初冬的葎草染上了初霜，寂静的深山里，西行听到了若有若无的蟋蟀的鸣叫声。进入冬季，蟋蟀等昆虫已经冬眠，应该是不会有蟋蟀鸣叫的。也许是深山太寂静了，使西行产生了幻觉；（557）描写的是难波江滨的景象，霜打的芦苇仿佛凝固，拂晓吹来的如冰一般寒冷的清风，一幅肃杀的寒冬美景展现在读者面前；（558）描写美丽的女郎花的花瓣凝结了露珠，寒霜袭来之后花容失色，花姿衰减。看到曾经美丽的女郎花变成如今的模样，西行的心里充满了惋惜之情。

这几首歌虽然描写的是枯草，但与枯草联系在一起的却是"霜"。水气凝露，温度降至冰点下，凝成白色微粒，是为霜。中国的《诗经·秦风·蒹葭》中有"蒹葭苍苍，白露为霜"。[①] 如果说"露"是秋天特有的风物的话，那么"霜"就是冬天的代表了。霜的出现预示着冬天的来临。在寒霜袭击下，原野的花草因干枯而失去了颜色，在西行眼里，寒霜似乎已经成为摧残枯草的元凶。寒霜侵袭下草枯花败，使深山草庵更增添了一份寂寞。西行描写草庵寂寞的和歌大多是描写冬天山里景色的，可见草庵的寂寞是与冬季的肃杀紧紧联系在一起的，而西行描写冬季草庵生活的孤

---

① （清）王先谦撰：《诗三家义集疏》，中华书局 1987 年 2 月版，第 448 页。

寂只是一种客观的真实的描述，读者并未感到作者那种刻骨铭心的寂寞之情。尽管冬季的深山万物凋零，访客皆无，但染霜的枯草，经霜的荻叶，霜打的篱笆，在西行眼里还是充满了情趣。

与霜一样代表冬天的还有冰。荀子《劝学篇》有，"青出于蓝而胜于蓝，冰，水为之而寒于水"[①] 的说法，深山的冬季，滴水成冰，西行的咏冬的和歌中，也少不了冰的形象。

わりなしやこほるかけひの水ゆゑにおもひすててしはるのまたるる（623）

严冬水槽冻为冰，深山草庵盼春风。

谷の庵にたまのすだれをかけましやすがるたるひののきをとぢずば（1457）

柴扉冰凝如玉帘，深山草庵不得出。

岩間せくこのはわけこし山水をつゆもらさぬはこほりなりけり（606）

岩间水流分落叶，山水不流冻为冰。

みなかみに水や氷をむすぶらむ繰るとも見えぬ瀧のしらいと（607）

瀑布白浪今不见，上流之水成冰鉴。

こほりわるいかだのさほのたゆければもちやこさましほつの山ごえ（608）

挥棹凿冰身疲惫，冰筏翻越保津山。

さゆる夜はよそのそらにぞをしもなくこほりにけりなこやの池みづ（612）

深山寒夜鸳鸯鸣，昆阳池水已结冰。

よもすがらあらしの山に風さえておほ井のよどにこほりをぞしく（613）

岚山彻夜风吹寒，大堰川水凝冰面。

かぜさえて寄すればやがてこほりつつかへるなみなきしがのからさき（616）

---

① （清）王先谦撰：《荀子卷第一》，中华书局 1988 年 9 月版，第 1 页。

　　　　志贺唐崎狂风吹，波浪涌来冻为冰。

　　（623）是一首颇具代表性的咏冬之歌。这首和歌的序言写道，"遁世来到鞍马山深处，水槽冻结成冰，水流不得出，唯有等待春天到来"，后藤重郎认为这是西行出家遁世不久后所作，是他出家后所经历的第一个冬天。[①] 生活中最重要的水，在深山中需要用水槽引来，但严冬的到来把水槽冻结成冰，使西行第一次感受到深山隐遁生活的严酷。（1457）描写草庵的柴门凝结为冰，像冰帘一样与草庵冻在一起，就连出门都成了问题。这是两首直接描写冬季深山草庵生活的和歌，水槽结冰流不出水，庵门结冰出不了门，严冬的草庵生活的艰苦由此可见一斑。而西行只是客观地对此进行了描写，而丝毫没有悔恨之意。这是西行在深山草庵的真实生活体验，如果没有亲身体验，是无法写出这样的和歌的。（606）（607）描写的是冬季的瀑布。（606）描写冬季来临之前，瀑布流过岩石之间，把厚厚的落叶冲开流下了山崖，而现在的瀑布却被冻结成冰，一点儿也流不下来了；（607）描写上流的水冻结成冰，原来像白线一般流下来的瀑布也看不见了，可见西行对景物的观察是很细致的；（608）描写的是以前要渡过保津川的话需要用竹筏，而现在保津川冻结为冰，为了翻过保津山只好用棹敲开厚冰，大家都累得精疲力竭。所以西行想到是否做冰筏翻越保津山为好呢？（612）（613）（616）描写昆阳池（现兵库县）、大堰川（京都岚山）、志贺唐崎（现滋贺县）都凝结成冰，寒夜中狂风彻夜不息，鸳鸯发出鸣叫，（616）甚至写到，波浪涌来后就保持着浪涌的形状冻成了冰，使读者不难想象其寒冷的程度。

　　与霜、冰具有相同性质的还有"霰"。"霰"是一种微小的雪粒，俗称"米雪"，中国的《诗经·小雅·頍弁》中有"如彼雨雪，先集维霰"，笺注"将大雨雪，始中微温，雪自上而下遇温气而博，谓之霰"。[②]"霰"成了冬天特有的风物。

　　　　せとわたるちななしをぶねこころせよあられみだるるしまきよ
　　こぎる（595）

---

①　後藤重郎：『山家集』，新潮社 1982 年 4 月版，第 157 页。

②　（清）王先谦撰：《诗三家义集疏》，中华书局 1987 年 2 月版，第 777 页。

无篷小舟渡瀬户，留心霰飞暴风狂。

そまびとのまきのかりやのあだぶしにおとするものはあられな
りけり（596）

樵夫暂住山中屋，霰打屋顶深夜闻。

ただは落ちでえだをつたへるあられかなつぼめる花のちるここ
ちして（597）

寒冬雪霰落樱枝，打落花蕾实可惜。

（595）的歌题是"舟中霰"，描写的是一只无篷的小船要在冬季渡过
瀬户内海，西行提醒他们要当心，因为此时海上暴雨狂风夹杂着冰霰乱
飞，小船十分危险；（596）的歌题是"深山霰"，描写的是砍柴的樵夫因
无法下山而住在临时搭建的深山小屋，夜深人静，万籁俱寂，只有冰霰敲
打着简陋的屋顶发出砰砰的声响；（597）的歌题是"见霰落樱枝飞溅而
作"，描写雪霰落下在樱花树的枝头飞溅，热爱樱花的西行不由得想到，
被雪霰打落的是已经盛开过的樱花，还是尚未绽开的樱花花蕾？不论是哪
一个，都让西行觉得十分可惜。樱花是在春天开放的花朵但孕育在冬季，
而且日本有"樱花七日"的说法，所以虽然樱花在春季就已经完成了它
的使命，冬季已不可能有樱花的花蕾留在枝头的。只不过西行对樱花的热
爱超过常人，所以冬天的樱花树也让西行无比牵挂。

二　冬月、冬雪、时雨

西行被称为"花月歌人"，描写月亮的和歌有 376 首，是他的和歌中
吟咏最多的题材。月每夜都存在，有满月，也有月牙，当乌云满天时还会
被遮蔽，偶尔也会出现云遮月的景像。春夏秋冬都有月，西行的四季咏物
和歌中对每个季节的月亮都有描写，特别是在描写秋月上倾注了无限深
情，这一点在上文已有表述。秋月无疑是最美的，那么西行是如何描写冬
天的月亮的呢？

ふゆがれのすさまじげなるやまざとに月のすむこそあはれなり
けれ（564）

山里荒凉草木枯，月光如水感慨深。

月いづるみねの木のはもちりはててふもとのさとはうれしかる

らむ（565）

　　严冬峰顶树叶落，庵中喜待明月升。

はなにおくつゆにやどりしかげよりも枯野の月はあはれなりけ
り（566）

　　花草凝露映月明，枯野冬月物哀情。

こほりしくぬまのあしはら風さえて月もひかりぞさびしかりけ
る（567）

　　沼泽冰凝月光澄，风吹苇丛寂寞浓。

霜さゆる庭の木のはをふみわけて月は見るやととふ人もがな
（568）

　　庭院落叶凝霜寒，盼客同赏美婵娟。

さゆと見えて冬ふかくなる月影はみづなき庭にこほりをぞしく
（569）

　　深冬山里月色澄，庭院无水如敷冰。

　　（564）与（565）两首的歌题是"山家冬月"，意即深山草庵中看到
的冬天的月亮。（564）描写冬月映照在干枯的原野上，月光如水，与映
照在花野上的春月或映照在秋天红叶上的秋月相比，映照在枯叶上的冬月
更让人感物伤怀；（565）描写冬天的深山，山顶的树叶已经落尽，平时
在山脚下看不到的明月，如今也能看得很清晰，所以西行高兴地在草庵中
等待明月东升。这种等待月升的心情，与等待樱花开放的心情一样急切；
（566）与（567）的歌题是"月照寒草"，（566）描写严冬的深山里花草
凝露，露珠映照着澄澈的明月，枯草覆盖的原野充满了另一种情趣；
（567）描写沼泽也被寒冷的天气冻成了冰，冰面反射着月光，寒风吹着
茂密的苇丛，万籁俱寂，不由得让人感到十分寂寞；（568）的歌题是
"闲夜冬月"，所谓"庭院"大约指的是草庵前的一小块空地。西行描写
的是深冬的夜晚，庭院里寒霜如雪，落叶飘落到地上，积了厚厚的一层，
西行踏着落叶仰望明月，庭院的凝霜在月影的映照下发出寒冷的光，一幅
山里深冬的风景画展现在读者的面前；（569）的歌题是"庭上冬月"，描
写的也是映照着草庵院落的冬月。深冬山里的明月映照着庭院，庭院的地
面虽然无水，但如水的月色使其像敷了冰一样明亮。读着这些和歌，似乎
就能感受到深山里冬天清冽的空气，似乎脚下是那落叶染霜的庵前小院。

如果说西行咏秋月的歌表现的是月的"清澈"的话，那么他的咏冬月的歌表现的是月亮的"冷"与"寒"。但不论是"清澈"也好，还是"寒冷"也好，都是月亮的原有的特色。西行以天才歌人的敏锐的观察力，细致入微地描写出秋月与冬月的不同特征，使后世的人们不得不惊叹西行那非比常人的观察力。

最能表现冬天特征的莫过于雪了。位于亚洲东部的日本被大海所环绕，每到冬季，西北季风都会给日本海一侧带来大量的降雪，因此从《万叶集》开始，描写雪景一直是文人墨客的风雅之举。西行描写雪的和歌很多，在西行的 2000 多首和歌中，描写雪的和歌有 100 首之多。① 而"雪月花"是日本平安时代的文人最爱描写的题材，也代表了平安时代的审美意识。西行咏雪的和歌中，成组的就有"咏雪歌"五首，"读雪歌五首"等。

とふ人ははつ雪をこそわけこしか道とぢてけりみやまべのさと（621）

寒冬初雪降深山，无人踏雪访草庵。

わがやどに庭よりほかのみちもがなとひこむ人のあとつけでみむ（581）

期盼有人同赏雪，又惜雪上留足迹。

人こばとおもひて雪をみる程にしかあとつくることもありけり（582）

雪埋草庵无访客，小鹿来访留足迹。

としのうちはとふ人さらにあらじかし雪も山ぢもふかきすみかを（622）

去年访客无一人，何况今年雪更深。

雪ふかくうづみてけりな君くやともみぢのにしき敷きし山ぢを（580）

秋叶似锦铺山路，而今山路积雪深。

ふる雪にしをりししばもうづもれておもはぬやまに冬ごもりぬ

---

① 萩原昌好：《西行と雪月花》，《国文学解釈と鑑賞》2000 年 3 月号，至文堂，第 157 頁。

る（579）

　折枝立标遭雪埋，草庵蛰居实无奈。

　たちのぼる朝日の影のさすままに都の雪はきえみきえずみ
（575）

　雪后日出望京城，背阴未融阳面融。

　かれはつるかやがうは葉にふる雪はさらにをばなのここちこそ
すれ（576）

　枯野茅叶冬落雪，犹如芒穗靓深秋。

　雪うづむそののくれ竹折れふしてねぐらもとむるむらすずめか
な（584）

　深雪压断园中竹，群雀求巢声声鸣。

　あらち山さかしくくだるたにもなくかじきの道をつくるしら雪
（577）

　足登雪履寻山路，白雪皑皑山谷平。

　たゆみつつそりの早緒もつけなくにつもりにけりなこしのしら
雪（578）

　严冬越路白雪积，雪橇拉绳尚未结。

　雪ふればのぢも山ぢもうづもれてをちこちしらぬたびのそらか
な（588）

　野路山路埋雪下，天地混沌旅途艰。

　月出づる折にもあらぬ山のはのしらむにしるしよはの初雪
（573）

　初雪之夜无月光，山端白雪映天空。

　このまもる月のかげとも見ゆるかなはだらにふれる庭のしらゆ
き（574）

　草庵庭院积雪寒，疑是月光透林间。

　山ざくらはつゆきふればさきにけりよしのはさらにふゆごもれ
ども（559）

　吉野山里降初雪，犹如山樱开满山。

　よしの山ふもとにふらぬ雪ならばはなかとみてやたづねいらま
し（617）

　吉野山麓雪纷飞，误作花开欲入山。

山ざくらおもひよそへてながむれば木ごとのはなは雪まさりけり （619）

误将雪花作樱花，雪花美丽胜樱花。

ふりうづむ雪をともにて春まてば日をおくるべきみ山べの里 （620）

雪乃我友埋草庵，深山闲居盼春来。

いそがずば雪にわが身やとめられて山べの里に春をまたまし （1575）

雪若不忙留我身，深山与我同迎春。

　　上述几首歌的一个共同特点就是描写山中雪之大，降雪时间之长。（621）的歌题是"山家冬深"，描写寒冬时节深山降雪后雪深路断，草庵无人来访；（581）的歌题是"朝雪待人"，描写的是西行在冬天的清早推开庵门，看到前一夜的大雪使天地一片洁白，庵前的积雪厚厚的一层，他一方面期待有人能和他一起来欣赏美丽的雪景，另一方面又担心来人把足迹留在雪地上，使那一片洁白遭到破坏，所以他希望如果能不通过院子直接进入草庵就好了；（582）描写大雪掩埋了草庵，也阻挡了访客的脚步，庵前的雪地上只有小鹿留下的足迹；（622）的歌题是"山居雪"，"山居"即草庵，去年冬天就无人造访的草庵，今年的雪如此之大，估计更不会有人来访了；（580）描写的是秋季似锦的红叶铺满了山路，而今却被厚厚的积雪所埋没；（579）的歌题是"雪埋路"，描写大雪掩埋了山路，为了防止迷路而折下树枝做的路标也不见了踪影，无奈之下他只得蛰居在草庵之中。

　　（575）（576）（584）（577）（578）（588）是写雪中生活的种种体验。（575）的歌题是"雪天翌日在灵山远眺"，描写的是雪后初晴，西行在山顶遥望京都，看到的是山坡向阳的一面已经有消融的迹象，而背阴面则尚未消融；（576）的歌题是"枯野降雪"，描写的是深冬的原野草枯叶落，茅草的叶子落满了积雪，使西行不由得想起秋天被芒穗妆点得分外壮美的景象；（584）的歌题是"雪埋竹"，描写的是积雪掩埋了竹园，园中的竹子不堪重负，竹枝折断趴伏在雪面，原来在竹枝上筑巢的各种鸟雀在雪中鸣叫着寻找鸟巢；（577）（578）（588）描写的是旅途中的情景。（577）描写白雪皑皑填平了山谷，道路也无法分辨，西行足登雪鞋在雪中艰难地寻找着山路；（578）是西行在"越路"旅行时所写，本来打算下雪前翻越山峰，但却由于粗心而没有在下雪前把雪橇的拉绳结好，结果大雪封山，使翻越山峰的计划无法实现；（588）也是描写旅途中的情景，大雪把群山荒野全都淹没了，天地间一片混沌，以致原野与山间的小径都无法辨认；（573）（574）（559）（617）（619）使我们看到了深山美丽的雪景。（573）的歌题是"夜初雪"，描写的是深山初雪，虽然那一夜没有月光，但满山的白雪映照着天空，使深山一片光明；（574）的歌题是"庭雪似月"，草庵的庭院积雪泛着白光，使西行以为是月光透过林间照亮了草庵。这两首和歌都是把皑皑白雪比作月光，不仅表现出西行对白雪的喜爱，也使读者惊叹于西行高度的和歌技巧，构思巧妙，也充满美感。

　　西行不仅把积雪比喻成月光，还把白雪比喻成樱花。（559）（617）（619）就是把雪花与樱花联系在一起的三首。（559）（617）两首和歌都是描写吉野山麓降下了当年的第一场雪，纷飞的，雪花翻飞舞动，西行欣赏着美丽的雪景，甚至产生了错觉，以为是樱花在山顶盛开，以至产生想要进山赏花的冲动；（619）甚至认为雪花的美丽不亚于樱花。西行被称为"花月歌人"，对樱花的喜爱在他的 272 首咏樱花的和歌中得到充分的表达。而面对着漫天飞雪，西行无法表达自己被雪花征服的心情，于是用"雪花美丽胜樱花"来表达；（620）的序说这首歌是"仁和寺山家闲居见雪咏之"。伊藤嘉夫先生认为"此歌是西行五十三岁时所作"，[1] 这时的西行已经经历过 30 年深山风雪的洗礼，所以他把雪称为自己的朋友，草庵被埋在厚厚的大雪之下，蛰居在草庵中的西行开始盼望春天的到来；（1575）也是把雪作为朋友看待，询问雪是否很忙，如果不忙就停留在自己身上吧！一起在这深山里迎接新的一年的到来。西行对雪的喜爱表现在他的数十首咏雪歌中。被称为"花月歌人"的西行对雪的钟爱使他的咏雪和歌也同样出色。

　　　　あづまやのあまりにもふる時雨かなたれかは知らぬ神無月とは
（550）

　　　　时雨时雨时时降，十月时雨谁不知。

　　　　やどかこふははそのしばの時雨さへ慕ひてそむるはつしぐれか

---

①　伊藤嘉夫：『山家集』，第一書房 1987 年 4 月版，第 101 頁。

な（548）

　　柞木栅栏围草庵，时雨霏霏柞叶染。

　　おのづからおとする人ぞなかりけるやまめぐりする時雨ならで
は（549）

　　冬雨普降深山里，雨声沙沙无人迹。

　　山ざとは時雨しころのさびしさにあらしのおとはややまさりけ
り（615）

　　山里时雨淅沥沥，狂风呼啸更孤寂。

　　海岛日本，冬天不仅是雪的世界，气温升高时偶尔也有冬雨降落，一般多出现在初冬，在俳句中"时雨"是冬季的"季语"。（550）的歌题是"时雨歌"，其中的"神无月"指的是阴历十月，正是初冬时节。初冬时节经常下雨，"时雨"即忽降忽止的雨，阵雨。正如"时雨"一词所言，初冬的山里雨水不断，时时降雨；（548）的歌题是"山家时雨"，描写的是草庵的景色，就像秋雨染红了红叶一样，霏霏的冬雨也像倾慕柞木一样，把用来做草庵栅栏的柞木树叶也染成了鲜艳的颜色；（549）的歌题是"闲中时雨"，描写初冬的山里普降冬雨，草庵里没有访客，只有沙沙的雨声不时传来。冬雨与冬雪不同，雪花飘飘为山里增添了另一种美，而冬雨总是令人将其与湿冷联系在一起。因此（615）描写淅沥沥的冬雨加上狂风呼啸，使山里草庵显得更加孤寂。

三　白鸰、猎鹰

　　在冬歌中，还有一组吟咏"白鸰"的 8 首歌。每个季节都有其代表性的鸟。春之黄莺，夏之杜鹃，秋之大雁，被称为代表这三个季节的鸟，而白鸰则是代表冬季的鸟。白鸰主要栖息在海岸与河滩，即使在千里冰封万里雪飘的冬季，它们不也畏严寒，在海岸与河滩尽情地翱翔，点缀着冰天雪地的大自然。

　　あはぢ島いそわの千鳥こゑしげしせとのしほかぜさえわたるよ
は（599）

　　瀬户潮风夜清寒，淡路海岸白鸰鸣。（注，淡路，地名）

　　あはぢ島せとのしほひのゆふぐれにすまよりかよふ千鳥なくな

り（600）

　　瀬户落潮日黄昏，须磨传来白鸻声。

　　しもさえて汀ふけゆくうらかぜをおもひしりげになく千鳥かな
（601）

　　海岸夜阑清霜凝，白鸻齐鸣和海风。

　　夜をさむみ聲こそしげく聞ゆなれ河せの千鳥友具してけり
（602）

　　夜寒白鸻鸣不停，浅滩声声唤友朋。

　　さゆれどもこころやすくぞききあかすかはせの千鳥ともぐして
けり（603）

　　寒夜静心闻鸟鸣，白鸻唤友到天明。

　　やせわたるみなとのかぜに月ふけてしほひるかたに千鳥なくな
り（604）

　　河口风吹越浅滩，月寒潮退闻白鸻。

　　千鳥なくゑじまのうらにすむ月をなみにうつして見るこよひか
な（605）

　　绘岛之滨白鸻鸣，今宵波浪映月明。

　　さえわたるうらかぜいかにさむからむちどりむれゐるゆふさき
の浦（614）

　　木绵崎浦清风寒，白鸻成群聚海边。

　　这是几首描写白鸻的和歌。从古至今，和歌很少有描写大海的作
品，生活在海岸河滩的白鸻更是很少出现。（599）中的"淡路"在日
本兵库县南端，是把大阪湾与播磨滩分隔开来的濑户内海上最大的岛
屿。这首歌或许是西行旅行到这里时所作。清晨的淡路海岸，潮风料
峭，白鸻齐鸣，打破了冬日的寂静，肃杀的冬季也似乎变得生机盎然；
（600）描写濑户内海的黄昏时分，大海潮落，天空中传来白鸻的阵阵
鸣叫，更显得冬季的海岸辽阔寂静；（601）描写的也是濑户内海深夜
的海岸。夜阑人静，寒凝清霜，白鸻和着海风鸣叫着，其意境与上一首
相同；（602）（603）描写白鸻的歌唱响彻海滩，一直到黎明，似乎在
呼唤其他同类也加入这大合唱之中；（604）（605）把白鸻与明月放在
一起描写。（604）描写寒风吹过河口，越过浅滩，潮退了，月光寒冷，

此时传来的白鸻鸣叫使海岸的空气更显得清冽；（605）描写的"绘岛"在今天的兵库县，白鸻在绘岛之滨鸣唱，月光映照着波浪，二者交相辉映，月色更显得格外明亮；（614）中的"木绵崎"在今天的冈山县，"木绵崎"的海滨寒风彻骨，白鸻也因为寒冷而成群聚集。值得注意的是，日本尽管四面环海，但从古至今描写大海风光的和歌并不多见。特别是西行所生活的平安时代，描写雪月花是一种时尚，而描写大海的大概只有西行一人。其中的道理很简单，龟缩在平安城的宫廷贵族们只知道在京城里吟风弄月，而隐居山林，并且徒步到各地甚至到海边旅行的人大概只有西行自己。正因为他看到了在京城所看不到的风景，才使他能够创作出这些和歌。因此伊藤嘉夫说，"西行作为海洋歌人的地位决不可低估"。①

　　　　あはせつるこゐのはしたかすばえかしいぬかひ人のこゑしきり
なり（570）
　　捕鸟雀鹰立枝头，饲犬猎人频频呼。
　　　　かきくらす雪にきぎすは見えねどもはおとにすずをたぐへてぞ
やる（571）
　　雪夜昏暗雉不见，羽音鹰铃入耳边。
　　　　ふる雪に鳥だちも見えずうづもれてとりどころなきみかりのの
原（572）
　　鸟夹草丛遭雪埋，深山原野狩猎难。

　　冬季是猎人狩猎的最好季节。动物会在雪地留下各种踪迹，成为引导猎人的标记。（570）的歌题是"猎鹰"，描绘的是一幅生动的捕鸟场景。雀鹰警惕地立在枯树的枝头，随时准备冲向自己的猎物；而受伤的鸟往往逃进灌木丛，为了防止树丛与挣扎的鸟损伤了雀鹰的翅膀，猎人们往往在这时会放出猎犬追捕受伤逃跑的鸟儿。猎人频频呼唤、指示猎犬的声音不断传入西行的耳中；（571）的歌题是"雪中猎鹰"，描写的是雪夜狩猎的场景。持续的降雪使人看不见野雉的身影，只能听见野雉挣扎着扇动翅膀的声音，还有雀鹰扑向野雉时脖子上系着的铃铛发出的

---

① 伊藤嘉夫校注：『山家集』，第一書房1987年4月版，第21頁。

声音；（572）描写的是为了诱鸟而在草丛和沼泽所做的捕鸟夹子被大雪掩埋而无法发挥作用，使狩猎者不知如何是好。这样生动的场景也许是西行也参加了猎人的狩猎，否则怎能描写得如此逼真呢？因为如果没有实际生活，这样的和歌是无论如何也写不出来的。

　　冬季是深山生活中最难熬的季节，其他季节的深山中会偶尔有人光顾，而大雪封山的严冬，没有来访者，陪伴着西行的只有漫天飞雪与狂风冷雨。冬季山里生活的寂寞是不言而喻的。

　　　　はなもかれもみぢもちりぬ山ざとはさびしさをまたとふ人もがな（609）

　　　　花枯叶落深山里，访客皆无添孤寂。

　　　　神無月木の葉の落つるたびごとに心うかるるみ山べのさと（537）

　　　　十月狂风袭深山，花枯叶落心难安。

　　　　はなにおくつゆにやどりしかげよりも枯野の月はあはれなりけり（566）

　　　　花草凝露映月明，枯野冬月物哀情。

　　　　こほりしくぬまのあしはら風さえて月もひかりぞさびしかりける（567）

　　　　沼泽冰凝月光澄，风吹苇丛寂寞浓。

　　　　つのくにのあしのまろやのさびしさは冬こそわけてとふべかりけれ（611）

　　　　苇葺草庵在摄津，冬日来临寂寞深。

　　　　ねざめする人のこころをわびしめてしぐるるおとはかなしかりけり（538）

　　　　夜阑草庵惊梦醒，深山寂寞风雨声。

　　　　ひとりすむかた山かげの友なれやあらしにはるる冬の夜の月（610）

　　　　风吹云散夜月晴，独居山阴我友朋。

　　（609）（537）描写深山的冬季花枯叶落，狂风来袭，没有访客的踪迹，不由得使人感到孤寂，心神不安；（566）描写花草凝露，清冷的冬月映照着干枯的原野，深山里充满着物哀之情；（567）描写如水的月光映照着凝结成冰的沼泽，狂风吹过苇丛，更使人感到寂寞；（611）描写旅行到摄津国的西行用芦苇做屋顶搭建了草庵，在冬日来临之时寂寞也随之加深了；（538）描写在夜深人静的草庵，西行从梦中惊醒，万籁俱寂中，一个人胡思乱想，辗转反侧，久久不能成眠。此时耳边传来阵阵风雨之声，使他误以为是落叶的声音，显得深山中更加寂寞；（610）描写风吹云散，晴朗的夜空明月高悬，西行品味着独居的清净，虽然寂寞，但深山的美丽景色都是他独居的朋友。西行没有刻意矫饰，他把深山独居的寂寞用朴实的语言真实地表达出来，一方面独自忍受着寂寞，另一方面甚至品味着享受着寂寞，因为他不觉得孤独，月光，小鹿，松树，红叶，深山中大自然的一切美景都是他的朋友，所以他不无骄傲地说，"若有能忍寂寞人，何妨结庵为我邻"。

おのづからいはぬをしたふ人やあるとやすらふほどにとしのくれぬる（629）

深山独居盼访客，无人来访已岁暮。

としくれしそのいとなみはわすられであらぬさまなるいそぎをぞする（626）

岁暮已忘旧习俗，深山草庵迎新春。

あたらしきしばのあみどをたてかへてとしのあくるをまちわたるかな（625）

遁世深山居草庵，新编柴门迎新年。

おしなべておなじ月日のすぎゆけばみやこもかくやとしのくれぬる（627）

高野京都共日月，与君岁暮同感怀。

いつかわれむかしの人といはるべきかさなるとしをおくりむかへて（630）

深山几度迎新春，何时自己成古人。

（629）描写深山独居的西行也希望有人来访，特别是出家隐遁深山最初的一般时日更是如此。西行刚出家时是秋季，时近岁暮，意识到新的一年即将开始，故感慨无限；（626）描写的是，尽管出家不及数月，迎接新年的旧习俗似乎已经忘却，但还是在深山草庵中迎来了新的一年；因此（625）描写尽管不能像在俗世那样为迎接新年做很多准备，但西行还是新编了草庵的柴门，使深山草庵也有了新年的气象；（627）是写给京都的友人的，在"高野"山过冬的西行对京都的友人说，虽然高野与京都相隔很远，但都共同拥有太阳与月亮，在此岁暮之际，让我们共同感怀吧！（630）颇有佛意，在深山几度迎来新春的西行感慨道，几度迎来新春之后，不知何时自己也会成为古人，充满了人生无常之感。

　　西行与大自然为伍，直至与大自然融为一体。他用和歌歌人敏锐的观察力，对大自然的风物做了细致入微的观察，并如实地描写在和歌里，真实淳朴，充满了生活情趣和勃勃生机。如果他一直留在宫廷中做"北面武士"，是不可能留下如此优秀的传世之作的。石田吉贞认为，"自然对隐遁者来说，既是社会也是家。就像社会规范着人类的生活一样，自然也规范着隐遁者的生活。就像家温暖地包裹着人类的生活一样，自然也温暖地包裹着隐遁者的生活。所以隐遁者的生活与自然有着极为密切的关系。而这一点在西行身上表现得更为突出。就像在当时信仰极强的隐遁者中有饿死在山林的那样，这种与社会脱离的特性是很强的。西行比起后世的隐遁者，这种与社会脱离的特性更强，与自然融合的程度更高，所以他的作品中自然的味道更浓烈。读《新古今和歌集》中西行的和歌时，仍会强烈地感受到山林的清香，田野的芬芳，即使在封闭的宫殿中也能感到吹进来一股高原的清风"。[1] 西行为什么能创作出如此优秀的吟咏大自然的和歌？石田吉贞的评论，一语中的。

---

① 石田吉贞：『隠者の文学——苦悶する美』，講談社 2001 年 11 月版，第 155 頁。

第五章　旅行之歌

在日本有记载的最早和歌"记纪歌谣"中并未出现有关描写旅行的和歌，而日本第一部和歌集《万叶集》中，虽然并没有专门立项，却已出现了以旅行为题材的和歌。

家にあれば笥に盛る飯を草枕旅にしあれば椎の葉に盛る
（142）

居家吃饭有笥盛，旅行锥叶代笥用。

"笥"是古代盛饭用的器具，"草枕"是"旅"的"枕词"（和歌中冠在某词上，用以修辞或调整语调用，一般无实际意义，多由固定的五个音节组成）。这首和歌是说，如果在家吃饭当然要用"笥"这种器具，但出门旅行的话，只能用树叶来代替了。

律令制国家开始的万叶时代，旅行开始盛行。被朝廷任命的地方官需要到当地赴任，结束任期后需要从地方返回京城复命，在交通工具还很原始的时代，他们不论是从京城到地方赴任，还是从地方返回京城述职或复命，都只能依靠马匹或步行。官员们不可能单身赴任，一般都是拖家带口，一行中有老有幼，这样的一群人在山川众多的日本列岛移动，其所花费的时间之长，所经过的地方之多可想而知。当然，所经之地的秀丽风景也会给他们带来欢乐与惊奇。尽管不同于现代人的游山玩水，但他们的旅行还是很有趣的。此外，从东国（今东北地区）被派往边境（今九州地方）戍边的"防人"们，需要从东北地方奔赴南部的九州，有幸被选为"遣唐使"的人也要从京城赴港口所在地集合登船。因此在《万叶集》中开始出现描写"旅行"的和歌。

草枕旅行人も行き触ればにほひぬべくも咲ける荻かも（1532）

胡枝子花惹人爱，旅人穿行身染色。

旅にして物恋しきの鳴くことも聞えざりせば恋ひて死なまし
（67）

身在羁旅多思念，不闻鹤鸣死于恋。

草まくら旅行く君と知らませば岸のはにふににほはさましを
（68）

若知君欲踏旅途，为君染衣取黄土。

　　（1531）描写旅人在旅途中深入荻花即胡枝子花盛开的原野，以至衣衫都染上了颜色；（67）描写踏上旅途的人思念自己的恋人，说如果自己听不到鹤鸣的话，或许就死于对恋人的爱恋了；（68）说如果知道你要踏上旅途的话，我早就取岸边的黄土，为你染衣服了。

　　进入平安时代，敕撰和歌集中特设了"羁旅"部，在内容上，表现地方官到地方赴任，再从地方返回京城的居多，表现佛教徒到各地云游生活的和歌也开始出现。虽然目的各异，但都包括在"羁旅"之中。

　　除了和歌之外，根据地方官在任职地与京城往来的经历而撰写的"纪行文"也开始出现。例如《古今和歌集》的编者之一纪贯之，假托女性，用当时被称为"女手"的日语假名所撰写的《土佐日记》，就是描写纪贯之在土佐的任期结束后，从土佐返回京城的55天中的体验的"旅行日记"。日记中不仅有痛失爱女的追忆，也有对途经海路的不安与对回京的喜悦和期待。女性作家"菅原孝标女"所作的《更级日记》也是"纪行文"中的优秀之作。另外在女性作家紫式部的《源氏物语》和清少纳言的《枕草子》中对长谷寺和石山寺的参拜也可以看作对旅行的描写。这种参拜与其说是一种宗教行为，不如说是当时一种可以安心地进行旅游的手段。在佛教大昌的平安时代，宗教行为虽然在生活中确实存在，但旅行并非生活中不可缺少的部分，人们旅行的机会远远少于现代社会。

　　西行除了有"花月歌人"的美称外，还被称为"漂泊的歌僧""旅行的歌人""浪迹天涯的云游僧"。日本的文学研究杂志《国文学解释と教材の研究》1994年7月号以"西行——行动的诗魂"为题编辑了研究专辑；2001年3月号的《国文学解释と鑑賞》也编辑了以"漂泊的歌僧"

为题的专辑。这是因为在 50 年的出家隐遁生活中，西行并非一直生活在一地，也并非一直生活在草庵中。他一生中两次去"奥州"，一次是在二十六七岁之间，另一次是 69 岁时进行的。除了这两次大的旅行之外，还曾在 50 岁左右赴四国旅行。在几次大的旅行之间，前后 30 年以高野山为基地的隐遁生活中，西行去吉野山寻花，进入大峰和熊野修行，赴伊势探访，过着漂泊的生活。西行把在旅途中接触到的自然景物以及由此而触发的感慨写在和歌里，在日本文学史上留下了许多脍炙人口的和歌，直到今天仍然受到日本人的喜爱。神作光一指出，"在旅行与和歌的关联上，西行具有与俊成及同时代的歌人无法相比的深度，他的旅行和歌具有现实性也是必然的。另外，与那些歌人相比，西行对社会的批判精神的广泛与激烈，与他的旅行生活也不无关系"。① 西行的足迹几乎踏遍日本各地，如今日本的许多地方都立有镌刻着西行和歌的"歌碑"，也有复制的"西行庵"，"西行堂"，以此作为西行曾经"到此一游"的证据。虽然其中纠缠着各种传说与故事，但却是隐遁者西行以清晰可见的形象留给后世的精神财富，以至一提到西行，日本人的脑海中立即会浮现出行走在旅途的西行的形象。西行为什么要离开隐居的草庵踏上艰辛的旅途？旅行在西行的隐遁生活中具有什么意义？这些问题可以从西行的和歌中找到答案。当然，西行的关于旅行的和歌有些可以确定作歌的年代，而有些却很难确定。日本学者对此做了大量的考证，有些和歌的创作年代达成了一致的意见，有些还在争论当中。

第一节　草庵生活与旅行的关系

出家隐遁者在形式上是弃世、隐居，隐居的地点在深山草庵。草庵是隐遁者脱离俗世的净土，也是隐遁者的象征，在日本文学史中隐者文学被称为"草庵文学"，原因就在于此。在这个意义上把西行称为隐遁者是毋庸置疑的。草庵可以隔离俗世，可以使隐遁者心无旁骛地修行佛法，创作和歌。但"如果隐遁歌人长久地隐居在草庵中，隐遁者的个性就会迟钝，就会对已经习惯了的草庵生活产生妥协，所谓脱离俗世也就变得不彻底

① 神作光一：『西行と漂泊』，『国文学解釈と鑑賞』1976 年 6 月号，至文堂，第 135 頁。

了"。①因此走出草庵融入大自然，也是出家隐遁者的特征之一。

传统的隐遁者是一群遗世独立的人，他们高蹈山林，隐居世外，以与众不同的生活方式特立独行于体制之外，笼罩在一片神秘的面纱之下。"隐遁者"顾名思义要"隐"，从概念上看就是要把自己"隐藏"起来，要回避俗世，斩断与俗世的联系，甚至不出现在世人的面前，所追求的精神世界也要避免被世人所触及。隐遁者应该把"隐"所能实现的至高至纯的东西留在人世，作为纯粹的隐遁者被俗世所承认。但隐遁者不可能完全彻底地把自己的一切都彻底隐藏起来，完全彻底的"隐"在本质上是不存在的。由此可见，所谓的"隐"有自己无法解脱的矛盾之处。中国古代甚至有"大隐隐于市，小隐隐于野"之说，意思是说真正的隐士即使在闹市中也能实现隐遁的目的。魏晋南北朝时的陶渊明就有"结庐在人境，而无车马喧。问君何能尔，心远地自偏"的诗句。西行对自己隐遁的不彻底有着比较清醒的认识，他并没有被当时的时代潮流所左右，而是直面隐遁的本质，不仅用自己的行动，而且用大量的和歌作出了回答。因此许多评论者认为西行是生在旅途，死在旅途。他把自己的生命托付给漂泊与大自然，如果离开旅途，西行就不能称其为西行，他对后世的影响也不会延续至今。

由此可见，在深山中结一草庵居住下来是隐遁，行走于名山大川之间也是隐遁；把在深山草庵安居的身影留给世人是隐遁，把飘然而来，飘然而去的身影留在世人眼中也是隐遁。换言之，草庵与漂泊二者兼而有之的生活才是"隐"的应有之意。《发心集》《古事谈》把平安时代初期遁世僧人玄宾的踏上旅途称为"像风云一样漂泊"，安田章生认为，"纯粹的遁世就是寄身于风云。西行也踏上了那样的旅途，并因此出色地完成了'西行的遁世'"。② 西行从草庵到旅途，再从旅途到草庵，辗转往返于各地，有静也有动，隐居草庵是静，踏上旅途是动，有动有静，动静结合才能实现真正的"隐"。与中国的隐遁者以"隐"求"显"，即以"隐"求得入仕不同，西行踏上旅途，偶尔现于俗世是为了更好地实现"隐"的目的。

踏上旅途当然不是游走于京城及街市，而是行走于崇山峻岭，投身于

---

① 石田吉贞：『隐者の文学——苦悶する美』，講談社 2001 年 11 月版，第 123 頁。

② 安田章生：『西行と定家』，講談社 1975 年 2 月版，第 49 頁。

大自然中。大自然对隐遁者来说犹如先祖，是他们舍弃一切，全身心投入的灵魂的故乡，是他们的精神家园。他们在大自然中行走时，不仅能一步步引发深刻的思考，而且能进一步诱发他们的诗情。隐遁歌人与一般的隐遁者有所不同，他们不仅在大自然中追求精神上的慰藉，而且要在大自然中追求美，所以他们必须踏上旅途。隐遁歌人离不开旅行。被日本文学史称为"隐者文学"的代表的鸭长明和兼好，分别写下了被称为日本三大随笔之一的《方丈记》和《徒然草》，但他们并非石田吉贞所说的"正统的隐遁歌人，即属于闲寂美系列的歌人"，① 所以他们不愿离开草庵，基本上不出去旅行。而"正统"的隐遁歌人，即属于闲寂美系列的歌人们，随着对美的境界追求的加深，无不感受到必须踏上旅途的冲击，因此他们义无反顾地踏上未知的旅途，即使死在旅途也在所不辞。日本历史上主要的隐者歌人如心敬、兼载、宗祇、芭蕉等都是死在旅途。旅行歌人宗祇82 岁时死在旅途中的箱根（富士山附近的地名），弟子们冒着酷暑把他的遗骸送到一家名叫"定轮寺"的寺院，请求寺院允许在寺内安葬，但却遭到了无情的拒绝，弟子们只好把他埋葬在路旁，成了孤魂野鬼。当然，在交通不便的古代，踏上旅途不会像现代意义上的旅游那样轻松惬意，总是充满着风险与艰辛。

　　隐遁歌人的旅行既不是如现代人那样的游山玩水，也不是文人雅士吟诗作赋的需要，或是久居草庵后偶尔放松心情的一种手段。隐遁歌人为什么会冒着曝尸荒野的危险也要踏上旅途？这是因为"如果长久地蜗居草庵，隐遁者的个性就会变得迟钝，就会习惯身边的自然和人，进而妥协、苟安于现状，其隐遁也就变得不彻底了。而无论是月光还是云色都会失去光泽，其所发现的宇宙万有和存在的形象也会在不知不觉中无法染透灵魂，以至最终消失。这对隐遁者来说，是比死还可悲的事"。② 可见旅行对隐遁者来说不仅是亲近大自然的一种方式，更是隐遁者修行的一种手段，对他们来说，行走在大自然中的旅行等同于生命，当旅途中夕阳染红群山时，当临时居住的草庵被暴雨包围时，他们在难以忍受的旅愁与无常的思绪中切实感到生命的孤独，于是已经淡薄的诗情会被重新被唤起，已经迟钝的生命也变得生动起来。

---

① 石田吉贞：『隠者の文学——苦悶する美』，講談社 2001 年 11 月版，第 122 頁。
② 同上书，第 123 頁。

　　出家后的西行是最接近"隐"的典型，隐居草庵的西行与行走在大自然的西行构成了一个完整的隐遁者的形象。而在大自然中酿出的和歌，则充满了对大自然的礼赞，表现出西行对人生的深刻理解。

第二节　西行踏上旅途的原因

　　西行 23 岁时就舍弃了大好前程，抛弃妻儿出家隐遁，获得了人们的赞叹。年轻的西行怀着对隐遁生活的憧憬毅然决然地离开了原有的人生轨迹，在京都的东山结草庵隐居起来。当最初的热情冷却下来后，西行经历了山里草庵艰辛与寂寞生活的考验，并从中发现了草庵生活的情趣。他逐渐融入大自然中，甚至把山川草木、鸟鸣虫吟都当成自己的朋友，也逐渐喜欢上了草庵生活，写下了大量描写草庵生活的和歌。《述怀五首》的前4 首抒发了西行对草庵隐遁生活的认识与这种认识的变化。

　　　　身のうさをおもひしらでややみなましそむくならひのなき世なりせば（990）
　　　　世上若无出家俗，不知身忧终一生。
　　　　いづくにか身をかくさましいとひてもうき世にふかき山なかりせば（991）
　　　　若非深山结草庵，厌世无处把家安。
　　　　身のうさのかくれがにせむ山ざとは心ありてぞすむべかりける（992）
　　　　寂寞草庵隐我身，求道之心初有居。
　　　　あはれしるなみだの露ぞこぼれけるくさのいほりをむすぶちぎりは（993）
　　　　泪珠如露知无常，结庵遁世有誓约。

　　年轻的西行因为厌恶俗世，追求西方净土，憧憬草庵生活而出家隐遁。因此在（990）中感叹到，如果没有遁世出家的习俗，如果自己没有走上这条道路，那么就可能不知身忧而终此一生。因而他庆幸自己能舍弃俗世而出家隐遁；在（991）中西行写到，如果没有在深山结草庵隐居，那么自己即使厌恶俗世也没有地方可以安身立命。虽然草庵生活很寂寞，但他却感受到了内心的喜悦；在（992）中，他的喜悦溢于言表，寂寞的草庵隐藏起我的身体，追求佛道的心开始有了安置的地方，因而感叹草庵果然是求道的绝佳之地；在（993）中，西行描写了自己因为对无常有了初步理解而流下了激动的泪水，从而立下了誓约，要坚持草庵隐遁的生活。从这几首和歌来看，似乎西行已经离不开草庵，可以一直隐居在草庵，直至生命的终点。但西行却在出家三年后26岁时就暂时离开草庵，踏上了第一次"陆奥之旅"，之后又到四国、伊势、大峰等地旅游，在69岁高龄时，又第二次远赴"陆奥"，进行了第二次大旅行。

关于旅行与隐遁的关系，上文已做了论述，那么西行数次踏上旅途的原因是什么呢？

一 无法抑制的漂泊之心

うかれいづる心は身にもかなはねばいかなりとてもいかにかはせむ（994）
漂泊之心不附身，身心分离将何如？

这是《述怀五首》中的最后一首，是出家后不久所作。西行在前4首中表达了自己对草庵生活的喜爱，而在这首和歌中，他却感到自己身心分离，身体虽然在草庵中，但心却不那么安分，"うかれいづる心"（漂泊之心）已经离开了自己的身体，从自己的身体里游离出去，漫无目标地游荡着。这颗心并没有伴随着身体一起行动，最后将如何是好，西行自己也毫无办法。西行把自己也无法控制的心隐藏在身体里，他深知，如果放任这颗心继续与身体分离，就只能任其漂泊下去，其结果自己也无法预测。西行就这样凝视着自己的心灵与肉体自问自答，却没有得出明确的答案。其实这种西行自己都无法承受的"うかれいづる心"（漂泊之心）一直贯穿着西行的一生，驱使他走上出家隐遁之路的，从根本上说也是这颗心，出家后呼唤他踏上旅途的也可以说源于这颗心。

雲につきてうかれのみゆく心をば山にかけてをとめむとぞ思ふ（1598）
随云浮动漂泊心，不动如山留远方。

　　神無月木の葉の落つるたびごとに心うかるるみ山べのさと
（537）

　　每逢十月叶落时，心神浮动深山里。

　　あらし吹くみねのこのはにともなひていづち浮かるる心なるら
む（1168）

　　山巅狂风吹落叶，心随落叶共漂泊。

　　西行出家后数年间选择的佛道修行的方法是在"苔深き谷の庵"（长
满苔藓的深山山谷中的草庵）中隐遁，前文所引用的 5 首"述怀"和歌
中的（991）（992）表达了正因为俗世有深山，才能离开俗世隐遁，坚持
道心进行佛道修行，诉说了自己对隐遁的强烈的愿望，确认了对隐遁这一
佛道修行方法的肯定。但《述怀五首》的第 5 首即（994）却表达了单纯
隐遁并不适合抱着"うかれいづる心"（漂泊之心）的自己的天性。出家
隐遁以来，西行在京都的北山、东山、嵯峨等地辗转移动，所结草庵不止
一处。他似乎一直在寻找一个能使自己安下心来的地方。尽管写下了许多
喜爱草庵生活的和歌，但他却一直无法在一个地方安居下来。他深知，使
他无法安定下来的不只是自己的住所，重要的是他的心也同样无法安稳。

　　正如在西行辞世 15 年后下令编纂『新古今和歌集』的太上皇"后鸟
羽院"所说的那样，西行"极富雅趣，且其心颇深，如此罕见歌人极难
现身于世。西行乃天性歌人，绝非凡庸之辈，其歌风极难模仿，其和歌所
达高度亦无法用语言描述"，[1] 作为"天性的歌人"，西行不到 20 岁时就
显示出创作和歌的天才。23 岁时虽然抛弃一切出家隐遁，但他不是因其
僧人的身份，而是以优秀的和歌歌人的身份为后世所称道。后世对他的定
位是"歌僧"，他骨子里流淌着的还是诗人的血液。出家前就显示出和歌
创作才能的西行，在出家后并没有专属于某一寺院，每日诵经礼佛，而是
在修行佛法的同时，不忘和歌创作。美丽的大自然也给西行以创作和歌的
灵感，为他的和歌创作提供了有利的条件。但西行那诗人的天性使他向往
更广阔的天地，渴望在无垠的天空下自由地行走放歌。旅行可以让大自然
与西行的诗魂更深地结合起来，从这个意义上说，旅行从另一个侧面证明

　　① 　後鳥羽院：『後鳥羽院御口伝』，『日本古典文学大系·歌論集　能楽論集』，岩波書店
1999 年 3 月版，第 145 頁。

了西行的艺术人生。所以（1598）写到，自己虽然努力想把这个漂泊的心挂在山上安定下来，但却羡慕在天空中悠然飘浮的云，也希望像天上的云一样自由地在天空中游荡，无论如何无法抑制自己那一颗躁动的心。那颗心见到浮云在天空中飘动时，见到樱花凋谢时，见到红叶飘落时，都无法保持安宁。他的耳边经常回响着远方对自己的呼唤，每当听到这些呼唤时，西行就无法控制自己那颗漂泊的心。当他什么都不能做时，就只能追随自己的内心，踏上未知的旅途。正如安田章生所指出的那样，"西行的旅行是和他的遁世结合在一起的。舍弃了俗世，身体轻松的西行被漂泊的心所呼唤，踏上了孤独之旅。在生在旅途死在旅途这一点上，西行是日本文学史上的首屈一指的诗人"。[1]

二　反省自己的"再出家"

一般认为西行第一次踏上旅途是在他出家隐遁的三年后，即 26 岁时。西行出家后的三年里，明争暗斗愈演愈烈的宫廷内，发生了一系列震惊朝野的事件。由于事件的当事者与西行有着或远或近的关系，所以已经出家隐遁的西行也不能置身事外。西行出家隐遁是在 1140 年 10 月，第二年即 1141 年 3 月，"鸟羽院"出家，鸟羽上皇变成了"法皇"，西行出家隐遁前是他的"后北面武士"，并深受其赏识；1142 年 2 月，"待闲门院"在仁和寺法金刚院出家。"待闲门院"曾是"鸟羽院"的皇后，也是西行曾经的主人"德大寺"的妹妹（关于西行与平安时代风云人物的关系，请参考第二章）。西行出家后逐渐知名，圆寂后直到今天仍为日本人所熟知，并一直是日本学者研究的对象。但西行在出家前也并非无名之辈，他与平安时代后期的皇族及宫廷贵族之间有着千丝万缕的联系。

"待闲门院"出家后不久，西行为她发起了"一品经劝进"活动。为此西行奔走于出家前所认识的贵族之间，拜托他们给予协助。"内大臣"藤原赖长的日记《台记》详细地介绍了这件事。

一方面尽管西行对自己的出家隐遁并不后悔，也心甘情愿地为"待闲门院"结缘而奔走，但从另一方面说明他与宫廷贵族之间的关系无法割断，随着时间的推移，西行内心的不安感愈加强烈，一颗心也似乎躁动起来。

---

[1]　安田章生：『西行と定家』，講談社 1975 年 2 月版，第 47 頁。

　　　すてたれどかくれてすまぬ人になればなほ世にあるに似たるなりけり（1507）

　　　弃世出家仍未隐，缘何犹似世间人。

　　　世の中をすててすてえぬここちしてみやこはなれぬ我がみなりけり（1508）

　　　俗世似舍犹未舍，心地犹未离京城。

　　　すてしをりのこころをさらにあらためてみるよの人に別れはてなむ（1509）

　　　出家斩断世人缘，何故内心俗世牵？

　　这是西行自我反省的和歌。（1507）中西行反省自己，虽然弃世出家，但似乎仍未真正"隐"，于是他问自己，为何自己仍然好像是俗世的人呢？（1508）中他觉得自己对俗世似乎是舍弃了，但自己的心似乎还没有离开京城；（1509）中西行问自己，既然自己已经出家隐遁，斩断了与俗世人的牵连，为什么内心还在牵挂着俗世呢？出家当初，西行首先在京都的东山结下第一个草庵。其次三年，西行数次搬家，但都围绕着京都周边，由于距离很近，使人感到似乎一步就能回到京都，使他自觉不自觉地与京都的旧交仍然保持着一定程度的联系。

　　　世をのがれて東山に侍りけるころ、白川の花ざかりに人さそひければ、まかりてかへりてむかし思ひ出でて（遁世出家在东山结草庵时，白川樱花盛开，友人邀我一起去赏花，归来后想起从前之事）

　　　ちるをみでかへるこころやさくらばなむかしにかはるしるしなるらむ（115）

　　　昔日赏花到花落，今日仍思见落花。

　　西行出家后仍和之前的友人保持着某种联系，当白川樱花盛开的时节，友人仍如以往一样邀约西行一起去赏花，赏花归来后，西行不由得想起在俗时的生活。那时他观赏樱花都是要到樱花凋落时才舍得离开，如今虽然出家了，但他仍然想象过去那样，等到樱花凋落时再返回草庵。为此西行很苦恼，虽然出家了，但为什么仍然像没有隐遁一样？为什么自己仍然像俗世的人一样？对俗世虽然好像是舍弃了，但心地似乎还没有离开京城，还是有各种俗世的事情牵挂着他的心。重新回过头来审视自己出家时的心情，那时自己决心斩断俗缘，那么坚决地走上了出家隐遁之路，但为什么在自己的内心深处还牵挂着俗世呢？西行困惑了，茫然了，也担心起来。他觉得如果继续待在京都附近的草庵，自己就还会时不时回到京都，无法割断与俗世的联系，对出家隐遁就会逐渐产生惰性，修行生活就无法继续，也可能会背离出家隐遁的初衷，自己的出家隐遁就变得不纯粹，不彻底了。甚至会逃离草庵，重新返回京都，继续在自己曾经"厌离"的俗世延续出家隐遁前的生活。西行在内心对自己说，不能再这样继续下去，无论如何必须离开京都，这是这一类和歌的底流。于是在西行的内心萌生了出去旅行的想法，如果踏上旅途的话，或许可以使自己的心神安宁下来。这样一来，踏上旅途的决心油然而生。他决心出去寻找出家隐遁的真谛，做一次修行式的旅行，再一次"出家"。正如安田章生指出的那样，"西行的与遁世结合在一起的旅行，并非单纯是对俗世的逃避，它既是磨练诗心之路，也是修行之路，磨炼身心、走向顿悟之路"。① "纯粹的遁世是把自己交给风和云，西行就是踏上了这样的旅途，从而出色地完成了他的出家遁世"。②

第三节　初次陆奥之旅

西行一生有两次踏上陆奥之旅。第一次陆奥之旅是在二十六七岁时，第二次是晚年的 69 岁时。西行作为赴陆奥旅行的歌人而为人所知，但所留下的有关陆奥之旅的和歌却比想象的要少得多。后世所辑《西行物语》《撰集抄》中对西行作为旅行者有充分的描写，从京都出发踏上旅途的西行形象被描写得非常鲜明。但在《山家集》中有关陆奥之旅的和歌不足 20 首。或许是西行本人因某种原因未把此行所作的和歌都收入在《山家集》中。陆奥在日本的东北部，隶属于"东国"。对当时的京都人来说，东国是远离京城的边鄙之地，是神秘的异域，而在东国深处的"陆奥"，

① 安田章生：『西行と定家』，講談社 1975 年 2 月版，第 57 页。
② 同上书，第 49 页。

更是世界的边境和具有异质文化的异乡，也是未开化民族的聚居之地。西行生平第一次大旅行就把目的地选择在这里。

一　实地探访"歌枕"之地的初次陆奥之旅

西行选择陆奥作为第一次旅行的目的地，安田章生所著的《西行》中，对此行的目的总结了以下五点。

1. 探访平安时代中期的能因法师陆奥之旅留下足迹的地方；

2. "待闲门院"死后皇室内部的风云险恶所带来的悲伤和影响；

3. 东国是西行先祖的祖籍之地，西行对先祖之地有着类似乡愁的感情，而西行家族与平泉的藤原氏一族有亲缘关系；

4. 对边境之地的憧憬在西行心中一直深深地存在；

5. 去所能到达的最远的地方修行的想法一直潜藏在西行心中。

日本学者中认可第一点和第五点的较多。一般认为西行第一次赴陆奥旅行是在西行二十六七岁时的 1143 年或 1144 年，而"待闲门院"死于 1145 年，如果按第二种说法的话，西行赴陆奥旅行时已是 30 岁。持这种观点的学者认为，西行暗恋的"待闲门院"之死使西行倍感伤心，而"待闲门院"死后宫廷内部的明争暗斗涉及与西行有关的鸟羽法皇和崇德上皇，二者之间又是相互对立的关系，西行不想看到二者相残，所以远赴陆奥旅行。但此时已出家数年的他尽管尚未与俗世彻底脱离关系，但仅仅是"北面武士"的他，不可能对宫廷之事如此牵挂。第三种观点虽然有一定的道理，但仅仅因为是先祖之地就下决心做如此远的旅行，似乎也缺乏说服力。西行虽然出身于武士家族世家，出家前是鸟羽院的"北面武士"，但他一生是以"歌僧"的面目示人，对自己曾经的武士身份，对自己武士的家族似乎从未看重，且似乎在刻意回避自己的出身，所以在他的和歌里从未涉及。而《吾妻镜》中应源赖朝的要求谈论了兵马之道一事，也只是后人撰写的小说情节而已。第五种说法的理由是，西行在和歌的序言中，有"みちのくにへ修行してまかりける"（赴陆奥修行）等词语，但一些研究者认为这种说法似乎是当时的惯用词语，并无实际意义。高木きよ子认为，"既然是出家人，就会使用修行这个题材"。[1] 井上靖认为，

---

① 高木きよ子：『西行の宗教世界』，大明堂 1989 年 6 月版，第 229 頁。

"对'修行'一词，不必在很深的意义上理解"。① 对出家人来说，佛道修行是天职，也是义务。西行踏上陆奥之旅不能说与修行没有关系，但更吸引西行的是到陆奥实地探访前辈歌人留下足迹的地方，体验异域生活。如果说西行的陆奥之旅是"修行之旅"的话，那么西行是以探访先贤歌僧的足迹的形式来修行的。在某种意义上说，草庵隐遁是修行，外出旅行也是修行。第四种观点与第一种观点有着某种内在的联系，正因为陆奥留下了先辈隐遁歌人的足迹，才使得西行一直在内心深处深深憧憬。从西行在这次旅行中所写的和歌来看，似乎第一种观点更为接近事实。

　　西行想去探访出家隐遁歌人能因法师留下足迹的地方，而那些地方在日本文学史上被称为"歌枕"。所谓"歌枕"是指在日本和歌中被吟咏的旅行之地，这些地方在某种意义上被固定下来，升华为"歌枕"。被《古今和歌集》以后历代歌人吟咏的这些文学上的地名或"歌枕"多在"大和"或"山城"一带，其次是陆奥地区。"歌枕"在和歌学上占有重要地位，全日本的"歌枕"达到2000多，"歌枕"这一与旅行相伴而生的日本文化犹如"诗神"，呼唤着西行以及与他隔时代的宗祇及近世的芭蕉等伟大的"行吟诗人"，为后世留下了许多优秀的和歌。

　　一方面"歌枕"的出现不仅吸引着无数的和歌歌人，另一方面也可以使没有旅行经验的人体验旅行的情趣，它是长期以来酿成日本人共同印象与情感的结晶，因此被称为"歌枕"的地名从《万叶集》以来被无数和歌所吟咏，深深扎根于日本人的心中。

　　正如上文所说，平安时代的陆奥是当时最边远的地方，是"野蛮人"居住的未开发的荒野。对于不论是人心还是生活都很封闭的平安时代末期的京都人来说，陆奥是充满了神秘感的边境、秘境地带，是他们的好奇心与憧憬的对象。但当时的歌人基本上不出去旅行，人们只是凭借想象把歌枕之地编织在和歌里加以吟咏，那些歌枕在经过无数次吟咏之间变成了词汇游戏而离开了歌枕的实际。正如西行研究者锦仁所说，"贵族吟咏和歌一般是在宅邸、庭园的内部进行的。他们从房檐凝视庭园，浮想各国的名胜咏歌的时候，歌枕把这种技能发挥到最高境地"。② 但西行却与那些龟

---

① 　井上靖：『西行山家集』，学習研究社 2001 年 10 月版，第 31 頁。
② 　錦仁：『西行——みちのく歌群の意味するもの』，『国文学解釈と鑑賞』2002 年 11 月号，至文堂，第 120 頁。

缩在京都的书斋里作歌的歌人不同。之所以西行被后世称为"漂泊的歌人"和"行吟歌人",是因为他不是仅凭想象作歌,而是深入当地,用自己的眼睛去确认,用自己的心灵去感受。据臼田昭吾的精细调查,西行的所有和歌里出现的歌枕地名共有 197 处,包含在 396 首和歌中。① 当时的歌枕集中在平安京周边的"大和""山城"两个地方,去这两个地方探访歌枕的歌人很多,但西行选择了少有人去而远离京都的陆奥地区。西行出家隐遁 50 年间,足迹遍布日本各地。根据片桐洋一主编的《平安和歌歌枕地名索引》统计,平安时代的和歌中,西行的和歌集《山家集》使用的歌枕地名就达到 70 个,证明了西行的足迹广远。

平安时代末期陆奥地区歌枕很多,被这个未知的世界所吸引的西行对此无疑充满了兴趣。特别是他所崇拜的平安时代中期的能因法师不仅在陆奥的歌枕之地留下了足迹,也留下了许多和歌。所以他把第一次旅行之地选择在了陆奥。"西行的陆奥之旅包含着把用和歌美化的日本加以延长扩大的意义。虽然此行留下的和歌数量不多,但由于西行的陆奥之旅,日本东北才真正成为被和歌吟咏的地方,成为和歌能够达到的地域,或许可以说,西行担当了把京都与东北边鄙联系在一起的作用"。②

二　初次陆奥之旅的和歌

むつのくの奥ゆかしくぞおもほゆるつぼのいしぶみそとのはまかぜ（1096）

欲赏壶碑沐海风,当赴陆奥更深处。

"つぼのいしぶみ"（壺の碑）是宫城县多贺城址（现在的仙台市郊外）的古碑,"そとのはま"（そとの浜）是青森县陆奥湾的东海岸,是两处有名的歌枕。这是西行去陆奥旅行前或出发前所作的和歌。那时他还没有任何实际体验,所以这首歌只是歌枕之地的简单排列。这首和歌的意思是:要想观赏古代的石碑,沐浴陆奥湾东海岸的海风,就必须深入陆奥

---

① 神作光一:『西行と漂泊——歌でたどる西行の足跡』,『国文学解釈と鑑賞』1976 年 6 月号,至文堂,第 143 頁。

② 錦仁:『西行——みちのく歌群の意味するもの』,『国文学解釈と鑑賞』2002 年 11 月号,至文堂,第 120—121 頁。

的更深处。西行把对歌枕之地的憧憬与踏上旅途前的心情都表达在这首和歌里。

西行一生两次赴陆奥旅行，两次都创作和歌以作纪念，抒发自己的感慨之情。下面几首是按西行的陆奥之行的路线所作，但时间有些已有定论，有些尚无法确定。下列和歌一般认为是初次陆奥之旅所作。它们有一个特点是"词书"较长（类似"序言"，写明作歌的时间、原因以及作歌时的心情等）。可能是担心仅用31个字母无法表达自己的感慨，所以先用长长的序言加以说明吧。西行一生留下2000多首和歌，但却没有留下记载旅行行程的独立形式的"纪行文"（一种散文），而西行那些和歌前面长长的"词书"，中西满义认为"具有纪行文的性格"，① 同时他也指出"如果认为西行缺乏散文家的资质的看法为时尚早，但西行说到底在表现形式上还是拘泥于和歌"。②

みちのくにへ修行してまかりけるに、白川の関にとまりて、ところがらにやつねよりも月おもしろくあはれにて、能因が秋かぜぞふくと申しけむをりいつなりけむと思ひいでられて、なごりおほくおぼえければ、関屋の柱にかきつけける（赴陆奥修行途中宿白河关。此地之月与素日所见相比美丽且别有情趣。自然想起能因的"秋风劲吹白河关"的诗句究竟何时所写？心生感慨，作歌书写于关屋柱上，以作纪念）

しらかはのせきやを月のもるかげは人の心をとむるなりけり（1213）

月影映照白河关，遥思能因远离难。

清少纳言在《枕草子》第106段中有这样的描写，"关是逢阪关、须磨关、铃鹿关、岫田关、白河关、衣关最好"。③ 来到能因法师留下足迹的有名的"歌枕"白河关，西行自然想起了能因的描写白河关的和歌：

① 中西满义：『西行——生得歌僧の旅』，『国文学解釈と鑑賞』2002年2月号，至文堂，第67頁。
② 同上。
③ 清少納言：『枕草子』。池田亀鑑等校注：『日本古典文学大系·19』，岩波書店1958年9月版，第169頁。

　　都をば霞とともにたちしかど秋風ぞ吹く白河の関（後拾遺巻
九・羁旅）

　　春霞与共离京都，秋风劲吹白河关。

　　能因的和歌所写，是他春天离开京都，抵达白河关时已是秋风劲吹之时。西行也是春天踏上旅途，在白河关的关屋眺望秋天的明月。白河关是奈良时代为防备"蝦夷"进犯的古代关隘，越过白河关，就是广阔的异域之地了。"蝦夷"到底是什么人，一直以来说法不一。有说是从关东来到"奥羽"以及北海道地方的先住民，即"阿伊努"族的，有说是住在日本东北部的异民族，是今天的"阿伊努"族的前辈的，总之古代生活在陆奥地方的人被称为"蝦夷"。陆奥远离都城，朝廷的统治很难波及。由于长期不被外界所了解，当地的住民是否是异民族也无法判断，因而朝廷将其视为异域之地，把当地的住民视为异族。这个出产名马与砂金的地方山高皇帝远，"蝦夷"组织起一个个小集团居住各地，并不时发起叛乱。依靠"大化改新"而整顿王朝体制的大和朝廷，一直试图把这个北方的异域纳入国家体制之中，于是或采取怀柔政策，或实行武力镇压，逐渐深入了东国的内部，随之也有移民开始来此开荒垦殖。但在交通不发达的平安时代，进入这个地方并非易事，除了朝廷派遣的官吏与移民之外，很少有人踏入这片土地。西行来到这个充满神秘感的异域之地，不同于京都的异域风情映入眼帘，就连平素看惯的月色也觉得格外美丽，思古之忧思不由得涌上心头，想起自己崇拜的能因法师，想起他那首有名的和歌，西行觉得自己对这里充满了难舍之情。对能因何时、在怎样的情况下写下那首有名的和歌，西行都很认真地加以考证，可见他想和能因有相同体验的愿望是多么的强烈。

　　関にいりて、信夫と申すわたり、あらぬ世のことにおぼえてあはれなり。都いでし日かずおもひつづけられて、かすみとともにと侍ることの跡たどりまできにける心ひとつに思ひしられてよみける（越过白河关深入陆奥腹地，来到"信夫之里"，感觉此地之孤寂似非今世所有。离京数日，终于来到能因发出"春霞与共离京城"之感慨的地方，余之旅愁·与能因融为一体）

　　みやこいでてあふさかこえしをりまでは心かすめし白川のせき
（1214）

　　　离京越过逢坂关，心头掠过白河关。

　　"信夫之里"与白河关、逢坂关一样，都是有名的歌枕。这一首与上
一首都是基于能因法师的和歌而创作的，能因的和歌给了西行以启示。从
白河关深入陆奥的腹地，终于来到了能因所吟咏过的地方，西行内心的感
慨可想而知。离开京都越过逢坂关后，西行的心头一直不时掠过白河关的
影子。那个已经荒废了的白河关何以让西行如此牵挂，以至到了逢坂关时
仍念念不忘呢？到了白河关，又来到了逢坂关，进入"信夫之里"，西行
都自然而然地想到能因的"春霞与共离京都，秋风劲吹白河关"的和歌，
可见西行对这首和歌是多么熟悉，对自己崇拜的能因法师所吟咏过的
"歌枕"之地是多么向往。更加证明了他把人生的第一次大旅行的目的地
选择在这里的原因是源于对能因法师留下歌枕之地的向往。随着在陆奥的
旅程逐渐深入腹地，西行似乎像验证先贤的歌和先贤歌人一样，认真地将
其与现实的情况加以对比。在《伊势物语》的第十五段中，"信夫之里"
本是个男女恋爱的浪漫之地，能因的那首"信夫之里"的和歌也充满了
浪漫的气息。但西行来到这里之后，却发现和自己的想象大相径庭。"あ
らぬ世のことにおぼえてあはれなり"，不仅一点也不浪漫，而且孤寂得
似乎不像是这个世界的地方。但是一想到自己终于来到能因法师留下足迹
与和歌的地方，西行的内心还是十分激动，"心一つ"可以解释为西行与
能因的心意相通，合为一体。但细细品味，西行的"心一つ"也可以解
释为能因的歌一直在西行的脑海里时隐时现，西行一心想着能因法师当年
在此留下那首有名的和歌时的情景。越过逢坂关后，陆奥已经变成了西行
自己一个人的世界。

　　"逢坂关"是京都与陆奥的边界，因而当时把越过"逢坂关"称为
"告别边鄙"，当时的和歌非常同情地把越过白河关，从东国踏入陆奥的
旅人的心情吟咏为"はるかに白川の関までゆきけん人、さこそは都は
恋しく侍りけめ"（离京抵达白河关，遥望京都思念添）。这种乡愁不仅
是单纯因为空间上地理上的遥远，更是由于对当时京都的人来说，陆奥是
远离京都的边鄙之地，更是化外之地。当时的京都人把东国视为"乡
下"，尽管此地的歌枕很多，但能有勇气踏上这"边界"之地的歌人屈指

可数。而西行却选择这里为自己人生的第一次大旅行的目的地，就是因为先贤留下的歌枕呼唤着他，他那颗诗人的心被这充满神秘感的异乡深深吸引。

　　　武隈の松はこの度跡もなし千年をへて我は来つらむ（能因　後拾遺集卷十八）

　　　武隈之松踪迹无，越经千年我来也。

　　　武隈の松もむかしになりたりけれども、あとをだにとてみにまかりてよみける（武隈松已然消失，至少想看看它的痕迹，于是前往一见，并作歌一首）

　　　かれにける松なきあとにたけくまはみきといひてもかひなかるべし（1215）

　　　枯萎殆尽武隈松，答曰已见无所用。（西行）

　　"武隈之松"也是有名的歌枕之一。当年能因来到陆奥时，"武隈之松"就已经干枯得不见了踪迹，能因慨叹，虽然"武隈之松"已经不见了踪迹，但越经千年我还是来到了这里。能因是万寿二年（1025）春踏上陆奥的土地的，西行大约是天养元年（1144）来寻能因的足迹的。时隔百年，他也发出与能因同样的慨叹，武隈之松现在已经枝干皆无，枯萎殆尽的武隈之松现在已经毫无价值了。能因的和歌已经明确描写了"武隈之松"早已不见了踪迹，西行也知道即使来到这里也看不到，但他还是历尽旅途的艰辛来到了这里，不仅因为他此行的目的是探访陆奥的歌枕，而且因为这里是能因法师留下足迹、留下和歌的地方。西行在这里感受着歌枕的氛围，感受着先贤的和歌的魅力。"みきといひても"来自与能因同时代的橘季通吟咏"武隈之松"的和歌。"武隈の松はふた木を都人いかがと問はばみきとこたへむ"，① 如果京都的人问武隈之松是两棵吗？怎么样了？我不能回答说看见了。其中的"みき"是"见き""三木""幹"的挂词，即双关语。西行的和歌巧妙地化用了橘季通和歌中的双关语，把武隈之松已经枯萎殆尽的现状婉转地表达了出来。

_____

① 陽明文庫：『後拾遺和歌集卷四』，思文閣 1977 年 3 月版，第 572 頁。

あづまへまかりけるに、信夫のおくに侍りけるやしろの紅葉を
（来到东国，在信夫深处见神社之红叶）

ときはなるまつのみどりにかみさびてもみぢぞ秋はあけのたまがき（527）

长青松树蔓草缠，秋日染红似玉垣。（玉垣：神社周围的栅栏）

歌中提到了红叶，显然应该是一首吟咏秋天的歌。西行在春季离开京都的草庵，在陆奥旅行了近三年，所以无法判断这是来到陆奥第一年的秋天所写，还是第二年的秋天所写。西行在到达"信夫之里"后又继续向深处行进，看到这里有一家神社，神社的庭院里有一株高大的松树，树下的蔓草向上攀缘缠绕着松树，而蔓草的叶子已经变成了红色，缠满了松树树干，好像神社周围的栅栏一样，使西行感到很是新奇。

ふりたるたなはしをもみぢのうづみたりける、わたりにくくてやすらはれて、人にたづねければおもはくの橋と申すはこれなりと申しけるとききて（旧木板铺就的木桥为红叶所埋没很难渡过，如若脚踩红叶过桥又觉十分可惜，故而颇为踌躇。向人询问，答曰此桥名为"心愿桥"）

ふままうきもみぢのにしきちりしきて人もかよはぬおもはくのはし（1216）

红叶铺锦不忍踏，路人难渡心愿桥。

西行不仅喜爱樱花，也喜爱红叶，并写下了22首吟咏红叶的歌。陆奥之旅中，西行要渡过一座临时搭建的木桥。但木桥上落满了红叶，如果要渡过木桥，就要从如锦的红叶上踏过去，想到那么美丽的红叶要被人踩在脚下，西行感到十分可惜。当地人称此桥为"心愿桥"，然而这心愿桥却很难渡过。西行一生的心愿就是往生西方净土，当来到"心愿桥"时，他是否从桥的名字联想到自己的心愿呢？心愿之桥难以渡过，是否也象征着西方净土也不能轻易到达呢？

信夫の里より奥へ二日ばかりいりてある橋なり。なとり河をわたりけるに、きしのもみぢのかげをみて（从信夫之里到其深处用

了两天，有桥一座。渡过名取河时，在河岸看到红叶映在名取河里，在桥上所作）

　　なとり河きしのもみぢのうつるかげはおなじにしきをそこにさへしく（1217）

　　名取河岸红叶美，影若锦绣映水底。

　　西行逐渐进入陆奥深处。"名取川"在今天的宫城县，中古时代开始成为歌枕。西行用了两天时间来到名取河岸。清少纳言的《枕草子》第62 段有"名取川はいかなる名取りかと聞かまほし"①（欲问名取河为何名曰名取）。西行来到名取河畔，看到岸上的红叶映照在名取河里，那美丽的影子像锦绣一般铺在水底，让西行陶醉不已。于是在名取河的桥上作了这首和歌。

　　十月十二日平泉にまかりつきたりけるに、ゆきふり、あらしははげしく、ことのほかにあれたりけり。いつしか衣河みまほしくてまかり向ひてみけり。河の岸につきて、衣河の城しまはしたることがらやうかはりてものを見る心ちしけり。汀凍りてとりわきさえければ（十月十二日抵达平泉，那日天降大雪，风暴猛烈，天气极坏。为观赏衣川而及早出门。到达河岸，只见衣川城分外壮观。河岸结冰，寒冷异常）

　　とりわきて心もしみて冴えぞわたる衣河みにきたるけふしも（1218）

　　魂牵衣川今日见，冰封河面心底寒。

　　西行用长长的"词书"交代了到达平泉的时间和天气，自己对观赏衣川的渴望，以及到达河岸时的情景，见到衣川时的惊叹。白州正子认为这首和歌是可以选入西行最好的五首和歌之一。② 在和歌中描写冬天的寒冷和凛冽上，这首歌可以说达到了顶点。西行在旧历的 10 月中旬来到平

　　①　清少納言：『枕草子』。池田亀鑑等校注：『日本古典文学大系・19』，岩波書店 1958 年9 月版，第 102 頁。

　　②　白州正子：『西行』，新潮社 1988 年 10 月版，第 130 頁。

泉，虽然只是初冬，但西行抵达时，这个位于日本东北的地方却已寒冷异常，不仅大雪纷飞，而且风暴猛烈，天气坏到了极点。这种天气本不适宜出门，更何况京都出身的初到北方的西行呢！但"歌枕"平泉和衣川是西行一直向往的地方，所以尽管天公不作美，西行还是无法按捺想一睹衣川风景的渴望，顶风冒雪来到了衣川岸边。只见衣川河岸已冻结成冰，河对岸的衣川城分外壮观。衣川城即衣川馆，也是古代征服"蝦夷"的据点衣川营，是陆奥六郡的官署安倍氏历代的居城。"蝦夷"之地陆奥历经安倍、清原、藤原三大豪族的统治，不仅发生过官军对夷族征讨的战斗，也发生过同是"蝦夷"豪族之间的相互征伐，而衣川则曾是豪族间征伐的主战场，在这里发生过著名的"前九年之役"和"后三年之役"。由于憧憬歌枕衣川，西行对东北的霸主藤原氏的据点平泉也抱有极大的兴趣，同时想亲眼看一看藤原氏投入巨大财力建造的，象征着平泉文化的中尊寺金色堂如何壮观，因此不远千里来到了这里。此时，中尊寺金色堂已落成20年，建造者藤原清衡已辞世16年。站在冰封的衣川岸边，远望在风雪中显得格外壮观的中尊寺金色堂，年轻的歌人西行不由得感慨万千。恶劣的天气不仅使西行的身体感到寒冷透彻，他的心仿佛冻住了一般。

　　又のとしの三月に出羽国にこえて、たきの山と申す山寺に侍りけるに、さくらのつねよりもうすくれなゐの色こき花にてなみたてりけるを、寺の人々も見興じければ（翌年三月赴出羽国，拜访名为泷之山的山寺时，桃红色樱花比寻常颜色更浓，余与寺中众人共同欣赏着如起伏的波浪般美丽绽放的樱花）

　　たぐひなきおもひいでばのさくらかなうすくれなゐの花のにほひは（1219）

　　绯红樱花产出羽，美丽无双留心底。

从"词书"上看，这首和歌是西行来到陆奥的第二年的3月所写。西行来到出羽国一个叫"たきの山"的山寺时，正是樱花盛开的时候，这里的樱花是西行从未见过的品种。樱花的花朵一般都是浅红色的，但这里的樱花花朵比寻常所见的颜色要浓得多。西行与寺里的僧人共同欣赏着这罕见的美丽樱花，感叹这樱花"たぐひなき"（其美丽是没有可以与之相比的），它的美丽将会成为自己日后的"おもひいで"（追忆）。

　　下野国にてしばのけぶりをみて（在下野国见烧炭之烟雾所作）

　　みやこちかきをのおほらを思ひ出づるしばのけぶりのあはれ
なるかな（1220）

　　下野国中见炭烟，小野大原脑海现。

　　这是一首秋天所作的歌。西行在前一年的春天踏上旅途，第二年的秋
天来到了下野国。在经过长途旅行，即将踏上归途的时候，西行看到了因
烧炭而产生的袅袅烟雾，不由得想起了京都附近产炭的小野大原，思乡之
情油然而生。

　　おなじたびにて（在同一旅途）

　　かぜあらきしばの庵はつねよりもねざめぞものはかなしかりけ
る（1221）

　　旅途草庵狂风吹，夜半惊醒心伤悲。

　　这是一首冬天所作的歌。"词书"写明是"同一旅途"时所作，应该
是秋天在下野国看到烧炭的烟雾后，冬天仍奔波在旅途上。旅途中西行仍
然是结草庵而居。因为是临时搭建，其简陋可想而知。东北地方的冬天比
京都要寒冷得多，寒冷的夜晚，西行独自居住在简陋的草庵，庵外怒吼的
狂风惊醒了西行。长途旅行的艰辛已使西行感到了疲惫，旅愁自然而然地
涌上了心头。

　　みちのくににまかりたりけるに、野の中につねよりもとおぼし
き塚のみえけるを、人にとひければ、中将のみ墓と申すはこれがこ
となりと申しければ、中将とは誰がことぞとまたとひければ、実方
の御事なりと申しける。いとかなしかりけり。さらぬだにものあは
れにおぼえけるに、しもかれがれのすすき、ほのぼの見えわたり
て、のちにかたらむも、ことばなきやうにおぼえて（陆奥之旅中，
偶见荒野有一座坟墓，似乎颇有些来历。问当地人，答曰此乃中将之
墓，又问中将者谁？答曰乃藤原实方。闻此倍感悲伤。本就心存物哀
之情，见坟墓长满经霜后之芒草，景象荒凉，后日即使想描述也失去

了语言）

　　くちもせぬその名ばかりをとどめおきてかれ野のすすき形見に
ぞみる（872）

　　歌人实方名不朽，枯野芒草留遗物。

　　西行用很长的"词书"描写了在陆奥旅行中，偶然在荒野中见到一
个似乎不太寻常的坟墓，询问当地人才知道是歌人实方的墓，不由得对此
感慨万千。其中和当地人的对话、应答等应该是西行虚构的故事。西行茫
然地站在实方的墓前，悼念这位客死异乡的贵人，写下了这首充满哀伤感
的和歌。比起在白河关怀念能因法师，此时的感慨更深。实方与能因都是
平安时代中期著名的歌人，但实方早于能因，在《拾遗集》后的敕撰和
歌集中留下了 70 余首和歌。实方是花山·一条朝代出身于名门的贵公子，
虽然荣升为从四位上左近中将，但个性粗暴，一日在宫殿上与同事藤原行
成因琐事争论起来，一怒之下把行成的头冠打落并扔到庭院。由此惹怒了
一条天皇，被左迁到边远的陆奥地方，不到三年就抑郁而亡。实方死后，
各种传说流行开来，《源平盛衰记》《古事谈》等记载了诸多有关实方的
虚实难辨的故事。当年风流倜傥的贵公子客死异乡，死后也不能魂归故
里，而是孤零零地被埋葬在遥远的异乡荒野，而今坟墓上长满了霜打后枯
萎的芒草，那芒草就像实方的遗物留在人间。看到这些，西行倍感人生无
常，不由得悲伤之情涌上心头。松尾芭蕉在《奥の細道》中写道：『鐙
摺·白石の城を過ぎ、笠嶋の郡に入れば、中将実方の塚はいづくのほど
ならんと人にとへば、是より遥か右に見ゆる山際の里をみのわ·笠嶋と
いひ、道祖神社、形見のすすき今にありと教ゆ』（过鐙摺、白石城，进
入笠岛郡，问当地人中将实方的墓在何处？答曰，从这里遥望右方的山边
叫作三轮笠岛，道祖神社、实方的纪念物芒草现在仍在）。① 可见松尾芭
蕉就像当年西行追寻能因的足迹那样，也曾踏着西行的脚步到过这里。

　　奈良の僧徒科のことによりてかず多みちのくに遣されたりし
に、中尊と申すところにてまかり逢ひて、都の物語すれば涙を流

----

　　①　松尾芭蕉：『奥の細道』。杉浦正一郎校注：『日本古典文学大系·46』，岩波書店 1959
年 10 月版，第 78 頁。

す。いと哀れなり。かかることは有りがたきことなり。命あらば物
語にもせむと申して遠国述懐と申すことをよみ待りしに（奈良僧
徒因判罪被流放至陆奥，余在中尊寺与之相见，谈起京城之事众人皆
流泪，余更觉哀伤。此事的确难得。若有余命定将此事告知世人。在
遥远之地述怀，咏歌一首）

涙をば衣川にぞ流しけるふるきみやこを思ひいでつつ（2139）
哀伤泪流入衣川，边鄙之地忆古都。

　　西行在陆奥之旅中意外地在中尊寺见到被流放到此地的僧徒。关于奈
良的僧徒被流放到陆奥一事，在藤原赖长的日记《台记》中有如下记载。
"近年南京（奈良）众徒乱逆最甚，至五月之比，召集恶僧于劝学院，付
各师召之，深酷甚于孝宣之法，所召取十五人，今夕，摄政仰前左卫门尉
为义，使受取之，为遣奥州也为义付绳云云，南都僧如此加刑，未尝有
乎……"① 这些僧徒是两三年前因与朝廷和摄政的藤原氏对抗而被贴上了
"恶僧"的标签流放到陆奥的。陆奥地处边鄙，冬季气候寒冷，生活艰
苦，这些僧徒梦想着早一天返回京城，甚至听到京城的事也会伤心流泪。
于是西行写下这首和歌，在这边鄙之地他们回忆起京城的生活，那哀伤的
泪水流入了衣川之中。作为出家隐遁的歌僧，西行不仅同情这些僧徒，而
且对他们的命运感到哀伤。于是他写道"命あらば物語にもせむと申し
て"（若有余命定将此事告知世人），西行是否这样做了不得而知。中世
著名的"军记物语"《平家物语》并没有提到此事。藤原赖长的日记《台
记》记载了这些"恶僧"被流放到陆奥的事。据说他们在西行 50 岁时，
才终于被朝廷恩准返回了京城。如果说这首和歌是西行第一次陆奥之旅所
写的话，那么西行当时是二十六七岁，也就是说，这些僧徒终于重获自由
是在西行离开陆奥 20 多年后。

　　初次的陆奥之旅，对西行来说是一次很艰辛的旅程，虽然来到能因留
下和歌的歌枕之地，使西行夙愿得偿，但看到那些被流放的僧徒的处境，
他还是忍不住流泪；看到天寒地冻，冰封河面的衣川，他的内心充满感
慨。来到陆奥不久就到了年末，不过西行已做好了在此地迎接新年的

---

① 藤原赖长：『台記』。增补：『史料大成』刊行会『史料大成』，临川书店 1965 年 11 月
版，第 71 頁。

打算。

　　　　みちのくににて、年の暮れによめる（在陆奥岁暮时咏歌）
　　　　つねよりも心ぼそくぞおもほゆるたびのそらにてとしのくれぬ
　　る（624）
　　　　陆奥旅途逢岁尾，心比素日更惴惴。

　　西行的陆奥之旅持续了 3 年之久。在旅途中适逢岁暮，西行写下了这首和歌。远离京都，独自一人在人生的第一次旅途中即将送走旧岁，迎来新的一年，西行的思乡之情油然而生，内心很不平静，因而感到惴惴不安。但是当冰雪消融，大地回春时，西行看到了万物复苏中"束稻"的美丽樱花，内心又不禁充满了感动。

　　　　みちのくにに平泉にむかひて、束稻と申す山の侍るに、こと木
　　は少きやうに、さくらのかぎりみえて花のさきたりけるを見てよめ
　　る（从陆奥前往平泉途中有一山名曰"束稻"，此山异木极少，只见
　　处处樱花。见樱花开放而咏歌一首）
　　　　ききもせずたばしねやまのさくら花よしののほかにかかるべし
　　とは（1533）
　　　　束稻樱名虽未闻，美丽不输吉野樱。
　　　　おくになほ人みぬ花のちらぬあれやたづねをいらむ山ほととぎ
　　す（1534）
　　　　杜鹃与我深山寻，惟愿犹有未落花。

　　束稻山是隔着"北上川"的平泉东面的一座山，是著名的赏花胜地。据说当年的奥州霸主安倍顿时曾在此地种植过一千株樱花。被称为"樱花歌人"的西行最喜爱吉野山的樱花，但他没有想到，除了吉野山的樱花之外，原来束稻山的樱花也是那样的美丽，而来到这里之前自己却从来没有听说过。看到这样美丽的樱花，西行不由得联想起吉野山的樱花，"ききもせず"（从未听闻）把第一次见到束稻山樱花的意外惊喜以及对束稻山樱花的喜爱之情都浓缩在了这首和歌中。尽管尽情地欣赏了束稻山的樱花，但西行仍然意犹未尽，还是执拗地想继续追赶樱花的精灵，于是

（1534）写到，深山里是否还有尚未落尽的樱花呢？于是他呼唤杜鹃，让杜鹃和自己一起进山去寻找。这首歌似乎描写的是旧历的四月中旬到五月的夏初，而杜鹃正是夏季的鸟儿，深山里的季节要晚于山外，西行呼唤杜鹃与自己一起进山寻找，可见其对樱花的执着。

西行出家隐遁后的第一次大旅行选择了歌枕众多的陆奥，他的初次陆奥之旅留下的和歌也大多与歌枕有关。白河关、信夫之里、武隈松、衣川等，都是先贤们留下足迹与和歌的地方，这些歌枕都出现在《能因歌集》里。但西行来到陆奥是在能因探访歌枕之地的百年之后，沧海桑田，物是人非，当年的歌枕之地已经面目全非，例如"武隈之松"，当年能因到来时就已经踪迹皆无，西行来到时更是了无痕迹。而西行仍然不辞劳苦，历经千难万险来到那里，并留下了"枯萎殆尽武隈松，答曰已见无所用"的和歌。这是因为西行的陆奥之旅并非为了探幽访胜，游山玩水，而是为了追寻先贤的足迹，在精神上靠近先贤。西行的实地探访之旅收获了书斋中无法得到的体验。西行在旅途中以古代先贤们留下的和歌为媒介与先贤对话，并以此为契机抒发自己的情怀。它采取了类似问答的形式，而所问的对象并不在眼前，对象存在于西行的内心，所以西行是在自问自答。西行的陆奥之旅亲眼验证了先贤留下和歌的歌枕之地，用和歌与先贤们作精神上的交流，实现了探访歌枕之地的愿望，丰富了他的出家隐遁生活，使他的诗魂得到了进一步的升华，从此他再也没有停下"漂泊"的脚步。

第四节　镇魂及寻访弘法大师遗迹的四国之旅

西行一生还有一次重要的旅行是四国之行。这次旅行是在仁安三年（1168）进行的，当时西行已经 51 岁。四国在日本的西部，西行在这次旅行期间结草庵而居，在那里居住了数年，并用和歌记录下了行程及自己的内心感悟。

西行在结束陆奥之旅后，并没有返回京都周边，而是进入高野山结草庵居住下来。此后 30 年，西行以高野山为基地，数次到吉野山赏樱花，并留下了上百首吟咏吉野山樱花的歌。从 30 岁左右结束陆奥之旅，到 51 岁时踏上四国之旅的 20 年间，西行除了吉野山外，还经历了大峰、熊野的修行生活。西行从一个走上出家隐遁生活不久，对自己的未来还很茫然的年轻人，成长为一个道心坚定的出家僧人，和歌技巧高度成熟的优秀歌人。四国之旅是在两次陆奥之旅中间进行的，是歌僧西行的一个转换期。因此，此次的四国之行，已经没有了初次陆奥之旅时的青涩，增加了成熟"歌僧"的从容与自信。与陆奥之旅的目的众说纷纭不同，西行此次旅行的目的很明确，一是拜谒崇德上皇在白峰的陵墓，二是寻访弘法大师的遗迹。这是西行研究者多数人都认可的观点。

崇德天皇

一　与崇德上皇生前的交往

崇德因发动"保元之乱"失败而被流放到四国的讚岐，在怨恨中结束了自己不幸的一生。《保元物语》对此有详细的描写。因流放生活不知何时结束，崇德在失意和焦躁中，用三年时间刺破手指血书了五部佛教的大乘经（华严经、大集经、般若经、法华经、涅槃经）。写经完成后，崇德又书写了一封信连同经书一起送给了京都仁和寺的觉性亲王（"鸟羽院"之子），希望把血写的经书收纳在埋葬"鸟羽院"的安乐寿院。亲王十分感动，但遭到"后白河"天皇的拒绝。得知此事后崇德愤怒到极点，从此以后不梳洗，不剪发，不剪指甲，虽然活着，但却变成了"天狗"（传说中的怪兽）的模样，并在自己写下的大乘经面前发下毒誓，愿自己变成"日本国的大魔怨，取皇为民，取民为皇"，还咬破舌尖把毒誓书写在大乘经的背面，然后扔到海底。① 上述这些崇德的传说不过是小说家的夸张和想象。崇德死于 1164 年，西行来到讃岐已是四年以后的事了。西行为什么在年逾五旬仍不远千里长途跋涉踏上四国之旅，到讃岐去拜谒崇德上皇的陵墓呢？关于西行与崇德的关系，在第一章第五节"西行法师与时代风云人物的关系"中已经作了叙述。由于崇德的特殊身世，使他自出生起就不受鸟羽天皇的善待。保元元年，崇德发动了与同母弟"后白河"天皇争夺皇位的"保元之乱"，失败后惨遭流放，最终在流放地郁郁而终。西行与崇德年龄相仿，因为与崇德生母家族的关系，西行对这个命运多舛的天皇充满同情。当得知崇德发动"保元之乱"失败后到仁和寺出家时，西行尽管已是出家之身，却仍然从隐遁的山里赶到仁和寺，并作和歌加以安慰。"如此世道月影澄，望月我身亦可憎"，慨叹世道如此，为何月光还是那么澄澈？而在这个悲伤的时刻，仍在仰望着一轮明月的我是不是也很可憎呢？对崇德的同情溢于言表。

　　ことのはのなさけたえたる折節にありあふみこそかなしかりけれ（1317）
　　和歌之道渐式微，生逢斯时实可悲。（西行）
　　しきしまのたえぬる道になくなくも君とのみこそ跡を忍ばめ（1318）
　　昔日歌道兴盛时，与君泣泪同缅怀。（寂然）

---

① 永吉安明、島田勇雄校注：『日本古典文学大系 31・保元物語』，岩波書店 1961 年 7 月版，第 181 頁。

　　崇德退位后的崇德院时代是日本古代末期和歌史上划时代的时期，敕撰和歌集《久安百首》《词花和歌集》就是按照崇德院之命编纂的。《久安百首》收集了公能等歌人加上崇德院共 14 人的和歌共计 100 首，在久安六年（1150）问世；而在其后编纂的《词花和歌集》也基本上网罗了当时有名歌人的和歌。崇德对和歌的醉心与执着，一方面是他在和歌方面的确造诣很深，但另一方面不能否认也源于他在政治上的失意。无法在政治上有所作为的崇德，只好把精力投入和歌创作中。他在和歌创作上的才能和热情对平安时代后期的和歌兴盛发挥了重要作用。所以从某种意义上说，崇德个人的不幸遭遇反倒成全了他的和歌创作，对当时和歌歌坛的发展也许是一件好事。正如后唐的亡国之君李煜在国破家亡之后写下了大量传世之作一样，如果没有命运的悲剧，那些传世之作是无法创作出来的。据历史物语《今镜》描写，崇德在年幼时即表现出和歌创作的才华，当他在政治上无法施展之后，这种才华得到了很好的发挥，除了下令编纂和歌集外，还沿袭了在位时的习惯，经常与近臣等举办"歌合"（赛歌会）等。所以当得知崇德将被流放到讃岐后，西行与另一位出家隐遁歌人"寂然"担忧随着崇德被流放离开京都，作为和歌中心的京都失去了一位歌坛的领军人物，和歌之道恐怕真的要衰退了。因与崇德在和歌上有着共同兴趣，西行不由得发出了深深的感慨。西行担心因崇德的不幸而使和歌之道逐渐衰退，觉得如果真是那样的话，生逢这个时代就太可悲了。"寂然"回答，如今和歌之道衰微，你我只能流泪缅怀昔日和歌兴盛的时期了。

　　除了因与其外祖父家的关系之外，西行与崇德的亲密关系更多的是由于二人在和歌上的兴趣一致。在崇德被流放之前，崇德与西行的关系就很亲密。在崇德敕命编纂的《词花和歌集》中收录了西行那首著名的"舍身之人果舍乎，不舍之人方舍之"的和歌。这首和歌是以"よみ人知らず"（佚名）的名义入集的，是西行公开发表的第一首和歌。《词花和歌集》中收录西行的这首和歌虽然不能确定是崇德的指示，但从"寂超"所写和歌的"词书"中可以看出当时崇德与西行在和歌创作上的往来。

　　　新院歌あつめさせおはしますとききて、常磐に為忠が歌の侍りけるをかきあつめてまゐらせけるを大原よりみせにつかはすとて（听说崇德院敕令收集和歌，寂超把常磐的藤原为忠所作和歌及其他

人所写的和歌收集起来上交崇德院前，首先让西行过目）

　　もろともにちることのはをかくほどにやがてもそでのそぼちぬ
るかな（1011）

　　为父誊写和歌时，感慨颇深泪沾襟。

　　这是被称为"常磐三寂"之一的"寂超"所写的一首和歌。"寂超"
是前面提到的"寂然"的兄弟。这首和歌是他奉命收集编入《久安御百
首》的和歌时写下的。他为父亲藤原为忠誊写和歌时，感动得热泪沾襟。
从这首和歌的"词书"中，可以明确的是，当他在把收集到的和歌上交
给崇德之前，先把"常磐三寂"和其他知己、朋友的和歌歌稿送给西行
过目。一是可以说明当时西行在和歌歌坛上的地位，已不是只有一首入集
的"よみ人知らず"的无名之辈了；二是可以说明当时在崇德的周围已
经聚集了一个歌人群体，而西行也是其中之一。《山家集》中的第
（1251）与第（1252）是西行与崇德的唱和歌。西行拜求崇德赦免某个受
到他责难的人，崇德作歌回复。能得到上皇的如此对待，可见崇德确实对
西行有知遇之恩。

　　崇德曾赠送给西行香扇，女官奉崇德之命把崇德的和歌写在包裹香扇
的纸上，西行写和歌表达感谢之情。"君赠香扇我供佛，香风佛意拂心
尘。"我把您赠给我的香扇供奉在佛前，佛祖的香风带来了佛义，拂去了
我心上的尘土。崇德回复道，"佛法无边拂心尘，虔心向佛莫疑心"。佛
法无边拂去了你心上的尘土，我们一起虔心向佛而不要有什么迟疑。从这
两首二人唱和的和歌中，可以看出二人不仅在和歌上有共同的情趣，而且
也有共同的佛教信仰。

　　崇德被流放到讃岐8年后去世。西行虽然没有像"常磐三寂"中的
寂然那样在崇德生前前往讃岐探望，但却通过崇德身边的女官了解崇德的
情况，体察崇德的心境，表达对崇德遭遇的同情。

　　ほどとほみかよふ心のゆくばかりなほかきながせみづくきのあ
と（1224）

　　讃岐路遥空悬念，心心相印书信传。

　　这是通过崇德身边的女官转给崇德的一首和歌。崇德被流放到遥远的

讃岐，在交通不便，交通工具原始的平安时代，西行慨叹自己无法到讃岐去探望，只能空怀一颗悬念之心，因此希望能与崇德书信往来。虽然西行一直有亲赴讃岐探望的愿望，但直到崇德在讃岐郁郁而终，西行也未能在其生前与他见上一面。可以想象，这种遗憾和悔恨在崇德死后更加强烈。

　　讃岐にて、御こころひきかへて、のちのよの御つとめひまなくせさせおはしますとききて、女房のもとへ申しける。この文をかきぐして、若人不嗔打以何修忍辱（听说在讃岐，崇德院的心完全改变，为祈祷后世的安乐而不懈地修行，故作歌送给崇德院身边的女官，并添上经文，若人不嗔打，以何修忍辱）

　　世の中をそむくたよりやなからましうき折ふしに君があはずば（1319）

　　若无如此悲伤事，何来机缘离俗世？

　　これもついでにぐしてまゐらせける（以下和歌也一起奉上）

　　あさましやいかなるゆゑのむくいにてかかることしも有る世なるらむ（1320）

　　何来前世因果报，上皇流落到讃岐？

　　ながらへてつひにすむべき都かはこの世はよしやとてもかくても（1321）

　　纵有都城居安久，现世终究事难料。

　　まぼろしの夢をうつつにみる人はめもあはせでやよをあかすらむ（1322）

　　现世梦幻追逐人，夜不能寐迎天明。

　　かくてのち、人のまゐりけるにつけてまゐらせける（歌写好后，有人赴讃岐，托其转达）

　　その日よりおつる涙をかたみにておもひ忘るる時のまもなし（1323）

　　上皇远赴讃岐日，以泪纪念实难忘。

对西行送来的和歌，崇德院身边的女官也用和歌作答。

　　目の前にかはりはてにし世のうさに涙を君もながしけるかな

（1324）

　　浮世巨变实堪忧，君为上皇热泪流。

　　松山の涙はうみにふかくなりてはちすの池にいれよとぞ思ふ

（1325）

　　松山泪流海水深，极乐莲池祈往生。

　　波のたつ心のみづをしづめつつさかむはちすを今はまつかな

（1326）

　　心水如浪需宁静，今待莲花盛开时。

　　这是一组西行与崇德身边女官的应答和歌。（1319）是西行安慰崇德的歌。崇德被流放到讚岐后，西行听说他已经改变了当初"保元之乱"失败时的心境，一心修行，为后世的安乐祈祷。西行感到内心很安慰，于是作和歌说，如果没有"保元之乱"这一悲惨的事件，你怎么能有进入佛道修行的机会呢？但这里的问题是，既然西行对崇德的现状感到安心，为什么还要添上"若人不嗔打，以何修忍辱"的经文呢？经文的意思是：如果不是别人发怒而打我的话，我怎么能修炼佛的忍辱负重的教义呢？看来西行虽然听说崇德现在一心修行，但还是担心昔日的上皇无法忍受现在的处境，于是在和歌上附上经文，劝慰崇德；（1320）（1321）（1322）（1323）四首是和（1319）一起送给崇德的。（1320）中西行写到，这是什么样的前世的果报呢？昔日的上皇竟然遭到流放？从来也没有昔日天皇遭到流放的先例，为什么崇德要遭到如此待遇呢？一方面对天皇家族的父子、兄弟相残表示痛心，另一方面对崇德如今悲惨的命运表示同情；（1321）也在劝慰崇德，没有能永久居住的都城，现世终究是无法预料的，所以还是以一心为后世的安乐祈祷来度过一生为好。据说崇德想通过刺血写经而感动"后白河天皇"，从而能回到京都，结果却遭到拒绝，于是西行写下这首和歌，劝慰崇德安心修行，京都即使回不去也不要在意；（1322）写到，在现世中追逐梦幻的人，现在一边祈祷着后世的安乐，一边夜不能寐迎接天明的到来，如此而度过自己的一生。这是西行对崇德的真心希望；（1323）是西行在写好上述和歌后，正好有人要奔赴讚岐，于是西行写下这首和歌。自从崇德被流放到讚岐之日起，西行说自己的眼泪就像对崇德的纪念一样，一时一刻不能忘记。这些和歌既充分表达了西行对崇德命运的同情，也表达了对崇德在讚岐生活的担心。

　　（1324）（1325）（1326）三首是崇德的女官对西行和歌的回答。
（1324）里的"君"指的是西行，"浮世巨变"指的是"保元之乱"以及
崇德被流放到讚岐，西行为崇德热泪长流，女官对此的感动溢于言表；
（1325）写道，松山的泪水流入大海，使大海都变深了，那多出的海水流
入莲花池中，就能够极乐往生了。松山在讚岐的阿野郡，是崇德在讚岐的
住所所在地；（1326）说的是，愤怒和悲痛使心水像波浪一样沸腾，为了
让这样的心水安静下来，就要耐心等待莲花盛开的极乐往生世界的到来。
三首都表达了祈祷极乐往生之意。

　　崇德在流放到讚岐后，最初的两三年间依然怀有重回京都的梦想。
《保元物语》描写了崇德在把血写的五部大经送到京都时，还附上了一封
隐隐约约带有请求意味的书信。"我离开京都后，望乡之情难以抑制。如
今我独自一人，夜听狂风呼啸，松籁鸣响，黎明仰望晓月悬挂天空。我为
废帝，朝夕悲戚。然不敢存重回京都再复帝位之梦想。月倾西山，独居简
陋的家中品味着悲凉，唯思尽早欣赏菩提之月。"① 崇德的这种心情也表
现在和歌中：

　　なけばきくきけば都の恋しさにこの里すぎよ山ほととぎす②
　　深山闻听杜鹃鸣，声声入耳倍思京。

　　但是崇德的梦想直到离开人世都没有实现。据说，当"后白河"天
皇看到血书的大乘经时本来也有些感动，毕竟血浓于水，对于这个同母的
兄长，"后白河"天皇多少有些恻隐之心。但当时权倾朝野的重臣信西却
说，用血写的经书祭奠上皇（鸟羽院）太不吉利，于是"后白河"天皇
无情地拒绝了崇德的要求。崇德听说后叹息不已道，"太遗憾了，为争皇
位而兄弟阋墙、动武，叔侄反目、争战，此类事古代经常发生，我为后世
祈祷而血写的大乘经竟也不被接受。……我只能永远地叹息，失去了生活
下去的勇气"。③

---

　　① 永吉安明、島田勇雄校注：『日本古典文学大系 31・保元物語』，岩波書店 1961 年 7 月
版，第 181 頁。
　　② 同上。
　　③ 同上。

西行最初也有与崇德一样的梦想，那就是，"后白河"天皇流放崇德，也许是一时的气愤所致，或者是当时被信西等奸臣所蒙蔽，也许用不了多久就会收回成命，赦免崇德，让其回京。所以西行也尽力劝慰崇德。这些劝慰的和歌是通过与崇德身边的女官来实现的。下面几组和歌是西行与崇德身边的女官的赠答歌。

　　　　新院讚岐におはしましけるに、たよりにつけて女房のもとより
（崇德院迁移讚岐，女官委托来京都的人捎来书信）
　　　　みづきのかきながすべきかたぞなき心のうちはくみてしらなむ（1223）
　　　　欲传书信提笔难，唯君体察我心间。（女官）
　　　　ほどとほみかよふ心のゆくばかりなほかきながせみづくきのあと（1224）
　　　　远隔山水心相通，何时心静再修书。（西行）
　　　　いとどしくうきにつけてもたのむかな契りし道のしるべたがふな（1225）
　　　　苦痛日深拜托君，后世向导莫违约。（女官）
　　　　かかりける涙にしづむ身のうさを君ならでまた誰かうかべむ（1226）
　　　　泪水淹没忧愁身，救我身者唯有君。（女官）
　　　　たのむらむしるべもいさやひとつよの別れにだにもまどふ心は（1227）
　　　　今世尚且伤别离，后世向导从何提。（西行）
　　　　ながれ出づる涙にけふはしづむともうかばむすゑをなほ思はなむ（1228）
　　　　今日泪流痛苦身，来世安乐净土生。（西行）

女官是日本最早的职业女性，其工作内容类似于现代的秘书。创作出世界上第一部长篇小说《源氏物语》的紫式部、创作出日本三大随笔之一《枕草子》的清少纳言就是平安时代宫廷中的女官。从上述几组和歌的表现内容来看，"表面上看是西行与女官之间的赠答，实际上是崇德院

与西行的赠答"，① "与女官的赠答也意味着与崇德的赠答"。② 这些赠答歌是通过从讚岐来到京都的人传递的。（1223）说被流放到讚岐的崇德想提笔给西行写信，但由于内心的痛苦难耐，使他无法集中思路，想写信却不知从何下笔。对此西行在（1224）回答到，虽然我们远隔千里，但我们心意相通，您现在难以提笔写信就不要勉强了，等您的心情安静下来再提笔也不迟；（1225）中崇德写到，我现在痛苦日益加深，在此拜托你不要忘了以前的约定，作我死后的向导，引我走向西方极乐净土；又在（1226）中写到，如今泪水淹没了我的忧愁之身，能拯救我身的唯有你一人了；面对着崇德的如此重托，西行在（1227）回答，您让我做您走向西方净土的向导，但是我本身还在为今世的离别而痛苦，怎么能做您后世的向导呢？并在（1228）回答到，今天您的泪水流遍整个身体，来世一定会往生西方净土，所以请您努力地修行佛道吧！

　　从崇德被流放到讚岐，直至在讚岐辞世的 8 年间，西行一直通过与女官或以女官之名的崇德保持联系，体察崇德的心情。此外，西行还通过崇德的第二个皇子、仁和寺的元性法印（宫法印）了解崇德的内心世界。

　　　　寂然高野にまゐりて深秋紅葉と云ふ事をよみけるに（寂然来到高野山，以"深秋红叶"为题咏歌）
　　さまざまのにしきありける深山かな花見しみねをしぐれそめつつ（522）
　　缤纷深山春赏花，峰峦秋雨染红叶。
　　秋の末に寂然、高野にまゐりて、暮の秋によせて思ひをのべけるに（秋末寂然来高野山，咏暮秋述怀）
　　なれきにし都もうとく成りはててかなしさそふる秋の山ざと（1131）
　　京都而今渐疏远，暮秋山里添悲凉。
　　深夜水聲と云ふ事を、高野にて人々よみけるに（在高野以"深夜水声"为题咏歌）
　　まぎれつるまどのあらしの聲とめてふくるをつぐる水の音かな

　　①　有吉保：『王朝の歌人——西行』，集英社 1985 年 2 月版，第 97 頁。
　　②　後藤重郎校注：『山家集』，新潮社 1982 年 4 月版，第 324 頁。

（1135）

狂风夹杂流水声，风息水声知夜深。

从上述几首吟咏秋天的和歌来看，元性法印在真言宗的仁和寺居住，又在同宗的高野山也构筑了庵室，这样的庵室成为风雅的场所，隐遁歌人经常在此吟咏和歌，交流作歌之道。（522）的歌题是"深山红叶"，秋天来到深山，秋雨把深山浸染得五彩缤纷，仿佛披上了锦绣一般，这样的深山在春天是观赏樱花的胜地，而到了秋天，千山万壑的红叶都在秋雨的洗礼后更加鲜艳；（1131）的歌题应该是"咏暮秋"，久居的京都早已习惯了，而今却完全变得疏远了起来，如今吟咏有关京都的和歌，更增添了暮秋山里的悲凉之感；（1135）的歌题是"深夜水声"，狂风夹杂着水声一起涌入窗内，当狂风停息后，在深夜的寂静中，水声变得更加清晰。

宮の法印、高野にこもらせ給ひて、おぼろげにてはいでじと思ふに、修行のせまほしきよしかたらせ給ひけり。千日はてて、みたけにまゐらせ給ひて、いひつかはしける（元性法印幽居高野，非一般事情不下山，在御岳千日精进修行结束后，来到大和国金峰山，作歌赠西行）

あくがれしこころを道のしるべにて雲にともなふ身とぞ成りぬる（1170）

祈佛之心作路标，身随浮云共修行。（元性法印）

やまのはに月すむまじとしられにき心のそらになると見しより

山巅明月月影移，立志修行莫停息。（西行）

"千日精进"是佛教修行者在进入金峰山（位于奈良县吉野的修验道的修行场所）前用一千天的时间对弥勒菩萨祈愿修行。从"词书"来看，元性法印结束了"千日精进"后，要进入金峰山修行之前，赠和歌给西行，说要把在御岳的修行之心当作今后的路标，和在御岳飘来飘去的浮云一样，送走自己的修行生活。西行回赠和歌到，就像山顶的明月不会停止在一处那样，以前我就听说你不是半途而废的修行者，你立志修行佛道的身影我已经看到了。从两人之间互赠的和歌来看，两人在佛教修行上也有共同语言。

《保元物语》下卷描写了崇德血书五部大经，将其怨灵凝聚在经书中。据说五部大经后来秘密送到了元性法印的手里，因而西行可能从元性法印那里听说了崇德的真心，而崇德的离世更使西行深感去讃岐为崇德镇魂的必要。加之讃岐所在的四国是弘法大师的诞生地，与大师有关的遗迹很多，朝拜胜地也是西行平素的愿望，于是西行下决心踏上四国之旅。

二　讃岐的镇魂之歌

1167 年，50 岁的西行踏上了四国之旅。出发前西行到贺茂神社去参拜。

> そのかみまゐりつかうまつりけるならひに、世をのがれてのちも賀茂にまゐりけり。としたかくなりて四国のかたへ修行しけるに、またかへりまゐらぬこともやとて、仁安三年十月十日の夜まゐり、幣まゐらせけり。うちへもいらぬ事なれば、たなうのやしろにとりつきてまゐらせ給へとて、心ざしけるに、木の間の月ほのぼのに、つねよりも神さびあはれにおぼえてよみける（赴四国之前，按照作鸟羽院的北面武士时代参拜神社的习惯，虽然已遁世出家也还是来到贺茂神社。因为上了年纪，这次赴四国修行可能再也回不来了，所以仁安三年十月十日夜来到神社献币帛。又因为是僧人，不能进入神社院内，于是到旁边的末社献上了币帛。此时月光穿过林间朦朦胧胧，神社更显神圣，沁人心脾，咏歌一首）
>
> かしこまるしでになみだのかかるかな又いつかはとおもふあはれに（1181）
>
> 谨奉币帛泪盈盈，或不再来心戚戚。

决心踏上四国之旅前，西行依循出家隐遁前的习惯到贺茂神社参拜。这座神社是守护王城平安京的重要守护神所在，在西行心目中是京都的象征，甚至可以说是平安王朝文化的"雅"的象征。西行此次四国之旅的目的之一是祭奠在政争中失败、对和歌的志向很深的崇德上皇，正因为有这样一个明确的目的，西行才在出发之前去参拜贺茂神社，一是依照在俗世时的习惯出发前到神社告别，二是祈祷旅途平安。"としたかくなりて"，这一年西行已到知天命之年（50 岁），按照当时人均寿命已经算是上年纪的人了，因此，"またかへりまゐらぬこともや"，西行担心此行可能会死在旅途，再也不能回来，因此临行前到神社参拜。将要带着重要使命踏上旅途，西行的内心多少有些紧张。在西行的意识里已经觉悟到在"死亡"背后的"年老"，可见西行为这次旅行已经做好了充分的心理准备，西行对这次旅行的重视也不言而喻。因为西行是佛教徒，所以不能进入神社的内部，于是西行来到贺茂神社旁边的分社，献上了币帛。可见西行此行是下了很大的决心，哪怕再也回不来也在所不惜。如前文所述，因与崇德之母"待闲门院"家族的关系，西行对崇德的感情非同一般。二人不仅有共同的宗教信仰，而且有相同的和歌创作的情趣。西行对这个命运多舛的天皇充满了同情，通过元性法印得知崇德在讚岐的境遇，更使西行内心十分惦念。在崇德生前，西行未能亲到讚岐探望，崇德死后，西行担心崇德的灵魂不得安宁，所以不顾年迈，冒着倒毙在旅途的危险，决心前往四国。

西行歌碑

　　有研究者认为关于西行此次讚岐之旅的原因是西行对崇德的死讯似乎有些怀疑，其证据是西行在到达讚岐之前没有一首悼念崇德的和歌。在通讯不发达的古代，西行无法确认崇德是否真的已经离开了人世。他的朋友"寂然"曾经到讚岐看望过崇德，西行曾经托他带上了自己的和歌。虽然没有明确的表示，但是到讚岐看望崇德的愿望应该一直存在于西行的内心之中。在这个愿望尚未实现之前，西行从内心是不愿相信崇德已离开这个世界。在用自己的眼睛确认之前，西行不愿接受这个无情的事实。

西行历尽千辛万苦来到讚岐，首先找到崇德生前的住处，但是仅仅过了4年，崇德御所的痕迹却一点都找不到了。

讚岐にまうでて、松山の津と申す所に院おはしましけむ御あとたづねれけど、かたもなかりければ（参拜讚岐，在一个叫松山之津的地方询问崇德上皇的发配地，但连上皇御所的痕迹都未曾得见）

まつ山のなみにながれてこしふねのやがてむなしく成りにけるかな（1444）

松山波浪流空舟，崇德御所何处有？

まつ山のなみのけしきはかはらじをかたなく君はなりましにけり（1445）

松山波浪景如常，崇德痕迹在何方？

两首歌都是以"まつ山のなみ"（松山波浪）开头，可见来到崇德墓前的西行的内心感慨是多么深。他想寻访崇德流放时的御所，但遍寻松山之津，却连一点痕迹都没有找到。"保元之乱"后已跑到仁和寺落发出家的崇德，以为出家了就可以逃避"后白河"天皇一方的打击，但没想到被判处流放讚岐，而且连一天都不许耽搁，当夜便受命起身。崇德带着三名女官离开仁和寺，到达讚岐。因初到没有住处，只好暂时居住在一个叫藤原高远的人家里，之后曾一度移居到一个小岛，后又返回讚岐。8年后在悲愤中崇德死在讚岐，年仅46岁。西行来到此地时，崇德已经死去4年之久，就连崇德居所的痕迹都找不到了，不知是4年的大自然的风吹雨打使其荒废了，还是因为某种原因人为地拆除了。（1444）写到，流向松山之津的波浪冲来了空空的小舟，崇德在此地辞世，如今连一点痕迹都找不到了。有吉保在《王朝的歌人——西行》中说，"从《后拾遗和歌集》和《风雅和歌集》的用例来看，'むなしきふね'（空船）是崇德上皇的专用歌语"。①（1445）表达了与（1444）相同的意思，松山波浪景色依

---

① 有吉保：『王朝の歌人——西行』，創美社1985年2月版，第131頁。

旧，与往常一样没有任何变化，但崇德的痕迹在哪里呢？西行以大自然没
有一点变化为观照，表达了对人生无常的感慨。

西行又来到崇德的陵墓所在地白峰。此时崇德的陵墓早已无人祭拜，
十分荒凉。《保元物语》这样描写西行拜谒崇德墓的情景。"仁安三年秋，
西行法师到各国修行，巡游四国之边地时，过讚岐国，寻访白峰陵墓参
拜。虽说是方形结构，但荒废后并无修造之功，扭曲破败，唯有藤葛缠
绕。……既无晨昏念佛之僧侣，亦不闻三磬之音响……"① 看到崇德的陵
墓如此破败，西行感慨万千。于是作歌"往昔金殿玉楼居，而今死后何
所欲？"西行的这首和歌是从崇德在《千载和歌集》中的一首和歌中幻化
出来的。

> 松がねの枕はなにかあだならん玉の床とてつねのことかは②
> 旅途假寐枕松根，玉床岂能日日寝。

这首歌收入《千载和歌集》中"羁旅"部分。旅途中小憩一会儿，
把裸露出地面的松树根当作枕头，虽然崇德在和歌里说不能每天都睡在皇
宫的玉床上，他把自己往昔锦衣玉食的事当作很平常的事看待，所以他很
轻松地写下这首和歌。西行在崇德的陵墓前，以这首歌为切入点，说尽管
你以前那么荣华富贵，但现在不是什么都没有了吗？你只想着以前的荣
华，现在不是没有任何价值吗？你不是知道御座（王权）并不是永远的
东西吗？为什么不能平静地往生呢？以前你自己说的那些全部忘记了吗？
崇德死后，王朝政治、社会异常混乱，平清盛发动政变，囚禁"后白河"
法皇，解任了大政大臣之下的 39 名公卿等，因为人们认为所有的混乱都
是崇德的"怨灵"在作祟。就连平清盛最后死于热病，以及平家的最后
灭亡，也都被认为与崇德的"怨灵"有关。据史料所载，"怨灵"决定性
的出现是在《百炼抄》治承元年七月二十九日条，"讚岐院奉号崇德院，
宇治左府赠官位，事宜下，天下不静，依有彼怨灵也"。③ 所谓"天下不
静"，指的是当年 4 月，山门的神舆被流矢击中事件；樋口富小路失火，

---

① 永吉安明、島田勇雄校注：『日本古典文学大系 31・保元物語』，岩波書店 1961 年 7 月
版，第 181 頁。
② 陽明文庫：『千載和歌集』，思文閣 1976 年 3 月版，第 139 頁。
③ 『国史大系第十四巻・百錬抄』，経済雑誌社 1920 年 5 月版，第 72 頁。

大内里、劝学院及公卿 14 人的宅邸被烧毁，死者众多，宫中文书被彻底烧毁等事件。所谓封崇德为讃岐院，是因为崇德被流放到讃岐，为安抚崇德怨灵，不得已封崇德为"讃岐院"。崇德被流放，即失去了"崇德院"的封号，为安慰崇德的怨灵，不得已天皇封已经辞世的崇德为"讃岐院"。西行担心崇德的亡灵还没有解脱，于是就像站在活着的崇德面前一样，用这首和歌劝慰崇德，说服崇德的亡灵。这时西行想起了崇德的和歌，并把崇德和歌中的"たまのゆか"（玉床）一词用在自己的和歌中。据《保元物语》记载，西行咏完这首歌后，崇德的陵墓猛烈地摇晃了三次。目崎德卫认为，西行的这首歌使人感到强烈的气魄，"从正面用道理与崇德的亡灵对决，语调严厉地对亡魂大喝一声，想镇住崇德的怨念"。[1]记述谣曲《松山天狗》里描写西行吟咏完这首和歌后，崇德深受感动，"御庙不停地鸣动，玉体（崇德的形象）出现了"。到了江户时代，上田秋成从（1444）（1445）（1446）这三首和歌获得灵感，创作了《雨月物语》卷一的"白峰"。镰仓时代的《沙石集》描述，当西行吟诵完这首和歌后，在青苔下的坟墓中隐隐约约传来了崇德的声音。

> 浜千鳥あとは都にかよへども身はまつ山にねをのみぞ鳴く[2]
> 白鸽书信传京都，身在松山空悲啼。

　　白鸽是冬天的鸟儿，而崇德说的则是：我多么想变成白鸽，把书信传到京都，但现在，我只能在松山悲啼，却没有一点希望。这里所说的"传书信"，可能是指崇德血书五部大经送到京都，想奉献给安放"鸟羽院"陵墓的仁和寺，但却遭到拒绝一事。遭拒绝，这件事彻底击垮了崇德，使他终于明白，自己这辈子再也无法回到京都，死后也只能把自己埋葬在这远离京都的边鄙之地了。"无住"的《沙石集》是镰仓时代的作品，书中说西行与崇德的和歌"世人常吟咏，静静地吟咏时，万缘皆忘，内心渐渐安静下来"，认为西行的和歌有"寂然闲静之德"。[3] 虽然是后世的评价，但可以看出西行为崇德镇魂的和歌在当时就已经被人们所

---

① 目崎德衛：『西行の思想史研究』，吉川弘文館 1982 年 6 月版，第 235 頁。
② 無住、島孝之校注：『沙石集』，小学館 2003 年 7 月版，第 295 頁。
③ 同上。

熟知。

西行满怀对崇德的同情与牵挂踏上了四国之旅，在崇德的流放地讚岐，崇德御所的破败，崇德陵墓的荒凉，都使西行的内心感慨万千。此时的西行已经在深山草庵与大自然中经历了近 30 年的隐遁修行生活，对人生已有了更深的感悟，四国之行所创作的两首和歌因此充满了深深的无常感。

三　参拜弘法大师的遗迹

西行踏上讚岐的土地，寻访了崇德御所的旧址，拜谒了崇德的陵墓，从而完成了为崇德镇魂这一多年的愿望，基本实现了此行的第一个目的，而四国之旅的第二个目的是参拜弘法大师的诞生地，向大师致敬。

弘法大师，日本佛教真言宗的创始者空海，俗姓佐伯直，生于公元 774 年，讚岐国多度郡人，自幼学习《论语》《孝经》以及《毛诗》《尚书》《左氏春秋》等。有一位沙门向空海展示《虚空藏求闻持法》，"其经说，若人依法，读此真言一万遍，乃得一切教法文义暗记"，于是空海"信大圣之诚言"，弃学从佛，周游阿波、土佐等国修行佛道，"自此慧解日新，下笔成文"，于延历十六年（797），著成《三教指归》一书，① 书中引经据典，对比儒、道、佛三家，最后得出结论，佛教胜于儒道二家，于是皈依佛门，在 804 年剃度出家。804 年 7 月 6 日，空海随以藤原葛野麻吕为大使的"遣唐使团"前往唐朝留学求法，806 年 8 月回到日本。回国后，空海把从唐朝带回的经律论疏章传记 216 部，以及两部曼荼罗、传法阿闍黎肖像、法具等物编成《请来目录》上呈朝廷，并在从唐朝学来的真言教法的基础上创立了真言宗。起初，真言宗在日本的地位不及天台宗，但在空海的努力下，真言宗逐渐获得了朝廷的支持，逐渐得到发展，824 年，空海被淳和天皇任命为少僧都，830 年升任大僧都。真言宗在日本终于获得了与天台宗同等的地位。

西行在祭奠了崇德的御所、拜谒了崇德的陵墓后，来到了弘法大师的诞生地，前往善通寺参拜。完成了几年来的心愿，西行终于安下心来，在善通寺旁边的山间结草庵居住下来。

---

① 『国史大系・続日本後記』，経済雑誌出版社 1916 年 7 月版，第 205 頁。

おなじくにに、大師のおはしましける御あたりの山に、いほり
むすびてすみけるに、月いとあかくて海のかたくもりなく見えけれ
ば（同在讃岐，在弘法大师诞生地善通寺旁边结草庵而居。月色更
明，海面无云，视野清晰）

くもりなき山にてうみの月みればしまぞこほりのたえまなりけ
る（1447）

大师灵地无云翳，月色如水海如冰。

大師のむまれさせ給ひたるところとて、めぐりのしまはして、
そのしるしにまつのたてりけるをみて（大师诞生地善通寺的围墙，
似乎是大师诞生地的标志那样，环绕着青松）

あはれなりおなじ野山にたてる木のかかるしるしの契りありけ
る（1460）

野山亦有松相同，大师标志前世约。

与祭奠崇德不同，来到弘法大师诞生地的西行的心情放松了下来，为
了能更好地与大师进行精神上的交流，西行没有像在陆奥时那样来去匆
匆，而是首先在善通寺旁结下了草庵，写下了上面两首和歌。

谷の庵にたまのすだれをかけましやすがるたるひののきをとぢ
ずば（1457）

柴扉冰凝如玉帘，深山草庵不得出。

をりしもあれうれしく雪のうづむかなかきこもりなむとおもふ
山ぢを（1455）

遁世幽居心内喜，雪掩山路访客稀。

すみけるままに、いほりいとあはれにおぼえて（居草庵更添
感慨）

いまよりはいとはじ命あればこそかかるすまひのあはれをもし
れ（1448）

祈盼净土早来迎，一息尚存草庵居。

西行在弘法大师的诞生地迎来了大雪纷飞的冬季，草庵的柴扉凝结成
冰，山路被大雪掩埋，来访的客人日渐稀少，西行自己也不得不幽居在草

庵，无法外出。但幽居草庵的西行却非常高兴，凝结成冰的柴扉在西行眼里就像是玉做的，访客不来正可以避开世俗的干扰和外人的打扰，可以专心致志地思考弘法大师的伟业，使自己的佛道修行更加精进。尽管到讃岐的时间不长，西行觉得自己的精神离大师越来越近，在佛道上的修行也跨越了一大步，于是他写下了和歌，盼望西方净土能早日到达，只要自己一息尚存，就一定会居住在草庵修行佛法。西行在出家后数年隐遁在京都周边辗转，壮年的 30 年在高野山，晚年在伊势，所结的草庵超过 10 个。即使在旅途中也是结草庵而居。正如安田章生所说，"对生在旅途，死在旅途的西行来说，没有必要固定的栖身之处。他像鸟儿和风一样移动着住处，对这样的西行来说，草庵是最合适的栖身之处"。① 来到讃岐时西行已经出家近 30 年，对草庵生活已经习惯了并深深地喜爱，更何况现在是在弘法大师的诞生地结下草庵，其意义更是非同一般。他于是写下了"遁世幽居心内喜"，"一息尚存居草庵"的和歌。四国之行是西行一生中的第二次大旅行，距离第一次陆奥之旅已经过去了 20 余年。这 20 年来，西行以高野山为基地，经历了熊野和大峰的修行，在佛教修行上有了长足的进步。这次来到弘法大师的诞生地，不仅参拜了大师的遗迹，向大师致敬，而且在近距离地感受大师的生活的基础上修行佛法，所以此行对西行一生有着深刻的影响，并在其一生中占有重要的地位。

　　　いほりのまへに、まつのたてりけるをみて（草庵前有松一株，见之咏歌一首）
　　ひさにへてわが後のよをとへよ松跡しのぶべき人もなきみぞ（1449）
　　　年久后世无人祭，祈盼松树莫忘记。
　　ここをまたわれすみうくてうかれなばまつはひとりにならむとすらむ（1450）
　　　而今踏上漂泊路，唯留庵前松一人。
　　ゆきのふりけるに（见飘雪咏歌）
　　まつのしたは雪ふるをりの色なれや皆白妙にみゆる山ぢに（1451）

___

① 安田章生：『西行と定家』，講談社 1975 年 2 月版，第 63 頁。

积雪山路白茫茫，唯有松下无雪痕。

　　这是三首描写草庵外的松树的和歌。西行在弘法大师的诞生地善通寺旁结下了草庵，草庵外有一棵松树。西行用拟人的手法与松树对话，（1449）说，我现在仰慕大师而在这里结下了草庵，我担心过了若干年后没有人来祭奠，松树啊，请你那时来祭奠我吧！（1450）说，也许我在这里住一段时间后还要踏上漂泊之旅，松树啊，那时就剩下你自己了，被风云呼唤的"浮かれ出づる"（漂泊）的西行之心充分地表达了出来。"西行对松树告白，这里的松既是西行心中之松，也可以说是西行自己"。①松是自然的东西，感到孤独的"まつはひとり"（松一人），既是松，也是人，西行在这首和歌里也表达了自己的心情；（1451）描写的也是冬天的雪景，大雪纷飞，积雪掩埋了山路，白雪皑皑，天地间一片白色，唯有松树的根部没有雪的痕迹。也许是松树的伞盖挡住了白雪，也许是松的根部有一定的热量，融化了松下的白雪。

　　　　まんだらじの行道どころへ登るはよの大事にて、手をたてたるやうなり。大師の御経かきてうづませおはしましたる山の峯なり。坊のそとは一丈ばかりなる壇つきてたてられたり。それへ日ごとにのぼらせおはしまして行道しおはしましけると申しつたへたり。めぐり行道すべきやうに壇も二重につきまはされたり。のぼるほどのあやふさことに大事なり。かまへてはひまはりつきて（登上曼陀罗寺的背后行道之处非常困难，必须攀登像立起的手掌那样的绝壁。那里是弘法大师年幼时把写好的经文掩埋起来的山峰。僧侣的居所外面建起了约一丈高的高坛。据说大师每天攀登，做行道。在这周边为了让修行者行道方便，高坛也建成了两级。攀登到行道之处非常危险。必须加倍小心，像爬着那样攀登。在此作歌一首）

　　　　めぐりあはむことのちぎりぞ有りがたききびしき山のちかひみるにも（1461）

　　　　弘法大师逢释迦，舍身誓愿前世约。

　　　　やがてそれが上は大師の御師にあひまゐらせさせおはしました

---

　　①　有吉保：『王朝の詩人——西行』，創美社 1985 年 2 月版，第 136 頁。

る峯なり。我拝師山とその山をば申すなり。そのあたりの人はわか
はいしとぞ申しならひたる、山もじをばすてて申さず。また筆の山
ともなづけたり。とほくで見れば筆に似て、まろまろと山の峯のさ
きのとがりたるやうなるを申しならはしたるなめり。行道どころよ
り、かまへてかきつきのぼりて、峯にまゐりたれば、師にあはせお
はしましたるところのしるしに、塔をたておはしましたりけり。塔
のいしずゑ、はかりなくおほきかり。高野の大塔などばかりなりけ
る塔のあととみゆ。苔はふかくうづみたれども石おほきにして、あ
らはに見ゆ。ふでのやまと申す名につきて（再向上攀登即是弘法
大师与释迦大师相逢的山峰，此山名曰"我拜师山"，当地人舍弃
"山"字称此山为"我拜师"，又称此山为笔之山。因远望似笔，山
顶之尖，故习惯称之。从行道之处小心向上攀爬，来到峰顶，即是弘
法大师与释迦大师相逢之地。为纪念此事而建起高塔，塔之基石非常
大，与高野山金刚峰寺的大塔之高度相同。基石被青苔深埋，石之大
也显露可见。关于笔山之名而作歌如下）

　　　ふでの山にかきのぼりてもみつるかなこけのしたなる岩のけし
きを（1462）

　　　如笔笔山勇登攀，苔埋塔基亦得见。

　　　善通寺の大師の御影には、そばにさしあげて、大師の御師かき
具せられたりき。大師の御てなどもおはしましき。四の門の額少く
われておほかたはたがはずして侍りき。すゑにこそいかがなりなむ
ずらむとおぼつかなくおぼえ侍りしか。（善通寺有弘法大师画像，
大师御影旁稍高之地，有弘法大师之师释迦牟尼大师的画像，还有大
师留下的笔迹。东西南北四门之匾额稍有损坏，但大体上与制作之初
没有变化。不过很担心今后会怎样）

　　（1461）和（1462）是描写参拜弘法大师遗迹时的和歌，都有很长的
"词书"。（1462）除了和歌前面的"词书"，还有和歌后面的"词书"。
有吉保认为后面的"词书"应该是在和歌前面，也许西行在写完（1462）
这首和歌后仍觉意犹未尽，所以又添上了一段类似说明似的"词书"。
（1461）"词书"中提到的"曼陀罗寺"也叫"出释迦寺"，在（1462）
的"词书"里提到的"我拜师山"附近。所谓"行道"是指边诵读经文

边绕行佛像、佛殿的行动，类似于藏传佛教的"转经"。西行描写这个行道处非常险峻，但因为那是弘法大师幼年时把写好的经文掩埋起来的地方，所以西行不顾危险攀登了上去。西行写到，据说弘法大师在修行时，遇到了乘着云霞来到这里的释迦牟尼大师。这似乎是两位大师前世有约，所以才在这里相逢，这是多么值得庆幸的事啊！看到这个"舍身誓愿"的山，不禁使人缅怀起两位大师。"舍身誓愿"是指为救众生苦难从断崖投身之意。"めぐりあはむことのちぎり"（两位大师相逢的宿缘），不仅说的是释迦大师与弘法大师的宿缘，在大师的行道之地，西行也期待自己能和大师邂逅相逢。西行身临行道之地，亲身感觉到弘法大师严格的修行与"舍身誓愿"的悲壮。

（1462）的"词书"也很长，如果再加上和歌后面的"词书"将会更长。西行像写说明书一样，把"我拜师山"名字的由来及此山又称"笔山"的原因作了说明，还详细描述了为纪念释迦大师与弘法大师邂逅而建造的高塔。为形容该塔之高，西行把高野山的金刚峰寺大塔拿来加以比较。金刚峰寺是空海为传播真言密教而开设的，它的开设标志着真言密教正式引入日本。西行是否是真言僧，学者们意见并不一致，但西行对弘法大师的崇敬之情是不容置疑的。这首和歌写到，像用笔写字一样攀登上笔山，不仅看到了笔山的全貌，连埋在青苔下的塔基都看得清清楚楚。和歌后面的"词书"对弘法大师诞生地善通寺作了详细描述，寺里不仅有弘法大师的画像和笔迹，而且有释迦牟尼大师的画像。甚至还描写了四个方向的门上的匾额的现状，虽然现在仍然与当初一样，但西行担心以后会不会有什么损坏。

西行来到弘法大师的诞生地后结草庵住下，说明他并未打算参拜一下大师遗迹就返回高野山。他在草庵安顿下来之后，开始专心致志且不厌其烦地寻访与大师有关的遗迹，向当地人询问，山的名字，名字的由来，西行都一一加以考证。为了能与大师近距离接触，西行甚至不顾危险，爬上了弘法大师邂逅释迦大师的"我拜师山"，仿佛看到了两位大师相逢时的情景，感到自己的内心充实而幸福。

西行的四国之旅的两个目的，都圆满地达到了。在讃岐，西行寻访了崇德住所的遗迹，祭奠了崇德的陵墓，在崇德的陵墓前，西行吟咏了那首有名的和歌，按《源平盛衰记》等文学作品的描述吟咏完和歌后，崇德的陵墓猛烈摇晃，仿佛崇德呼应了西行。来到弘法大师诞生地善通寺后，西行在寺旁结草庵居住下来，认真仔细地对与弘法大师有关的遗迹作了考察，并用和歌作了详细的介绍，抒发了自己对大师的崇敬之情。与大师近距离的接触，使西行的佛教思想得到升华，对佛道修行愈加自觉，使一个隐遁者的形象愈加丰满、完善，不仅为后世留下了脍炙人口的和歌，也为后世追求者留下了隐遁者的完美形象。

此次四国之旅，西行不仅写下了与此行目的相关的和歌，而且创作了数首描写海边渔民生活的和歌。

いはのねにかたおもむきになみうきてあはびをかづくあまのむらぎみ（1468）

渔夫并肩浮海面，欲潜海中捕鲍鱼。

さだえすむせとの岩つぼもとめいでていそぎしあまのけしきなるかな（1467）

岩石洼处栖海螺，渔夫潜水忙捕捉。

あま人のいそしくかへるひじきものはこにしはまぐりがうなしただみ（1471）

渔夫辛劳满载归，海藻海螺与海蛤。

いそなつまむいまおひそむる若ふのりみるめぎふばさひじきこころぶと（1472）

快快来采新海菜，昆布石花与海苔。

（1468）描写渔夫们双脚紧紧抓住岩石底部，并肩浮在海面上，将要下潜到海底捕捉鲍鱼；（1467）描写海螺栖息在海底岩石的低洼之处，渔夫们潜入海中紧张地捕捉着；（1471）描写渔夫们辛苦一天满载而归，海藻、海螺、海蛤等都是他们的收获；（1472）描写西行看到渔民们热火朝天的劳动场面非常兴奋，不由得呼叫起来，快来采摘新长出来的海菜吧！有昆布、石花菜，还有各种海苔。

日本四面环海，很多人依海为生，但从古至今，描写海边渔民生活的和歌却少之又少。平安时代是日本文学史上和歌发展的最高峰，和歌创作者数不胜数，和歌的题材也较为丰富，但在和歌中表现渔民生活的只有西行一人。

第五节　"砂金劝进"的第二次陆奥之旅

西行的第二次陆奥之旅是在 69 岁时进行的，距第一次陆奥之旅已经过去了 40 年之久。其间，在 50 岁那年，西行有四国之旅，并成为他的人生转折点，对佛教的无常观有了更深刻的认识，坚定了在佛法修行上前行的决心。从四国回到高野山后，西行又历经大峰修行、高野山修行、熊野修行，使西行从追求风雅的遁世僧转化为歌道修行与佛道修行并举的"歌僧"，不论在和歌创作上，还是在佛道修行上都已经上升到一个新的高度。他将自己的和歌创作集结成第一个私家集《山家集》，把佛教与和歌巧妙地结合，创作了"法华经二十八首歌""咏无常"等和歌，开创了和歌创作的新领域。

第二次踏上陆奥之旅之前，已经进入老年的西行正在伊势过着"歌僧"的平稳自在的隐遁生活，但是在"重源上人"再三的邀请之下，西行还是在年近古稀时再次踏上了陆奥之旅，完成了一生中的最后一次旅行，为自己的隐遁生活画上了一个圆满的句号。

一　再度踏上陆奥之旅的目的

此次陆奥之旅与西行一生中的其他旅行最大的不同之处在于，其他旅行都是西行自我选择的结果，而第二次陆奥之旅，却是受"重源上人"之托，为重建在源平争霸中被烧毁的东大寺而进行"砂金劝进"活动，带有某种公务的性质，有些类似于现代的出公差。陆奥地方盛产砂金，所谓"砂金劝进"，就是砂金劝捐。《吾妻镜》文治八年十六日条有"重源上人请约诺，为东大寺料砂金劝进赴奥州"。①

大佛被烧毁的起因是源赖朝正起兵欲推翻平家统治，兴福寺的众徒群起响应，治承四年（1180）12 月 18 日，忍无可忍的平清盛派自己的四儿子平重衡为大将军攻入了南都，欲放火烧毁兴福寺，当时狂风大作，火势很快蔓延，波及毗邻的东大寺，象征王法佛法安泰的金桐十六丈大卢遮那佛的尊容严重毁损。消息传到京都，引起宫廷贵族和公卿们恐慌，复兴的计划很快列入议事日程。虽然还在接连不断的动乱中，宫廷贵族与公卿们

---

① 『新訂増補国史大系・吾妻鏡』，吉川弘文館 1992 年 3 月版，第 240 頁。

对重修象征王法佛法的大佛，重建安放大佛的东大寺仍旧倾注了满腔的热情。

重建东大寺需要大笔资金，如何筹措，是摆在朝廷面前的最大难题。但在律令制度已经崩溃，庄园制度陷入混乱，源平两大武士集团混战的情况下，庞大的经费很难筹措。最终朝廷决定采取"营造化缘"的方法，作为"真言僧"的醍醐寺"俊乘房"（官僧）重源接受了"东大寺营造化缘上人"的任务。据说重源是净土宗的僧人，曾三次来到宋朝学习寺庙建筑技术，致力于民众的教化与救济。有关重源是否三次入宋的经历值得怀疑，但重源为了向伊势神宫祈愿保佑大佛重建成功，亲自书写了两部大般若经，并带领东大寺的众徒700人参拜一事的确在当时引起了不小的轰动。可以推测重源就是趁到伊势大神宫祈愿时邀请西行赴陆奥劝捐的。

日本只有陆奥盛产砂金，要进行砂金募捐，就必须到陆奥去。当时的"陆奥守"是藤原秀衡，作出这一任命的是平家政权，平家政权这样做的意图是牵制镰仓的源赖朝。源赖朝在"平治之乱"失败后险遭杀命，后被流放到伊豆。1180年源赖朝奉旨举兵讨伐平氏，失败后以镰仓为根据地招兵买马，并于1184年再次举兵，终于在1185年坛之浦大败平氏，最终建立了武士政权——镰仓幕府。在"坛之浦"消灭了平氏的源赖朝的下一个目标就是陆奥的藤原秀衡。对于源赖朝来说，为了统一全国，必须征讨奥州。所以当时二人之间大有一触即发之势。此时赴陆奥劝捐，无疑要冒极大的风险，必须选择一个合适的人物担当这一刻不容缓的任务。而这个人物又必须与源赖朝和藤原秀衡都可接受的人，方能当此大任。经过反复权衡，最后重源推荐了当时已有一定名望的西行。

重源推荐西行基于以下的理由。先是西行与藤原秀衡的关系。《吾妻镜》文治二年八月十五日条有"陆奥守秀衡入道，上人之一族也"。[①]"上人"指的是西行，称秀衡为"入道"，可见秀衡也是信仰佛道之人。藤原秀衡与西行（本名，佐藤义清）都是镇守府藤原秀乡的后人。据坂口博规考证，秀乡有两个儿子，千时与千常，千时的第九代孙是秀衡，千常的第九代孙是西行，西行与藤原秀衡同辈。

西行与藤原秀衡同族，又是故交（第一次陆奥之旅时曾有过交往），而与源赖朝的关系《吾妻镜》中生动地描写了老年西行的再度陆奥之旅

---

① 『新訂増補国史大系・吾妻鏡』，吉川弘文館1992年3月版，第240页。

时与源赖朝的相见。源赖朝向西行询问"弓马之道""和歌之道"，二人一夜畅谈后，源赖朝向西行赠送了"银质猫"等礼物。在此之前二人是否相识，并无可靠的史料记载，但从《吾妻镜》的描述来看，源赖朝与西行并不陌生，源赖朝作为推翻平氏政权的关键人物，西行自然对他有所了解，而当源赖朝在听说有一老僧在神社门外徘徊时，令人询问老僧名字，听说名叫西行后，马上把老僧请进来，从这一描写来看，源赖朝对西行的名字也有耳闻，从他向西行询问"弓马之道"与"和歌之道"来看，当时的西行已经在和歌创作上有一定的名气，而源赖朝似乎也知道西行的出身，知道西行家族藏有先祖秀乡的嫡传兵法。

正因为西行与藤原秀衡与源赖朝二人的关系非同一般，所以重源与京都宫廷都认为他是赴陆奥进行砂金劝捐的不二人选。此时正是源平争霸最激烈的时期，西行在伊势的"二见浦"草庵的悠闲生活，已经迎来了第七个年头，但他对世事并非漠不关心。于是当重源拜托他赴陆奥劝捐时，就毫不犹豫地接受了邀请，开始做第二次赴陆奥的准备。

二　再次陆奥之旅的和歌

西行再次踏上陆奥之旅中所留下的和歌很少，可以确定的只有两首，即"年たけてまた越ゆべしと思ひきやいのちなりけり小夜の中山（2130）"和"風になびく富士のけぶりの空に消えて行方もしらぬわが思ひかな（2138）"。这两首不仅是西行晚年的代表作，也是西行自己最满意的两首，而且还是后世评论者最为推崇的两首，并同时为很多日本人所熟知的两首和歌。

　　　　東の方へ相識りたりける人の許へまかりけるに、小夜の中山見
しことの昔になりける思ひ出でられて（赴东方相识者处，途中见
小夜中山，回忆往昔，作歌一首）
　　　　年たけてまた越ゆべしと思ひきやいのちなりけり小夜の中山
（2130）
　　　　老迈堪嗟存世间，小夜中山又登攀。
　　　　東の方へ修行し侍りけるに富士の山を見て（赴东方修行见富
士山）
　　　　風になびく富士のけぶりの空に消えて行方も知らぬわが思ひか

な（2138）

富士喷烟随风散，我心飘渺之谁边？

（2130）中的"词书"中提到的"相識りたりける人"（相识者）应该指的是"陆奥守"藤原秀衡，"東の方へ相識りたりける人の許へ"（赴东方相识者处），明确地指出了此次陆奥之旅的目的。正因为有"砂金劝捐"的公务，西行才能在 69 岁时不顾年迈再次踏上陆奥之旅。相隔近 40 年后，能再次来到歌枕之地"小夜中山"，西行怎能不感慨万千！今天的日本是世界上人均寿命最长的国家，男性的平均寿命近 80 岁，但在 1000 多年前的平安时代，人均寿命不足 50 岁，像西行那样能够活到古稀之年者还是属于凤毛麟角。更何况能在如此老迈之年进行如此艰难的旅行，担负起"砂金劝捐"的重任。所以西行的感慨油然而生。"小夜中山"也是有名的"歌枕"，第一次陆奥之旅时虽然没有留下吟咏这一歌枕的和歌，但从（2130）中的"また越ゆべし"（再次翻越）来看，当时西行也曾来过这里。那次陆奥之旅是西行人生中的第一次大旅行，年轻的西行选择了陆奥作为自己第一次旅行的目的地，并且留下了大量吟咏旅行的和歌。由于第一次陆奥之旅的主要目的是探访前辈隐遁歌人能因法师留下的歌枕之地，所以在第一次陆奥之旅时创作的和歌中，充满了满足梦寐以求与歌枕之地亲密接触的喜悦，洋溢着青春的激情。当时西行 26 岁，出家隐遁刚刚 3 年，而第二次陆奥之旅时已经 69 岁，出家隐遁已经 40 年之久。这 40 年间，日本历史发生深刻变革，源平争霸，战乱频仍，天灾人祸不断，社会陷入极度动荡与不安之中，宫廷贵族即将退出历史舞台，新兴的武士阶级正取代贵族阶层登上历史舞台。西行也从青年变为老年，在佛教修行与和歌创作上也日渐成熟，40 年的沉淀，使此时的西行对人生有了不一样的认识，因而当他再次来到"小夜中山"时，漫长的人生岁月积累的经验凝结成"命なりけり"的绝唱。"这首歌的普遍性的美是把人们共通的想法用简明的语言加以描述"，① 西行把一腔的感慨凝聚在这首和歌中。他写道："我能以如此老迈之躯再次翻越'小夜中山'，正是因为能活到这把年纪啊！""思ひきや"包含了西行再次来到此地时的内心的喜悦与惊叹。作为歌枕，"小夜中山"在平安时代为人们所熟知，

---

① 白州正子：『西行』，新潮社 1988 年 10 月版，第 220 页。

文人们也创作了一些以此为"歌题"的和歌，但此地其实交通不便，十分荒凉，是一个只能使人感到旅途寂寞与痛苦的地方。而西行构思这首和歌是回忆起40年前第一次来到"小夜中山"时的感受，光阴荏苒，历经40年再次来到这里，40年来，日本社会一直处于动乱之中，西行的友人或死于疾病，或亡于战乱，而自己却仍存活于人世，并且能在相隔40年后再次攀越"小夜中山"，只能说是命运使然吧。但看到的仍然是一片孤寂与荒凉，所以西行把无限感慨凝聚在"命なりけり"中，感受着生命存在的意义，把对生命的感谢，把自己仍能活在世上的喜悦形象地传达给读者。在这里，西行把"小夜中山"人格化了，感觉到自己与这座山融为一体，对它倾诉着自己的情怀。

在神社墙垣创作和歌的西行

（2138）的"词书"说这首歌是"赴东方修行时见富士山所作"。在这一次的陆奥之行中，西行又一次来到富士山的脚下。富士山是日本第一高山，海拔3776米，山顶呈圆锥形，是一座火山，景色非常秀丽，是日本人心目中的圣山。富士山在永保三年（1083）还有喷火的记录，从平安时代到镰仓时代一直持续。西行修行途中路过富士山，被它的壮美所深深吸引，曾伫立在山脚之下，长久地凝视山顶一股股烟云升腾而起，随风飘去。年近七旬，对人生已有了更深刻感悟的西行，凝望着富士山顶冉冉升起的烟云时，内心却突然充满了对前途的疑惑和对即将结束的人生之旅的不安，人生的无常感深深刺痛了年迈的他。近70年的漫长的人生轨迹，也融化在眼前的富士山那被风拖长、消散的烟云之中。"像随风飘散的富士喷烟一样无处捕捉的'わが思ひ'，是在西行整个生涯最后阶段的念头。西行26岁第一次陆奥之旅时，也一定仰望过富士山，但当时的和歌没有留存下来，所以无法知道那时青春激情是如何挑战富士山的。历经近半个世纪的岁月，执拗地凝视追求'わが心''わが身''わが思ひ'的这个遁世者，在人生的最终阶段看厌的'わが思ひ'是与青年时期唯一的忧虑形成对照的复杂的观念与情念融为一体的东西，那些难以名状的'思ひ'。而且坦率告白'行方もしらぬ'（不知目标），在这甜美的咏叹之下，不是对'わが思ひ'的急不可待的自我折磨与自虐，而是对其加以肯定，使人感到一种淡淡的觉悟。……这是诸多西行研究者的一致看法。"①

　　这首写于第二次陆奥之旅的和歌，是西行和歌的代表作之一，也是被后世所熟知的一首和歌，他本人也十分看重。慈圆的家集《拾玉集》记载，在西行圆寂后，同为隐遁歌人的慈圆与寂莲在回忆西行时谈到，西行曾说过，创作这首和歌用了两三年时间，这首歌是一首"第一自赞歌"。后世创作的有关西行的传说中，老年西行在富士山脚下仰望山顶，感慨万千，创作出这首有名和歌的故事流布很广。西行的研究者目崎德卫回忆，他年幼时曾在故乡的老宅里看见过根据这首和歌的意境创作的绘画作品《看见富士山的西行》。② 在佛道与歌道修行数十年的西行，不仅在佛道修行上进入一个新的境地，在和歌的创作上也达到了炉火纯青的地步。因此，融汇了人生感慨的这首和歌才能在西行见到富士山时自然咏出，成为研究西行的专著中无法绕开的作品，在西行的和歌创作中占有重要的地位。《新古今和歌集》中这首歌被收录在《卷十七·杂部》，但在《西行上人集》与《法师家集》中被收录在"恋部"。有吉保认为，如果放在

---

① 目崎德衞：『西行』，吉川弘文馆1992年11月版，第2页。
② 同上书，第1页。

"恋部"的话，应该把"わが思ひ"理解为"我心中的爱情之火"，因为"火"与"烟"在日本语中是"缘语"（相关语）。① 松本章男认为《法师家集》把这首歌放在"恋部"是编者考虑不周，而《新古今和歌集》把其放在"杂部"则是正确的。② 但桑子敏雄认为，不必拘泥于把这首歌归于哪个部类，"わが思ひ"确实可以理解为恋爱的想法。恋爱的感情像富士山的烟那样升腾，但对于西行来说，这种感情也是装点着自己那像太空般的心的感情，人类的苦恼喜悦也都像在天空飘荡的云雾，最终将消失在太空的远方。③

由富士山升腾的云烟联想到自己的思绪，随风飘荡的火山喷出的烟雾与"行方もしらぬわが思ひ"，也与自己的心的世界成为一体，慢慢地消失在太空。与喷烟成为一体的是西行的心，而与富士山成为一体的是西行的身，这是西行持续追求自然与自己如一的一大感悟，把自然和自己视为如一，达到了神圣的境地。历经数十年风雨，已经进入老年的西行在佛道修行上已经达到了顿悟的境界，但他觉得自己仍然需要继续修行，因而发出了不知自己的思绪该飘向何方的感慨。艰苦的修行使西行融入了大自然之中，更加深了他对人生的感慨，对佛教的"无常观"有了更清醒的认识，他从大自然的一草一木中，更感受到人生的无常，领悟到佛法的真理。正是因为这种修行式的旅行，才使他能创作出大量优秀的和歌，为日本文学留下了一笔宝贵的财富。

相隔数十年再次踏上陆奥之旅，给予西行很大的"生"的快乐，正因为有了这一无法预想的体验，才让他在回首长长的人生旅途时发出深深的感慨，这种感慨与他的诗心结合在一起，融入了上面两首和歌中。白州正子认为，"小夜中山"与"富士山之歌"是西行思想的一种连续。④ 在白昼尚且昏暗的险峻的小夜中山，回首自己漫长的人生之旅，西行觉悟到"命"（生命）的宝贵与不可思议，面对着广袤的太空中突然显现的灵峰，西行感觉到了一种从无明（愚昧）之梦的觉醒。这两首和歌在一瞬之间涌上西行的心头，此时的西行大概已经没有任何遗憾了吧？

能够确定是再次陆奥之旅的和歌虽然只有以上两首，但在踏上旅途之

---

① 有吉保：『王朝の詩人——西行』，創美社 1985 年 2 月版，第 190 頁。
② 松本章男：『西行』，平凡社 2008 年 6 月版，第 232 頁。
③ 桑子敏雄：『西行の風景』，日本放送出版協会 2002 年 11 月版，第 86 頁。
④ 白州正子：『西行』，新潮社 1988 年 10 月版，第 225 頁。

前，西行曾与朋友告别，在这里也把这类和歌放在以上两首之后加以讨论。

伊勢にて菩提山上人対月述懐し待りしに（在伊势，与菩提山上人对月抒怀）

めぐりあはで雲のよそにはなりぬとも月になれゆくむつび忘るな（2127）

纵使远别难重逢，月夜亲睦莫忘怀。

遠く修行しけるに、人々まうで来て餞しけるに詠み待りける（赴远方修行，人们来此饯行，作歌一首）

頼めおかむ君もこころやなぐさむと帰らむことはいつとなくとも（2128）

归期未定预测难，与君相约必回还。

（2127）是一首表达分别之情的和歌。"菩提山上人"据推测应是在菩提山神宫寺修行的良仁。西行再次赴陆奥前，与良仁一起赏月，西行对月作歌抒怀。即使不能再次相逢，即使与你分别后奔赴远方，也希望你我都不忘在这个月夜亲密相处的情景；（2128）也是一首离别歌，这首歌收录在《西行上人集》之外，也见于《新古今和歌集》《卷九·离别部》。这首歌的意思是，虽然归期是尚未确定，心中也对平安归来信心不足，但是我与君相约一定会回来，那样的话不论是我心还是君心都会感到欣慰的。表达了西行与前来饯行的朋友们的依依惜别之情。

下野武蔵の境川に舟渡をしけるに、霧深りければ（在乘船渡过下野武藏之境川时，雾气深沉）

霧ふかき古河のわたりのわたし守岸の舟つきおもひさだめよ（2131）

古河岸边雾深沉，对岸渡口要看清。

据有吉保考证，这首歌也是再度陆奥之旅时创作的。① "词书"中说

---

① 有吉保：『王朝の歌人——西行』，創美社 1985 年 2 月版，第 192 頁。

的"下野武藏的境川"即今天的利根川,这首歌应该是在古河的渡口乘船时所作。当时的古河岸边大雾弥漫,对面的渡口锁在云雾之中,根本看不清楚。因此西行嘱咐撑船人,对岸的渡口你可要看清楚啊!担负着"砂金劝捐"重任的西行,在渡口也不敢大意,担心撑船人因为大雾而看不清楚对岸,所以才提醒撑船人,看准渡口再靠岸,不要因为大雾而把船撑到远离渡口的别处去。信仰佛教并经历过艰苦修行的西行早已看透了生死,他并非害怕渡船出事故才如此小心翼翼,但此行与前几次的自主旅行不同,因此他才倍加小心。

　　　　思はずば信夫のおくへ来ましやはこえがたかりし白川の関
（1782）
　　　　行愿重越信夫里,老迈再抵白河关。

　　这首歌是"論の三種の菩提心のこころ"的第二首"行愿心",所谓"論"是指论议抉择佛典中诸法的性相,"菩提心"指的是菩萨发愿上求菩提,下度众生。这一首的意思是,如果没有强烈的愿望,以而今的老迈之身怎能来到这信夫之里呢?"信夫之里"是有名的歌枕,在初次陆奥之旅时西行就来过这里,并留下了数首和歌。如"离京越过逢坂关,心头掠过白河关","名取河岸红叶美,影若锦绣映水底"。虽然和歌中没有直接描写"信夫之里",但和歌的"词书"中却描写了这里的荒凉与孤寂,感叹这里"其荒凉寂寞似非今世所有",而这首和歌中直接出现了"信夫の奥",并且借"行愿心"描写了自己的旅途体验,对自己如此年迈还能有机会再次来到这个有名的歌枕之地发出了深深的感慨。

　　西行在69岁高龄仍然能长途跋涉克服旅途的艰辛来到陆奥,除了他的道心之外,还得益于他那强健的体魄的支撑。西行虽然被后世称为"歌僧",但他毕竟曾经做过"北面武士",因此他不同于一般的只会吟诗作赋、追求和歌风雅的文人,在他的身体里毕竟还有"历代武士"的遗传基因。

　　　　東路や信夫の里にやすらひて勿来の関をこえぞわづらふ
（2136）
　　　　信夫之里与东路,勿来关前颇踌躇。

这首和歌也收录在《新古今和歌集》中，歌中不仅直接出现了"信夫之里"，此外还提到了"勿来の関"。"勿来の関"也是有名的歌枕，一首和歌中出现两个歌枕，可见是一首以歌枕为中心的和歌。尽管此行的目的不是探访歌枕，而"勿来の関"即"不要来之关"，是奥州三大古关之一，地势险要，很难通过，但"歌僧"西行还是无法抗拒歌枕的魅力，来到了"勿来の関"，并留下了这首和歌。

> あはれいかに草葉の露のこぼるらむ秋風たちぬ宮城野の原
> （2012）

　　　堪嗟草叶清露凝，宫城原野动秋风。

伊藤嘉夫认为这是西行在东国旅行时所作。[①] 但到底是初次陆奥之旅所作，还是再度陆奥之旅所作，并没有确切的资料可以佐证。笔者认为，从这首和歌的深刻内涵与高超的技巧来看，不像是初次陆奥之旅时所作。毕竟初次陆奥之旅时西行年仅二十六七岁，对人生的感悟并未达到如此深刻的程度，和歌的技巧也尚显幼稚。西行那些被后世所称道的和歌，如"小夜中山""富士の煙"等都是晚年所作。因此可以推测，这首歌不是初次陆奥之旅所作，即使不是再度陆奥之旅时的作品，也应是晚年回忆陆奥风情时的作品。松本章男认为这首和歌在《御裳濯河歌合》中是与七夕歌放在一起的，而且只在《西行法师家集》中出现，所以这首歌的确是在西行再度开始陆奥之旅时的感怀之作。[②] 而《御裳濯河歌合》是在西行结束再度陆奥之旅后的第二年结集，所以松本章男的观点是有道理的。在初次陆奥之旅时，西行在看到藤原实方的坟墓长满了茅草，于是作了那首有名的和歌"歌人实方名不朽，枯野芒草留遗物"，也许是西行回想起了当年的情景而写下了这首和歌。

这首和歌描写的是宫城野秋天的景色，是西行的优秀和歌之一。今天的仙台市仍有宫城野的地名，是观赏秋季的七草之一"荻"（胡枝子）的名胜地。鸭长明的《无名抄》中描写了曾任"陆奥守"的橘为仲在结束任期时挖掘了很多"荻"（胡枝子），装入长柜带回了京城。进入京城当

---

① 伊藤嘉夫：『山家集』，第一書房 1985 年 6 月版，第 283 頁。
② 松本章男：『西行』，平凡社 2008 年 6 月版，第 231 頁。

日，很多人来到街上观看。可见宫城野的"荻"（胡枝子）在平安时代被京城的人们所珍视。《古今和歌集》中有"みさぶらひ御笠を申せ宫城野の木の下露は雨にまされり"（提醒主人戴斗笠，宫城野露胜似雨）的和歌。西行来到宫城野时秋风乍起，草叶上凝结了重重的露水，让人们感受到秋天的到来。

　　　　こころなき身にもあはれはしられけりしぎたつさはの秋の夕ぐ
れ（515）
　　　　无心之人感慨深，秋夕泽畔鹜飞天。

　　这是在《新古今和歌集》中有名的"三夕歌"之一，另外两首是当时的歌坛领袖藤原定家和寂莲法师所作。这三首和歌的最后都有"秋の夕ぐれ"（秋夕），故名"三夕"。①

　　　　さびしさはその色としもなかりけりまき立つ山の秋の夕ぐれ
（寂莲法师）
　　　　杉桧常绿立深山，秋夕寂寥实难言。
　　　　み渡せば花ももみぢもなかりけり浦の苫屋の秋の夕ぐれ（藤
原定家）
　　　　海岸茅屋极目望，秋夕无花无红叶。

　　这三首"秋夕歌"在《古今和歌集》中编号（361）（362）（363）。寂莲法师与藤原定家都是平安时代的著名歌人，寂莲法师还是一位出家隐遁歌人，藤原定家则继承了其父藤原俊成的和歌才华，是平安时代"幽玄"的和歌理论的代表，也是收入西行和歌最多的《新古今和歌集》的编者之一。与"闲寂"歌风的代表西行同为平安时代最具特色的歌人。后世的研究者常把二人放在一起评论，安田章生著有《西行与定家》，对二人的创作风格等作了对比分析。三人的和歌虽然都以秋夕为题，但寂莲与定家的"秋夕歌"更多的是表现秋日黄昏的寂寞，寂莲法师的秋夕歌

---

　　①　久松潜一校註：『新古今和歌集』，『日本古典文学大系·28』，岩波书店 1958 年 2 月版，第 100、101 頁。

说到，深山里挺立着杉树、桧树等常绿树木，真是寂寥的秋日黄昏啊！定家的"秋夕歌"说到，从海岸的茅屋眺望远处，秋天的黄昏里既没有盛开的樱花，也没有鲜艳的红叶，真是令人寂寞难耐啊！定家的这首和歌出典于《源氏物语》，因而白州正子说是定家在书斋中创作出来的。① 虽然三人的"秋夕歌"被后世并称为"三夕歌"，但《新古今和歌集》结集前西行的这首和歌已为世人所知，具有相当的名气。定家就曾评价当时尚在人间的西行的这首和歌"其心幽玄，风采难及"。而《新古今和歌集》结集时西行已经辞世 15 年之久，所以白州正子认为，"寂莲与定家的秋夕歌无疑都是以西行的秋夕歌为样本的"。②

秋日的黄昏充满了诗意，是诗人们喜欢咏叹的意象。唐代诗人李商隐的《登游乐原》中有"夕阳无限好，只是近黄昏"的诗句，夕阳虽然美丽，但是因为已近黄昏，不免给人以凄凉之感。中国的宋词中描写秋日黄昏的词很多，柳永的"寒蝉凄切，对长亭晚，骤雨初歇"，李清照的"梧桐更兼细雨，到黄昏点点滴滴"等都是描写秋日黄昏的佳句，而元代马致远的"枯藤老树昏鸦，小桥流水人家，古道西风瘦马，夕阳西下，断肠人在天涯"，更是把秋日黄昏的凄凉表现到了极致。寂莲与定家的秋夕歌的基调也是如此，而西行的秋夕歌虽然也是充满了慨叹，但却没有前者的寂寥与冷清，反而展现了与他们不一样的情怀。秋天的黄昏，西行独自站立在泽畔，凝视着同样伫立在水泽边的鹜鸟突然展翅腾飞，飞向远方。西行用他那天才歌人的笔，描绘出一幅充满着"闲寂美"的秋天的画卷。折口信夫在《女房文学から隐者文学へ》中说，"在远离人烟的深山水泽旁，身边只有鹜鸟站立着。不仅如此，听到声音并在黄昏时分来到水泽的是西行自己，这是纯粹的情趣"。③ 鹜鸟本身就是孤独的，唐代王勃有名的《滕王阁序》中就有"落霞与孤鹜齐飞，秋水共长天一色"的描写。西行描写的也是一只孤鹜。秋天的到来，带来的是一片肃杀之气，秋风萧瑟，草木凋零，大地萧条。西行黄昏时来到了水泽边，只见一只鹜鸟孤独地站在夕阳下的泽畔，他恍惚觉得那只孤独的鹜鸟就是自己的化身，远离俗世，远离人群，当鹜鸟划破黄昏的寂静飞向天际的一刹那，西行捕捉到

---

① 　白州正子：『西行』，新潮社 1988 年 10 月版，第 115 頁。
② 　同上。
③ 　折口信夫：『女房文学から隐者文学へ』，中央公論新社 2004 年 3 月版，第 55 頁。

了宇宙，捕捉到了万有，感到的是深深的闲寂流的美和无常的美。白州正子认为这首歌犹如从西行的心灵深处发出来的音乐，小林秀雄则说从这首歌中隐隐感受到作者的心痛。①

　　日本古代描写鹙鸟的和歌很多，但大都是描写鹙鸟的静态，而西行不是描写在泽畔整理羽毛或漫步的鹙鸟，而是捕捉到了在静静的泽畔，一只展翅腾飞的鹙鸟，一只突然打破寂静飞向天空一刹那的鹙鸟，把深山泽畔的"静"与鹙鸟腾飞的"动"结合在一起，创作出一幅动与静完美地结合的优美图画。西行把这首和歌看作自己的最优秀的杰作，可惜的是当时的歌评者并没有认识到这一点。

　　西行的这首和歌的写作时间并不明确，有研究者认为它是西行在第二次陆奥之旅的途中吟咏的，理由是第一次陆奥之旅时年仅二十六七岁的西行创作不出这样孤高、枯淡的和歌。② 笔者同意这种观点。据说西行对自己的这首和歌非常看重。《今物语》和南北朝时期的和歌理论《井蛙抄》记载，西行在第二次陆奥之旅的途中得知《千载和歌集》已经编纂完毕，十分关心自己最为看重的"秋夕"之歌是否被选进歌集，打算如果成功入集的话就暂时返回京都，但听说这首歌落选，感到非常失望，于是继续陆奥之旅。这虽然像后世的杜撰，但也从另一个侧面看出西行对这首和歌的重视以及对后世的影响。

　　　　白河の関路のさくらさきにけりあづまより来る人のまれなる（1965）
　　　　櫻花盛开白河关，东路到此来人稀。

　　这首歌没有收录在《山家集》中，而是《西行法师家集》中"花"三十一首中的一首。在初次陆奥之旅中，西行在路过出羽国时看到了一种深红色的樱花美丽无比，于是留下了"绯红樱花产出羽，美丽无双留心底"的和歌。此次陆奥之旅中，西行有一次路过白河关，恰巧又赶上樱花盛开，于是写下了上面这首和歌。白河关樱花盛开，但从东路来到此地的人却很少。京都也有叫白河的地方，樱花盛开时，前去观赏樱花的络绎

---

① 白州正子：『西行』，新潮社 1988 年 10 月版，第 115 頁。
② 松本章男：『西行』，平凡社 2008 年 6 月版，第 234 頁。

不绝，而陆奥的白河关的樱花却无人观赏，静静地独自开放。

此次陆奥之旅的副产品是《吾妻镜》中记载的西行与一代霸主源赖朝的邂逅，这是西行一生中少有的时间、地点都很明确的事件之一，也是流传到世上，并衍生出各种传说，提高了西行名望的事件之一。据现有的资料，西行对此事并没有任何说辞，在他的和歌里对此次事件也没有留下只言片语。研究者们，因为最初记录此事的《吾妻镜》是记载镰仓幕府历史的编年体史书，没有怀疑此事的真实性，该书除了记载从治承 4 年（1180）到文永 3 年（1266）的幕府的各种记录，也引用了"明月记"等公家日志和古文书等史料。因此西行与源赖朝邂逅一事应该是确有其事。朝廷之所以同意重源的推荐，让西行担任赴陆奥进行"砂金劝捐"的使者，是因为西行与源赖朝的关系。在这次邂逅之前，或者在西行出家之前二人是如何相识的，目前为止并没有可靠的史料佐证。不过从西行与源赖朝的这次相见来看，西行已为源氏所闻，而西行与源赖朝的邂逅，应该是西行有意而为之。

> 十五日乙丑。二品（指源赖朝）参拜鹤岗宫，而老僧一人徘徊鸟居（神社的牌坊）边。怪之，以景季（源赖朝手下）问名字，答曰佐藤兵卫尉义清法师也，今号西行云云。奉币拜谒神宫后，心静遂谒见。……二品命速召引至营中。……就歌道并弓马之事详加询问，西行答曰，弓马之事，在俗之时虽有家风相传，然保延三年八月遁世之时，秀乡朝臣以来九代嫡家相承兵法均已烧毁，因其为罪业之因，故而不曾留于心底，皆已忘却。咏歌者，对花月感动之时，仅作三十一字，全不知其奥旨。……然二品恩问不断，故于弓马事者，具以申之。二品（源赖朝）即令俊兼记之。及终夜。十六日庚寅正午，虽频频挽留，然西行上人仍退出营中。二品赠与银猫，上人拜领后送与营外游戏之小儿。①

西行与一代霸主源赖朝的邂逅颇有戏剧性。一介出家的法师，却想要拜见推翻了平家政权，最终建立了镰仓幕府的二品大员源赖朝，本身就令人觉得突兀。而在此前，似乎源赖朝对西行早有耳闻，于是在听到是西行

---

① 『新訂増補国史大系・吾妻鏡』，吉川弘文館 1992 年 3 月版，第 240 页。

法师来访之后，不仅将其请入营中，而且谦虚地询问和歌之道与弓马之道。已经进入老年的西行，在和歌创作上已逐渐为世人所知，源赖朝向西行询问和歌之道也很正常。问题是源赖朝为什么向西行询问弓马之道，笔者对此也存有疑问。西行出家前的确是"北面武士"，但此时西行已经出家四十几年，世人早已忘记了他曾经的武士身份，而据载，西行出家后并没有与武士集团有任何来往，即使是最终武士集团登上了历史舞台，并建立了武士政权——镰仓幕府，西行也没有感到是自己的时代的到来，反而对源平两大武士集团的互相征伐给百姓带来的灾难深为不满，当歌坛领袖藤原定家宣称"红旗征戎非吾事"时，西行却用和歌对武士集团进行了讽刺和批判。这次与源赖朝相遇，当西行表示自己出家那年，先祖秀乡传给后代的兵法书都已烧毁，自己也已经完全忘记了时，源赖朝却执拗地追问下去，于是西行也"于弓马事者，具以申之"，并且二人彻夜长谈，一直到第二天中午。西行对自己最擅长的和歌之道只说"咏歌者，对花月感动之时，仅作三十一字，全不知其奥旨"，即和歌是对花月感动时所作，仅仅用 31 字而已，对其深意却全然不知。西行一生追求和歌与佛道，在平安时代后期的歌坛上独树一帜，在远离主流歌坛的深山草庵和大自然中创作出了大量流传后世的和歌，可以说他深知和歌的奥意。但他为什么对本该津津乐道的和歌之道惜字如金，刻意回避，而对自己早已生疏的弓马之事却敞开心扉，滔滔不绝，令人感到不可思议。笔者认为，《吾妻镜》虽是史书，有一定的可信性，但其中是否也有虚构的成分，值得商榷。即使是西行与源赖朝的邂逅是历史上的实事，但两人到底谈了什么却无从考证。如果说西行真的对源赖朝谈起了弓马之道，那么又是什么唤起了西行的回忆，让西行"把不曾留于心底，皆已忘却了"的兵法之道对源赖朝娓娓道来呢？考察西行的一生及他的所有和歌，都找不到这样做的理由。因此笔者认为，西行与源赖朝邂逅确有其事，而与之谈论弓马之道，却是虚构的故事。《吾妻镜》的作者这样描写的目的可能是想表现西行不畏权贵，即使在天下霸主源赖朝面前也不卑不亢，侃侃而谈。至于描写西行把源赖朝赠送的银制猫随手送给门外玩耍的孩童，更是想以此表现西行视财富如粪土的高风亮节吧。

たびなりけるとまりにて（旅途停宿）

あかずのみみやこにてみしかげよりも旅こそ月はあはれなりけ

れ（452）

京城月影看不厌，旅途望月添慨叹。

見しままにすがたもかげもかはらねば月ぞみやこのかたみなり
ける（453）

旅途赏月望星空，月影月光与京同。

みやこにて月をあはれとおもひしはかずよりほかのすさびなり
けり（460）

京城赏月感慨深，旅途望月情更浓。

旅宿思月

月はなほよなよなごとにやどるべしわが結びおくくさのいほり
に（454）

旅途草庵凝露珠，月光夜夜来投宿。

寒夜旅宿

旅ねするくさのまくらにしもさえてあり明の月のかげぞまたる
る（563）

旅途草枕寒霜凝，残月在天盼黎明。

旅の心

たびねする峯のあらしにつたひ来てあはれなりける鐘のおとか
な（2129）

狂风呼啸在山顶，钟声更添物哀情。

いづくにかねぶりねぶりて倒れふさむとおもふかなしきみちし
ばのつゆ（916）

何处倒卧成永眠，犹如路边草露寒。

上述几首描写旅行生活的和歌写成时间已无从考证。西行出家隐遁后
一直过着云游各地的漂泊生活，"漂泊"是西行生活最主要的特征，可以
说没有旅行就没有歌僧西行。在交通不便的古代日本，西行不畏艰辛，白
天跋涉在崎岖的山路，夜晚寄宿在简陋的古寺，甚至露宿在荒凉的野外。
在表现旅行生活的和歌中，西行着力描写的还是他最喜爱的明月。在观赏
旅途中的明月时，西行不禁想起了京都的明月。（452）说自己在京城对
明月百看不厌，在旅途中望月更增添了慨叹之情；（453）写到，不论是
旅途中的月还是京城的月，其月影和月光都是相同的，言外之意是只有望

月的心情不同而已；（460）写到，在京城望月时就充满了感慨之情，在旅途时望月觉得这种感慨之情更加浓厚。一轮明月既照亮了京城，也照亮了西行的旅途，所以西行感到月色与月光二者并无不同，但西行还是感到旅途中的月亮更加明亮，也使西行的感慨更深。这是因为在万籁俱寂的大自然中，月显得比京城更加明亮，月光也显得更加澄澈。旅行途中，月亮慰藉着西行那颗孤独的心，月亮成为西行的旅途之友；在（454）"旅宿思月"中，西行写到，旅途中恰逢深秋，草庵也凝结了露珠，月儿似乎也想来草庵投宿，夜夜把月光映照在了露珠里；（563）的歌题是"寒夜旅宿"，描写西行旅途中夜宿野外，用草做的枕头也凝结了寒霜，残月高高地挂在天上，西行忍受着寒冷，盼望黎明的来临；（2129）"旅行之心"写道，旅途中山顶上狂风呼啸，从远处的寺庙传来的隐隐钟声更增添了物哀之情；（916）写到，也许自己会在旅途中永远地倒下，就像路边野草上的露珠一样，消失在阳光之下。西行在每次踏上旅途之前都做好了死在旅途的心理准备，尽管如此，他还是义无反顾地踏上旅途，就像安田章生所说的那样，"生在旅途，死在旅途"。[①]

旅行对隐遁歌人来说不可或缺，如果仅仅幽居在草庵，隐遁者的生活就缺少了活力，隐遁歌人的创作热情就会枯竭。走出草庵，行走在名山大川中，在与大自然的亲密接触中磨砺自己的道心，加深自己的诗心，才使西行能够区别于平安时代的其他歌人，创作出流传后世的优美和歌。

---

① 安田章生：『西行と定家』，講談社 1975 年 2 月版，第 47 頁。

第六章　释教歌

　　所谓"释教"，指的是释迦牟尼的教诲，即佛教，"歌"，指和歌，而
"释教歌"，按《广辞苑》的解释，是"和歌的分类之一，指佛教、佛教
的经典教理、佛事供养等与佛教有关的和歌"。① 由此可见，用和歌诠释
佛教教义的是"释教歌"，在和歌中表达佛教思想的也是"释教歌"，一
言以蔽之，凡是与佛教有关的和歌都应归于"释教歌"一类。"释教歌"
是日本佛教文学的重要组成部分，它把佛教思想与和歌完美地结合在一
起，在日本文学史上留下了深深的印记，对后世日本文学也产生了深远的
影响。"歌僧"西行在创作"释教歌"上倾注了极大的热情。正如松村雄
二所指出的那样，"西行的和歌不仅是对美的奉献，而且是为把自己的心
灵轨迹朝着宗教解放的一种观想，是一种法悦"。② 这里所说的"观想"，
是指自身心性中的佛性，所谓"法悦"是指闻听佛法感到的喜悦。作为
出家人，西行一生研习佛法，刻苦修行，他把对佛教教义的深刻理解融入
和歌中，创作出了大量的"释教歌"，在和歌中融入佛教思想，是西行对
日本文学的贡献之一，也是西行和歌的特色之一。

　　平安时代佛教大昌，西行正是在佛教思想的影响下最终走上了出家隐
遁的道路。从出家隐遁后直至圆寂，西行一直没有停止对佛法的修行，数
次的外出旅行都兼有修行的性质。不仅如此，西行一生中还专程到佛教圣
地如高野山、熊野、大峰、吉野等地进行了几次真正意义上的修行。在西
行的 2000 多首和歌中，反映他的佛教思想的占有相当的比例。在佛教深
入社会各个层面的平安时代，在和歌创作中融入佛教思想已很普遍，用和

---

① 　新村出：『広辞苑』，岩波書店 1998 年 11 月版，第 1242 页。
② 　松本雄二：『日本文芸史・第二部』，筑摩書房 1981 年 5 月版，第 103 页。

歌反映自己的佛教思想以及对佛教教义理解的"释教歌"也出现了繁盛的局面。在日本，佛教与和歌的关联古已有之。早在日本最古老的和歌集《万叶集》中，涉及佛教思想的和歌已开始出现。在其后所辑的和歌集中，虽然与佛教相关的和歌逐渐增多，但把佛教经文或佛教思想等作为和歌的歌题却始于平安时代。平安时代中期以后，"释教歌"开始出现在敕撰和歌集《拾遗集》中，并在《后拾遗集》中正式登场，此后问世的敕撰和歌集与许多私家和歌集都纷纷把"释教歌"收入集中，特别是由隐遁歌人编纂的私家和歌集中，"释教歌"更是占了相当大的比例。平安时代后期问世的《千载集》把"释教歌"专门立为一类，作为和歌的一个独立的题材固定了下来。《千载集》卷十九中，在"释教歌部"收入了54首。自此，"释教歌"成为敕撰和歌集与私家集必不可少的题材之一。

信仰佛教的人，以诗歌形式颂扬佛祖的并不少见，但将其归类并名为"释教歌"的却绝无仅有。

"释教歌"是西行和歌的重要内容之一，以往日本学者在对西行的研究中有意无意地忽略其中的佛教和歌，甚至认为这类和歌是西行和歌中的"歌屑"。但这些和歌表现了西行的佛教思想，是西行和歌中不可或缺的一部分，也是西行和歌的精华部分，因此在研究西行的和歌及思想时，必重点加以探讨。

后世对西行法师有很多称谓，如"花月歌人"，"漂泊歌人"等，但归根结底西行是出家人，是法师，他最为后人所认可的称呼是"歌僧"。日本 MOA 美术馆藏有一幅西行的标准像，画中的西行身披袈裟，左手托着和歌"歌册"，右手捻着佛珠，这是日本人最为熟知的西行形象，也很好地表现出了西行既是歌人，也是僧人的身份。作为僧人，西行终其一生修行佛法，而作为歌人，他一生创作和歌不辍。然而佛法与和歌本是互为矛盾的东西，在佛教教义中，和歌以及其他文学形式是作为违反佛家教义的"狂言绮语"而被否定的。所以，怎样使和歌创作与佛教修行统一起来，在修行佛教的同时又不违反佛教教义，就成为摆在平安时代文人们面前的一个必须解决的问题，而"狂言绮语观"为"释教歌"的兴盛扫清了思想障碍。

第一节　"狂言绮语观"与"释教歌"的兴盛

"释教歌"兴盛于平安时代，与"狂言绮语观"在日本的流布有直接的关系。"狂言绮语观"作为文学思想源于唐代大诗人白居易。他在《苏州南禅院白氏文集记》"香山寺白氏洛中集记"及《六赞偈并序》中都表达了他所主张的"狂言绮语观"，"愿以今生世俗之业，狂言绮语之过，转为将来世世赞佛乘、转法轮之缘也"。①自奈良时代日本向中土大唐派遣"遣唐使"以来，日本朝廷积极全面地学习中国文化，无论是政治法律制度还是文学艺术，都采取全盘吸收的态度，形成了"唐风文化"。在此期间，大诗人白居易的影响远远超过李白、杜甫等诗人，白氏被平安时代的文人顶礼膜拜。以"讽喻诗"在中国古代文学史上占有重要地位的白居易，最吸引古代日本文人的却是他所写的那些"闲适诗"。当他们发现白居易的"狂言绮语观"可以解决佛教信仰与文学创作之间的矛盾时，便迫不及待地把它移植了过来，并为己所用，从而在进行文学创作时不再为可能违反佛教戒律而畏首畏尾，继而也为"释教歌"的兴盛扫清了思想障碍。

然而分析一下白居易的原话，可以发现，所谓"今生世俗之业，狂言绮语之过"，是白居易在对自己玩弄"狂言绮语"表示忏悔，"转为将来世世赞佛乘、转法轮之缘"是在表达想把"狂言绮语"变为赞佛乘之因的决心。所阐述的是文学与信仰之间存在着本质性的背离的思想，而平安时代的文人并非不理解这一点，但他们却一厢情愿地将其解释为"狂言绮语"可以直接"翻为来世赞佛乘之因，转法轮之缘"，有意识地把文学与信仰调和在一起。

由于佛教在平安时代的日本大炽，信仰佛教，皈依佛教的和歌歌人不在少数。作为一种宗教，佛教有它固有的戒律。《法华经第十四安乐行品》中有"不亲近：国王、王子、大臣、官长；不亲近。诸多道。（略）及造世俗文笔。赞咏外书"，②对"世俗文笔"是持否定态度的。佛教十恶中有"口业"，其中把在言语行为中怀着不净执着之心发出的言语当作粗

---

① 白居易：《白居易集》，岳麓书院 1992 年 4 月版，第 1131 页。
② 鸠摩罗什译：《妙法莲华经》，上海佛学书局 2005 年 5 月版，第 377 页。

言、绮语、狂言而加以否定。按《广辞苑》的解释，"狂言绮语是指错话、蠢话，过度修饰的语言，主要指小说、物语或歌舞音乐等"。① 玩弄"狂言绮语"被认为是破了妄语的戒律，违背了佛教的教义。传统的和歌一般分为"杂歌"（在行幸、宴会等公众场合吟诵）、相闻（以描写恋情为主）、挽歌（表达对亡者的追思之情），此外还有吟咏四季美景的歌等。显而易见和歌与某些佛教的戒律发生了抵触，应该是被佛教戒律所否定的。

最早意识到这一点的是由庆滋保胤发起的"劝学会"。"劝学会"于应和四年（964）开始活动。比叡山的僧侣和翰林院的学生各 20 人相聚在一起诵读《法华经》，唱念"阿弥陀佛"，并从《法华经》中找出一句作为歌题各自作歌以互争高下。据《本朝文粹》第十三卷《劝学会佛名回文》记载，"况彼春苑明砚，以花称雪，秋篱染笔，假菊号金，妄语之咎难逃，绮语之过何逃，诚虽乐宴于下士之性，尚恐谴罪累于上天之畔，是故卷书帏而礼佛，扫文场而迎僧，先生有余之罪，愿消礼拜之头，今生无量之礼，愿开忏悔之掌"，② 其成员在美丽的大自然中感悟佛法，也竞相吟咏和歌赞美佛祖之后，最后以宴游来结束活动。因此庆滋保胤注意到了和歌创作与佛教戒律的抵牾，感到了"妄语之疚""绮语之过"，于是打扫文场重开佛名悔过的法会，展开忏悔之掌低头礼拜，想方设法加以补救。《梁尘秘抄》口传集第十卷有"是故游女之类，乘舟湖面随波逐流，饰衣好色魅惑他人，唱念和歌使人倾听，此外并无他念，并不知已陷入罪孽，不知有菩提之岸"。③ 认为唱念歌谣就是"陷入罪孽"不可救赎。当时"狂言绮语观"的广为流布，也是因为文人们已经开始具有佛教的罪恶意识。一方面文人们不想停止自己的文学追求，另一方面又担心自己违背了佛教的戒律。虽然佛教戒律对出家者和一般的佛教信仰者的要求并不相同，但既然信仰佛教，就应该遵守佛教的一般戒律。怎样做才能既不违反佛教戒律，又能安心地追求自己的文学梦想呢？于是文人们从白居易的"狂言绮语观"得到了启发，并且按照自己的意愿重新加以解释，白居易

---

① 新村出：『広辞苑』，岩波書店 1998 年 11 月版，第 692 頁。

② 日蓮宗総本山編纂、身延山久遠寺蔵：『本朝文粹』第十三卷，汲古書院 1980 年 9 月版，第 217 頁。

③ 志田延義校注：『梁塵秘抄』，『日本古典文学大系・73』，岩波書店 1965 年 1 月版，第 468 頁。

本意的"狂言绮语之过"的"过"被有意抹去，变成了"像和歌那样的狂言绮语本身就可以自然地'翻为来世赞佛乘之因，转法轮之缘'"，这使既信仰佛教，又醉心于和歌创作的文人们抓住了救命的稻草。似乎他们在这样安慰着自己：尽管和歌等文学创作属于狂言绮语，但如果不是把它用于世俗之事，而是用来赞美佛乘的话，就可以消灭"口业"之罪，就不会违反佛教的戒律，和歌就不算是狂言绮语，而是转变为赞美佛乘的东西了。

　　在"狂言绮语观"的鼓励下，平安时代的文人们开始心无旁骛地追求自己的文学梦想，创作出了许多在日本文学史甚至在世界文学史上都占有重要地位的优秀作品，迎来了日本文学的"黄金时代"，对后世日本文学产生了深远的影响。日本文学的"物哀"这一基本特征即形成于平安时代，被联合国教科文组织确定为"世界第一部长篇小说"的《源氏物语》也在这一时期问世。除小说外，日记、随笔、和歌等也全面开花。和歌方面，不仅有多部敕撰和歌集，和歌歌人个人的和歌集（私家集）也纷纷面世。"狂言绮语观"对"释教歌"的兴盛所起到的作用更是不容忽视。"劝学会"的僧俗文人们在举行活动时，常常从《法华经》中选出一句经文，每人以此为题创作一首和歌来相互切磋。当"狂言绮语观"被在日本文学史上占有重要地位的《和汉朗咏集》所引用后，[①] 其影响进一步扩大到赞佛诗。"狂言绮语观"发展到平安时代中后期，信仰佛教又沉迷于和歌创作的文人索性直接把和歌与佛道等同起来，"狂言绮语之误，赞佛之种也。无论如何粗言，亦能归于第一义"。[②] 佛教称彻底圆满的真理为"第一义"，与真如、涅槃的意思相同。平安时代的文人把"狂言绮语观"的"翻为""转为"也省略了，这样一来，和歌和佛教真理就没什么区别了。西行更是直截了当地说"咏出一首歌，如造一尊佛，乃至作十首百首，积十佛百佛之功德"。[③] 甚至说"和歌即禅定修行"。[④] 这样一来，就彻底扫清了"狂言绮语"违反佛教戒律的思想障碍，迎来了

①　川口久雄校注：『和漢朗詠集』，『日本古典文学大系·73』，岩波书店 1965 年 1 月版，第 383 頁。

②　志田延義校注：『梁塵秘抄』，『日本古典文学大系·73』，岩波书店 1965 年 1 月版，第 468 頁。

③　塙保巳一編纂：『群書類叢第十六輯·三五記』，平文社 1980 年 7 月版，第 615 頁。

④　同上。

"释教歌"的兴盛局面。

第二节　出家隐遁歌人成为"释教歌"创作的主体

如上所述，佛教在日本的大昌为佛教和歌的兴盛创造了必要的条件，为"释教歌"的兴盛提供了丰富的创作题材，而"狂言绮语观"的流布又为佛教和歌的创作扫清了思想障碍，直接推动了"释教歌"的兴盛与发展。哪些人是"释教歌"的主要创作者呢？考察平安时代佛教和歌的创作情况，可以看出西行等出家隐遁歌人当仁不让地成为"释教歌"的创作主体。出家隐遁歌人具有三个基本特征。即出家、隐遁、歌人（创作和歌的人）。这三个基本特征决定了为什么出家隐遁歌人会成为"释教歌"的创作主体。

一　基于佛教信仰的"出家"

"出家"是出家隐遁歌人的最基本特征。所谓"出家"是基于佛教信仰上的出家，所以出家隐遁歌人都有着强烈的佛教信仰，这为他们创作"释教歌"提供了思想基础，而对佛法的精通也为"释教歌"的创作提供了创作素材。平安时代文人的佛教信仰的形成要远远早于同时代的普通民众。在日语假名问世之前，"遣隋使"和"遣唐使"带回的大陆先进的文化被称为"唐风文化"，汉文作为"唐风文化"的载体也被日本全盘吸收。朝廷的文书用汉文书写，文人们自幼接受汉文化的教育，创作汉诗是他们必备的基本功，因此平安时代的文人大都具备较高的汉学修养。如第二章所述，日本最先向大唐派遣的是"学问僧"，即向大唐学习佛教的僧人。他们从唐朝带回已经由唐朝的高僧大德翻译成汉语的《法华经》《华严经》《金刚般若经》《无量寿经》等珍贵的佛教经典，而能够直接阅读这些汉语佛教典籍的无疑是具备较高汉学修养的文人，这是大多数普通庶民所无法做到的。因此，平安时代的文人是日本最早接受佛教的，也是佛教信仰最强烈的。西行有一首传颂至今的和歌，"物化阳春如释尊，望月在天花下殒"，表达了自己希望像释迦牟尼那样，在阳春季节，明月当空时，圆寂在樱花树下。可见其对佛教的信仰已经深入灵魂，以致在思考死亡之时也自然而然地想到佛祖。

日本自古就有出家的传统。一般文人出家早已不足为奇，更有贵为天皇者也选择了出家。早在在奈良时代，就有天皇、皇后、皇太后一起出家的记录，"以万乘之尊而剃发受戒，以此为开端"。[①] 到了平安时代，佛教在日本的大炽更使出家蔚然成风，从平城天皇开始，几乎历代天皇最后都选择出家。天皇出家后被称为"法皇"。记载平安时代历史的史书中常有某某法皇的称谓，其原因就在于此。与西行有关的退位天皇鸟羽、崇德、皇后"待闲门院"等最终都选择了出家之路。当然其中的很多人都是名义上的出家。此外，皇后、皇子中更不乏出家隐遁者。而中下层贵族和文人的出家隐遁在平安时代更是屡见不鲜。如上文所述，出家隐遁歌人都是佛教信仰强烈者，但信仰佛教并非一定要出家，从古至今，日本有很多在家修行的佛教信徒。平安时代信仰佛教的文人为什么要选择出家之路呢？生活在现实社会的人类逃脱不了时代在他们身上打下的烙印，也摆脱不了社会环境的变化带给他们的影响。从事文学创作的文人天性敏感，特别是感情细腻的"歌人"，更会比常人敏锐地感受到时代的变迁及意识形态的嬗变。日本平安时代中后期，是佛教徒所称的"末法时代"，中下层贵族"文章经国"的理想逐渐破灭，厌世的情绪蔓延开来，失意的文人在佛教大炽的时代背景下选择了佛教，意欲从佛教信仰中寻找精神安慰，于是纷纷走向了脱离俗世的出家之路。

西行在出家隐遁前曾写下这样一首和歌，"纵惜今世惜不尽，今日舍身为救身"。可见他的"舍身"的目的是"救身"，即拯救自己，实现自我救赎，而他"舍身"的原因是他厌恶污浊的俗世，向往纯洁的"西方净土"。他出家后自取的法号"西行"，即向西而行，向西方净土而行。与西行一同出家的朋友的法号为"西住"，即居住在西方净土。另有法号"西念"的，其寓意也不言而喻。此外还有空仁、慈圆、元性、寂然、寂超、寂念、寂莲、静莲等，都能明显看出佛教的痕迹。

二　出家的特殊形态——隐遁

平安时代文人的出家具有与传统意义上的出家所不同的特点。他们并非出家到某一寺院潜心修行，过着"青灯黄卷"的清教徒生活，而多是选择在自然环境中结一草庵隐遁起来。日本多山，秀美的山林之中最适宜构筑草庵。这种在大自然中构筑草庵的隐遁方式，不仅可以远离俗世，也

---

① 村上专精著，杨增文译：《日本佛教史纲》，商务印书馆 1981 年 11 月版，第 38 页。

可以使他们心无旁骛地钻研佛法，从而加深对佛法的理解，同时为"释教歌"的创作创造了有利的条件。然而草庵修行并非隐遁歌人生活的全部。草庵虽然给出家隐遁歌人提供了安身之所，但却会消磨他们对大自然的敏锐感受，不利于佛教和歌的创作。故而他们时常行走于名山大川之中，并将此作为佛道修行必不可少的一环来看待。

西行被后世称为"漂泊歌人"，"行吟诗人"。自然与人融为一体是构成佛教教义的基础，佛教的人生观与自然紧密联系在一起。佛教经典往往把佛祖的教诲托付给大自然，用象征性的手法来加以表现，可以说在表现手法上与和歌有相通之处。全身心地投入大自然中，不仅在佛道修行上是领悟佛法的重要过程，也是创作佛教和歌的必经之路。如果他们出家进入某一寺院，就必须接受寺院的管理，遵守寺院的种种清规戒律；如果龟缩在草庵中足不出户，虽然有利于佛法的修行，但却束缚了他们对文学的追求和创作和歌的热情。因而草庵修行与到大自然中修行二者缺一不可。简陋的草庵，美丽的大自然，不仅使他们远离滚滚红尘，远离污秽的俗世，不仅可以使他们获得内心的宁静，能潜心修行，研习佛法，感悟佛教真理，更有利于实现他们的文学梦想，有利于"释教歌"的创作。

西行等人的出家隐遁是以脱离所谓的"秽土"之举以期达到前往西方净土的目的。其实即使他们脱离了俗世投身到大自然中，也并未真正到达理想的"净土"，即西方的极乐世界，而只不过是对西方净土的一种追求而已。但无论如何，这种脱离污浊的现实世界而隐居山林的行为已经缩短了出家人与净土之间的距离，并向净土大大地迈进了一步。换言之，山林是界于秽土与净土之间的中间地带，佐藤正英将其称为"边境"。① 他认为，这个"边境世界"是通向"彼岸世界"即净土的必经之路，出家隐遁者置身于这个边境世界，才能看到彼岸世界即极乐世界，才能最终到达这个世界。对于像西行那样的隐遁者来说，这种边境世界就是以草庵为核心的大自然。

三 出家隐遁歌人的和歌追求

出家隐遁歌人的第三个特征无疑是和歌的创作。《新古今和歌集》的

---

① 佐藤正英：『隠遁の思想——苦悶する美』，東京大学出版会1977年8月版，第17頁。

编者之一藤原定家认为，"和歌乃隐遁之源，进入菩提之要道"。① 平安时代的许多日本文人选择出家隐遁还有一个目的是创作和歌。这也是出家隐遁歌人的不可或缺的特征。因为仅仅出家隐遁是不够的，对于那些有着强烈的佛教信仰而又有着文学追求的人即"歌人"才能担此大任，完成创造和歌的举动。创作和歌是平安时代文人的必备素质，出家隐遁的动机虽然各不相同，但主要原因不外有二，一是对动乱的时代心生厌恶，看破了红尘；二是认为俗世的一切阻碍他们实现文学追求的理想。

考察平安时代的"释教歌"的作者，不难发现他们大多数是出家隐遁的歌人。上文提到的"劝学会"的组织者庆滋保胤，就是在主持了第一期活动后出家隐遁的。《古今和歌集》的编撰者、平安时代和歌歌坛的巨擘藤原俊成最终也走上了出家隐遁的道路，取法号莲阿。《新古今和歌集》被后世称为和歌文艺精华，它收入了西行的 94 首和歌，慈圆法师被收入 92 首，二人收入的和歌数量位居全体作者前两位。石原清志认为三人西行、慈圆、莲阿所创作的咏法华经二十八品的释教歌"都是如珠玉般的秀歌，是后世永远景仰的佳作，以这些秀歌为起点的《法华经二十八品歌》将被后世永远地继承和吟咏"。② 特别是西行所创作的"释教歌"，除了"咏法华经二十八品歌"之外，还有"咏无常百首"等，其数量之多，艺术成就之高，是同时代其他歌人所不可企及的。

第三节　和歌中兴为"释教歌"提供了丰富的创作技巧

和歌的源头是古代歌谣，在日本最早的古籍《古事记》与《日本书纪》中就记载了大量歌谣，即"记纪歌谣"。有着日本《诗经》之称的《万叶集》中的诗歌被称为"倭诗"，而被称为"和歌"的日本诗歌则是从《古今和歌集》开始的。和歌的正统地位也是这一时期才开始确立。"释教歌"是古代和歌的一个重要组成部分，它的兴盛发展与和歌在平安时代的中兴密不可分。

一　"国风文化"与和歌的中兴

自公元前 6 世纪以来，随着大唐文化的传入，日本的汉诗文创作也开

---

① 塙保巳一编纂：『群書類叢第十六輯・三五記』，平文社 1980 年 7 月版，第 615 页。
② 石原清志：『釈教歌研究』，同朋舍 1980 年 8 月版，第 22 页。

始兴盛起来。写汉诗文成为上至天皇下至律令制官员的必备技能，是教养优雅的体现。与传统的和歌相比，得到朝廷支持的汉诗文获得了正统地位，而和歌只能在私人场合流传。这种状态在进入平安时代初期的公元前9世纪达到了顶峰，史上被称为"唐风讴歌时代"和"国风暗黑时代"。公元前9世纪后半期，文人们掀起了对"国风文化的再认识"，脱离"唐风文化"的趋势开始显现，而假名文字的发明则起到了决定性的作用。

假名的出现在日本历史上具有划时代的意义。假名问世之前，由于文人利用表意的汉字来标注日语的发音，文学创作受到了很大的限制，而对唐诗的简单模仿，也束缚了诗人的创作热情，阻碍了日本民族诗歌——和歌的发展。随着人们民族意识的觉醒，平安时代的文人逐渐意识到了唐风文化不能很好地反映日本人的思想感情和审美情趣，于是创造了名为假名的日文字母。假名的问世和普及，使文学创作从汉字的束缚中得以解脱，文人们可以自由地表达日本人的思想感情，贵族之间的"歌合"（赛歌会）开始流行，原本作为汉诗附庸的和歌开始与汉诗平起平坐，进而超越汉诗，从私人唱和走向宫廷"歌合"。第一部敕撰和歌集《古今和歌集》的假名序言的"适遇和歌之中兴，以乐吾道之再昌"，① 明确地提到这部和歌集是和歌获得中兴与发展以后的产物。敕撰和歌集从"歌合"与私家和歌集中选出，代表着当时和歌的以后最高水平。

二　和歌中兴与"释教歌"的兴盛

《古今和歌集》共20卷，收入127名歌人的作品，歌人主要为中下层文人和僧人。

当时名声很大的"六歌仙"中就有两名出家歌人，喜撰法师和僧正遍诏。《古今和歌集假名序》称僧正遍诏"歌风轻妙洒脱，非常优美"。② 其后敕撰和歌集相继问世，至室町时代即15世纪，共有21部敕撰和歌集结集，其中的《后撰和歌集》《拾遗和歌集》与《古今和歌集》并称为"三代集"。"三代集"刊刻之后的80余年后，《后拾遗集》刊刻问世，并第一次在歌集中收录了"释教歌"，使其作为和歌的一种新的形态从此在和歌集中确立下来。《后拾遗集》中收入和歌数量最多的是能因法师，出

---

① 『古今和歌集真名序』，『日本古典文学大系·8』，岩波书店1958年3月版，第341頁。
② 同上书，第311頁。

家歌人的和歌大量入集，其中有惠庆法师，增基法师等。《后拾遗集》新立"释教歌"一类不是偶然的，它是平安王朝盛极而衰，贵族文化走向没落，新一轮的崇佛热潮兴起的产物。

在敕撰和歌集相继问世的同时，大量私家和歌集也纷纷刊刻。如藤原俊成的《长秋咏藻》，西行的《山家集》等。随着和歌的中兴，"释教歌"也迎来了繁荣发展的新局面。此后问世的和歌集中都收录了"释教歌"，直到《千载和歌集》"释教歌"开始单独一类。以此为开端，和歌集无一不收录"释教歌"，"释教歌"正式登上历史舞台。"释教歌"丰富扩大了和歌的表现内容，给原本主要表现男欢女爱的和歌赋予了新的题材，使被称为"狂言绮语"的和歌具有了较为深刻的思想内涵，伴随着曼妙的佛音，世俗的和歌散发出浓浓的佛香，为和歌的发展注入了新的活力，开创了和歌发展的新纪元。

和歌中兴的一个重要标志是和歌技巧的成熟。格式上五七五七七的音节固定下来，缘语（把在意思上有联系的词语排列起来）、挂词（双关）、比喻等修辞的运用更加灵活自如。其中由于"释教歌"所表现的内容的特殊性，使它很容易陷入对佛教经典教义的单纯解释之中，出现呆板、呆滞，缺乏和歌的美感等问题。在和歌技巧高度成熟后，"释教歌"摆脱了这些问题。歌人们充分运用一些写作技巧进行创作，以赞美佛祖的伟大崇高，颂扬佛法的法力无边，表达对经典的感悟理解，抒发自己的佛教信仰，使佛教与和歌完美地结合在一起。使"释教歌"既有佛教经典深刻的思想内涵，又洋溢着和歌优美的旋律。

随着和歌的中兴，社交游戏般的"歌合"开始带上了文学色彩，和歌理论也应运而生。平安时代初期产生的对"歌合"的"判词（评语）"，应是对和歌的最早的文学批评。藤原经成奉敕而作的《歌经标示》的问世，纪贯之、藤原公任的"心、词、姿"歌学理论的提出，藤原俊成、藤原定家父子的"幽玄""余情"、西行的"闲寂"的创作风格的形成，标志着"日本化"和歌理论的成熟，并已构成了完整的歌学体系。

在佛教大昌的平安时代，歌学理论也不可避免地带上了佛教的印记。藤原俊成的"幽玄"与中国的古典诗歌理论"羚羊挂角，无迹可求"有异曲同工之妙；"余情"也含有中国古典诗歌理论中的"言有尽而意无穷"之意。"闲寂"的美学理念是西行在数十年与大自然为伍的隐遁生活中形成的，"闲寂"的"寂"是自然之"寂"，它出自大自然，只有在大自然中才能发现和体会。"幽玄"与"闲寂"虽然各不相同，但有一点是共同的，那就是都与佛教有着千丝万缕的联系，都带有深深的佛教禅意。藤原俊成在《古来风体抄》中明确指出："根据佛道修行与歌的深刻意义，悟到佛经之无尽，同极乐往生结缘，入普贤之愿海，以换此咏歌之词，赞奉佛，听佛法，参拜普度十方之佛土，首先应引导俗世众生。"①而西行更是把和歌与佛教的关系直接表述为"咏出一首歌，如造一尊佛"，② 足以看出平安时代的佛教思想对和歌理论的影响，也不难发现"释教歌"在平安时代的地位。

第四节 西行的佛教思想

在佛教大昌的平安时代，日本的佛教界宗派林立，在天台、净土二宗之外，还有真言密教、净土信仰等。关于西行的佛教思想的归属问题，学者们各有见解。

西行出家时首先考虑的是东山的寺庙，如长乐寺、双林寺及鞍马寺，这些寺庙属于天台密教，其次西行移居到嵯峨的法轮寺附近，而这些寺院属于真言宗。一些学者认为从此以后与西行有关的寺院都是属于真言宗的，不论是兴福寺、醍醐寺、长谷寺，还是他最后圆寂的河内府弘川寺，而且四国之旅时西行还专程拜访了真言宗的创始者弘法大师的诞生地的善通寺，并在寺旁结了草庵。但从西行的和歌所表现的内容来看，西行的佛教思想不只有天台、真言二宗，而是呈现出各宗混合的状态。例如西行在《闻书集》中有《法华经二十八品歌》34 首，在《山家集》中还有咏法华经组歌 17 首。法华经是天台宗的根本经典，因当时受到朝廷的庇护而兴盛于一时。除了与天台宗有关的和歌之外，西行还创作了以《論の三種の菩提心のこころ》6 首表现真言密教的和歌。从"词书"来看，如"菩提心論に乃至身命而不悋惜の文を""無上菩提の心を詠みける"等，论及显密二教优劣，与真言密教的经典《菩提心论》有关。

此外，西行还有许多"净土宗"的和歌。平安时代末期，"厌离秽土，欣求净土"的"净土宗"开始流行，身处乱世的人们向往着离开现

---

① 塙保已一编纂：『群書類叢第十六辑・古来風体抄』，平文社 1980 年 7 月版，第 680 頁。
② 松本雄二：『日本文芸史・第二部』，筑摩書房 1981 年 5 月版，第 103 頁。

实的"秽土",前往没有战乱,没有苦难的"西方净土"。西行出家后自号"西行",明显受到了净土宗的影响。他还创作了"地獄絵を見て"组歌与"十楽"组歌,可见他不仅关注着"地狱",也关注着"西方净土",呈现出净土思想的两极。

由此可见,西行的佛教思想不是单一的非此即彼,而是多元的,混合的。西行一方面学习天台宗的教义,另一方面参加真言宗的修行,同时也受净土思想的熏陶。安田章生认为,西行的佛教思想"既有对真言密教的关心、也有向净土思想的倾斜,二者的特征在西行那里并存"。[①]也许在西行看来,不论是与天台法华经的关联,还是对西行净土的希求,对真言密教的修行,本质上都没有什么区别。这也从另一个侧面证明,西行不是属于某个独立宗派的僧人。

西行的"释教歌"可以分为两部分,一是释教的歌,即直接与佛教的经典、教理、佛事有关的和歌,如《法华经二十八品歌》《无常十首》《论十种菩提心》《观地狱图》等,二是表面上与佛教教义等无关,而是把佛教思想寄托给大自然,吟咏自己迷惘或顿悟之心。前者是知识性的,后者是体验性的。如果按照前者来理解的话,西行的"释教歌"约有140余首。

第五节　法华经二十八品歌

奈良时代日本最早向中国派遣"遣唐使"主要是入唐学习佛法的"学问僧"。学问僧学成回国时带回了大批佛教经典。在他们从中国带回的佛教经典中,影响最大的当属《法华经》。《法华经》是《妙法莲华经》的简称,是佛教的主要经典之一。《法华经》的主题是,释尊自成佛以来,寿命无限,现各种化身,以种种方便说微妙法,重点宣扬"三乘归一"之旨,即声闻、缘觉、菩萨三乘归于一佛乘,调和大小乘之各种说法,以为一切众生皆可成佛。自以其法微妙,故称《妙法莲华经》。《法华经》在平安时代被认为是释尊的正说,《法华经二十八品歌》告诉人们应该怎样做才能到达西方净土,因此为当时的贵贱僧俗所信奉。佛教大炽的平安时代,寺院讲经活动遍地开花,通过僧人讲经活动《法华经》

---

① 安田章生:『西行』,岩波書店 1993 年 8 月版,第 79 頁。

逐渐深入人心。从平安时代中期开始流行用和歌吟咏《法华经二十八品歌》。藤原赖长的日记《台记》，就记载了西行为出家的皇后"待闲门院"结缘而奔走于王公贵族之间进行的"一品经劝进"活动。"西行法师来云，依行一品经，两院（退位天皇鸟羽院与崇德院）以下各处皆应允也。不嫌料纸美恶，只可用自笔"，① 记载的是退位天皇"鸟羽院"的皇后"待闲门院"出家后经常作和歌吟咏《法华经二十八品歌》，并发愿书写《法华经二十八品歌》进行"一品经供养"，即每人抄写《法华经二十八品歌》中的一品，且不论纸张优劣，只要自己抄写即可，抄写好后给寺院供奉。两位退位天皇"鸟羽院""崇德院"和许多宫廷贵族都主动参加。西行因此找到内大臣藤原赖长，希望他也能书写经书的一品。"崇德院"因"保元之乱"被流放到赞崎，他曾刺血书写的也是《法华经》。此外，当时的歌人几乎都有吟诵《法华经二十八品歌》的和歌，可见在平安时代《法华经》的影响和地位。

西行所写《法华经二十八品歌》并未收录在《山家集》中，而是收录在《闻書集》的开头部分。与当时的歌坛巨擘藤原俊成一样，西行的《法华经二十八品歌》也是把"开经""结经"与"心经""阿弥陀经"合在一起，构成"法华具经"共 34 首。石原清志据此认为，"这是平安时代末期的两大歌人共同的'释教歌'的典型形式"。② 西行的《法华经二十八品歌》由于没有"词书"和作歌的年代，所以无法断定具体的写作时间。但藤原俊成的《法华经二十八品歌》的"歌题"却明确写有，"康治元年为'待闲门院'出家而人人咏法华经二十八品歌，余因题吟咏赠送"的字样。③ 康治元年是公元 1042 年，在这一年的 2 月 28 日藤原俊成创作了《法华经二十八品歌》。石原清志认为，西行的咏《法华经二十八品歌》的创作年代应与藤原俊成在同一年，即 1042 年，并认为西行在奔走于王公贵族之间，恳请他们为"待闲门院"出家而亲笔书写法华经中的一品时，已经完成了《法华经二十八品歌》的创作。④ 伊藤嘉夫也持

---

① 藤原頼長：『台記』。増補『史料大成』刊行会『史料大成』，臨川書店 1965 年 11 月版，第 64 頁。
② 石原清志：『釈教歌の研究』，同朋舎 1980 年 8 月版，第 550 頁。
③ 松下大三郎編纂：『続国歌大観』，角川書店 1973 年 7 月版，第 9 頁。
④ 石原清志：『釈教歌の研究』，同朋舎 1980 年 8 月版，第 547—550 頁。

这种观点。① 但据藤原赖长的日记记载，西行当时年仅 25 岁，出家不满三年。一个如此年轻的出家人能否写出对法华经有如此深刻理解的和歌，笔者对此也抱有疑问。

西行咏法华经的和歌除了《法华经二十八品歌》34 首之外，还有 26 首与法华经有关的和歌，在西行的 140 余首"释教歌"中是数量最多的一类。这些和歌不仅表达了西行对法华经的深刻理解，也反映出法华经对西行的影响之深。

一 经典与大自然的结合——花与月

被称为"花月歌人"的西行，一生创作咏月和歌 376 首，咏樱花和歌 272 首，在他的两千多首和歌中所涉及的景物中，月出现的次数最多，其次是花。这里的花，特指樱花。花与月是西行的最爱，是西行长达 50 年隐遁生活的精神寄托。西行的一生离不开花与月，吟咏花与月的和歌是西行和歌的精华，最为后世日本人所熟知的，正是西行那些吟咏花与月的和歌。因此，他曾经说自己的和歌集《山家集》"可称《花月集》"。

佛教经典是理念的世界，把经典的世界置换为自然的世界，才能使"释教歌"摆脱枯燥、呆板的弊病，使其在诠释佛教教义的同时，也兼具和歌优美的旋律及幽玄的意境。中村元在《日本人的思维方法》中指出，"在释教歌中，虽然只不过是把佛典的文句借助仅有三十一字的和歌的形式来表现，但一般来说在表现佛教抽象的观念或一般命题时，常常结合个别的事例，运用非常直观的、具象的表现，使一般人能够理解"。② 理念是抽象的，隐遁歌人在创作"释教歌"时，常常以从大自然中选取的"具象物"作为比喻，通过比喻和转义使抽象的教理"具象化"。这些"具象物"以代表平安时代审美意识的"雪月花"为主，其次是露、雨、云、风以及大自然中的山川草木等。"释教歌"常常把佛教的经典语句在表面上托付给自然，都试图把佛教经典中的抽象内容用和歌加以阐释。大自然是出家隐遁歌人的精神家园，他们把安身立命的草庵建在大自然中，在每日与大自然为伍之中，观察发现四季轮回中大自然的千变万化，春季

---

① 伊藤嘉夫校注：『山家集』，第一书房 1987 年 4 月版，第 232 頁。

② 中村元：『東洋人の思惟方法Ⅲ日本人の思惟方法』，『中村元選集』，春秋社 1989 年 5 月版，第 413 頁。

的万物复苏、山花烂漫，夏季的草木繁盛、勃勃生机，秋季的万紫千红、果实累累，冬季的白雪飘飘、一片肃杀，都能引发隐遁歌人的无限感慨。作为"歌僧"的西行，更是在大自然的修行当中，把大自然的变化与佛教经典联系起来，创作出独具特色的"释教歌"。

1. 花与经典的结合

"花"作为大自然中最美丽的精灵，是西行在创作"释教歌"时爱用的喻体。日本人爱花，尤其喜爱樱花。西行的"释教歌"中出现的花，自然也少不了樱花的身影。此外，佛教特有的莲花，被称为法华之花的曼珠沙华，也是经常被西行使用的花朵。《法华经二十八品歌》中"花"的身影更是必不可少。

序品　曼珠沙華　栴檀香風
つぼむよりなべてにも似ぬ花なれば木ずゑにかねてかをる春風
（1644）
沙华花蕾吐异香，春风吹过染芬芳。

信解品　是時窮子　聞父此言　即大歓喜　得未曾有
吉野山うれしかりけるしるべかなさらでは奥の花を見ましや
（1647）
幸喜先贤到吉野，得见深山千株樱。

授記品　於未来世　咸得成佛
遅ざくら見るべかりける契あれや花のさかりは過ぎにけれども
（1649）
花期虽过若有缘，迟樱亦有盛开时。

普賢経
花にのるさとりを四方に散らしてや人の心に香をはしむらむ
（1675）
专心修行乘花香，四方流布法华经。

心経
花のいろに心をそめぬこの春やまことの法の果はむすぶべき
（1676）
绚烂花色心不染，修行佛道得正觉。

阿弥陀経

はちすさくみぎはのなみのうちいでて説くらむ法を心にぞきく（1677）

净土池中莲花开，释尊说法倾心闻。

（1644）"序品"的歌题是"曼珠沙華　栴檀香風"，曼珠沙华与曼陀罗华、摩诃曼陀罗华、摩诃曼珠沙华并称法华经四花。曼珠沙华原产中国长江流域，分布在长江中下游及西南部分地区，相关记载最早见于唐代。在中国被称为"金灯"，因其有毒，所以日本翻译为"彼岸花"。栴檀是一种香木，能散发一种奇特的香味。包含歌题的原文是，"文殊师利，导师何故。眉间白毫，大光普照。雨曼陀罗，曼珠沙华。栴檀香风，悦可众心"。意思是，文殊师利，我们的导师释迦牟尼佛何故眉间白毫大放光明，普照世间呢？这时，天空降下了白色和红色的曼陀罗及曼珠沙花，不但色彩美丽，而且散发出栴檀香味，使众人大饱眼福，心情欢畅。西行的和歌说，曼珠沙华的花蕾吐出栴檀一样的异香，春风吹过树梢，连树梢也染上了栴檀的芬芳。西行巧用经典，把释迦牟尼佛的说法比作从天而降的红色的曼陀罗与曼珠沙华，众生不但看到了色彩艳丽的法华之花，而且嗅到了它散发出的如栴檀木的香气。洒向理想世界、极乐净土的美丽的曼珠沙华，以及它所散发的栴檀般的香气，在视觉与嗅觉上展现出了幻想美的世界，西行把抒情与咏叹幻化为对自然景象的吟咏，表现出西行对《法华经》的憧憬之情。

在和歌世界中，花与春风相关，而"花"在日本一般被认为是樱花。石原清志认为西行这首和歌中的"曼珠沙华"指的就是樱花。[①] 被称为"花月歌人"的西行，一生中痴爱樱花。

（1647）"信解品"与（1649）"授记品"直接把樱花与法华经的经文联系在了一起。（1647）"信解品"的歌题是"是时穷子，闻父此言，即大欢喜，得未曾有"。这一品旨在增强众生信念，能信解不可思议之大乘法者，方能实践而证得无上甚深的微妙法，故名"信解品"。包含歌题的法华经经文是，"世尊是时穷子，闻父此言，即大欢喜，得未曾有。而作是念，我本无心，有所希求，今此宝藏，自然而至。世尊，大富长者，则是如来，我等皆似佛子。如来常说，我等为子，……我等于中，勤加精

———————
① 石原清志：『釈教歌の研究』，同朋舎 1980 年 8 月版，第 557 頁。

进。得至涅槃"。这段经文是"信解品"的中心"长者穷子"的故事。说的是从前有一位长者非常富有，其独子自幼失散，万贯家财无人继承，长者十分焦虑。而其独子即穷子受尽苦难，穷困潦倒。长者历尽千辛万苦终于找到了这个穷子，告诉他自己是他的父亲，要把万贯家财都交给他。历经种种波折，最终穷子得到长者的认可，接受了万贯家财。

西行这首和歌的歌题吟咏的经文是大富长者告诉了穷子事情的真相，把家产全部给了穷子之后皆大欢喜的场面。但西行这首和歌却以日本最有名的樱花胜地——吉野山的樱花为主题，吟咏吉野山樱花的美丽。"幸喜先贤到吉野，得见深山千株樱"，幸亏有先贤深入吉野山，我们才能够看到深山的千株樱花盛开的绝美景色。表面上看这首和歌的内容似乎与经文、歌题不符。其实西行是用比喻的手法把歌题的长者与穷子的故事具象地在自然景象中加以吟咏。吉野山象征着佛道，深山的樱花象征着佛道的真髓。要想真正进入佛道必须要经过艰苦的修行，否则无法掌握佛教的真谛。幸亏有修行的先贤为我们探路，我们才有可能像进入吉野山深处观赏美丽的樱花一样，真正地进入佛道之中。经文中的"长者"是如来，"我等"是佛子。西行以法华经为基础吟咏自然景象，把经典的精神转化为象征性的诗美的世界加以吟咏，这是西行的歌风的特征之一。

（1649）"授记品"也与樱花有关。歌题是"于未来世，咸得成佛"。"授记"又称"授诀"，佛预先告诉你将来在什么时候在什么国土成佛，你的国土有什么特色，佛的寿命有多长，你一旦接受了这个授诀，就叫"授记"。包含着歌题的经文是，"菩萨无数，志固精进。于佛智慧，皆不退转。佛灭度后，正法当住。四十小劫，像法亦尔。我诸弟子，威德俱足。其数五百，皆当授记。于未来世，咸得成佛"。这是"授记品"的最后一章。说的是迦叶等十大弟子之外的凡夫俗子，只要一心修行最后都能成佛。西行的和歌说，"花期虽过若有缘，迟樱亦有盛开时"，日本有"樱花七日"之说，意思是樱花的花期很短暂，只有短短的七天。在这短短的七天中，樱花开得红火而热烈，绚烂无比，而如此美丽的樱花却只开了短短的七天就会迅速凋谢。正因为如此，日本人才觉得樱花珍贵，对樱花投入了非同一般的感情。西行的这首和歌表面上与歌题没有关系，似乎只是对樱花的赞美。他劝说人们，虽然樱花的花期已过，但我们也不要失望，只要我们与花有缘，还是能够看到迟开的樱花。但如果理解了"授记品"的深意，就会知道西行这首和歌的真正含义。这是西行根据释尊说法而创作的，"遅ざくら"（迟樱）是指众生在未来均可成佛，"契"是指（有缘），是以《法华经》为契机的释尊的教诲，即成佛的因缘。就像释尊教诲的那样，即使是凡俗的众生，如果相信佛陀的教诲，信奉法华经，受持法华经，就能得到正觉，哪怕迟一些，最终也能得到成佛的因缘。转化为自然界来说，花开有早有晚，成佛有先有后，在樱花烂漫盛开之后，还有迟开的"迟樱"，虽然开得晚一些，但依然美丽，依然让人赏心悦目，仍然有观赏的价值。西行作为凡夫中的一员，《法华经》的受持者，把自己比喻成"遅ざくら"（迟樱），表现出西行对佛祖的崇拜，对西方净土的不懈追求，以及对《法华经》的憧憬和赞颂。

（1675）"普贤经"没有歌题，所依据的经文是，"普贤菩萨，说法庄严故，耳渐渐闻障外声，眼渐渐见障外事，鼻渐渐闻障外香，广说如妙法华经"。普贤经是劝说忏悔的经典，这段经文说的是，普贤菩萨为了说法，行菩萨之道，耳听从未听过的声音，眼见从未见过的东西，鼻子嗅到从未嗅过的香气，其他六根也是如此，于是更加广泛地传播法华经。西行据此写道，"专心修行乘花香，四方流布法华经"，专心修行佛道的求道者，像乘着法华之花的香风那样，把修行后掌握的至深妙法法华经向一切众生传播。西行把修行佛法比喻为"乘花香"，无疑是把《法华经》的精髓比喻为鲜花了。

（1676）"心经"是西行在理解"心经"（《般若波罗蜜多心经》）的精神的基础上，在自然的景象化中表达自己信仰的感怀之作。这首歌虽然也与花有关，但这里的花不是作为佛经或佛祖的象征存在，而是与魅惑人心的"色"联系在了一起。与这首歌相关的经文是，"观自在菩萨，行深般若波罗蜜多时，照见五蕴皆空。度一切苦厄，舍利子，色不异空，空不异色，色即是空，空即是色。受想行识，亦复如是"。西行据此作歌如下，"绚烂花色心不染，修行佛道得正觉"。其中的"はなのいろ"（花色）是承接经文中的"色即是空，空即是色"，"心をそめぬ"（染心），是与经文"心无挂碍，无挂碍故，无有恐怖，远离一切颠倒梦想，究竟涅槃"相关。"まことののり"是"阿耨多罗三藐三菩提"（无上正等正觉），是"般若波罗蜜多"（用佛陀的大智慧到达涅槃清净的彼岸）。西行想要表达的是，不要被眼前绚烂多彩的花色污染了心灵，只要像观自在菩萨那样专心修行佛道，排除一切艰难苦厄，集中所有的智慧，就一定能达到无上的正觉。西行把一心修行与自然界的百花灿烂加以对比，作为佛教徒的真率之心溢于言表。

（1677）"阿弥陀经"是西行咏《法华经二十八品歌》的最后一首，这是表现西行全盘接受法华经的一首和歌。这首和歌的"はちすさくみぎはのなみ"是阿弥陀经的开头部分，"极乐国土，有七宝池，八功德水，充满其中。池底纯以金沙布地，四边阶道，金银琉璃、玻璃合成，上有阁楼，亦以金银，琉璃玻璃砗磲、赤珠玛瑙，而严饰之。池中莲花大如车轮，青色青光，黄色黄光，赤色赤光，白色白光，微妙香洁，舍利佛，极乐国土，成就如是功德庄严"。这段经文描写极乐净土的华丽与庄严：七宝池中充满着八功德水，池底金砖铺地，四边用金银琉璃装饰，上面的阁楼也是金碧辉煌。七宝池中的莲花如车轮般硕大，而且放射着青黄赤白等各色光芒。这些描写意味着佛陀在向众生说明阿弥陀佛的无量无边的广大功德，晓喻众生只要一心念佛就能到达西方净土。西行于是写道，"净土池中莲花开，释尊说法倾心闻"，释尊说法，众生倾心听闻，憧憬着早日来到西方净土，看到盛开在净土池中盛开的莲花。西行把自己对西方净土的向往之情凝聚在了这首和歌中。

西行在《法华经二十八品歌》中把"花"用作比喻的对象。盛开在极乐净土七宝池中的莲花，法华四花之一的曼珠沙华，绽放在吉野山深处的美丽的樱花，都被西行用来表现对法华经的理解。这些花或被喻为佛法，或被喻为释尊，或被喻为俗世的种种诱惑。"释教歌"是表现歌人对佛教经典的理解的和歌，正因为如此，"释教歌"往往容易陷入对佛教的机械解释，无法表现出和歌应有的美感。西行的"释教歌"灵活运用和歌常用的"比喻"的创作技巧，不仅避免了"释教歌"呆板、枯燥的弊病，而且把对《法华经》的理解自然地融入和歌之中，使和歌与佛教完美地结合在一起。

2. 月与经典的结合

作为"花月歌人"，西行不仅在"释教歌"中常常用花作为比喻，"月"也是西行爱用的比喻的喻体。樱花虽然美丽，但樱花每年盛开的时间只有短短的七天，而月亮却一年四季夜夜升起，陪伴着西行送走了长达50年的隐遁时光。月儿高挂天空，把皎洁的月光洒满大地，给大自然的万物披上一层朦胧的轻纱，很容易使人产生种种联想。因而吟咏月光是古今中外诗人们最爱。在西行的《法华经二十八品歌》中，月光更是被西行作为喻体使用，他用"月"来比喻佛法，比喻释尊。

方便品　諸佛世尊　唯以一大事　因縁故出現於世

あまのはら雲ふきはらふ風なくば出ででややまむ山のはの月

（1645）

若无风扫迷惘云，怎可山端见月明？

同品文に　第十六我釈迦牟尼佛於娑婆国土成阿耨多罗三藐三
菩提

思ひあれやもちにひと夜のかげをそへて鷲のみ山に月の入りけ
る（1651）

灵鹫山月如释尊，众生闻法心地纯。

安楽行品　深入禅定　見十方佛

深き山に心の月し澄みぬればかがみに四方のさとりをぞ見る

（1658）

深山修行心月澄，真如之月明如镜。

寿量品　得入無上道　速成就佛身

わけいりし雪のみ山のつもりにはいちじるかりしありあけの月

（1660）

修行不殆终登顶，雪山黎明月当空。

薬王品　容顔甚奇妙　光明照十方

花をわくる峯の朝日のかげはやがて有明の月をみがくなりけり

（1667）

百花缭乱绽峰顶，黎明之月映朝晖。

妙音品　正使和合百千万月其面貌端正

わが心さやけきかげにすむものをある夜の月をひとつみるだに

（1668）

夜望明月我心澄，明月犹如法华经。

（1645）"方便品"的歌题是"诸佛世尊　唯以一大事　因缘故出现
于世"。"方便品"是《法华经》的核心部分，讲的是释尊示以权巧方便，
教化众生。包含歌题的经文是"我以无数方便，种种因缘，譬喻言词，
演说诸法，是法非思量分别，之所能解，唯有诸佛，乃能知之，所以者
何，诸佛世尊，唯以一大事，因缘故，出现于世，舍利弗云何名，诸佛世

尊，唯以一大事因缘故，出现于世"。这是当五千"增上慢"不听佛陀说法离座退场时，佛陀忠告舍利弗的一段话。"增上慢"是指那些自认为自己已经得了佛法胜过他人的人。大意是，舍利弗哟，我向你们诉说真实的情况，诸佛和如来所说的微妙深远的意旨的确是很难理解的，因此采用无数的巧妙手段，种种的解说、暗示来向你们说法。诸佛世尊为了这唯一的目的，唯一的工作，才出现在世界上。西行在对经文理解的基础上，写下了"若无风扫迷惘云，怎可山端见月明？"的和歌。这里的"云"指的是那些自以为已经得了佛法的"增上慢"心中的迷惘，"风"象征着佛法，"山の端の月"象征着释迦牟尼佛。只有佛法扫除了那些"增上慢"和众生们心中的迷惘，才能真正得到正觉，才能看到山顶的明月，即佛祖释迦牟尼。

（1651）的歌题是"同品文"，意思是说这一首与前一首（1650）相同，也是"化城喻品"。"化"从幻化而来，并不是真实的，它从佛彻底觉悟的精神显现出来，远离现实的一切，现出微妙不可思议的境界。佛所说的"化城"本来是不存在的，如今却能化现出来，所以这一品名为"化城喻品"。歌题是"第十六我释迦牟尼佛于娑婆国土成阿耨多罗三藐三菩提"。所依据的经文是，"我释迦牟尼佛，于娑婆国土，成阿耨多罗三藐三菩提。诸比丘，我等为沙弥时，各各教化，无量千万亿，恒河沙等众生，从我闻法，为阿耨多罗三藐三菩提。比诸众生，于今有住。声闻地者，我常教化，成阿耨多罗三藐三菩提，是诸人等，应以是法，渐入佛道"。这是佛陀向众僧说教受持《妙法莲华经》十六菩萨的部分。大意是，我释迦牟尼佛，已经在这个世界上达到无上的完全顿悟的境界，诸比丘啊，当我们作为比丘努力修行时，各自教化了几百千万亿犹如恒河之沙那样的众生，这些众生从我们那里闻法，便趋向无上正等正觉。虽其根性各有不同，但皆会达到无上的正等正觉。"阿耨多罗三藐三菩提"是无上正等正觉，即真正平等觉知真理的无上智慧之意。西行据此作歌道，"灵鹫山月如释尊，众生闻法心地纯"，释尊向无量无边的众生说教无上《妙法法华经》，释尊虽然像灵鹫山的月落一样圆寂了，但释尊用《法华经》弘扬的思想仍然活着，活在在众生的心中。西行也思考着释尊的宣说，也对受持、信奉《法华经》而感动。西行把释尊比喻成"灵鹫山之月"，借助自然景象表白了自己的信仰。

（1658）"安乐行品"的歌题为"深入禅定 见十方佛"，"安乐行"

即菩萨行，菩萨身心皆能安居于菩萨道上，并乐于行菩萨道，所以这一品称"安乐行品"。包含歌题的经文是，"化为四众，说无上法。见身处中，合掌赞佛。闻法欢喜，而为供养。……亦有四众。合掌听法。又见自身，在山林中。修习善法，证诸实相。深入禅定，见十方佛"。这是释尊对文殊师利菩萨宣讲《法华经》是诸法中的至上之经时的一节。说的是，佛陀为了四种会众宣讲这最高的教义时，合掌赞颂佛陀，闻法欢喜加以供养。……集合了像自己一样的四种会众，而且他们合掌、恭恭敬敬地从你那里听到教诲，而且自己在山林中，冥想佛陀的教诲，修行佛陀的教义，达到教义本质的结果，就是深开正觉，奉见十方之佛。西行的这首和歌在内容上与经文密切相关，"深山修行心月澄，真如之月明如镜"，在深山中努力修行的结果，就会得到真正的正觉，心中之月就会澄澈无比，真如之月就像镜子那样明亮，《法华经》的受持者也会达到像镜子那样顿悟的境界。西行把深山之月比作真如，认为在深山修行的《法华经》受持者心中的月也因此变得澄澈起来。可见西行对《法华经》的尊崇，对佛法修行将会给自己带来正觉的信赖，以及对无边佛法的憧憬。

（1660）"寿量品"的歌题是"得入无上道　速成就佛身"。佛是不生不灭的，在时间上空间上都是无限的，佛的寿命也是没有限量的，这一品是说明佛的功德和智慧，上符实相，下契众生。其依据的经文是，"我常知众生，行道不行道，随应所可度。为说种种法，每自作是念，以何令众生。得入无上道，速成就佛身"。这是"寿量品"的最后一章"诗颂"的结尾。大意是，我常常想了解众生的思想，了解他们是否修行。众生应以佛身得度者，佛就现佛身而为其说法；应以众生身得度者，佛就随类应现，变种种的众生，去度他们，为他们说种种的法。我常常说教种种经文，而且经常思考怎样引导众生正觉，怎样使他们成就佛道。西行的和歌虽然不是对经典的直译般的咏叹，但在歌颂受持无上正法《法华经》的欢喜这一点上，显示出西行精确理解了《法华经》的经典。"修行不殆终登顶，雪山黎明月当空"，克服种种障碍，以登顶为目标不懈地努力，登上世界的最高峰——雪山之巅时，象征着成佛的黎明之月照耀在西方净土的彼岸。这首歌里的雪山象征着当年释迦佛修行的雪山，樵夫攀登雪山，象征着众生潜心修行佛法。在《涅槃经》中有雪山童子的故事，而《法华经》中没有这样的故事。也许西行在吟咏释迦佛时，脑海中常常浮现出那个故事。这首和歌表面上描写的是攀登雪山，但实际上带有浓厚的象征性。

（1667）"药王品"的歌题是"容颜甚奇妙　光明照十方"。这一品的全名是"药王菩萨本事品"，药王菩萨苦修苦行，"本事"是说明药王菩萨前生所修的事迹，所行的苦行。这一品说药王菩萨为法忘身的精神，所以成就圆通无碍的品德与智慧。与歌题有关的经文是，"日月净明德佛，……我今当还，供养此佛，自己即坐，七宝之台，上升虚空，高七多罗树，住到佛所，头面礼足，合十指爪，以偈讚佛，容颜甚奇妙，光明照十方"。这是"药王品"的开头部分，接续佛陀与宿王华菩萨之间问答的最初部分。称净德国王为父亲，在唱完对净德国王的诗颂后说，我现在应当再去佛所，继续供养这位佛。说完之后，即时坐在七宝所造的高台，慢慢升向虚空，高度有七棵多罗树，到了佛所之后，即刻五体投地向佛顶礼，合其双掌，用偈颂来赞叹佛。佛的容颜，甚为奇妙，佛的光明，能普照十方世界。西行的这首和歌的歌题就是上述经文的诗颂部分。西行基于对"药王品"经文的理解，作和歌"百花缭乱绽峰顶，黎明之月映朝晖"。黎明到来，日月净明德佛就像旭日映照着山花烂漫的峰顶，映照着黎明之月一样，法华经的广大无边更加光辉灿烂。西行借助朝晖和黎明之月对法华经加以赞颂。虽然黎明到来，灿烂的朝晖代替月光照亮大地，但当夜幕降临，月亮还会照常升起，皎洁的月光依然会映照着天地万物。在西行的心里，月亮与朝阳一样有升有落，清晨落下，夜晚升起，永无止境，就像《法华经》一样，永远引领众生走向正等正觉的境界。这首和歌的歌题说的是药王品里出现的日月净明德佛的容颜甚是奇妙，其光明普照十方，西行的这首和歌巧妙地安排了日、月和明净，あさひ（朝日）、ありあけの月（黎明之月），二者交相辉映的景象甚为明净，真可谓"日月净明德佛"，西行也许是从这一佛名中得到启发而构思了这首和歌。

（1668）"妙音品"的歌题是"正使和合百千万月其面貌端正"。妙音菩萨有不可思议的声音，他在往昔无量劫中曾经用十方伎乐供养云雷音王佛，他说法的妙音，永远留在众生的耳根。相关的经文是，"是菩萨，目如广大，青莲花叶，正使和合，百千万月，其面貌端正。复过于此，身真金色。无量百千，功德庄严。威德炽盛，光明照耀"。这是"妙音品"的开头，被释迦牟尼佛的神通力的光明照耀的国度，在一切净光庄严国的妙音菩萨来到灵鹫山释尊的身边，使灵鹫山的山边八万四千的莲花盛开。这位妙音菩萨大大的双眼，好像广大的青莲华叶一样，青白分明，其面貌端正秀丽，更超过这种境界。他的身体是紫金色，有无量功德，其身庄严，威德炽盛，光明照耀一切。西行也感受到释迦牟尼佛的无边的神通力和妙音菩萨的端庄秀丽，于是作和歌"夜望明月我心澄，明月犹如法华经"，就像夜里仰望夜空的明月一样，明月象征着《法华经》，我景仰着如同把百千个月亮融合在一起般的妙音菩萨，我的心是如此的澄澈清净。这里的"わが心"是指西行自己的心，"さやけきかげ"指的是妙音菩萨端庄秀丽的身姿。西行对《法华经》与妙音菩萨的景仰之情溢于言表。

二　经典与大自然的结合——露水草木

西行山林隐居50载，一直与大自然为伍。在大自然中修行佛法，在花月的陪伴下感悟人生，使他的和歌充满了佛意，他的"释教歌"更是如此。"释教歌"选取佛教经典为吟咏对象，难免会有枯燥、乏味、缺乏诗意的弊端。西行与大自然相亲相近，使他的"释教歌"有意无意地渗透进大自然之中，在对经典的理解上把大自然的一切有机融合，不仅使经典不再枯燥，而且使"释教歌"充满和歌的美感。

　　　　薬草品　我観一切　普皆平等　無有彼此　愛憎之心
　　ひきひきに苗代みづをわけやらでゆたかに流す末をとほさむ
（1648）
　　　　好似丰水润秋田，释尊说法晓众生。
　　　　化城喩品　願以此功徳　普及於一切　我等與衆生　皆共成佛道
　　秋の野のくさの葉ごとにおく露をあつめば蓮の池たたふべし
（1650）
　　　　秋草集露功德丰，极乐净土莲池盈。
　　　　弟子品　内秘菩薩行　外現是声聞
　　岩せきてこけきる水はふかけれど汲まぬ人には知られざりけり
（1652）
　　　　碧潭水深浮青苔，汲水方知潭水清。
　　　　法師品　一念隋喜者　我亦與授　阿耨多罗三藐三菩提記
　　夏ぐさの一葉にすがる白露も花のうへにはたまらざりけり
（1654）
　　　　宛如夏草叶凝露，弱小众生得证悟。

涌出品　我於伽耶城　菩提樹下坐　得成最正覚　転無上法輪

夏山の木蔭だにこそすずしきを岩のたたみのさとりいかにぞ

（1659）

夏山林荫送清凉，笃信释尊得正觉。

分別品　若坐若立　若経行処

たちゐにもあゆぐ草葉のつゆばかり心をほかにちらさずもがな

（1661）

莫如露珠草上浮，行住坐卧心向佛。

（1648）是"药草品"，草乃草木，喻俗世的众生，如来教法是药，佛陀在这一品以药草为比喻，医治众生身心之病。与之相关的经典是，"我观一切，普皆平等。……恒为一切，平等说法。……如雨普润，贵贱上下。……等雨法雨，而无懈倦"。这是"药草品"中释尊向大迦叶及法会的弟子们说法的部分。大意是，我对一切众生都平等看待，没有憎恶与喜爱之分，就像雨水使万物复苏一样，不论高低贵贱，佛都普降法雨，滋润众生，不知疲倦。西行据此作歌，"好似丰水润秧田，释尊说法晓众生"，就像雨水普降滋润万物浇灌秧田一样，释尊平等地对万人说法，晓喻众生，释尊把大法传播到世界的每个角落，传播给所有众生。西行对释尊的大慈悲心有深刻的理解，用润泽秧田的丰沛的雨水赞誉《法华经》对众生一律平等，就像雨水平等地浇灌大地一样，佛陀平等地向众生说法，像医生用药医治病人一样，佛陀用《法华经》来医治众生的身心之病。西行从《法华经》求道者的立场出发，用和歌表达了对《法华经》及释尊的憧憬之情。

（1650）"化城喻品"的歌题是"愿以此功德　普及于一切　我等与众生　皆共成佛道"。"化城喻品"的来历上文已作描述。这一首所依据的经文是，"佛为世间眼，久远时乃出。哀悯诸众生，故现于世间。超出成正觉，我等甚欣庆。及余一切众，喜叹未曾有。……愿以此功德，普及于一切。我等与众生，皆共成佛道"。大意是，佛为世间的明眼，在久远劫难到来时，为了哀悯众生才来到世间，并经过艰苦的修道才得成正觉。我等一切众生都非常欣喜，如此的欢喜与赞叹是从未有过的。唯愿我佛大发慈悲之心接受我们的供养，并愿意把供佛的功德惠及众生，愿我等与众生共同进入佛道。西行作和歌"秋草集露功德丰，极乐净土莲池盈"，就像秋天草叶上积存的露水一样，我等众生把微小的功德积蓄起来，不懈地在求道修行的道路上前行，就能像极乐净土的莲池积满了水一样，成就佛道，达到证悟正觉。西行把众生修行比喻为秋天草叶上的露水，虽然微小，但只要不断积蓄，就能功德圆满，修成佛道。露是清凉纯洁的，西行用"秋草集露"来形容众生修行佛道，可见在西行心里，修行佛道者的心也同样纯洁无瑕。

（1652）"弟子品"的歌题是"内秘菩萨行　外现是声闻"，这是释尊在赞扬十大弟子之一"富楼那"之后，晓喻众生的部分。与歌题有关的经典是，"是故诸菩萨，作声闻缘觉。以无数方便，化诸众生类，自说是声闻，去佛道甚远。度脱无量众，皆悉得成就。虽小欲懈怠，渐当令作佛。内秘菩萨行，外现是声闻"。大意是，大乘菩萨甘心变身声闻、缘觉程度最低的弟子，运用无数巧妙的手段，教化一切众生。他们的神通来自西方净土庄严佛国。他们以种种方便因缘，教化众生送惑者，使其逐渐趋向佛道。西行据此作和歌"碧潭水深浮青苔，汲水方知潭水清"，堵住岩石而形成的深潭长满青苔，但不去汲水的人既不知道潭水的清澈，也不知道潭水有多深。但联系歌题"内秘菩萨行　外现是声闻"来看，西行这首和歌的含义是，求道者如果不知道如甘露般的法华经之水的深邃与甘甜，就无法进入无上的妙法之中，达到佛国净土的彼岸。西行把这个含义转化为自然景象，深奥的《妙法莲华经》如深山的碧潭，虽然遥远，但却真实存在，正因为佛法深刻难求，所以众生夹杂着俗世杂念就很难进入求道的境界。这样的人犹如不去汲水之人（汲まぬ人），即使深山的碧潭之水再清澈，他们也无法真正品味。西行把《法华经》比作深山碧潭，水深而清澈，浓缩了西行对《法华经》的尊崇与景仰。

（1654）是"法师品"，这是释尊对药王菩萨的教诲。歌题是"一念隋喜者　我亦与授　阿耨多罗三藐三菩提记"。包含歌题部分的经典是，"佛告药王，又如来灭度之后。若有人闻妙法莲华经，乃至一偈一句。一念随喜者，我亦与授阿耨多罗三藐三菩提记。若复有人。受持读诵解说书写妙法华经乃至一偈。于此经卷敬视如佛"。大意是，佛告诉药王菩萨，当我灭度之后，如果有人听到这部妙法莲华经，乃至经中的一偈或一句，而能在一念中生出随喜与赞叹，我都会给这些人授成佛之记。如果又有人能受持、读诵、书写、解说法华经或只能解说法华经中的某一首偈颂，可以说此人像礼佛一样恭敬礼拜法华经。西行在理解经文的基础上，作和歌

"宛如夏草叶凝露，弱小众生得证悟"，就像夏天野草的叶片上凝结的露珠一样，即使是柔弱微小的众生，只要在法华经受持的一个念头上继续自己的信仰，就会得到像露珠那样闪闪发光的证悟，接受这样授记的人，不被如现世之花般的假象所迷惑，能开眼于真实的佛道。这是一首内藏比喻与寓意的和歌，西行把法华经的受持比作夏草叶片上集聚的露珠，窄窄的草叶上凝聚的露珠，虽然像水滴一样微不足道，但只要不断蓄积，也能汇成江河。修行佛法也是如此，众生虽然弱小，但只要坚持信仰，不懈努力，在修行佛法的道路上不断前行，就最终能得到正觉，成就佛道。

（1659）是"涌出品"，是佛陀在自己得到正觉后，教化从大地之下的中空涌出的菩萨们的一品，叙述无量无边的大菩萨，住在下方的世界虚空中，因为他们要供养、护持妙法莲华经，所以从地下涌出。包含歌题的经典是，"我于迦耶城，菩提树下坐，得成最正觉，转无上法轮。尔乃教化之，令初发道心。今皆住不退，悉当得成佛"。大意是，我在佛国迦耶城的一棵菩提树下打坐，证得至高无上的圣智，成为如来佛，此后开始转无上法轮，弘扬佛法。那时，我便教化这些无量大菩萨，使他们发下了求证佛道的誓愿。他们完全应当证得成佛的果位。"迦耶城"在印度尼连禅河以西，是佛陀成道之地，"转法轮"是指法华经的教法。诸佛的教法击碎了众生的迷惘，如同旋转车轮粉碎瓦砾一般。西行针对这段经文作和歌"夏山林荫送清凉，笃信释尊得正觉"，从这首和歌与歌题部分的关联来看，两者似乎没有直接的关系。歌题以及接下来的经文，包含着弥勒菩萨以及众生的疑念。歌题之后的部分是说，释尊从得到正觉只有40余年的短短的时间，而却教化从几千万劫的过去世就开始修行的弥勒菩萨与众生，并说他们都是我的儿子。西行和歌中的"夏山の木蔭"（夏山树荫）指的是经文中的佛陀打坐，证得至高无上的圣智的"菩提树下"，"すずしき"（清凉）是西行对佛陀专心修行的场所与佛陀修行本身的尊崇与憧憬。"岩のたたみのさとり"，指的是经过艰苦的修行达到的释尊的正觉。就像夏天的山上树荫的清凉一样，释尊修行的迦耶城下的菩提树下是清净纯洁没有任何杂质的境地，释尊修行本身也是清冽至纯的，因此才能达到无上的正觉。众生也应该像释尊那样艰苦修行，最终都能修成正果，得道成佛。

（1661）"分别品"的歌题是"若坐若立　若经行处"。包含歌题的经典是，"若我灭后，诸善男子善女人，受持读诵，是经典者，复有如是，诸善功德。当知是人，已趣道场。近阿耨多罗三藐三菩提，坐道树下。阿逸多。是善男子善女人。若坐若立，若经行处。此中便应起塔"。大意是，即使在我入灭之后，所有善男子和善女人，能受持此经典、诵读此经典，又有这样的功德，应当知道此人已经趋向道场。接近无上正等正觉，转大法轮，教化众生。这些受持《法华经》的善男子善女人，不论是坐着的地方，站着的地方，还是经行的地方，都应当建起宝塔。这是说明广大《法华经》受持者功德的部分，是对《法华经》受持的赞扬憧憬。西行作和歌"莫如露珠草上浮，行住坐卧心向佛"，直接与歌题"若坐若立　若经行处"相扣，就像释尊教育弥勒菩萨那样，在佛陀灭后仍受持《法华经》，专心信奉、弘扬《法华经》的善男信女，其行住坐卧都要规范。佛道修行者行住坐卧要常常用心受持《法华经》，不要像在草叶上摇动的露珠那样使心神散乱，而是要专心修行，并最终得到功德。这是信奉《法华经》的善男信女经过修行到达的一个阶段，是由释尊保证的接近真正正等正觉的境地，也是佛道修行者西行的愿望。在"法师品"中，西行把一点一滴的修行比喻成草叶上的露珠，柔弱的众生只要坚持修行，如水滴般的露珠也能汇成江河，众生也能最终成佛。而在这首歌中，西行把在草叶上滚动的露珠比喻成受世俗魅惑的众生散乱的内心。同是露珠，喻体相同，但被比喻的对象却不相同，"法师品"中的露珠是正面的形象，而这一首似乎成了反面的形象。之所以叫露珠，是因为它呈圆形，像珠子一样，在草叶上滚动是它的常态，用来比喻众生的散乱之心很贴切。

　　在上述几首和歌中，西行用水润秧田形容佛陀用《法华经》来医治众生的身心之病；用秋草集露来形容众生修行佛道之心的纯洁清净；用碧潭深水形容《法华经》的深邃与清澈，用夏草凝露来形容众生修行佛法的积累渐进；用夏山树荫形容释尊经过艰苦修行达到的正等正觉。喻体都与水有关。水是生命之源，《法华经》之于众生，就像水之于生命一样。西行在《法华经二十八品歌》中选取与水有关的喻体对《法华经》及众生修行加以比喻，足见他对法华经的崇敬之情。

三　经典与各种喻体的结合

　　《法华经》的表现虽然颇具文学性，但其主旨是以种种方便说微妙法，重点在弘扬佛法，宣扬一切众生皆可成佛之原理。作为总括一切佛教经典的《妙法莲华经》，融入了佛陀的各种教说，用通俗易懂的语言，深入浅出地讲解佛教的教义，教导众生努力修行，坚信一切众生皆可成佛。

　　《法华经》中用大量篇幅阐述佛法的精妙，表达释尊对众生的谆谆教诲，特别是教导众生修行佛法的重要。西行的《法华经二十八品》和歌，除了直接表达或用比喻的手法阐释佛教经典外，还有一些强调了众生修行《法华经》的重要性。西行在理解《法华经》主旨的基础上，在《法华经二十八品》和歌中，也表达了对释尊的教诲的理解。

　　西行的《法华经二十八品》和歌不仅以大自然中花月草木等作为喻体阐释佛教经典，而且采用各类其他喻体表达对佛教经典的理解与崇敬。以下几首和歌所用的喻体十分丰富，充分展示了西行的和歌才华。

　　　　譬喻品　今此三界　皆是我有　其中衆生　悉是吾子
　　　　乳もなくていはけなき身のあはれみはこの法みてぞ思ひしらる
　　る（1646）
　　　　不得母乳实堪怜，佛经受持法无边。
　　　　宝塔品　是名持戒　行頭陀者　則為疾得　無上佛道
　　　　かひなくて浮ぶよもなき身ならまし月のみ舟ののりなかりせば
　　（1655）
　　　　众生持法乘月舟，俗世苦海得超生。
　　　　提婆品　我献宝珠　世尊納受
　　　　いまぞ知るたぶさの珠を得しことは心をみがくたとへなりけり
　　（1656）
　　　　宝珠献与释尊佛，深入禅定菩提心。
　　　　勧持品　我不愛身命　但惜無上道
　　　　ねをはなれつながぬ舟をおもひ知ればのりえむことぞ嬉しかる
　　べき（1657）
　　　　挣脱牵绊乘法船，诵法弘法乐无边。
　　　　随喜品　如説而修行　其福不可限
　　　　からくにや教へうれしきつちはしもそのままをこそたがへざり
　　けめ（1662）
　　　　石公桥上传兵法，释尊宣法众生闻。
　　　　嘱累品　佛師智慧　如来智慧　自然智慧
　　　　さまざまに木曽のかけ路をつたひ入りておくを知りつつ帰る山

人（1666）

　　樵夫涉险攀高峰，千辛万苦终到顶。

　　普門品　弘誓深如海　歷劫不思議

おしてるや深きちかひの大網にひかれむことのたのもしきかな
（1669）

　　弘誓大愿深如海，救赎大网顿悟心。

　　同品に　能伏災風火　普明照世間

ふかきねのそこにこもれる花ありといひひらかずば知らでやま
まし（1670）

　　地下深根不蓄力，焉知真花何时开？

　　嚴王品　又如一眼之龟值浮木孔

おなじくは嬉しからまし天の川のりをたづねしうき木なりせば
（1672）

　　如能受持法华经，终将乘筏渡天河。

　　無量義経

この法のこころはそまの斧なれやかたききさとりのふしわられけ
り（1674）

　　佛经犹如樵夫斧，斩断迷惘终顿悟。

　　（1646）是"譬喻品"。"譬喻"即比喻，诗经三义"赋比兴"中的
"比"即是比喻。佛教教义深奥难懂，所以《法华经》运用比喻的方法讲
解佛教教理，引导众生。包含歌题的经典是，"今此三界，皆是我有，其
中众生，悉是吾子。而今此处，多诸患难。唯我一人，能为救护"。这是
释尊在对舍利弗宣讲诸佛用方便教化众生。在这一诗颂前的一章讲的是，
有一长者，他的孩子身在火宅中却不知危险已经迫近，于是他告诉那些孩
子，要给他们用妙宝装饰的羊车、鹿车和牛车，于是那些孩子欢呼雀跃地
跑了出来，乘着宝车去四方游玩。接下来佛告诉舍利弗，其实我也和那个
长者一样，我是这个世界一切众生之父，所有众生都是我的孩子。可是他
们都愚昧地在三界中沉溺于各种欲望之中，而且充满了各种苦恼，这实在
是可怕。现在的三界都是佛所有，其中的一切众生都是我的孩子。如今三
界中充满毒虫猛兽，唯有佛一人才能救护众生。西行根据这段经文和歌
"不得母乳实堪怜，佛经受持法无边"，就像求母乳而不得的孩子很可怜

一样，如今的三界中充满危险，而一些众生尚不觉悟，沉迷于各种享乐，充满各种苦恼，只有大慈大悲的佛陀能拯救众生，而众生只要受持广大无边的《法华经》，就能解除烦恼，最终得到正等正觉。西行用婴孩求母乳而不得比喻众生不去修行《法华经》的危害，形象而生动地表达了西行对《法华经》的景仰之情。

（1655）是"宝塔品"。这是释尊在教化众生，应该在我入灭以后也仍然受持《法华经》，弘扬佛法之后，用长长的诗颂加以强调的部分。包含歌题的经典是，"我为佛道，于无量土。从始至今，广说诸经。而于其中，此经第一。若有能持，则持佛身。诸善男子，于我灭后，谁能受持。今于佛前，自说誓言。此经难持，若暂持者，我即欢喜。诸佛亦然，如是之人，诸佛所叹。是则勇猛，是则精进。是名持戒，行头陀者，则为疾得，无上佛道"。说的是用神通力让四种会众升上高空的释尊，大声地向众生说，我为了佛道，在无量的世界中弘扬佛法，从无限的往昔到现在已经传播了各种经典，其中《法华经》是天下第一的经典。如果受持《法华经》，就如同奉持佛陀的真身。诸位善男子，在我灭度之后，谁能受持、诵读、解说、书写、传播此经，就应当在佛的面前说出自己的誓言。《法华经》是最难受持的经典，如果是暂时受持、信奉，自己感到欢喜，也会得到诸佛的赞美。这样的人勇猛精进，严守戒律，修行十二种苦行，就会很快证得佛果，得到无上的佛道。西行根据这段经典作和歌"众生持法乘月舟，俗世苦海得超生"，歌颂《法华经》的受持，表达对释尊的景仰。就像乘坐月舟一样，众生如果亲近受持《法华经》的话，就不会天涯孤独，不会在俗世中痛苦地呻吟，在苦海里飘荡沉浮。西行的这首和歌中所描写的众生中，其实也包含着他自己。幸而自己得到了无上妙法《法华经》广大无边的功德的救护，所以才像释尊所教导的那样，坚定了受持《法华经》的决心。西行在歌里用"月舟"比喻《法华经》，"月"是西行爱用的比喻，在西行的心目中，皎洁清澈的月光就是佛祖的化身，它照亮了深山草庵，抚慰着孤独行进在名山大川的西行的心。月亮高高地挂在天上，能到达那里的交通工具就是"月舟"。众生如果努力修行，就像乘着月舟飞上月亮之上一样，达到成佛的终极目标。

（1656）"提婆品"的歌题是"我献宝珠　释尊纳受"。这是"提婆品"后半部分"龙女成佛"一章的末尾。这一品的全名是"提婆达多品"，提婆达多是释迦牟尼佛的堂弟，他处处与佛作对，但其实他生生世世都在帮助释迦牟尼佛成就佛道，所以这一品时说提婆达多帮助佛成就道业的因缘。包含着歌题的经典是，"尔时龙女，有一宝珠，价值三千，大千世界，持以上佛，佛即受之。龙女谓智积菩萨尊者舍利佛言。我献宝珠，世尊纳受"。这是大智舍利佛尊者对龙女表示怀疑，他对龙女说，成佛的道路非常遥远，需要艰苦修行，积累功德，才能最终成佛。而女身有五种障碍，怎么可以说女身也能成佛呢？这时龙女有一宝珠，价值超越三千大千世界那么宝贵，她手持宝珠来供养佛，佛立刻接受了。西行根据这段经文作和歌"宝珠献与世尊佛，深入禅定菩提心"，其中的"たぶさの珠"（宝珠）指的是"安乐行品"中的"髻中の明珠"，形容《法华经》是各种经典的秘密宝库之意。龙女向世尊献上的是整个宇宙也无法匹敌的"たぶさの珠"（宝珠），世尊欣然接受了，于是龙女变成了男子，这样的龙女受持了诸佛的秘藏，深入禅定精通诸法，从而发菩提心，得以成正觉，最终成佛。这是专心修行所得到的结果。

（1657）　"劝持品"的歌题是"我不爱身命　但惜无上道"。这是"劝持品"结尾诗颂的一部分。"劝"是劝说，"持"是奉持，《法华经》是经中之王，是成佛的经典，所以诸佛都劝说众生读诵、受持《法华经》。这一品说的是诸菩萨对佛陀表现恭顺之意，我等发誓在释尊灭后也书写、受持、诵读《法华经》，努力修行，为众生弘法。为此我们可以忍受一切。包含歌题的经典是，"我等敬信佛，当著忍辱铠。为说是经故，忍此诸难事。我不爱身命，但惜无上道。我等于来世，护持佛所嘱"。这段经文之前的部分历数恶人们对礼佛敬佛者的种种恶语后，接下来说，我等因为敬佛的缘故，可以忍受恶人的种种恶意攻击，常穿忍受屈辱的铠甲。为了弘扬《妙法莲华经》，我等不会爱惜自己的生命，但却爱惜无上的道法。我等众生将在未来的世界遵守佛的嘱托，护持这部《妙法莲华经》。这段经文接下来说要在释迦牟尼世尊和来自十方的一切佛面前发下誓言，将不遗余力地认真说法，愿佛安安稳稳地住在西方净土中。西行作和歌"挣脱牵绊乘法船，诵法弘法乐无边"，要挣脱一切束缚，熟知、赞扬《法华经》的伟大佛德，就像乘坐营救我等脱离苦海的法船一样受持、读诵、弘布《法华经》，那是多么欢喜无限的事啊，为此我等众生可以不惜自己的生命。西行认为世俗中肆意谩骂侮辱修行佛法者的恶言都是对修行的"牵绊"，把《法华经》比作"法船"，觉得诵法弘法是无比欢欣的事。这首和歌与包含歌题的经典结合得十分紧密。

（1662）"随喜品"的歌题是"如说而修行　其福不可限"。这是"随喜品"最后一章的诗颂。包含歌题的经典是，"若于讲法处，劝人坐听经。是福因缘得，释梵转轮座。何况一心听，解说其义趣。如说而修行，其福不可限"。"随喜品"赞颂《法华经》，说哪怕只听一句《法华经》的经文，只要能随顺经意，欢欢喜喜地信奉，那么他的功德和福德都会达到不可思议的程度。如果能在讲经说法的地方劝人坐下来一同聆听，由这种因缘得到福德的缘故，来世得以往生，所得的福报将是不可限量的。西行根据这段经文作和歌"石公桥上传兵法，释尊宣法众生闻"。西行在这首和歌里引用《史记·留侯世家》中黄石公向汉高祖的军师张良传授兵法奥秘的故事。说的是张良在下邳桥上偶遇一老者，老者故意把鞋甩到桥下，让张良为其捡起，张良捡起鞋后跪地为其穿好。老者几次考验张良后，最终将《太公兵法》传给张良。① 成语"圯下拾履""圯上老人"就来源于这个故事。西行引用《史记》中的这一故事，似乎与吟咏《法华经》无关，但从广义上来说，这首和歌表达了西行对《法华经》的广大无边的景仰之情。汉高祖的军师张良在下邳的桥上得到黄石公的教诲，接受了黄石公传授的兵法书，最终成为世上少有的大军事家。西行在这首和歌中用黄石公传授的兵法书比喻《法华经》，用黄石公比喻释尊，释尊向众生传授《法华经》，犹如黄石公向张良传授兵法，如果众生像张良认真研读兵法书那样，努力修行《法华经》的话，就会得到无限的福德，最终成佛。西行在这里采用比喻的手法，引用中国汉代的故事，使"随喜品"中释尊对众生的教诲更形象更生动。

（1666）"嘱累品"的歌题是"佛师智慧　如来智慧　自然智慧"。嘱累是流通之意，《法华经》以此比喻佛经通过弘法流通到各处，使众生得到智慧，明辨是非。包含歌题的经典是，"今以付嘱汝等，汝等当授受读诵，广宣此法，令一切众生，普得闻知。所以者何，如来有大慈悲，无诸悭悋，亦无所畏，能与众生，佛之智慧。如来智慧。自然智慧"。大意是，释迦牟尼佛说，我现在嘱咐你们这些大菩萨，你们应当专心来受持、读诵、宣扬《法华经》，令一切众生增加法益，皆能明了通达这种法的真实意义。因为如来有大慈悲心，没有悭吝不舍，也没有畏惧恐怖。又能布施佛的智慧给一切众生，也就是大觉者的智慧。如来的智慧，就是大圆镜

---

① 司马迁：《史记·留侯世家》，中华书局 1959 年 9 月版，第 2034—2035 页。

智。自然的智慧，就是自性本有的智慧。西行依据这段经文作和歌"樵夫涉险攀高峰，千辛万苦终到顶"，表面的意思是说，樵夫历尽千辛万苦攀登天险栈道，最后终于登上了山顶，是在自然景象中劳动的庶民的形象，但实际描写的是被接受了妙法的菩萨所教化，受持《法华经》而开悟的庶民的形象。把被《法华经》所教化的人们为了在各自的道路上受持、信仰《法华经》，追求佛道的艰难困苦比作攀登山路的艰辛，把樵夫最后登顶满足而归，比作众生得到了《法华经》的真髓而潜藏着的欢喜。西行以对《法华经》的深刻理解为基础，在描写自然景象与庶民生活中寓意着深奥的佛理，展示了西行高超的和歌技巧。

（1669）"普门品"的歌题是"弘誓深如海　历劫不思议"。所谓"普门"，是指观世音菩萨为拯救一切众生，普遍示现一切门类的众生之意。包含歌题的经典是，"具足妙相尊，偈答无尽意，汝听观音行，善应诸方所。弘誓深如海，历劫不思议。侍多千亿佛，发大清净愿"。这是佛回答无尽意菩萨的一段经文。大意是，佛的相貌非常圆满，具足各种妙相。观世音菩萨以善巧方便，因人说法，教化众生。他在未成佛之前就发下了如大海一般深的弘誓大愿，他经历了不可思议的劫难，侍奉很多千亿佛。他发下的弘誓大愿都是清净的，完全出于真正的慈悲之心。西行在理解这段经文的基础上作和歌"弘誓大愿深如海，救赎大网顿悟心"，光明赫然的观音菩萨普照大地，她救济众生的弘誓大愿深如大海，救赎众生的大网指引着众生走向顿悟，得到正等正觉。这是一首与经典直接结合的和歌，尽管如此，也同样采用了比喻的手法。西行把"弘誓大愿"的深刻比作大海，把观音菩萨对众生的救赎比作大网，大网吸引鱼儿，观音菩萨对众生的救赎也恰如大网引领着众生，众生因此而欢喜无限。

（1670）也是"普门品"，歌题是"能伏灾风火　普明照世间"。"普门"又被译为"无量门"，即周遍圆通之意。天台宗将实相圆法周遍一切称为"普"，无所闭塞称为"门"。《法华经》所说的中道实相之理遍通一切，无所壅塞，所以诸菩萨乘此理开无量门，以拔除一切众生之苦，使其成就菩提。包含歌题的经典是"观音妙智力，能救世间苦。具足神通力，广修智方便。十方诸国土，无刹不现身。……慧日破诸闇，能伏灾风火，普明照世间"。大意是，观音菩萨的绝妙智力能够救度世间的一切苦难。观音菩萨具备足够的神通之力，广泛修习智慧与方便法门，在十方的所有国土之中，无处不显现其身形。……他的智慧像太阳一样把一切黑暗全都照破了，把一切风火之灾都降伏了，从而使其智慧之光遍照世间一切。西行根据这段经文作和歌"地下深根不蓄力，焉知真花何时开？"如果没有能启蒙、说教、受持《法华经》的人存在的话，我等众生怎能了解具有深深根底的《法华经》呢？幸而我等众生遇到能消除灾害、给予我等光明的观世音菩萨，她的广大无边的恩惠使我等修行《妙法莲华经》，我等的内心充满了喜悦之情。西行把对《法华经》的受持、读诵等比喻为深潜于地下的花之深根，把《法华经》本身比喻为"真花"，说如果这地下的深根不能蓄积力量的话，怎能知道那绚烂的真花何时开放呢？即如果众生不能潜心修行《法华经》的话，怎能知道《法华经》的深刻内涵，了解《法华经》的功德呢？这首和歌表面看来似乎很抽象，但可以看出西行对《法华经》倾注的一片真心，表达了他对《法华经》的崇敬与景仰，展示出他对《法华经》的深刻理解。

（1672）"严王品"的歌题是"又如一眼之龟值浮木孔"。包含歌题的经文是，"母即告言，听汝出家，所以者何，佛难值故。于是二子，白父母言，善哉父母，愿时往诣云雷音宿王华智佛所，亲觐供养，所以者何，佛难得值。如优昙波罗花，又如一眼之龟，值浮木孔，而我等宿福深厚，生值佛法，是故父母，当听我等，令得出家，所以者何，诸佛难值，时亦难遇"。这一品说的是妙庄严王与夫人受到其二子的感化而皈依佛道的故事。这段经文是妙庄严王的两个儿子在向父母说明自己想要出家的理由后的一段。大意是，净德夫人对两个儿子说，因为佛很不容易遇到，所以我允许你们出家修行。希望你们出家之后努力修行，精进佛道。于是妙庄严王的两个儿子对父母说，父母对我们慈爱，允许我们出家修行。希望父母时常到云雷音宿王华智佛的道场去亲近佛，供养佛。因为没有善根的人是很难遇到佛的。犹如优昙波罗花一样，很难遇到开花的时候。这种花即使开放也会在短时间内凋谢，所以有"昙花一现"的成语。又犹如一只独眼乌龟，在茫茫大海中想找到浮木之孔做住处，但又谈何容易。想遇着佛也是同样困难的事情。西行据此作和歌"如能受持法华经，终将乘筏渡天河"，西行在这里又引用了一个中国的传说来描写自己对这段经文的理解，即奉汉武帝之命的张骞为了探索天河之源而乘坐"うきぎ"（浮木、筏子）到达天庭与星星相会的故事。西行在这里把受持《法华经》终能成佛，比作乘坐木筏抵达天河，法华经就是抵达天河的交通工具，天河就是西方净土。张骞为寻找天河水源乘筏前行，其间一定遇到许多困难。经文中所说的见到佛的真身是犹如见到昙花盛开一样的难事，要想见到佛就要经过许多磨难，克服诸多艰难困苦，就像张骞乘筏到天河一样。这首和歌同样取材于中国古代的传说，足见西行丰富的中国古代文化知识。

（1674）"无量义经"没有以各种经典的章句作歌题，而是把经典的所有内容总括起来加以吟咏。《无量义经》共三卷，分"德行品""说法品""功德品"三品，是由中天竺沙门昙摩伽陀耶舍传入中国，与《法华经》《观普贤经》合称"法华三部经"。《无量义经》是佛陀后期所说，因众生烦恼无量，故佛陀说法无量。《无量义经》内容多以《法华经》为中心，因此也是《法华经》的开经。西行作和歌"佛经犹如樵夫斧，斩断迷惘终顿悟"，是对《无量义经》的全面赞美之歌，其中的"こののり"（此法）指的是释尊宣说的《无量义经》，西行把《无量义经》比喻为"そまのを"（樵夫斧），《无量义经》所宣说的释尊教义犹如樵夫的斧子，就像樵夫削砍坚固的树节一般，《无量义经》也能消除理解教义的困难与通向正等正觉的道路上的险阻。《无量义经》是理解《法华经》的阶梯，要想理解《法华经》，首先要理解《无量义经》，二者的关系不可分割。西行对《无量义经》是《法华经》的开经这一点有着精确的把握，所以才用形象生动的语言写下了这首和歌。

西行的《法华经二十八品和歌》大量使用比喻的手法，不但用大自然的山川草木，也用西行最爱使用的花与月作喻体，此外还用各种形象的比喻描写自己对《法华经》的理解，使枯燥的经典变得生动起来，使佛教教义与和歌达到了完美的结合。

四　对《法华经》的颂扬与赞美

和歌作为诗歌，必须具有优美的诗意，具有诗意的语言。佛教教义为了教化众生，尽力采用文学性的语言宣扬佛教教义。特别是《法华经二十八品》，运用很多佛教故事深入浅出地解说佛教主旨，使艰深难懂的佛教思想融化在生动的故事之中，因此，把《法华经二十八品》归入佛教文学也不为过。西行的《法华经二十八品歌》主要采用比喻的手法表达对《法华经》的理解，另有一部分是在对经典理解的基础上，直接表达对《法华经》的颂扬，对《法华经》教化众生的力量的赞美。

人記品　寿命無有量　以憫衆生故

思ひありてつきぬいのちのあはれみをよそのことにて過ぎにけ
るかな（1653）

佛陀教化度众生，众生不识慈悲心。

法師功德品　唯独自明了　余人所不見

ましてましてさとる思ひはほかならじ我が嘆きをばわれ知るな
れば（1663）

顿悟之心清净身，修行不到慨叹深。

不軽品　億々万劫　至不可議　時乃得聞　是法華経

よろづ世を衣のいはにたたみあげてありがたくてぞ法は聞きけ
る（1664）

无边万世勤修行，幸得听闻法华经。

神力品　如来一切秘要之蔵

くらぶ山かこふしばやのうちまでに心をさめぬところやはある
（1665）

身居深山茅草庵，一心修行莫迟延。

陀羅尼品　乃至夢中　亦復莫悩

夢のうちにさむるさとりのありければ苦しみなしと説きけるも
のを（1671）

梦中守护法华经，诵法弘法驱苦痛。

勧発品　濁悪世中　其有受持　是経典者　我当守護

あはれみの名残をばなほとどめけり濁るおもひの水すまぬ世に
（1673）

末世浊恶人心浮，法华功德济众生。

（1653）　"人记品"的歌题是"寿命无有量　以憫众生故"。这是
"人记品"的开头部分。包含歌题的经典是，"佛有大威德，名闻满十方。
寿命无有量，以憫众生故"。大意是，佛具有伟大的神通力和德行，他的
名声遍布十方世界。他的寿命无边无量，因为要怜悯教化一切众生。西行
根据这段经文作和歌"佛陀教化度众生，众生不识慈悲心"，这是西行表
达自己受持"人记品"，敬仰阿难等诸菩萨，反省自己的咏叹。包含着对
得到释尊授记，预言的阿难诸菩萨，以及教化众生的阿难尊者的恭敬之

念，对没有意识到阿难尊者的佛德，虚度时光的自己的反省与悔恨。努力求道，胸怀得到正等正觉志向的阿难尊者，得到佛陀的授记与预言，佛陀赐予他无量无边的生命力，教化众生，但我等众生却没有意识到阿难尊者的大慈悲心，无所作为地虚度年华。现在我等众生在广大无边的阿难尊者的教化下终于觉醒，坚定了努力求道的决心。西行把自己修行的感动客观、直接地表达出来，表现了佛教徒的信仰之心。

（1663）"法师功德品"的歌题是"唯独自明了　余人所不见"。这一品说明受持、读诵、解说、书写《法华经》的功德，说明《法华经》有能令六根清净的功能。包含歌题的经文是，"若持法华经，其身甚清净。如彼净琉璃，众生皆喜见。又如净明镜，悉见诸色像。菩萨于净身，皆见世所有。唯独自明了，余人所不见。三千世界中，一切诸群萌"。大意是，受持法华经的法师的身体是非常清净的，没有污染，犹如清净的玻璃一般明亮。众生都喜欢见到这样的法师。这样的法师又像清净的明镜一样，能照亮一切色像。菩萨在清净的身体中，能看见世界所有的色像。这样的境界只有菩萨自己才能明白，只有菩萨才能看清这三千世界中的一切众生和一切境界，其他人是无法看不见的。西行根据这段经文作和歌"顿悟之心清净身，修行不到慨叹深"，这是西行在理解经文的基础上显示其内省与求道之歌。"さとる思ひ"（顿悟之心），与歌题"唯独自明了
余人所不见"直接相关，表达了西行对菩萨的顿悟境地的愿望，西行希望自己也能像菩萨那样有顿悟之心，"我が嘆き"（慨叹）表达的是西行对自己没有达到顿悟境地的反省与慨叹。

（1664）"不轻品"的歌题是"亿亿万劫　至不可议　时乃得闻　是法华经"。这一品的全称是"常不轻菩萨品"，"不轻"指的是释迦牟尼佛在过去生中行菩萨之道，见人就五体投地礼拜，于是一般的比丘、比丘尼就以"常不轻"来称呼他，佛在行菩萨道时，见人就说我不敢轻视汝等，汝等皆当成佛，故其名常不轻。佛口宣不轻之教，所说的都是不轻慢他人的教化法门。所以这一品名为"不轻品"。藤原赖长的日记《台记》记载，出家不久的西行为了退位皇后"待闲门院"落发结缘，奔走于王公贵族之间，作"法华经一品劝进"而找到内大臣藤原赖长时，他答应书

写的就是"不轻品"。① 包含歌题的经文是，"第一之法，开示教人。令住涅槃，世世受持，如是经典。亿亿万劫，至不可议，时乃得闻，是法华经……应当一心，广说此经，世世值佛，疾成佛道"。大意是，《法华经》是第一妙法，我开示教化众生，让他们发菩提之心，修无上之道，生生世世受持这部佛经。在没有数量的亿亿万劫，乃至经过不可思议的漫长时光，才能听到这部《法华经》，应当一心一意，专心为一切众生广说《法华经》，你们生生世世皆可遇到诸佛，很快就会得正等正觉，成就佛道。西行根据这段经文作和歌"无边万世勤修行，幸得听闻法华经"，《法华经》是佛祖在无边万世的漫长岁月中宣示的第一妙法，我等能够听到这第一妙法是多么的幸运，所以我等众生也要在今后的无边万世努力修行。表达了西行修行佛法的决心和对《法华经》的无限崇敬之情。

（1665）"神力品"的歌题是"如来一切秘要之藏"。这一品又叫"如来神力品"。《法华经》说十方分神的释迦牟尼佛，多宝如来到法会证明《妙法莲华经》，从地涌出的菩萨，法师功德品，六根互用，都是如来神力。可见如来的神力是无量无边的。世上所有的一切，都是如来神力造成的。所以"神力品"宣示如来的神力是佛不可思议的神通妙用。包含"歌题"的经典是，"如来一切所有之法，如来一切自在神力，如来一切秘要之藏。如来一切甚深之事。皆于此经，宣示显说。是故汝等于如来灭后，应当一心，受持读诵，解说书写，如说修行"。大意是，这是释迦牟尼佛告诉诸菩萨，如来一切所有的法，如来一切所有的自在神力，如来一切所有的秘要之藏，如来一切所有的至深之事，都在《妙法莲华经》中教诲你们，和盘托出，没有保留。因此你们在如来入灭之后，应当一心一意受持、解说、书写法华经，依照法华经所说的道理去修行。西行根据这段经文作和歌"身居深山茅草庵，一心修行莫迟延"，如果跟随释尊的教诲受持法华经，弘扬法华经的话，即使在末法时代，功德至深的《法华经》也能渗透居住在远离人烟的深山草庵中的庶民，即使是居住在边鄙之地的人，也能按照《法华经》，也就是释尊的教导赞扬、受持、信仰《法华经》，一心修行，不要迟延。

（1671）"陀罗尼品"的歌题是"乃至梦中　亦复莫恼"，"陀罗尼"

---

① 藤原頼長：『台記』。増補『史料大成』刊行会『史料大成』，臨川書店 1965 年 11 月版，第 64 頁。

是"总持""总一切法、持无量义"之意。这一品叙述药王菩萨等发愿说咒语，以神力来护持《妙法莲华经》，令受持、读诵、解说、书写《妙法莲华经》的法师，在恶世中不受天魔外道，恶鬼邪神的侵害。包含歌题的经典是，"宁上我头上，莫恼于法师。若夜叉，若罗刹，若饿鬼……乃至梦中，亦复莫恼"。大意是，释尊，我们宁愿这些恶鬼欺压在我们头上，也不准许他们去扰乱受持《法华经》的法师。乃至在梦中，也不许这些鬼来干扰及伤害受持《法华经》的法师。如果这些恶鬼不顺从我的诅咒，反而去侵害受持《法华经》的法师，或者胡乱解说《法华经》的话，他们将来一定会坠入地狱。西行根据这段经文作和歌"梦中守护法华经，诵法弘法驱苦痛"，只要在梦中也受持、读诵、弘扬《法华经》，就不会在这浊恶的世上有任何障碍，就会驱走所有的苦难。直截了当地表达了对《法华经》的憧憬，把西行对《法华经》至深功德的尊崇表现得淋漓尽致，充分展示了西行直率顺畅的歌风。

（1673）"劝发品"的歌题是"浊恶世中　其有受持　是经典者　我当守护"。这一品的全称是"普贤菩萨劝发品"，是《法华经》的最后一品，说的是普贤菩萨不仅愿大，而且行也大，他劝众生发心拥护《法华经》，所以叫"劝发品"。以普贤菩萨的身份和地位，众生一定会相信他说的话，依法修行。包含歌题的经典是"尔时普贤菩萨，白佛言，世尊，于后五百岁浊恶世中，其有受持，是经典者，我当守护"。大意是，这时普贤菩萨对释迦牟尼佛说，世尊，在您灭度后的最后五百年的浊恶世界中，如果有受持《法华经》经典的众生，我就会守护他们。西行根据这段经文作和歌"末世浊恶人心浮，法华功德济众生"，在这动荡的世上，不仅我自己，世上的人都心神浮动，被浊世所折磨，但就像普贤菩萨立下的誓愿那样，象征着佛陀的大慈悲与深邃的微妙法《法华经》护佑着众生，《法华经》的功德真是广大无边啊！表达了西行作为笃信《法华经》的佛教徒对《法华经》的理解与受持，表达了西行忠诚的佛教情感，同时也可以窥见平安末期不安的社会现实。

西行的《法华经二十八品歌》或采用比喻的修辞方法，或直接表达对佛教经典的理解与颂扬。比喻的修辞方法是和歌中常用的，而西行对比喻方法的运用更是纯熟，喻体不仅有花与月，还有草木雨露以及其他喻体。比喻手法的运用使深奥的经典教义能深入浅出，变得通俗易懂，也使抽象的理论变得更加生动，使佛教教义与和歌巧妙融合，可以说是佛教与文学完美结合的典范。

第六节 "观地狱图"与"十乐"

在西行的《闻书集》中，有一组名为"观地狱图"与"十乐"的和歌，在和歌发展到鼎盛的平安时代显得颇为特殊。二者皆源于一个叫"源信"的人所撰写的《往生要集》。《法华经》是从中国传来的佛教经典，没有一定的汉文基础是无法读懂的。而平安时代中后期的《往生要集》则是假名问世后源信用"和汉混交文"撰写的，其目的是使流行于当时的"净土思想"体系化，使佛教经典本土化，以便更有利于对众生的教化，达到人人皆可成佛的目的。《往生要集》的大文第一"厌离秽土"详细描写了"八大地狱"，大文第二"欣求净土"对西方净土作了详细的描述。由此可见，《往生要集》是在平安时代后期"厌离秽土，欣求净土"的佛教思想深入社会各个阶层的产物，它在日本佛教史上第一次把净土思想体系化。所谓地狱或净土本不存在，是佛教经典为教化众生而虚构出来的。当时的人们所关心的是"地狱"后面的"净土"，是如何从"秽土"走向"净土"。特别是生活在宫廷的王公贵族，他们被现实的"净土"即"阿弥陀堂"的庄严所吸引，因而更加恐惧"地狱"的存在。源信设定"厌离秽土"这一初级阶段，是把现世当作"秽土"，因此有"厌离"的必要。在"厌离秽土"的实际感受中，"地狱"只是观念上的东西，但源信的《往生要集》把观念上的东西变为真实迫近的存在，使人们"厌离秽土"的意识变得更加强烈。《往生要集》极力渲染地狱的可怕，着力描述西方净土的美好，意在激起人们对地狱的恐怖，对西方净土的向往。西行应该读过《往生要集》，正因为其中地狱与净土的描写非常生动，所以西行才能据此创作出"观地狱图"和"十乐"组歌。

一 "观地狱图"组歌

西行的"观地狱图"组歌共 27 首，是西行在看了"地狱图"后创作的。源信的《往生要集》是用文字描写地狱的种种惨状，而西行的组歌"观地狱图"所依据的素材是已经被绘成图画的"地狱图"。"地狱图"在平安时代中后期影响深广，对平安时代中后期的佛教思想的传播与净土思想的流布发挥了很大的作用。

　　"观地狱图"组歌是西行晚年的作品，当时西行约 67 岁，是在他离开长期居住的高野山，来到伊势国的"二见浦"的山寺旁构筑新的草庵约 4 年之后。山口哲雄认为，在西行的"释教歌"中，不论是"咏法华经二十八品歌"，还是咏阿弥陀佛和净土的"十乐歌"，都远不如"观地狱图"深刻，与吟咏极乐世界和"十乐歌"相比，在"观地狱图"中隐约可见的极乐世界给人以更切实的影响。①

地狱图

　　据《今昔物语》第三十一卷第四话描述，"地狱图"的创作者是平安朝一位名叫"巨势广高"的画师。"巨势广高"笃信佛教，道心很深，因受病痛折磨而深感人世无常，故而出家。然而这一愿望未能得到天皇的允许，不仅如此，天皇为使其在皇宫大内的"绘所"服务而强迫其还俗。为此先将其幽禁在京都附近东山新建的佛堂，以待其头发长出后到"绘所"工作。幽禁期间的"巨势广高"不能见人，为了打发无聊与寂寞，便在佛堂后的墙壁上画下了"地狱图"。② 这一壁画至今仍受到人们的高

────────────────

　　① 山口哲雄：『西行の地獄』。目崎德衛編：『思想読本・西行』，法蔵館 1984 年 9 月版，第 46 页。
　　② 赤染衛門：『今昔物語』。山田孝雄等校注：『日本古典文学大系・26』，岩波書店 1969 年 7 月版，第 253 页。

度赞扬。据《今昔物语》描写，"地狱图"后来传到执掌朝政的"摄关"家，在祭祀时使用。"地狱图"问世后，在社会上产生了极大的反响。本来《往生要集》中有关地狱的描写已经让读者毛骨悚然了，经过"巨势广高"的描绘，"地狱"的场景更加直观、更加形象地展现在人们眼前，给人以身临其境之感，给予人们的视觉冲击力更大，更使人恐怖。

平安时代的人们只能在特定的佛事法会和每年特定的活动上才能见到"地狱图"。即使画在寺院墙壁上的"地狱图"壁画也只在参拜时才对外开放。正因为如此，"地狱图"才给人以强烈而深刻的印象。在贵族社会中，一年仅有一次能见到"地狱图"，那就是一年一度在宫中举办"佛名会"时。"佛名会"是宫廷人忏悔罪障，念诵过去、现在、未来三世佛的法会，以消灭一年中的罪过，以净化的心灵迎接新的一年的到来。"佛名会"于每年的 12 月 19 日开始连续举行三天，具体地点是皇宫的"清凉殿"。在那三天中，南厢房摆放着"地狱图"的屏风，北面墙壁悬挂着曼陀罗图，人们背对着"地狱图"叩拜曼陀罗，不停地念诵佛名。"佛名会"从深夜到黎明，在黑暗寒冷的深冬进行，在这个时刻观看"地狱图"，其效果可想而知。《荣花物語》对"佛名会"有如下描写。"到了十二月十九日，宫中举办'佛名会'，摆放地狱图屏风等，映入眼帘者皆凄惨至极，恰在此时天降大雪，殿上人（准许上殿的人员，即五品以上的公卿）诵念菩提之声清晰可闻"。[1] 这种"佛名会"不仅在宫中，也在贵族的宅邸举办。届时如果天降大雪，祈祷灭罪的的念佛声更是随处可闻。《枕草子》第八十一段对此也有描写，"佛名会翌日，将地狱图屏风移至皇后宫中，供皇后御览。此图恐怖异常，令人毛骨悚然。皇后反复说快看啊，快看啊，我说绝对不想看。因太过恐惧，不得已隐身在隔壁的小屋中"。[2] 《源氏物语》中也有"佛名会"的描写。"佛名会"结束后，"地狱图"在搬回收藏之前，要在中宫展示。清少纳言把"地狱图"的毛骨悚然用"ゆゆし"加以描写，"地狱图"给人们带来的震撼可想而知。

尽管"地狱图"的影响如此之大，但以"地狱图"为素材的和歌却很少。据中西满义研究，在西行的 27 首"观地狱图"组歌之前，有关

---

① 黒板勝美校注：『栄花物語』，『国史大系第 20 巻』，吉川弘文館 1938 年 10 月版，第 74 頁。

② 清少納言：『枕草子』。池田亀鑑等校注：『日本古典文学大系・19』，岩波書店 1958 年 9 月版，第 114 頁。

"地狱图"的和歌仅有 5 首。① 而考察平安时代的和歌，除了上述 5 首之外，还有斋藤茂吉在《斋藤茂吉全集》中引用的 5 首。② 这是因为"地狱图"并不适合成为和歌的素材。和歌作为诗歌，自古以来就以描写风花雪月及爱情为主，感物兴叹，抒发个人情怀。尽管在平安时代和歌的题材已经超出了这个范畴，扩大了和歌的表现范围，但描写地狱仍然是人们的禁忌。平安时代很多歌人所创作的《法华经二十八品歌》，以佛教经典《法华经》为素材，作为和歌的素材，似乎也并不适合。但《法华经》的主旨是教化众生，给人以温和之感，其中的一些佛教故事还带有一些浪漫主义的色彩，而"地狱图"是用图画来表现地狱恐怖至极，它把在人世作恶之人下地狱后所遭受的种种刑罚血淋淋地、赤裸裸地、淋漓尽致地表现出来，所给予人们的视觉冲击力非比寻常。很显然，以这样的内容作为和歌的素材是很不合适的。西行的"观地狱图"和歌从素材到内容都属于"释教歌"的范畴，但由于"地狱图"的特殊性，使其与通常的取自佛教教理与经典的"释教歌"具有完全不同的性质。在平安时代的其他歌人对"地狱图"不屑一顾时，西行却以极大的创作热情将这种特殊的内容作为和歌的素材加以吟咏，显示出西行超越同时代歌人的深刻思想，也显示出西行驾驭和歌素材的非凡才能。他所创作的"观地狱图"组歌不仅在西行研究上占有重要地位，在日本和歌史的研究上的作用也不容忽视。

見るも憂しいかにかすべき我がこころかかる報いの罪やありける（1841）

不忍观图心生长，我身可有果报罪？

あはれあはれかかる憂き目をみるみるは何とて誰も世にまぎるらむ（1842）

明知地狱苦万般，不入佛道实堪怜。

うかるべきつひのおもひをおきながらかりそめの世に惑ふはかなさ（1843）

---

① 中西満義：『「地獄絵を見て」連作について―西行の意識を中心に』，『上田女子短期大学紀要』1988 年 11 号，第 44 頁。

② 斉藤茂吉：『斉藤茂吉全集第一巻』，岩波書店 1973 年 3 月版，第 5—6 頁。

亡者地狱受酷刑，生者俗世不自省。

うけがたき人のすがたにうかみいでて懲りずや誰もまたしづむ
らむ（1844）

生而为人投世间，再坠地狱前世缘。

　　这四首是西行观看地狱图时总的感想，概括了西行观看地狱图后的所
思所想。（1841）是"观地狱图"组歌的第一首，描写西行看到地狱图所
描绘的可怕景象后不忍直视，心生畏惧，于是想到，这些在地狱中遭受种
种酷刑的人是否因为在世间犯下了什么罪行，因果报应，所以才会有今天
这样的遭遇呢？进而反省自己，是否也有那些果报之罪呢？（1842）写
到，世间的一些人明明知道地狱有千般苦楚，却还混迹于俗世，不肯信仰
佛道，这样的人是多么愚蠢啊！这是西行看到地狱的惨状而发出的感慨，
比起身处地狱的人，西行觉得那些仍然在尘世中醉生梦死的人更加可怜；
（1843）与上一首大体相同，虽然已经死去的人在地狱中忍受着各种痛
苦，而活在人世的人却还不知反省，没有想到也许自己死后也要下地狱遭
受酷刑。表面上写的是"世人"，实际上也包括西行自己；（1844）写到，
好不容易生而为人，但却因为前世的因缘而再次坠入地狱，其主题思想与
前三首大致相同。在这四首和歌中，西行通过观看地狱图而痛感世间、佛
道、地狱三者并非各自孤立存在，而是互相交织在一起，紧密相连，描绘
出虽然已经信仰佛教，却还恐惧地狱之苦的人类的软弱。

　　好み見し劍のえだにのぼれとてしもとのひしを身にたつるかな
（1845）

攀爬树梢见美女，枝条如剑刺身体。

くろがねの鉤のつるぎのはやきもてかたみに身をもほふるかな
しさ（1846）

铁剑乱舞血肉飞，相互杀戮惨又悲。

閻魔の廳をいでて、罪人を具して獄卒まかるいぬゐの方にほむ
ら見ゆ。罪人いかなるほむらぞととふ。汝がおつべき地獄のほむら
なりと獄卒申すを聞きて、罪人をののき悲しむと、ちういん僧都と
申しし人説法にし侍りけるを思ひ出でて（出閻魔厅，獄卒引罪人
赴地狱。见西北角烈焰升腾，罪人问："那是什么火焰"？獄卒答曰：

"乃你将坠入的地狱之火"，罪人闻之魂飞魄散。巨忆起僧都在说法时曾对众生如此说）

问ふとかやなにゆゑもゆるほむらぞと君をたき木のつみの火ぞかし（1860）

远处为何烈焰焚？生前罪业火烧身。

重きいはをももひろちひろ重ねあげて砕くやなにの報いなるらむ（1847）

遭驱负重登高山，下有地狱火焰翻。

墨縄とまうす物うちて身を割りけるところを（见"墨绳勒印身遭切割图"）

つみ人は死出の山邊の柹木かな斧のつるぎに身をわられつつ（1848）

冥土山麓罪人立，身如山木遭斧劈。

ひとつ身をあまたに風の吹ききりてほむらになすもかなしかりけり（1849）

身如斋粉乱飞散，化作热风似火焰。

なによりは舌ぬく苦こそかなしけれ思ふことをも言はせじの刑（1850）

酷刑莫过遭拔舌，所思所想难述说。

黒き炎の中に、をとこ女もえけるところを（见"男女在黑色火焰中燃烧图"）

なべてなきくろきほむらの苦しみはよるのおもひの報いなるべし（1851）

男女葬身烈焰中，现世淫邪遭报应。

わきてなほ銅の湯のまうけこそこころに入りて身をあらふらめ（1852）

铜融成液濯全身，目睹此景颤栗心。

塵灰にくだけはてなばさてもあらでよみがへらすることのはぞうき（1853）

粉身碎骨化尘灰，再为人形重受罪。

あはれみし乳房のこともわすれけり我がかなしみの苦のみ覺えて（1854）

慈母乳房难追忆，唯觉内心苦戚戚。

　　たらちをのゆくへを我も知らぬかなおなじほのほにむせぶらめ
ども（1855）

　　不知慈父在何方，心忧烈焰吞其身。

　　（1845）描写的是"八热地狱"中"众合地狱"的情景。"众合地狱"是犯下杀生、偷盗、淫邪等罪者的地狱。西行和歌中的"剣のえだ"指的是被树上的美女所魅惑的人，一旦爬到树上，树枝就会变成菱形，上面布满尖刺，扎伤人的身体。而且看到美女后马上又会坠地，再次受到伤害。西行的和歌描写了为爱欲而苦恼的人在地狱里受到的惩罚；（1846）描写的是"八热地狱"中的"等活地狱"，是杀生者坠入的地狱。在"等活地狱"中，罪人们挥舞着铁剑相互杀戮，血肉横飞的场面惨烈至极；（1860）的"歌题"说的是罪人与狱卒的对话。死者坠入地狱后，首先要在阎魔厅裁决生前的罪状，决定其所当属的"六道"（地狱、恶鬼、畜生、修罗、人间、天上），当入地狱者，又被裁定分属哪一种地狱。被驱赶到地狱者看到黑暗的远方烈焰升腾，非常惊讶，于是问狱卒那是什么火焰？狱卒回答，那就是你即将坠入的地狱的火焰。当罪人听到这样的回答时，其惊恐可想而知。西行作和歌"远处为何烈焰焚？生前罪业火烧身"，其意与"歌题"大致相同，西行把罪人与狱卒的对话戏剧性地构思在一起，表达了西行深深的感慨。生前作恶的人死后终将坠入地狱，遭到报应，到了那时再恐惧就来不及了。因此生前就应修行佛法，多结善缘；（1847）描写的是"黑绳地狱"，是杀生偷盗者坠入的地狱。这是猛火与热铁的地狱，热铁之绳烧焦了罪人的皮肉和骨头，罪人们被驱赶着，背负着沉重的铁块向山上攀爬，脚下是张开了大口烈焰翻滚的大锅，罪人们一不小心就会掉入锅里；（1848）描写的也是"黑绳地狱"，是西行看到"墨绳勒印身遭切割图"时的感慨之作。黑绳本是木匠锯木头之前在木头上做记号时所用，而在"黑绳地狱"中，犯下杀生、偷盗等罪者的身上也被用黑绳做上记号，以方便狱卒切割之用。罪人们站立在冥土山麓，身体上用黑绳作好了记号，狱卒像樵夫砍伐木材一样切割着他们的身体，惨烈异常。

　　（1849）与（1846）相同，也是描写"等活地狱"，罪人的身体被切割成碎片，碾成齑粉，又被热风吹起随风飘散，化作烈焰彻底消失，恐怖至极，语言都无法形容；（1850）描写的是"阿鼻地狱"，"阿鼻地狱"是惩罚那些杀害父母、淫邪、妄语的大恶之人要去的地狱，这个地狱是最残忍的。这些大恶之人所受的酷刑是"拔舌"，即拔掉大恶之人的舌头，让他们无法说话。西行认为这是最残酷的刑罚，因为被拔掉舌头的人再也无法表达自己的所思所想，只有罪大恶极的大恶之人才会遭受这种酷刑；（1851）描写的还是"等活地狱"，歌题是"见男女在黑色火焰中燃烧图"，可见描写的是惩罚淫邪之罪者的地狱。被牛头、马面等狱卒追赶，被夹在铁山中，被抛入沸腾的铜液的河中，被驱赶着攀爬像刀刃那样的树等。不仅如此，那些在人世间犯下淫邪之罪的男女在地狱中葬身火海，在熊熊的黑色火焰中猛烈燃烧，这是他们在人世间犯下的淫邪之罪遭到的报应；（1852）描写的是"阿鼻地狱"，狱卒把坚硬的铜融化为液体，要把铜液劈头盖脸地浇到大恶之人的身上，大恶之人见此情景魂飞魄散，西行看到这幅画也是心惊胆战；（1853）描写的情景是，罪人本来已经被粉身碎骨了，狱卒又把他们还原成原来的形象，然后再次把他们碾成粉末，如此循环往复，让他们受尽折磨。

　　（1854）与（1855）两首是西行少有的描写自己父母的和歌。根据后世研究者的研究，西行出家前有兄弟儿女，镰仓时代问世的《西行故事》等详细地描写了西行的兄弟、西行的妻子儿女的故事。但在西行创作的两千多首和歌中，并没有出现妻子儿女的身影，出现父母身影的和歌也仅有这两首。（1854）描写的是，地狱图的惨烈使西行深受震撼，虽然连抚育自己的母亲的乳房也早已忘记了，但他仍然在想，也许母亲正在地狱的烈焰中苦苦挣扎着吧？西行不仅把"地狱图"当作图画来看，还把它当作自己的身世来看，所以他把"地狱图"中的恐怖与自己的父母联系在一起，把"我がかなしみの苦"（我心之悲苦）直率地表达出来；（1855）写到，父亲是否也在同一座地狱忍受着烈焰的炙烤呢？西行不知道父亲的下落，生活在俗世的自己为生存而疲于奔命，没有精力来顾及父亲，这是多么可悲的事啊！这两首和歌都是以父母在地狱中受苦受难为前提，但西行的父母何时去世并无史料记载。这在西行研究中始终是个谜团。而西行父母以及西行自己并没有犯下必须下地狱的罪恶，但西行还是在"地狱图"中看到了父母，甚至看到了自己，因而恐惧自己是否也会有因果报应。可见"地狱图"的恐怖，使包括西行在内的人的心灵都受到了极大的震撼，使他们无法以冷静的目光来观看。

こころをおこす縁たらば阿鼻の炎の中にてもと申す事思ひいでて（如若有发心机缘阿鼻地狱之苦亦会成为顿悟）

ひまもなき炎のなかのくるしみもこころおこせばさとりにぞなる（1856）

阿鼻地狱烈焰翻，发心顿悟脱苦难。

おろかなる心のひくにまかせてもさてさばいかにつひのおもひは（1859）

一任昏庸混世间，无奈临终入佛坛。

阿彌陀の光願にまかせて、重業障のものをきらはず、地獄をてらしたまふにより、地獄のかなへの湯、清冷の池になりて、はちすひらけたるところを、かきあらはせるを見て（阿弥陀之光不厌沉重的业障照亮地狱，地狱沸腾的大鼎亦会变为清澈的莲池，盛开着美丽的莲花）

ひかりさせばさめぬかなへの湯なれどもはちすの池となるめるものを（1857）

阿弥陀光映地狱，沸水清澈变莲池。

这三首和歌都有"歌题"，与上述几首描述地狱的恐怖、刑罚的惨烈不同，（1856）（1859）描写的是如何才能脱离地狱。（1856）写到，尽管阿鼻地狱十分可怕，烈焰翻滚，但只要发心进入佛道，就能脱离地狱的苦难；（1859）中的"つひのおもひ"指的是临终时的思考，世人任凭自己内心的迷惑而愚蠢昏庸地混在世间，在最终要离开这个世界时还是无可奈何，其结果是，即使平素很难信仰佛教的人也不得不进入佛道；（1857）的"歌题"很长，其意与下面的和歌共同构成了西行美好的愿望，阿弥陀佛光照亮了地狱，地狱中那只大鼎中翻滚着的，本来用于煮犯人的沸水也能变得清澈起来，那只盛满沸水的大鼎也会变成莲池，盛开着美丽的莲花。表现了西行并没有被"地狱图"所吓倒，并没有一味沉浸在地狱的恐怖之中，而是从地狱中寻找救赎，表达着对灵魂救赎的一种期待。而得到灵魂救赎的最好途径就是修行佛法，西行与众生所期待的就是极乐净土。地狱与极乐净土是佛教经典所描绘的人生的两极，地狱被描绘得越恐怖，人们对极乐净土的向往就越强烈。平安时代的人们所关心的也是地狱后面的"欣求净土"，是脱离当时众生所身处的"秽土"，向净土迈进，而不是坠入地狱。

二　对西方净土的向往与"十乐图"

如前文所述，西行的佛教思想并不是单一的，而是呈现出多元的特点。平田英夫认为，"由于西行生活在因战争、饥饿而产生大量死亡的时代背景下，所以不难想象，净土思想在西行的佛教思想中占有重要地位"。[①]"释教歌"除了《法华经二十八品歌》"观地狱图歌"之外，还有与净土信仰有关的和歌，即以"十乐"为题的和歌。"十乐"描写因佛教信仰而往生极乐净土中的种种快乐。这种种快乐无疑都是想象的世界，西行为每一个世界都配上一首和歌，其中为"圣众聚会乐"创作了三首，充分表达了西行对西方净土的向往。正如地狱是佛教经典为教化众生而虚构的一样，所谓"净土"也不是这个世界真实存在的地方。佛教经典告诉众生，净土是佛建立起来的，是佛居住的地方，是一个清净极乐的世界。佛教经典中有三个世界，众生居住的地方，即"秽土"，在"秽土"之下有"地狱"，"秽土"之上有"极乐净土"。在人世上作恶的人死后要坠入地狱，遭受种种酷刑；在人世努力修行佛法，积德行善的人死后会往生西方净土，享受种种欢乐。西行生活的平安时代末期被称为"末法时代"，天灾人祸不断，百姓苦不堪言。人们对摆脱"秽土"的渴望异常强烈，对"极乐净土"的向往也越发迫切。特别是在观看了令人心惊胆战的"地狱图"后，人们对"极乐净土"的追求也更加积极。源信在《往生要集》"大文第一"中详细描写了地狱的种种令人毛骨悚然的酷刑之后，在"大文第二"中详细描绘了往生西方净土的种种欢乐，即"十乐"，其中有圣众来迎乐，莲花初开乐，身向神通乐，五妙境界乐，快乐无退乐，引接结缘乐，圣众聚会乐，见佛闻法乐，随心供佛乐，增进佛道乐。佛教把死亡看作"往生"，前往弥陀如来之极乐净土谓之往，化生于彼土莲华之中谓之生。西行正是根据源信的描写，创作出了"十乐"组歌。

---

① 平田英夫：『西行の浄土思想と歌』，『国文学解釈と鑑賞』2012 年 3 月号，至文堂，第 54 頁。

聖衆來迎樂

ひとすぢにこころのいろを染むるかなたなびきわたる紫の雲
（1787）

追寻佛祖心色染，净土紫云随风展。

蓮花初開樂

うれしさのなほや心にのこらまし程なく花のひらけざりせば
（1788）

极乐往生托莲台，欢乐无限莲花开。

身相神通樂

ゆきてゆかず行かでもゆける身になればほかのさとりもほかの
ことかは（1789）

临终踌躇终须行，佛法在身得往生。

五妙境界樂

いとひいでて無漏のさかひに入りしより□□みることはさとり
にぞなる（1790）

尽善尽美臻妙境，切断迷惘得正觉。

快樂無退樂

ゆたかなる法のころもの袖もなほつつみかぬべき我がおもひか
な（1791）

袈裟衣袖仍未除，佛法宏大在我心。

引接結縁樂

すみなれしおぼろの清水せく塵をかきながすにぞするゑはひきけ
る（1792）

世间久居心朦胧，净土清水濯凡尘。

聖衆倶會樂

枝かはし翼ならべしちぎりだに世にありがたくおもひしものを
（1793）

连理枝头比翼鸟，庆幸世间结深缘。

池のうへにはちすのいたをしきみててなみゐる袖を風のたためる（1794）

净土莲池莲花开，风送花香染衣衫。

さまざまにかをれる花のちる庭にめづらしくまたならぶ袖かな

（1795）

　　极乐净土花芬芳，花落庭院盈袖香。

　　見佛聞法樂

　　九品にかざるすがたを見るのみか妙なる法をきくのしら露

（1796）

　　净土往生莲花台，聆听妙法露华浓。

　　随心供佛樂

　　花の香をさとりのまへに散らすかなわが心しる風もありけり

（1797）

　　莲花香气唤正觉，花落随风映我心。

　　增進佛道樂

　　いろそむる花のえだにもすすまれてこずゑまで咲くわが心かな

（1798）

　　枝头莲花色正浓，延至树梢慰我心。

　　（1787）"圣众来迎乐"，这是源信的《往生要集》描写的"十乐"中的第一乐，具体描写的是念佛的修行者临终时阿弥陀佛以及圣众出现在眼前，迎接他前往净土，他非常高兴，进入禅定的快乐。西行作和歌"追寻佛祖心色染，净土紫云随风展"，即将离世的修行者生前坚持修行佛法，一心追寻佛祖，他的心也受到佛祖的熏染，所以当他即将告别人世时，佛和圣众都来迎接他，极乐净土也紫云飘飘，一片祥瑞。源信的描写与西行的和歌所传达的都是要人们在世间必须努力修行佛法，只有这样才能受到阿弥陀佛的迎接，才能来到西方极乐净土，看到只有净土才会有的美丽的紫色云彩；（1788）"莲花初开乐"，源信的《往生要集》描写的是寄托莲台而往生的修行者来到西方净土，心中的喜悦犹如莲花初开时盲人睁开眼睛一般。西行作和歌"极乐往生托莲台，欢乐无限莲花开"，其意与《往生要集》相同。极乐净土的莲台，莲台上盛开的莲花，使往生的行者感受到了无限的喜悦；（1789）"身相神通乐"，《往生要集》描写的是，极乐的众生身染金色，内外皆清，大放光明，彼此相照，妙不可言。西行作和歌"临终踌躇终须行，佛法在身得往生"，说的是人们在往生之前总会踌躇不前，但只要佛法在身，就一定能往生西方极乐净土，得五通自在之妙；（1790）是"五妙境界乐"，所谓"五妙"指的是极乐净土的声、色、香（嗅觉）、味觉、触觉，"五妙境界"即尽善尽美之境。这首和歌中缺少两个字，笔者根据上下文揣测，试译为"尽善尽美臻妙境，切断迷惘得正觉"，"无漏"为佛教用语，佛教称烦恼为"漏"，"无漏"即以真智消除烦恼。《法华经方便品》中有"度说诸众生，入佛无漏智"，说的是佛祖教化众生，使其脱离烦恼。西行的和歌也说要切断烦恼迷惘之心，从而走向正觉，来到极乐净土，享受尽善尽美的妙境。

（1791）是"快乐无退乐"，《往生要集》描写的是，来到极乐世界后所享受的快乐无限，而且这种快乐会持续永远，不会减退，也不会消失。西行作和歌"袈裟衣袖仍未除，佛法宏大在我心"，"袈裟衣袖"指的是进入佛道，"仍未除"指的是进入佛道穿上袈裟后并没有脱掉，意味着仍是佛道的受持者，这是因为"佛法宏大在我心"，这样的人最终会来到极乐净土，尽享净土的欢乐；（1792）是"引接结缘乐"，《往生要集》描写的是极乐往生称为神通自在之身，生生世世蒙受佛恩，引导结缘的众生走向极乐净土之乐。与佛结缘的众生们最终会被佛祖迎接到西方极乐净土，其中的欢乐难以言表。西行作和歌"世间久居心朦胧，净土清水濯凡尘"，在俗世居住久了容易产生惯性，心也随之朦胧起来，而极乐净土的清水能荡涤众生在世间沾染的凡尘，使往生者以清净之心在西方净土享受极乐世界的种种快乐；（1793）（1794）（1795）三首都是"圣众俱会乐"，《往生要集》描写的是极乐往生后与无数的圣众欢聚一堂，亲切交谈，得到法乐之乐。（1793）西行作和歌"连理枝头比翼鸟，庆幸世间结深缘"，"连理枝"与"比翼鸟"在中国古典诗词中象征着男女爱情，西行用二者来表现圣众相聚在一起时的欢乐；（1794）也是"圣众俱会乐"，西行作和歌"净土莲池莲花开，风送花香染衣衫"，极乐净土的莲花池中莲花盛开，花香随风飘散，圣众的衣衫也染上了莲花的香气；（1795）同样是"圣众俱会乐"，西行作和歌"极乐净土花芬芳，花落庭院盈袖香"，其意与（1794）大致相同，极乐净土的莲花即使凋谢了，落花铺满庭院，其香气也仍然馥郁芬芳，充满了圣众的衣袖；（1796）"见佛闻法乐"，《往生要集》描写的是在极乐净土能经常奉见阿弥陀佛，经常聆听深妙佛法之乐。西行作和歌"净土往生莲花台，聆听妙法露华浓"，歌中的"九品"是指净土往生分为九个阶段，即接受各种来迎，往生金刚、紫金、黄金等九种宝莲的花台。西行和歌中"きくのしら露"（菊花之露）中的"きく"是"闻"的双关语，圣众往生来到净土莲花台，聆听佛祖的妙法，犹如畅饮菊花之露；（1797）是"随心供佛乐"，《往生要集》描写的是极乐众生经常拿着种种天华，按自己的想法供养阿弥陀佛及各方诸佛之乐。西行作和歌"莲花香气唤正觉，花落随风映我心"，极乐净土的莲花香气呼唤圣众的正觉顿悟，随风而落的莲花映照着我的心。在极乐净土不仅能手持莲花，还能随时供养诸佛，这种欢乐使众生（包括西行）的心更加向佛；（1798）是"增进佛道乐"，《往生要集》描写的是极乐的众生因为有很多好的因缘，所以住在"不退转"之位，能加速增进成佛之乐。西行作和歌"枝头莲花色正浓，延至树梢慰我心"，极乐净土中莲花盛开，颜色鲜艳，美丽的花朵一直开到树梢，安慰着圣众也包括西行的心。

极乐净土即西方净土，佛教谓净土充满欢乐，所以称极乐净土，又因净土在西方，所以也称西方净土。在佛教经典中，西方净土是众生向往的地方，只有在俗世努力修行佛法的人才能最后往生西方净土，享受应有的欢乐。在平安时代，"净土宗"受到朝廷的支持而大行其道，"厌离秽土，欣求净土"的佛教思想深入人心。西行就是受到佛教思想的影响，憧憬西方净土而走上出家隐遁的道路，因而他的和歌中也充满着对西方净土的向往。

にしにのみこころぞかかるあやめ草このよばかりのやどと思へば（233）
西方净土在我心，今世不过暂住地。
わが宿は山のあなたにあるものをなににうき世を知らぬこころぞ（779）
西方净土是我家，何故不知今世忧。
見月思西と云ふ事を（见月思西方净土）
山端にかくるる月をながむればわれも心のにしにいるかな（942）
远望月隐西山顶，我心相随向西行。
月影のかたぶく山をながめつつをしむしや有明の空（394）
远眺月影西山倾，黎明残月挂天空。
入り日さすやまのあなたはしらねども心をかねておくりおきつる（1024）

不知净土在何方，心随落日向西行。

無量壽經易往無人の文の心を（咏无量寿经易往无人文之心）

西へ行く月をやよそにおもふらむ心にいらぬ人のためには
（944）

如来教诲不入耳，向西之月思他事。

觀心

やみはれて心のそらにすむ月は西の山べやちかくなるらむ
（948）

悟得佛法心月澄，真如之月西山倾。

此界一人念佛名 西方便有一蓮生 但此一生成不退 此華還到此
間迎

西の池にこころの花をさきだててわすれず法のをしへをぞまつ
（1682）

净土莲池心花开，佛祖教诲莫忘怀。

寄藤花述懷（寄藤花述怀）

にしをまつ心にふぢをかけてこそそのむらさきの雲をおもはめ
（941）

西方净土待往生，心系藤花思紫云。

ちかひありてねがはむ国へ行くべくはにしのかどよりさとりひ
らかむ（1631）

若随观音赴净土，悟道之门西方开。

不论是出家前还是出家后，西行对西方净土的热情从来没有消退。对
俗世，西行有着清醒的认识。（233）与（779）中都说"俗世本是暂住
地"，"西方净土是我家"，"西方净土在我心"，并说"何故不知今世
忧"，所谓"今世忧"，就是不知今世是秽土，是必须"厌离"的地方。
所以（942）说，远远望见月儿隐在西山，自己的心也随之向西而行，即
向西方净土而行。这首歌的歌题是"见月思西方净土"，这里的月是真如
之月，意味着顿悟的境地；（394）的意境与上一首大致相同，远远望去，
月影早已坠入西山，黎明前的残月高挂在天空。"有明"是阴历 15 日之
后，特别是 20 日以后黎明前的残月。西行和歌里的"月影西山倾"中的
"西山"，指的也是"西方净土"；（1024）写到，夕阳西下，虽然不知道

夕阳要去的西方净土在哪里，但我的心已经随着夕阳向西而行了。正因为西行对西方净土充满憧憬与向往，所以他才给自己起了"西行"这一法号；（944）的歌题是"咏无量寿经易往无人文之心"，经文的大意是，如果相信阿弥陀如来的教诲，就很容易极乐往生，不相信阿弥陀如来教诲者很难极乐往生。所以西行作和歌"如来教诲不入耳，向西之月思他事"，为什么如来的教诲不入耳呢？是否因为向西而行的月亮心不在焉，在思考其他事情呢？表面上写月亮，其实是写人，是某些人不能心无旁骛地修行佛法，而这样的人很难极乐往生到西方净土；（948）写到，如果悟得佛法的话，那么他的"心月"就会变得澄澈起来，被黑暗所笼罩的心就会豁然开朗，而象征佛祖的"真如之月"就会向西山倾斜，即向西方净土而行，也就意味着悟得佛法的众生终将极乐往生；（1682）的意思也大致相同，这首和歌的歌题是南宋王日休居士撰写的，被称为净土宗入门书籍的《龙舒净土文第一卷》的经文，意思是，俗世如果有一个人念诵佛名，西方净土的莲花池就会有一朵莲花盛开，而且终其一生都不会消退，莲花还会在你将往生时到这里来迎接你。西行据此作和歌"净土莲池心花开，佛祖教诲莫忘怀"，如果佛祖的教诲牢记在心的话，那么西方净土的莲花，也就是佛教受持者的"心花"就会美丽地盛开。莲花代表清净，不受贪、嗔、痴的污染，不受生生世世业罪的污染，因此用莲花比喻念佛之人；（941）的歌题是"寄藤花述怀"，日本人最喜爱的花是樱花，西行被后世称为"樱花歌人"，在他的和歌中经常用樱花表现佛祖或佛法，在描写西方净土的和歌中，理应用樱花作喻体，但这首却很例外地使用了藤花。藤花也是日本人喜爱的花，歌舞伎中的"藤姬"就是手持一束藤花。西行的和歌写道"西方净土待往生，心系藤花思紫云"，等待往生的圣众心系藤花，但心心念念的还是西方净土的"紫云"。藤花是紫色的，平安时代有"圣众来迎"的思想，即当圣众临终时，阿弥陀如来带领二十五菩萨，乘紫云迎接圣众的到来；（1631）是"千手经三首"中的一首，"若随观音赴净土，悟道之门西方开"，说的是如果千手观音的誓愿能拯救我们，实现欣求净土的理想的话，就会从面对着西方净土的西门敞开顿悟之心吧？这里的"にしのかど"（西门）指的是正对西方净土之门。

　　西行的"十乐"组歌与"观地狱图"组歌构成鲜明的对比，"观地狱图"极力描写地狱的恐怖，"十乐"则着力描写来到极乐净土的种种快乐。二者都表现出西行的佛教信仰与对佛教经典的深刻理解。而描写西方净土的和歌更是表现了他对西方净土的无限憧憬。极乐净土的"十乐"虽然不像"地狱图"那样很难作为和歌的素材，但在平安时代，以"十乐"为素材的和歌也并不多见。50 年的出家隐遁生活使西行远离主流歌坛，当以藤原俊成与藤原定家父子为首的宫廷歌人在京都的宫廷或贵族的宅邸组织"歌合"吟风弄月时，西行或行走在大自然中吟咏山中的四季风光，或在高野山、大峰等佛教圣地修行佛法。因此他的歌风在平安时代歌坛独树一帜，为后世留下了百余首题材丰富、风格独特的"释教歌"。

第七节　无常观与死亡意识

日本中世著名的"军记物语"《平家物语》的开篇这样写道："祇园精舍的钟声回响着诸行无常的声响，娑罗双树的鲜花颜色述说着盛者必衰的道理，骄奢之人必不长久，宛如春夜一梦，勇猛之人最终灭亡，犹如风前的尘土一般。"① 在佛教大昌的平安时代，诸行无常的佛教"无常观"深入人心。而《平家物语》的开头语正是对无常观的精确解读。

生与死是生命的两极，人们对生与死的思考一直没有停止。每个人都有自己的生死观，各种宗教也无不在各自的教义中对生与死作出自己的解释。佛教的无常观其实也是一种生死观。佛教所谓的无常，是指世间一切现象都是此生彼生，此灭彼灭的互存关系，其间没有恒常的存在，一切都不能久住。因此人们没有必要在意生与死，也没有必要执着于现世的名誉、地位。只有摆脱对现世的贪心，才能踏上真正的解脱之路，到达西方净土。西行的许多和歌或多或少地表达了他的生死观，成组的有"无常十首""无常歌八首""咏诸行无常之心"等，还有一些和歌尽管没有"无常"等词汇，但也表达了他对无常观的诠释以及对生与死的理解。

一　诸行中的无常观

《金刚般若经》中有"一切有为法，如梦幻泡影"② 的说法。西行生活的平安时代被称为"末法时代"，预感到末日来临的贵族社会惶惶不可

① 北原保雄、小川荣一校注：『延庆本·平家物语』，『日本古典文学大系』，勉诚出版 2000 年 5 月版，第 15 頁。

② （姚秦）三藏法师鸠摩罗什译：《金刚般若罗密经》，中州古籍出版社 2007 年 7 月版，第 131 页。

终日，身处乱世的普通的民众也陷入绝望之中，于是佛教的无常观深入人心。无常观本来具有把人们从死亡的恐怖中拯救出来的意义，如果这个世界是梦幻的，是虚无的，那么生与死就没有什么区别。所谓一切如梦幻泡影，就是把一切都驱赶到无限虚无的悲哀之中，从一草一木中都能感受到无常的悲哀。

津の国の難波の春は夢なれや芦のかれ葉に風わたるなり（2157）

津国难波春如梦，风卷枯叶话荒凉。

あはれいかに草葉の露のこぼるらむ秋風たちぬ宮城野の原（2012）

堪嗟草叶清露凝，宫城原野动秋风。

（2157）描写的是西行第二次赴"陆奥"时所发出的感慨。西行第一次来到"陆奥"时正值春天，"津国难波"之地春意盎然，美丽的景色令他陶醉不已。而如今第二次来到这里时已是冬季，只见荒草萋萋，枯叶随风翻卷，一派荒凉凄惨的景象，西行的内心不由得涌起了"人生如梦"的无限感慨。这里所描写的秋不只是季节的秋，也是人生之秋。当时西行已是69岁，西行已经在大自然中度过了近50年的岁月。这50年来，外面的世界发生了巨大变化，不可一世的平氏政权已经灭亡，新兴的武士集团登上了历史舞台。多年的战乱和天灾人祸，使西行的很多熟人离开了人世。因此，当西行再一次踏上"陆奥"之旅，面对着萧瑟的秋风下"难波"荒凉的景象时，内心充满了人生无常的感慨；（2012）也是西行第二次"陆奥"之旅的作品，"堪嗟草叶清露凝，宫城原野动秋风"，宫城在关东平原，秋季骤起的秋风吹落了草尖的露水，一股无常的悲哀紧紧抓住了西行的内心。当西行在第一次"陆奥"之旅时看到古战场"衣川"被冰雪覆盖时，看到当年的中将"实方"的坟墓长满荒草时，他的心中涌现的也是人生无常的深深感慨。在赴"讃岐"为崇德上皇做镇魂之旅时，面对着荒草萋萋的崇德上皇的陵墓，西行发出了"往昔金殿玉楼居，而今死后何所欲？"的诘问，不仅流露出对命运多舛的崇德的无限同情，也表现出西行对"无常观"的深刻理解。而在晚年所进行的第二次"陆奥"之旅时所作的两首脍炙人口的和歌"老迈堪嗟存世间，小夜中山又登攀"，"富士喷烟随风散，我心飘渺之谁边"，更是数十年的隐遁修行使西行发出的对人生的深层感悟。

　　　　諸行無常の心を（咏诸行无常之心）
　　　　はかなくてすぎにしかたをおもふにもいまもさこそはあさがほの露（848）
　　　　人生无常匆匆过，牵牛花上露水消。
　　　　ささがにのいとにつらぬく露のたまをかけてかざれる世にこそありけれ（1605）
　　　　蛛丝串露饰颈项，世间无常亦如斯。
　　　　秋の色はかれ野ながらもあるものをよのはかなさやあさぢふのつゆ（835）
　　　　秋色已尽荒野枯，世事无常如露珠。
　　　　いづくにかねぶりねぶりて倒れふさむとおもふかなしきみちしばのつゆ（916）
　　　　长夜昏睡不觉醒，终卧荒野如露珠。
　　　　つゆの玉は消ゆればまたもおくものをたのみもなきは我が身なりけり（833）
　　　　露消明朝又重生，死后重生不可期。

　　"露珠"本是自然界常见的东西，西行一生创作的2000多首和歌中，出现露水一词的有109首之多。① 这些和歌主要出现在"四季歌"中。如描写夏天的"苇叶月影露华浓，难波江浦似秋凉"，说夏天的露似秋天一般凉，因此，西行的咏秋和歌中，"露"出现得最多，如"小野荻原路难分，拂袖露珠了无痕"。露水往往在太阳升起后迅速消失。西行从露珠的这种特色联想到人生，觉得人的一生也和露珠一样短暂，人生就是这样无常，人的生命就是如露珠般转瞬即逝，因此西行在和歌中常常把人生比作露水，把生命的结束比作露水零落。（848）的歌题是"咏诸行无常之心"，人生是如此的短暂，匆匆而过，犹如牵牛花上的露水，随着朝阳的

---

　　① 荻原昌好：『西行の雪月花』，『国文学解釈と鑑賞』2000年3月号，至文堂，第157頁。

升起而转瞬飘零。而人的生命又何尝不是如此呢？（1605）描写的是人的生命如此脆弱，犹如用蜘蛛丝串起的露珠那样会随时断落。蛛丝易断，露珠易消，西行把二者结合在一起，更形象地表现出人生无常这一主题；（835）中的秋色指的既是秋天红叶的颜色，也是秋天野草的颜色，它们都曾经是那么美丽，装点着秋天的大地，但当秋色已尽，寒冷的冬天来到时，秋色变成了枯野，面对这令人惋惜的景象，面对着枯萎的茅草上凝结的露珠，西行不由得感叹人生也如露水一般无常；（916）描写的是那些没有听从佛祖教诲的人，夜夜昏睡不知觉醒，其最终的结果只能是倒卧在荒野之上，像露珠那样渐渐消失，西行感叹这是多么可悲的事啊！（833）描写的是太阳升起时消失的草叶上的露珠，在第二天又会重新在草叶上凝结，而人的生命一旦失去，却不可能期待它能从头再来。佛教经典告诉众生，只有在世时遵从佛祖教诲努力修行，就会往生西方极乐净土，否则的话就只能坠入地狱，受到阎罗的审判，并遭受种种酷刑的折磨。人生如露珠般短暂和脆弱，俗世也如露珠般无常，西行从大自然中常见的露珠中感悟出人生无常的哲理，因此他的和歌中经常出现露珠就不足为奇了。

　　　　なき人もあるをおもふもよの中はねぶりのうちの夢とこそみれ（828）
　　　　往生之人曾在世，世如梦境知无常。
　　　　はかなしな千年おもひしむかしをもゆめのうちにて過ぎにける代は（1604）
　　　　人生一世实无常，祈盼长生梦一场。
　　　　いつのよにながきねぶりの夢さめておどろくことのあらむとすらむ（826）
　　　　何世方能达悟境，无明长夜迷梦醒。
　　　　うつつをもうつつとさらにおぼえねば夢をも夢となにかおもはむ（1606）
　　　　浮生如梦世无常，今生今世即梦乡。

　　人生无常，人生也如梦，正因为无常，所以才如梦。（828）感叹如今已经往生之人也曾经生活在这个世上，不论是什么人，最终都是要离开这个世界的。在俗世生活一场，在即将走向另一个世界时，都会觉得人生不过是一场梦而已；（1604）似乎是（828）的连续，人生不过是一场梦，的确是无常的，所以你即使恐惧死亡，企盼能长生不死，也只不过是一场梦而已；（826）说，所以人们要深刻认识人生的无常，最终到达悟境，可是哪个时代、什么时候才能在没有光明的长夜里达到顿悟的境界呢？（1606）是西行对无常观的总结，浮生如梦，人生无常，现世也是梦乡，梦乡也是现世，现世与梦乡并无区别，根本原因就是因为现世的无常。

> 曉無常を
> つきはてしそのいりあひのほどなさをこのあかつきにおもひし
> りぬる（841）
>> 晨钟过后晚钟响，光阴似箭知无常。
> あればとてたのまれぬかなあすはまた昨日とけふをいはるべけ
> れば（834）
>> 劝君莫要拖明日，明日到来今成昨。
> とし月をいかでわが身におくりけむきのふの人もけふはなき世
> に（836）
>> 昨日生者今日亡，我身如何度沧桑。
> いつかわれむかしの人といはるべきかさなるとしをおくりむか
> へて（630）
>> 几度迎新辞旧岁，何时今人变古人。

（841）的歌题是"晓无常"，是西行听到拂晓之声而发出的感慨。仿佛刚刚听到拂晓的钟声不久，就响起了宣告这一天结束的晚钟之声，而宣告新的一天开始的拂晓钟声也即将敲响，时光的流逝就是这样的飞快，人的一生不也是如此吗？（834）告诫人们要珍惜时光，劝告人们不要因为还有明日就把一切都拖到明日，如果明天到来的话，今日就成为昨日了。从另一个角度抒发了对光阴似箭的感慨，对人生无常的理解；（836）与（630）都是对人生无常的感慨，昨天活着的人今天可能就往生了，那么我自己如何度过这岁月沧桑呢？多少次辞别旧岁，迎接新的一年的到来，不知何时今人也要变成古人了，岁月就是这样无情，人生就是这么无常。西行生活在平安时代末期，尽管他很早就出家隐遁，但动荡的社会现实对远离尘世的西行也不无影响。如与他有着千丝万缕联系的崇德上皇因发动

"保元之乱"失败而被流放等事，西行即使隐居在山里的草庵中，也不能对此无动于衷。社会的动乱使人们无法把握自己的命运，即使贵为天皇也最终客死异乡，贵为皇后也最终遁入空门，昔日的旧友也无法摆脱命运的安排，或死于战乱，或亡于疾病，这一切更使他深感世事无常，因而创作了这些"无常歌"。

　　　　寄霞無常を（寄霞咏无常）
　　　なき人をかすめる空にまがふるは道をへだつるこころなるべし（842）
　　　火葬云烟空中舞，轮回投生隔凡尘。
　　　花のちりたりけるにならびて、さきはじめける桜をみて（见樱花凋落时又有樱花初开）
　　　ちると見ればまた咲く花のにほひにもおくれさきだつためしありりけり（843）
　　　花落又有花初开，人世无常亦如此。
　　　みづ干たるいけにうるほふしたたりを命にたのむいろくづやたれ（1609）
　　　池塘将涸水少许，鱼为活命沾水滴。
　　　みぎはちかくひきよせらるるおほあみにいくせのものの命こもれり（1610）
　　　渔夫岸边布大网，群鱼性命终难逃。
　　　かぜふけばあだにやれゆくばせをばのあればと身をもたのむべきかは（1114）
　　　身如蕉叶风吹破，人生在世何所依。

　　上述几首选取不同的意象，同样抒发了西行对无常观的理解。（842）的歌题是"寄霞咏无常"，其中的"霞"并非真正的云霞，而是火葬亡者时升腾的云烟，远远望去如同天空的云霞一般，云烟与云霞在空中混淆在一起随风飘荡，意味着亡者陷入六道轮回中，与人间世界似乎只相隔一条路而已。天空中的云霞是美丽的，是经常出现在诗歌中的景象，而火葬死者所产生的烟雾则令人避之唯恐不及。诡异的是，二者若从远处观望似乎并无区别，于是西行把这两种景象放在一起吟咏，充分表现了西行对无常观的理解。即生与死紧紧相连，有生就有死。后藤重郎认为，把火葬的烟误认为云霞始于《万叶集》时代，[1] 西行在自己的和歌中也作这样的描写；（843）的歌题是"见樱花凋落时又有樱花初开"，正如歌题所提示的那样，西行作歌"花落又有花初开，人世无常亦如此"，酷爱樱花的西行见到落花时，心中充满了依依不舍之情，但他又欣喜地看到，又有初开的樱花缀满枝头，于是他感叹到，樱花有落就有开，人生也是这样无常，有生有死，生死轮回；（1609）描写的是，即将干涸的池塘里还剩下仅有的一点水，鱼儿靠这一点点水而活命；（1610）同样以鱼儿为素材，描写了渔夫在岸边撒下了大网，众多的鱼儿终将落入网中，难逃性命。《往生要集》引用了《涅槃经》中佛对阿难讲授生死轮回之理时所说的故事，渔夫为了捕到鱼，在大水池中安置挂上了鱼饵的鱼钩，如果鱼儿吞食了鱼饵，即使仍在池水之中，其生命也没有多久了。[2] 西行的这两首和歌罕见地将鱼儿写入和歌，这是日本和歌中少有的。表面上描写的是鱼儿的命运，其根本还是表现人生的无常。鱼儿不论怎样挣扎，都摆脱不了最终的命运，人生也是一样，最终也会走向死亡；（1114）形容人生就像被风吹破的芭蕉叶一样，没有可以依靠的对象。

西行的上述和歌不论是否以无常为题，都是以具象捕捉事物或以一个现象为契机所感觉到的无常。秋草上凝结的露珠，飘落的树叶，火葬场的云烟，有开有落的樱花，在即将干涸的池塘里垂死挣扎的鱼儿，终将落入渔网的鱼儿，被风吹破的芭蕉叶等，所表现的都是从偶然接触到的事物中而触发的无常感。这些感受虽不是西行所独有的，但只有西行把这种对人生无常的思考融入和歌中，而在每一首和歌的背后使无常感得以成立的是"诸行"。西行的这类和歌与其说是对无常的知识性的把握，不如说是经验性的东西，并由此更能清楚地感悟到在心中所占据的无常意识。

二　悼亡歌中的无常观

人类的生死观其实主要表现在对死亡的思考上。有生即有死，人类本能地惧怕死亡，但又无法回避死亡。佛教的无常观其实就是一种生死观。佛教把死亡看作"往生"，往弥陀如来之极乐净土谓之往，化生于彼土莲

---

① 後藤重郎校注：『山家集』，新潮社 1982 年 4 月版，第 211 页。

② 石田瑞麿訳注：『往生要集』，岩波書店 1994 年 8 月版，第 199 页。

花之中谓之生。西行对死亡的思考在悼亡歌中表达得尤为充分。虽然西行在23岁就出家隐遁，在大自然中度过了整整50年的岁月，但他并没有切断与俗世的联系，例如他为退位皇后"待闲门院"出家结缘进行"一品经"劝进，为遭流放的崇德上皇做"镇魂之旅"等，既是西行与俗世斩不断的联系，也间接印证了西行的佛教信仰。但西行毕竟是出家隐遁之身，他接触更多的是那些同是出家隐遁的友人。西行与这些人的接触除了佛教信仰上的联系之外，也有和歌创作上的交流。当这些人往生之时，西行不可避免地要作和歌表达哀悼之情。自有和歌以来，悼亡歌就是和歌的重要内容之一。《万叶集》中有"挽歌"，《古今和歌集》《新古今和歌集》等和歌集中也都有悼亡歌，但这类和歌大多表现对逝者的哀悼之意与作者的悲伤之情，而西行的悼亡歌却在悼亡之情中渗透了深深的无常感。

　　　　よの中になくなる人をきくたびにおもひは知るをおろかなる身に（1613）

　　聞听世间故人亡，愚蠢如我知无常。

　　近衛院の御はかに人々具してまゐりたりけるに、露の深りければ（与人同祭近卫院之墓，此时露水正深）

　　　　みがかれし玉のうてなを露ふかき野べにうつして見るぞかなしき（852）

　　昔日宫中美玉楼，今日荒野露深陵。

　　五十日のはてつかたに、二條院の御はかに御佛供養しける人にぐしてまゐりたりけるに、月あかくしてあはれなりければ（五十日祭结束，在二条院陵墓读经供佛，此时月明如水，余感慨作歌）

　　　　こよひ君しでの山ぢの月をみてくものうへをやおもひいづらむ（864）

　　今宵君踏冥土山，可否望月思云居？

　　　　へだてなきのりのことばにたよりえてはちすの露にあはれかくらむ（912）

　　兄得佛法已往生，净土莲露寄哀情。

　　　　みのりをばことばなれど説くときけばふかきあはれはとはでこそ思へ（914）

佛法无言施教诲，遵循佛法缅亡兄。

この世にてまたあふまじきかなしさにすすめし人ぞ心みだれし
（878）

临终正念赴净土，与君永别心烦忧。

（1613）高度概括了西行对死亡的看法，表达了西行把死亡与无常观联系在一起的思想，可以从总体上把握西行的无常观。人的死亡是自然规律，谁都无法抗拒，但每个人对待死亡的态度则千差万别。西行每当听到世间的故人亡故，心头总会涌起世事无常的感叹。这种无常观贯穿着西行的一生，在面对人的生老病死时，在面对大自然的千变万化时，甚至面对自己的死亡时，西行都从中深深感到人生的无常；（852）是祭拜近卫天皇时所作。近卫天皇是鸟羽天皇的第八子，其母是“美福门院”。他年仅3岁即位，17岁时病亡。当年被逼让位给他的就是崇德上皇。近卫天皇自幼体弱多病，本不适合继承皇位，但因其母受宠，所以才在如此年幼时即位。西行因此在与人们一起祭拜他时发出了深深的感慨，你曾经居住在宫中的“美玉楼”中，而如今却移居荒野中的陵墓，与深深的露水为伴。其实从感情上讲，西行更同情被逼退位给近卫天皇的崇德上皇，但他给二人的悼亡和歌却有异曲同工之妙。“往昔金殿玉楼居，而今死后何所欲？”虽然你曾经在皇宫居住在金殿玉楼之中，但现在你葬身于荒野之中，想做什么都晚了。同父异母（至少在名义上）的二人都曾贵为天子，一个被逼退位，惨遭流放，最后客死异乡，另一个年仅17岁就命丧黄泉。但无论怎样，二人都曾有过锦衣玉食的生活。所以西行说二人“昔日宫中美玉楼”，“往昔金殿玉楼居”。二人的归宿都是荒郊野外的，被露水深深侵蚀的陵墓。人生就是这般无常；（864）是为“二条院”（“后白河院”第一皇子，1158年即位，23岁驾崩，在香龙寺火化安葬）过完50日忌之后所作。今天你就要翻越冥土山往生，当你仰望明月之时，是否回忆起昔日居住的云居呢？“くものうへ”（云之上）暗指昔日的皇宫。其意与前一首一样包含着深深的无常观。

（912）与（914）是西行与同是出家隐遁歌人的“寂然”之间的六首赠答歌中的两首。西行与“寂然”交往密切，二人之间常有和歌赠答唱和。当“寂然”之兄、也是出家隐遁歌人的“想空”圆寂后，西行因故没有前往悼念。“寂然”赠给西行6首和歌，表达了对亡兄的思念之情。

西行也回复了6首，表达了对"想空"的哀悼之情。（912）写到，"想空"已经得到佛法往生西方净土，极乐净土的莲花凝结的露珠寄托着我对亡兄的哀悼之情；（914）写到，佛祖对众生的教诲有时是无声的，所以遵循佛法的自己虽然没有亲自去吊唁，但我却在深深缅怀着他。西行的这两首悼亡歌在真诚的哀悼之情的背后，包含着深深的无常之感。"佛法无言施教诲，遵循佛法缅亡兄"，即使是如令兄一样深得佛法的人，最终也还是要往生西方净土，从另一个侧面印证了人生的无常。

（878）是给一起出家隐遁的挚友"西住"（在西方净土居住之意）的悼亡歌。"西住"出家前曾与西行一起前往在京都嵯峨山隐居的空仁法师的草庵拜访，二人一起下决心出家隐遁，为了表明对西方净土的憧憬之心，二人分别以"西行""西住"作为法号。所谓"西行"，即向西方净土而行，"西住"即居住在西方净土。出家隐遁后二人虽然隐居在不同的地方，但二人一直保持着联系，有很多唱和之作。"临终正念赴净土，与君永别心烦忧"，"净土教"把人在临死前的顿悟叫作"临终正念"。据说"西住"临终前没有丝毫恐惧，仍然坚信西方净土，从容地走向死亡。西行听说后大为感动。其实歌中的"すすめし人"（劝告"西住"圆寂前"临终正念"的人）正是西行自己。但西行问自己为什么"心みだれし"（心乱）呢？这大概是西行觉得自己的修行与"西住"相比还远远不够，对此西行在表达对西住的钦佩的同时，也表达了对自己修行不够的自省。西行给"西住"的悼亡歌并未止于悲哀之情，而是在悼亡歌中表达了他的生死观，即无常观。既然生与死没有什么区别，那么死亡就没有什么可怕，只要心中有西方净土，就会像西住那样微笑着面对死亡，从容地往生西方净土。

三　死亡意识中的无常观

佛教认为人类都生活在无常的世界，并逐步走向死亡，在无常观的背后是死亡的意识。人类本能地惧怕死亡，回避死亡，但佛教认为，有着佛教信仰的人的死亡意味着前往西方极乐净土，化生于那里的莲花。无常与死亡是表里的关系，人生的无常之心越深，越和死亡连在一起。咏叹自己的死亡在日本古已有之。《万叶集》中"大津皇子"在被处死前唱道：

ももづたふ磐余の池に鳴く鴨を今日のみ見てや雲隠りかむ①

磐余池畔听鸭鸣，今只一见绝平生。

　　大津皇子是日本历史上的一位悲剧性的人物。他本是天武天皇的皇子，由于他文武双全，多才多艺，因而受到皇太子的嫉恨。天武天皇去世不久，就被皇太子一族以谋反罪逮捕，第二天就被处死。"磐余池"在奈良县矶城郡，时值深秋，野鸭盘旋鸣叫在水池的上方，这是年仅23岁的他在人生中所看到的最后景色。大津皇子为日本文学留下了一首凄婉歌咏叹自己的死亡之歌。对无常观有着深刻理解的西行，也在和歌中对自己的死亡作出了描述。

　　そのをりのよもぎがもとの枕にもかくこそむしの音にはむつれめ（846）

　　深山夜阑万籁寂，那时枕边闻虫鸣。

　　死にてふさむこけのむしろを思ふよりかねてしらるるいはかげの露（922）

　　死后陈尸青苔上，寒露湿衣彻骨凉。

　　はかなしやあだにいのちのつゆきえて野べに我が身やおくりおかれむ（832）

　　人生无常如露珠，荒野茫茫葬孤魂。

　　つゆときえばれんだいのにをおくりおけねがふ心をなにあらはさむ（923）

　　露消身殒送莲台，极乐往生足心愿。

　　うらうらとしなむずるなどおもひとげば心のやがてさぞとこたふる（1611）

　　人生无常何须烦，决意潇洒赴黄泉。

　　ねがはくは花のしたにて春しなむそのきさらぎのもちづきのころ（88）

　　物化阳春如释尊，望月在天花下殒。

---

①　佐々木信綱編：『万葉集』，岩波文庫2000年9月版，第141頁。

　　西行对自己死亡的描写细致入微，这是西行有别于同时代其他歌人的独特之处。（846）"深山夜阑万籁寂，那时枕边闻虫鸣"，伊藤嘉夫认为，"那时"指即将踏上死亡之旅时。① 修行途中夜宿草庵，万籁俱寂，仿佛天地间只有西行自己，唯有一只小虫在枕边亲切地鸣叫。西行闭目想象着自己将死时的情景，不由得感慨万千。在日本和歌史上，这样清楚地思考自己死亡的和歌实属特例。虽然有一股股淡淡的感伤，但却没有丝毫的恐惧；（922）"死后陈尸青苔上，寒露湿衣彻骨凉"，西行想象着自己死后躺在冰冷的青苔之上，露水滴落在背阴的岩石上，以致濡湿了后背，彻骨的寒意袭遍全身。西行描写的似乎不是自己，而是一个与自己毫不相关的人，显然是对自己的死亡已经有了清醒的认识；（832）"人生无常如露珠，荒野茫茫葬孤魂"，西行想象着自己已经如露水般消失，尸体被抛弃在荒野之中。天空飘着几朵白云，荒野杂草丛生，自己将要变成孤魂野鬼，无常的悲哀浸透了西行的全身；（923）"露消身殒送莲台，极乐往生足心愿"，这里的"莲台"指的是一个叫"莲台野"的墓场，西行把它与极乐净土的莲台联系起来，说如果我真的像消失的露珠那样死去的话，就请把我送到莲台野的墓地吧，我祈祷死后前往极乐净土的莲台，而莲台野这个地名与我的愿望完全一致。如果能把我送到莲台野的话，我一定能够实现往生西方极乐净土的愿望；（1611）"人生无常何须烦，决意潇洒赴黄泉"，既然人终究有一死，那为什么要自寻烦恼呢？为什么不以一颗潇洒的心去慨然赴死呢？如此洒脱地看待死亡，足以说明历经 50 年隐遁生活的洗礼，西行已经与大自然融为一体，因此他能理智地看待生死，从容地直面死亡。

　　这几首和歌在日本和歌史上较为特殊，描写死亡的和歌并不罕见，但像西行这样描写自己死亡的和歌却很少。西行描写自己即将死亡时闻听枕边虫鸣的心境，想象着自己死后陈尸冰冷的青苔上的感受，甚至恍惚中看到自己的遗体被遗弃在荒野的情景。但这三首只是西行的想象，而（923）却是表达了死后能被送到"莲台野"即西方极乐净土的愿望；（1611）则表达了自己不惧死亡的潇洒心态。（88）是西行的 2000 多首和歌中最广为日本人所熟知的一首，这首著名的和歌是西行生死观的最好诠释。西行希望自己能像释迦牟尼佛一样，在阳春的季节里，圆寂在月光映

---

① 伊藤嘉夫校訂：『山家集』，第一書房 1987 年 4 月版，第 129 頁。

照的樱花树下。"きさらぎ"指的是释尊圆寂的 2 月 15 日，而西行如他所愿，在 2 月 16 日走完了他传奇的一生。这首和歌何时所作已经无从考证，如果是晚年所作的话，似乎西行能够预测自己的生死。正因为如此，西行的圆寂在京都造成了不小的轰动，据说很多人感动得热泪盈眶。西行死后不久，有关他的传说开始不胫而走，而且越传越神，与他的传奇般的圆寂不无关系。

第八节 花月情怀中的"释教歌"

春天美丽的樱花，秋夜皎洁的明月，既是日本文化与佛法的象征，也是自古以来日本和歌的不可或缺的咏歌对象。对西行来说，修行佛法离不开花与月。因此有着"花月歌人"之称的西行对花与月情有独钟，写下了大量的吟咏花月的和歌。这些和歌不仅把花月当作大自然中的意象加以吟咏，而且在花与月中融入了深深的佛教思想。虽然这类和歌不像上文论述的"释教歌"那样直接表述佛教思想，但西行的佛教思想的确渗透在咏花咏月的情怀之中，所以笔者认为应该归入"释教歌"之中。如果说前者是直接的"释教歌"的话，那么后者可以称为隐形的"释教歌"。

　　春秋を君おもひ出ば我はまた月と花とをながめおこさむ（2151）
　　君若思虑春与秋，我则远眺花与月。
　　花のしたにて月をみてよみける（花下望月咏歌）
　　くもにまがふ花のしたにてながむればおぼろに月は見ゆるなりけり（101）
　　花下赏月云遮月，花笼云霞月朦胧。
　　ひきかへて花みる春はよるはなく月見るあきはひるなからなむ（82）
　　阳春终日赏樱花，晚秋彻夜赏明月。
　　花ちらで月はくもらぬよなりせばものをおもはぬわが身ならまし（83）
　　花开月明无尽时，此身无忧在今世。

　　在上述几首和歌中，西行把他最爱的花与月放在一起吟咏，充分证明了他无愧于后世对他的"花月歌人"的称谓。（2151）是西行与当时的歌坛领袖藤原定家之间的唱和之歌。晚年的西行在完成了《宫河歌合》之后交给藤原定家评判，定家对这位和歌前辈非常尊重，在写完判词之后，作和歌赠给西行，"浮世之梦君未醒，后世同思春与秋"，西行作和歌回答，"君若思虑春与秋，我则远眺花与月"，你如果思虑春与秋的话，我就会远远地眺望花与月了。可见经历了数十年隐遁生涯的西行，直到晚年仍然执着于花月之心；（101）描写西行在美丽的樱花下，一边呼吸着樱花的芳香，一边欣赏着天上的月亮。天上云遮月，月色朦朦胧胧，地上云霞笼罩樱花，樱花吐露着芬芳，构成了一幅春天夜晚的美丽图画；（82）描写的是西行认为最理想的生活，那就是阳春时节终日欣赏樱花，晚秋之时终日观赏明月。西行被称为"花月歌人"可谓实至名归；（83）西行想要表达的是，只要有花与月为伴，那么今生今世就不会有什么忧愁了，直接表达了西行无法割舍的花月之心。而上文已经引用的"物化阳春如释尊，望月在天花下殒"，更是对西行花月情怀中的佛教思想的最好诠释。樱花与明月，这两种西行最爱的意象经常一起出现在他的和歌中，以致在他思考死亡时也无法忘怀。

一　樱花中的无常感

　　西行对樱花的喜爱凝聚在他的 272 首吟咏樱花的和歌中。遍布日本各地的樱花是西行魂牵梦萦的存在，为了观赏美丽的樱花，西行不惜翻山越岭，甚至不惜踏入人迹罕至的深山。樱花令西行痴狂，甚至到了身心分离的程度。

　　　　山ざくらつぼみはじむる花の枝に春をばこめてかすむなりけり（1628）
　　　　山樱花蕾罩春霞，法华之花不日发。
　　　　花までは身に似ざるべし枯ちはてて枝もなき木のねをな枯らしそ（1630）
　　　　难待花开罪恶身，祈盼佛念不朽根。
　　　　寻花欲菩提
　　　　花の色の雪のみ山にかよへばや深きよし野の奥へいらるる

（1706）

　　吉野山樱花似雪，仰慕佛祖入深山。

　　除了成组的咏《法华经二十八品》之外，西行也把"花"用在其他"释教歌"中，包括其他吟咏《法华经》的和歌中。（1628）是"无量义经三首"中的一首。如上文所述，"无量义经"是《法华经二十八品》的开篇，所以西行把枝头含苞待放的花蕾比作即将绽放的法华之花，花蕾是鲜花即将开放的先兆，如果把《法华经》比作鲜花的话，那么"无量义经"就是即将盛开的花蕾。所以西行作和歌"山樱花蕾罩春霞，法华之花不日发"，春霞笼罩的山樱的花蕾，很快就要绽放，就像法华之花不日也要盛开一样；（1630）是"千手经三首"中的一首，"千手经"是"千手千眼观世音菩萨广大圆满大悲心陀罗尼经"的略称，千手观音的誓愿是让枯木发芽结果，而我等罪恶之身无法让法之花盛开。即使我等犹如干枯得失去枝干的树木一样，也请千手观音不要让那树木之根枯死。这里的树木之根，指的是众生的向佛之心；（1706）的歌题是"寻花欲菩提"，西行被称为"樱花歌人"，一生中吟咏樱花的和歌达 272 首之多。由于他的遁世与佛道修行的生存方式无法分割，所以表现佛教世界观的隐喻手法在他的和歌中占有很大的比重。吉野山自古以来就是很多《法华经》修行者修行的大山之一。"吉野山樱花似雪，仰慕佛祖入深山"，西行把吉野山比喻为释迦牟尼出家后艰苦修行的雪山，把吉野山的樱花比喻为法之华，见到吉野山的樱花时，犹如被佛祖引导与佛法相遇一样内心充满喜悦之情。在西行的心目中，吉野山与佛祖紧密相连，吉野山的樱花象征着佛祖的慈悲之心。佐藤正英认为，吉野山是西行的"原乡"，即西方净土。①因此西行对吉野山的樱花有着非比寻常的感情。出家隐遁后的西行每年都深入吉野山寻花赏花，并把吉野山的地名编织在和歌里，写下了一组共60 首咏吉野山樱花的和歌，甚至在"释教歌"中也多次提及。

　　吉野山うれしかりけるしるべかなさらでは奥の花を見ましや

（1647）

――――――――――――

　　①　佐藤正英：『隠遁の思想――西行をめぐって』，東京大学出版会 1977 年 8 月版，第70 頁。

　　幸喜先贤到吉野，得见深山千株樱。

　　遅ざくら見るべかりける契あれや花のさかりは過ぎにけれども
（1649）

　　花期虽过若有缘，迟樱亦有盛开时。

　　花をわくる峯の朝日のかげはやがて有明の月をみがくなりけり
（1667）

　　百花缭乱绽峰顶，黎明之月映朝晖。

　　ふかきねのそこにこもれる花ありといひひらかずば知らでやま
まし（1670）

　　地下深根不蓄力，焉知真花何时开？

　　花の香をさとりのまへに散らすかなわが心しる風もありけり
（1797）

　　莲花香气唤正觉，花落随风映我心。

　　いろそむる花のえだにもすすまれてこずゑまで咲くわが心かな
（1798）

　　枝头莲花色正浓，延至树梢慰我心。

　　“花”在佛教中经常被用作比喻，佛教称花为华，献于佛前为“献
花”，散布于坛场称“散花”。佛经里有许多与花相关的典故，如“一花
一世界”“拈花微笑”“花开献佛”等，使花的精神得以升华。（1647）
（1649）（1667）（1670）四首是西行《法华经二十八品》歌中的四首，
其中的“千株樱”“迟樱”无疑都是樱花，“吉野山”象征佛道，而“千
株樱”则是佛道的精髓。吉野山是自古以来赏花的名胜，痴迷于樱花的
西行对吉野山的樱花情有独钟，几乎每年都在樱花盛开的季节赴吉野山探
幽访胜，欣赏樱花，而且在那里结草庵而居。西行由衷地喜爱吉野，而这
种喜爱的底蕴是对樱花的执着，因而他创作了大量吟咏吉野山樱花的和
歌。而吉野山的樱花在西行的内心并非只是自然界的一种植物，而是有着
某种象征性的意义，樱花往往同西行的佛教信仰有意无意地联系在一起，
使西行对樱花的痴狂与对佛祖的景仰在这些吟咏樱花的和歌中融为一体；
（1649）中的“迟樱”指延迟开放的樱花，西行用它来说明《法华经》
中“众生皆可成佛”的道理，西行把众生比喻成“迟开的樱花”；
（1667）与（1670）中的“百花”“真花”指的也是樱花，“百花缭乱”

形容《法华经》的广大无边，光辉灿烂，"真花"指的是《法华经》本身；（1797）与（1798）是描写西方极乐净土的"十乐"中的两首。在佛祖居住的也是众生向往的西方净土中，开满了美丽的莲花，而西行的和歌中，常常用日本人最喜爱的樱花代替莲花，在西行的和歌中，樱花就是莲花，莲花也是樱花。

在西行吟咏樱花的 272 首和歌中，描写"落花"的占有相当的比例。中国宋代词人陆游曾描写梅花"零落成泥碾作尘，唯有香如故"，意思是说梅花即使凋谢了被碾作尘土，它的芳香却依然如故，在这里陆游是用梅花来比喻自己高洁的志向。清代诗人龚自珍在《己亥杂诗》中有云，"落红不是无情物，化作春泥更护花"，说的是落花不是无情之物，它会化作春天的泥土，保护仍在盛开的花朵。高桥英夫指出，"一般认为，日本人的樱花观其中心印象被落花所占据。的确，日本人喜爱樱花，被樱花所吸引，从樱花盛大美丽地凋落开始，似乎可以说是实感性的。这是根植于日本人心中的共同心性与感性"。① 日本在《万叶集》时代就有吟咏落花的和歌出现。

> 春さらばかざしにせむとわが思ひしさくらの花は散りにけるかも（3786）
>
> 欲折樱花头饰戴，怎奈如今花已败。
>
> 阿保山のさくらの花は今日もかも散り乱るらむ見る人なしに（1867）
>
> 阿保山樱将凋残，可惜无人来赏观。
>
> 春雨はいたくなふりそさくら花いまだ見なくに散らまく惜しも（1870）
>
> 祈盼春雨少淋漓，樱花飘零令人惜。

几首和歌都表达了对樱花凋落的惋惜之情。本来打算折下一朵樱花戴在头上作为装饰，怎奈花已残败；阿保山的樱花即将凋谢，可惜山高路远，没有人来观赏，任其彻底凋落；诗人祈盼春雨不要淅淅沥沥地下个不停，因为春雨会使樱花加速凋零，令人惋惜。从《万叶集》开始，虽然

① 高橋英夫：『西行』，岩波書店 1993 年 8 月版，第 11 页。

吟咏落花的和歌不断，但直到平安时代，吟咏落花的和歌才大量出现，而西行吟咏落花的和歌无疑是最多的。可见西行对凋落樱花的偏爱。喜爱盛开的樱花不足为奇，西行为何比其他歌人更喜爱落花呢？《万叶集》时代，受中国文化的影响，日本和歌中吟咏梅花的远远超过对樱花的吟咏。但遍布日本各地的樱花很快就取代梅花成为日本人的最爱。每当樱花盛开时，满树的粉红色花朵热烈地绽放着，令观赏者如醉如痴。但正如今道友信在《关于美》中所说的那样，"日本传统是把短暂渺茫看作美的"，①樱花虽然美丽，可惜的是花期太短，"樱花七日"即形象地说明了樱花的寿命只有短短的7天，而樱花的凋落不像其他花朵那样有一个过程，而是在某一时刻突然快速凋落，那飘飘洒洒的花瓣如雪花在空中飞舞，另有一番别样的美。著名翻译家林少华认为日本文学的美是"落花之美"，应该说不无道理。"按照日本人的一般思维方法，他们常把美看成一种十分渺茫的东西，看成很快就会消失的现象"。②正因为樱花美丽而又花期短暂，所以日本人才喜爱樱花，更喜爱落花。但《万叶集》及以后的歌人吟咏落花的中心是表达惋惜之情，而西行吟咏落花却融入了深深的无常观。

　　　　身をわけて見ぬこずゑなくつくさばやよろづのやまの花のさかりを（85）

　　　　恨无仙人分身术，一日看尽万山花。

　　　　あくがるる心はさてもやまざくらちりなむのちや身にかへるべき（78）

　　　　真魂出窍附山樱，樱花凋落魂归身。

　　　　このもとの花にこよひはうづもれてあかぬこずゑをおもひあかさむ（135）

　　　　今宵思花看不厌，落英埋身花下眠。

　　　　ねがはくは花のしたにて春しなむそのきさらぎのもちづきのころ（88）

　　　　物化阳春如释尊，望月在天花下殒。

---

① 今道友信著，鲍显阳、王永丽译：《关于美》，黑龙江人民出版社1983年5月版，第147页。

② 同上。

　　　　ほとけには桜の花をたてまつれわがのちのよを人とぶらはば
（89）

　　　　若有后世来祭奠，美丽樱花供佛前。

　　上述几首和歌把西行对樱花的痴迷表现得淋漓尽致，（85）描写当漫
山遍野盛开着美丽的樱花时，西行恨自己没有仙人的分身之术，不能在一
日之中看遍万山之花；（78）描写每当面对美丽的樱花时，西行都觉得自
己仿佛已经真魂出窍，只有在樱花凋落时才能回归身体之中；（135）描
写西行痛惜樱花凋谢，于是他打算今夜睡在樱花树下，让凋落的花瓣掩埋
自己的身躯；（88）描写西行甚至希望最终在樱花下圆寂；（89）更是希
望如果后世来祭奠的话，也不要忘记把樱花供奉在自己的灵位之前。西行
把对樱花的吟咏与佛祖联系在了一起，甚至希望在自己死后，后世用樱花
来祭奠自己。西行从樱花盛开时的绚烂，花落时的迅速中感受到了人生的
无常，人生的短暂犹如樱花的花期，樱花的凋落也如人生结束时一样无可
挽回。正因为如此，西行对樱花，特别是落花投入了非比寻常的热情。

　　　　世の中を思へばなべて散る花のわが身をさてもいづちかもせむ
（1976）

　　　　浮世所有如落花，我身随花散何方。

　　　　風吹けば花のしら波岩こえて渡り煩ふ山がはのみづ（1966）

　　　　落花随风白浪翻，难越山川到彼岸。

　　　　たづぬともかぜのつてにもきかじかし花とちりにし君が行くへ
を（850）

　　　　君如花落踪难寻，遍寻春风不得知。

　　　　うきよにはとどめおかじとはるかぜのちらすは花ををしむなり
けり（128）

　　　　春风吹落樱花散，俗世无常不忍留。

　　　　もろともにわれをもぐしてちりね花うきよをいとふ心ある身ぞ
（129）

　　　　愿与樱花同凋落，与君同怀弃世心。

　　　　おなじみのめづらしからずをしめばや花もかはらずさけば散る
らむ（165）

　　年年岁岁人惜花，岁岁年年花开落。

·

　　（1976）中，西行用落花形容浮世的一切，落花会随风四处飘散，浮世的一切也会和落花一样最终消失，那么我将随着落花飘向何方呢？樱花不会永远开放，浮世的一切也不会永远存在，浮世无常，诸行无常，一切都是那么不确定；（1966）描写落花随风在溪流上飞舞，像翻腾的水沫般越过岩石，却无法飞越到彼岸。表面上是叙景，但却用隐喻的手法表达了对西方净土的追求。其中吹落樱花的风是无常之风，与落花一起变成白浪而流去的溪水也象征着无常的俗世，被俗世的繁华所吸引，"渡り煩ふ"（在此岸踟蹰），暗指被俗世的烦恼所束缚，很难抵达的对岸在这里无疑指的是菩提的彼岸，即西方净土；（850）是一首悼亡歌，是西行为出家皇后"待闲门院"逝世一周年的法事而作的一首和歌。"君如花落踪难寻，遍寻春风不得知"，你就像落花般难觅踪影，我遍寻春风也无法找到。在这里，西行把"待闲门院"之死比作樱花凋落，慨叹人生就是这般无常，即使贵为皇后的"待闲门院"最终也如樱花般凋落，在哀悼之情中暗含了深深的无常感；（128）描写的是，春风吹落樱花，大概是美丽的樱花不愿留在这无常的世上吧！西行把樱花的高洁与俗世的无常联系在一起，美丽的樱花为何只盛开短短的 7 天？那是因为樱花厌恶这痛苦无常的俗世，甘愿被春风吹落，也不愿继续留在枝头。西行也是因为"厌离秽土，欣求净土"而出家隐遁，因而可以说樱花也代表了西行；（129）中的"君"指的也是樱花，这首歌所表达的心情与上一首相同。西行表示愿意与樱花一起凋落，因为自己与樱花一样怀着一颗厌弃俗世的心。西行把所有的世间万象都看作落花，无常的忧伤和落花之美融合在一起，因此他常常感到樱花的快速飘落似乎与自己逃离俗世隐遁一样，表现出对自己厌离俗世隐居山林的肯定，"愿与樱花同凋落，与君同怀弃世心"，对樱花的赞美之心终于在落花中发现了最高的美，在死亡之中发现了生的极限，甚至想与樱花一起殉情，共同凋谢，一颗爱樱花的心最终升华为对西方净土的祈祷。

　　西行在这几首歌中，或把落花随风飘散比作俗世的一切都不可久留，或把落花比作"待闲门院"的往生，或从樱花飘落联想到自己与樱花一样不愿久留俗世，其中所隐含的都是深深的无常观。（165）"年年岁岁人惜花，岁岁年年花开落"，说的是，大概因为每年赏花惜花的都是我一个人吧，樱花也年年如此，盛开之后再一次凋落。唐代大诗人刘希夷在《白头吟》中慨叹，"年年岁岁花相似，岁岁年年人不同"，① 说的是每年盛开的花朵都很相似，但每年赏花的人却是不同的。而西行的歌却说樱花没有什么变化，每年都是开了又谢，是因为每年观赏樱花，惋惜樱花的人也没什么变化，所表达的同样是一种人生无常的思想。

樱花是平安时代歌人最爱吟咏的对象，西行描写樱花的和歌不仅数量最多，而且技巧上也达到了一个新的高度。更重要的是，西行并非只满足于描写樱花外在的美丽，而是从樱花花期短暂这一特性中，从樱花的凋谢中感受到人生也是如此短暂，俗世也如樱花凋落一样无常，使他的吟咏樱花的和歌具备深刻的内涵，所表现出的无常观也使这类和歌具备了"释教歌"的某种特质。正如高木きよ子所指出的那样，"樱花对西行来说具有绝对皈依的对象的价值，樱花虽然不是神，但却能给西行带来一种精神上的平静。对把一切都投向樱花，把精神和身体都寄托给樱花，从而得以安心立命的境地的西行来说，樱花是带有浓厚的宗教色彩的存在"。②

二 明月中的真如观

西行从出家到圆寂，50 年的隐遁生涯中一直与大自然相伴，大自然的风花雪月都被他写入和歌之中。而樱花和明月则是他倾尽全力歌咏的对象。尽管西行为樱花而痴狂，但日本有"樱花七日"之说，盛开的樱花固然美丽，但它的生命太过短暂，每年仅有短短 7 日的花期，作为和歌创作的客体，无法使融入大自然的西行常年地观察吟咏。而"月"却夜夜升起，无论是在草庵中，还是在修行的途中，美丽的充满神秘感的月色给西行带来了无限的安慰。

> ひとりすむいほりに月のさしこずはなにか山べの友にならまし
> （1030）
> 若无月色映草庵，谁为庵友慰心田？
> しばのいほはすみうきこともあらましを友なふ月の影なかりせ
> ば（1032）

---

① 《全唐诗》，中华书局 1960 年 5 月版，第 247 页。
② 高木きよ子：『西行の宗教世界』，大明堂 1989 年 6 月版，第 393 页。

幸有月光为庵友，若无月光庵居愁。

　　月やどるおなじうきねのなみにしもそでしほるべき契ありける

（459）

　　旅愁之泪衣袖沾，月浮波面同宿缘。

　　くまもなき月のひかりにさそはれていく雲居までゆく心ぞも

（362）

　　月光遍洒诚相邀，心随明月赴云居。

　　人迹罕至的深山里，月成了独居草庵的西行的朋友；旅愁中旅愁之泪濡湿了衣袖，但看到映在水面的月亮，感到是在前世与月结缘，所以今生才与月一起沉浮在这波浪之上；修行途中遥望夜空，感到如水的月光似乎在邀请他赴云居做客。月出东方而向西坠落，更与"西行"的法号相一致。因此西行咏月的和歌有397首，远远超过了咏叹樱花的272首，足见西行对月的偏爱。

　　雲なくておぼろなりともみゆるかな霞かかれる春の夜の月

（61）

　　春夜云霞遮明月，月色朦胧惹人醉。

　　かげさえて月もことにすみぬれば夏のいけにもつららゐにけり

（278）

　　夏夜明月穿云出，月光如水池面凝。

　　雲さえてさとごとにしく秋の夜の氷は月のひかりなりけり

（418）

　　秋深夜寒秋云冷，月光皎洁明如冰。

　　さゆと見えて冬ふかくなる月影はみづなき庭にこほりをぞしく

（569）

　　深冬山里月色澄，庭院无水如敷冰。

　　春夏秋冬四季不同的月都被西行写入和歌，西行对月的执着由此可见一斑。春天的夜里，天空中云霞遮住了明月，使月色充满了朦胧之美；而夏夜的明月穿云而出，如水的月光犹如凝结在池面之上；秋夜是赏月的最好时光，月光皎洁，明亮如冰；寒冷的冬夜月光澄澈，地面好似敷了一层冰一般。但这类和歌都是把月作为大自然中的一个天体加以吟咏，而西行的 397 首咏月和歌中，有相当数量是把"月"作为一种象征意义对待。月与樱花不同，樱花本身可触可感，每当樱花盛开的季节，人们可以近距离地感受樱花的美丽，每当樱花凋落时节，人们可以直观花落时的"落花之美"，而"月"却高挂天空，月光洒满大地，给人以无限的遐想。一心向佛的西行把"月"与自己的佛教信仰紧紧地联系在一起，月在西行的和歌中象征着佛法，象征着佛教经典，在《法华经二十八品歌》中，西行就直接把"月"与《法华经》经文相结合，诠释佛教经典的深意。

月在佛教中经常作为一种比喻而存在。如把"宝珠"称为"月光摩尼"，把月太子的宫殿称为"月宫"等。对西行来说，"月"也并非仅仅是大自然中的一个发光的天体，并非只是一个观赏的对象，或仅仅是孤独寂寞的隐遁生活的精神寄托，而是与他的佛教思想紧密相连，具有更深的含义。松村雄二认为，"西行和歌中的月，就是'真如之月'，这'真如之月'能破众生之谜，如明月照亮暗夜"。① "真如"是佛教用语。《成唯识论》卷九称，"诸法胜意，亦即是真如。真谓真实，显非虚妄，如谓如常，表无变异。谓此真实于一切位常如其性，故曰真如"，② 可见真实不虚与如常不变就是"真如"，而"真如"就是佛教的绝对不变的最高真理。

　　　　すむといひし心の月しあらはれ ばこの世もやみのはれざらめやは（801）
　　　心月若似真如月，无明长夜现曙光。
　　　にごりたる心の水のすくなきになにかは月の影やどるべき（985）
　　　迷惘之心浑浊水，如何映照真如月。
　　　いかでわれきよくくもらぬ身になりて心の月のかげをみがかむ（986）
　　　心灵澄澈身无忧，方能仰望真如月。
　　　七月十五日夜月あかかりけるに船をかにまかりて（七月十五

---

① 松村雄二：『日本文芸史・第二部』，筑摩書房 1981 年 4 月版，第 102 页。
② （唐）玄奘译，韩廷杰校释：《成唯识论・卷九》，中华书局 1998 年 5 月版，第 598 页。

之夜，月明星稀，来到船岗所作）

　　いかでわれこよひの月を身にそへてしでの山路の人をてらさむ
（845）

　　祈盼今宵真如月，映照冥土往生人。

　　この世にてながめなれぬる月なればまよはむやみもてらさざら
めや（1127）

　　今世眺望真如月，来世暗夜得正觉。

　　いかでわれ心の雲にちりすゑてみるかひありて月をながめむ
（1496）

　　莫使心云蒙尘埃，清澈之心望明月。

　　在西行的咏月歌中，真如之月代表着对佛教真理的顿悟，而没有达到
顿悟之前，即没有悟得佛法之前，人们犹如生活在黑暗之中，处于迷惑的
状态。因此他的和歌在提到俗世时常常用“闇”（黑暗）、“迷い”（困
惑）来表述。从被俗世的滚滚红尘所迷惑到顿悟佛法，西行把这一过程
用月来解读，把从迷惑到顿悟的企盼寄托给明月。（801）是回赠给正二
位右大臣“源雅定”的和歌。“源雅定”61岁时在西行的劝说下出家，
法名“莲如”。他在出家前赠给西行的和歌是“与君望月践前约，真如之
月驱暗夜”，西行与“源雅定”彻夜眺望明月，倾心畅谈，此时的“源雅
定”已经下定了出家的决心，他感到今夜的明月犹如真如之月，驱散了
他心中的黑暗。西行回赠和歌“心月若似真如月，无明长夜现曙光”，如
果你心中的月能像真如之月一样澄澈，即能一心向佛，那么就犹如在黑暗
的俗世见到了曙光，最终顿悟佛法；（985）“迷惘之心浑浊水，如何映照
真如月？”被俗世污染的心灵犹如浑浊之水，怎能留住真如之月，最终到
达西方净土呢？因此人们要苦修佛法，进行艰苦的修行；所以（986）才
说“心灵澄澈身无忧，方能仰望真如月”，只有心灵澄澈，一心向佛，没
有任何杂念，才能仰望真如之月，才能达到顿悟的境地；（845）的歌题
中的“船をか”（船岗）是位于“山城国”的火葬场，因形似船形而得
名。“七月十五日之夜”，即盂兰盆会之夜，西行为何在这一天来到船岗
不得而知，因此后藤重郎认为这首歌可能是西行在病中所作。① 仰望皎洁

---

　　①　後藤重郎校注：『山家集』，新潮日本古典集成1982年4月版，第212頁。

的明月，西行或许想到了死亡，因此才写下"祈盼今宵真如月，映照冥土往生人"，希望自己往生之时也能有真如之月相伴；（1127）说的是，只有在今世仰望真如之月，即一心向佛，修行佛法，来世才能驱除暗夜，得到正等正觉。怎样才能做到这些呢？（1496）说"莫使心云蒙尘埃，清澈之心望明月"，只有不使心灵被俗世的烦恼所阻塞，才能以清静的心境仰望真如之月，达到顿悟佛法的目的。

　　　　わしの山誰かは月をみざるべき心にかかる雲しはれなば
（973）
　　　　如若心头乌云散，鹫山月明佛祖现。
　　　　鷲の山思ひやるこそ遠けれど心にすむはありあけの月（2184）
　　　　鹫山之思空念远，真如之月在我心。
　　　　観心
　　　　やみはれて心のそらにすむ月は西の山べやちかくなるらむ
（948）
　　　　驱除黑暗心月澄，真如之月西山倾。
　　　　見月思西と云ふ事を（见月思西方净土）
　　　　山端にかくるる月をながむればわれも心のにしにいるかな
（942）
　　　　远望月隐西山边，我心相随向西行。
　　　　いとどいかににしにかたぶく月かげをつねよりもげに君したふ
らむ（925）
　　　　羡君常望真如月，面朝净土向西行。

　　在西行的和歌里，"真如之月"就是佛祖的象征。（973）把诸佛释尊的出现比喻成"鹫山月明"，"如若心头乌云散，鹫山月明佛祖现"，如果蒙在心头的乌云散去的话，佛祖就会出现在鹫山之上；（2184）写道"鹫山之思空念远，真如之月在我心"，相传鹫山是佛祖释迦牟尼的法身常住之地，崇敬佛祖的西行觉得它太遥远了，不论从时间还是空间都很难感受到佛祖的存在，但仰望夜空中高悬的明月，西行觉得在鹫山上放射光芒普照大地的明月就在自己的心中，那一轮明月就是佛祖，自己的心与象征着佛祖的明月是相通的。这首和歌把西行对佛祖的崇敬淋漓尽致地表现了出来。月是夜的主宰，真如之月是驱走心中黑暗的明灯，他相信月具有无边的佛力，可以拯救身处黑暗俗世的自己；（948）"驱除黑暗心月澄，真如之月西山倾"，身处俗世被种种烦恼所迷惑，佛法驱除了黑暗，自己悟得了佛法而心灵澄澈，犹如暗夜初晴，真如之月带领他向西而行，距离西方净土更近了。

　　西行与当时身处乱世的人们一样，最高的理想就是早日到达西方净土。而月是引领自己到达西方净土的向导。（942）的歌题是"见月思西方净土"，"远望月隐西山边，我心相随向西行"，对月倾注了极大的热情，表现出对月的高度依赖。在这里，月成为通向西方净土的交通工具，因而他很羡慕一起出家的友人西住能居住在与西方相对的天王寺中，每天都能看到月亮向西而行，所以（925）写道，"羡君常望真如月，面朝净土向西行"，西行不断地对月表达着自己对西方净土的强烈诉求，直至从月中看到了佛祖释迦的影子。

　　　　月をみていづれのとしの秋までかこの世にわれがちぎりあるらむ（844）
　　　　年年秋夜赏秋月，今生赏月到何年？
　　　　こむ世にもかかる月をし見るべくはいのちををしむ人なからまし（1126）
　　　　来世若能望明月，今人孰能惜性命。
　　　　うちつけにまたこむ秋のこよひまで月ゆゑをしくなるいのちかな（368）
　　　　惟愿来年仍存世，中秋再来赏明月。
　　　　この世にてながめなれぬる月なればまよはむやみもてらさざらめや（1127）
　　　　今世明月来世升，点亮暗夜净土行。

　　与喜欢歌咏落花不同，西行所吟咏的月都是满月，因为满月意味着佛祖，代表着澄净、圆满，象征着从迷惑到顿悟的最高境界。西行那首脍炙人口的和歌"物化阳春如释尊，望月在天花下殒"所表达的正是今世对月的强烈诉求，他希望自己能在佛祖释迦牟尼圆寂的日子里，死在满月映照的樱花树下，希望自己能在离开人世时被樱花，即被佛祖所拥抱，西行认为那样离开人世才是最幸福的，最理想的。月亮夜夜升起，但今夜的月不是昨夜的月，大自然不断变化，人类也有生死轮回。仰望夜空看到月出东方，西行总是有无限的感慨，尽管他已经设计出了理想的死亡模式，但他仍然对自己不能彻底摆脱对俗世的留恋而感到苦恼；（844）写道，"年年秋夜赏秋月，今生赏月到何年"，从这首题为"月前述怀"的和歌中不难看出西行对每年秋夜都能观赏美丽的月色的渴望。唐代大诗人刘希夷在《白头吟》中咏叹"年年岁岁花相似，岁岁年年人不同"，花如此，月亦然。晚年的西行在历经数十年的隐遁生活后对人生有了更深的感悟，理应超越了生死，但却因对月的执着而希望来年还能活在俗世，能再度观赏中秋之月，进而企盼月亮能照亮死后的世界；（1126）写道，"来世若能望明月，今人孰能惜性命"，来世如果也能仰望明月，沐浴银色的月光的话，那么谁还能执着于此生呢？所谓来世望明月，指的就是往生西方净土，如果能最终走向西方净土，我甚至可以舍弃今生。尽管如此，他还是在（368）写道，"惟愿来年仍存世，中秋再来赏明月"，希望来年仍然能够活在这个世上，仍然能在秋夜尽情观赏那一轮明月；（1127）希望今世的真如之月也能照亮来世的黑暗，使他安心地向西方净土而行。西行把从迷惑到顿悟的过程也用月来解读，这种对真如之月的依赖最终得以升华，他如自己所愿，在佛祖释迦牟尼圆寂的次日走完了自己传奇的一生。

　　西行和歌中的花月与他的佛教思想紧密相连。正像他在谈到自己的和歌时所说的那样，"我咏的歌完全异乎寻常。虽是寄情于花、杜鹃、月、雪，以及自然万物，但是我大多把这些耳闻目睹的东西都当作虚妄的。虽然歌颂的是花，但实际上并不觉得它是花，尽管咏月，实际上也不认为它是月。……这种歌就是如来的真正的形体"。① 这段话充分阐述了西行的释教哲理，即他把和歌当作"如来的真正形体"，并进而直截了当地说道"咏出一首歌，如造一尊佛，乃至作十首百首，积十佛百佛之功德"。②

---

①　平泉洸全注：『西行談抄』，講談社 1970 年 11 月版，第 167 頁。

②　塙保巳一編纂：『群書類叢第十六輯・三五記』，平凡社 1980 年 7 月版，第 615 頁。

西行法师年谱

西历	年号	年龄	事项	时代背景
1118 年	元永元年	1 岁	佐藤义清诞生。父亲佐卫门尉康清，母亲监物源清经女	白河院政时代，平清盛诞生
1133 年	长承二年	16 岁	加冠后成为德大寺实能的随身侍从，不久成为鸟羽院的下北面武士	鸟羽院政时代
1140 年	保延 6 年	23 岁	出家，号西行	待闲门院彰子出家（1142），死于 1145 年，45 岁
1144 年	天养元年	26 岁	第一次赴陆奥旅行	寂超出家
1156 年	保元元年	39 岁	参加鸟羽法皇大葬，拜见"保元之乱"失败后逃到仁和寺的崇德院	"保元之乱"爆发。后白河院政开始
1159 年	平治元年	42 岁		"平治之乱"爆发
1160 年	平治 2 年	43 岁		源赖朝被流放到伊豆
1164 年	长宽 2 年	47 岁	去四国旅行的愿望越发强烈	崇德院去世，46 岁
1168 年	仁安 3 年	51 岁	出发去四国旅行。参拜崇德院白峰陵墓。拜谒弘法大师的圣地善通寺，并结草庵居住下来	平清盛成为太政大臣
1180 年	治承 4 年	63 岁	从高野山移居到伊势	源赖朝在伊势举兵
1184 年	元历元年	67 岁	创作了《观地狱图》	各地饥馑严重，都城饿殍遍地
1185 年	文治元年	68 岁	向定家劝进《二见浦百首》	平氏死在坛之浦
1186 年	文治 2 年	69 岁	为东大寺的振兴，肩负募捐任务第二次赴陆奥。旅途中在镰仓与源赖朝会面，二人交谈了一夜	
1187 年	文治 3 年	70 岁	旅行回来请藤原俊成评判《御裳濯河歌合》，请藤原定家评判《宫河歌合》	源义经为请求在奥州平泉的藤原秀衡的援助来到平泉
1188 年	文治四年	71 岁	俊成奏览的《千载和歌集》收入西行和歌 18 首	

西历	年号	年龄	事项	时代背景
1189 年	文治五年	72 岁	居住在河内府弘川寺	奥州藤原氏灭亡（源赖朝平定奥州）
1190 年	建久元年	73 岁	2 月 16 日在河内府弘川寺圆寂	源赖朝成为征夷大将军。镰仓幕府建立（1192）

参考文献

日文版

西行学会：『西行学』（創刊号），笠間書店 2001 年 7 月版。

伊藤嘉夫：『山家集』，第一書房 1987 年 4 月版。

後藤重郎：『山家集』，新潮社 1982 年 4 月版。

久保田淳：『山家集』，岩波書店 1987 年 10 月版。

久保田淳：『西行山家集入門』，有斐閣 1978 年 8 月版。

井上靖：『西行　山家集』，学習研究社 2001 年 10 月版。

安田章生：『西行』，弥生書房 1993 年 11 月版。

白州正子：『西行』，新潮社 1988 年 10 月版。

目崎徳衛：『西行』，吉川弘文館 1992 年 11 月版。

高橋英夫：『西行』，岩波書店 1993 年 8 月版。

松本章男：『西行』，平凡社 2008 年 6 月版。

村上元三：『西行』，徳間文庫 1993 年 10 月版。

渡部治：『西行』，清水書院 1998 年 1 月版。

山本幸一：『西行の世界』，塙新書 1994 年 6 月版。

安田章生：『西行と定家』，講談社 1972 年 2 月版。

目崎徳衛：『西行の思想史研究』，吉川弘文館 1982 年 6 月版。

佐藤正英：『隠遁の思想——西行をめぐって』，東京大学出版社 1997 年 5 月版。

有吉保：『王朝の詩人——西行』，創美社 1985 年 2 月版。

高木きよ子：『西行の宗教世界』，大明堂 1989 年 6 月版。

桑子敏雄：『西行の風景』，日本放送出版協会 2002 年 11 月版。

岡田喜秋：『西行の旅路』，秀作社 2005 年 6 月版。

特集『西行—行動の詩魂』，『国文学解釈と鑑賞』1994 年 7 月号。

特集『乱世の歌人—西行と定家』，『国文学解釈と鑑賞』1996 年 6 月号。

特集『さすらいの歌僧—西行』，『国文学解釈と鑑賞』2001 年 3 月号。

特集『花と月と漂泊の歌僧—西行』，『国文学解釈と鑑賞』2010 年 3 月号。

中村元：『中村元選集』，春秋社 1989 年 5 月版。

折口信夫：『女房文学から隠者文学へ』，中央公論新社 2004 年 3 月版。

石田貞吉：『隠者の文学——苦悶する美』，講談社 2001 年 1 月版。

石原清志：『釈教歌の研究—八代集を中心として』，同朋社 1980 年 10 月版。

佐々木信綱編：『万葉集』，岩波書庫 2000 年 10 月版。

久松潜一校註：『新古今和歌集』，岩波書店 1958 年 2 月版。

中文版

郑民钦：《俳句的魅力》，外语教学与研究出版社 2008 年 5 月版。

村上专精著，杨曾文译：《日本佛教史纲》，商务印书馆 1981 年版。

梅源猛著，卞立强、李力译：《世界中的日本宗教》，四川人民出版社 2006 年 7 月版。

木村宫彦著，胡锡年译：《日中文化交流史》，商务印书馆 1980 年 4 月版。

司马迁：《史记》，中华书局 1959 年 9 月版。

（唐）魏征等撰：《隋书·倭国传》，中华书局 1973 年 8 月版。

（晋）陈寿撰，（宋）裴松之注：《三国志·魏书》，中华书局 1959 年 2 月版。

（唐）魏征等撰：《隋书·东夷传·倭国》，中华书局 1973 年 8 月版。

《全唐诗》，中华书局 1960 年 5 月版。

《诗经》（清），王先谦撰：《诗三家义集疏》，中华书局 1987 年 2 月版。

荀子：《劝学篇》，（清）王先谦撰《荀子卷第一》，中华书局 1988 年 9 月版。

白居易：《白居易集》，岳麓书院 1992 年 4 月版。

王国维：《人间词话》，中国人民大学出版社 2004 年 9 月版。

川本皓嗣著，王晓平等译：《日本和歌的传统——七与五的诗学》，译林出版社 2004 年 3 月版。

（北梁）昙元识译，林世田等校：《涅磐经》，宗教文化出版社 2001 年 6 月版。

鸠摩罗什译：《妙法莲华经》，上海佛学书局 2005 年 5 月版。

（姚秦）三藏法师鸠摩罗什译：《金刚般若罗密经》，中州古籍出版社 2007 年 7 月版。

〔唐〕玄奘译，韩廷杰校释：《成唯识论·卷九》，中华书局 1998 年 5 月版。

后　记

　　写完最后一个字，不由得长出了一口气，既有一种成就感，也有一种深深的遗憾。自去年年初动笔，在承担正常的教学工作之余，每日笔耕不辍，历经一年，终于完成了初稿，自然有一种成就感；原计划写十章，但现在只写了六章就匆匆搁笔，心中的遗憾挥之不去。原计划的后四章是，第七章，恋歌；第八章，杂歌；第九章，和歌理论与美学理念；第十章，西行传说的形成与后世对西行的继承。但由于字数与时间的限制以及其他种种原因，现在只能以这样一种"未完待续"的面目示人了。

　　与西行法师结缘，确切地说始于 2006 年。我在大学本科的专业是汉语言文学，毕业后的头 10 年在国内一所大专院校也是从事与专业有关的教学工作。赴日本留学 8 年间，硕士博士课程研究的还是中国古代文学，在日本的两所大学教授的也是中国语。回国后一心想去文学院工作，没想到苦苦等了几年，学校有关部门仍没有按照我回国当初时对我的承诺，让我从日语系转到文学院。无奈之下我开始自学日本文学史，其间对西行法师产生了兴趣，凭着手里仅有的资料，2005 年撰写了一篇"论中日隐逸文学的异同——以陶渊明与西行法师为中心"的论文，由此开始了对西行法师的研究。2007 年 8 月，我利用赴日本研修的机会购买、搜集了大量有关西行法师研究的资料，并到西行法师留下足迹的地方探访。随着研究的深入，我对西行法师越来越有兴趣，也相继发表了几篇论文。其中在《日本学刊》发表的"论西行法师在日本文学史上的地位"，在《美学》上发表的"从西行法师的四季咏物和歌看日本民族的审美意识"等受到了学界一定的关注。我想这并不代表我的水平有多高，而是因为当时国内尚无人专门研究他的缘故吧。

　　近年来"西行热"在日本悄然兴起，2009 年 4 月，"西行学会"成立，2010 年 7 月，西行学会的会刊《西行学》创刊号出版。没想到我的研究歪打正着，无意中与日本的"西行热"联系在了一起。2013 年 5 月，我申报的"西行法师研究"课题获得了教育部立项，由此开始了对西行法师的系统研究。

这本书是课题结题所要求的，而我也正想把几年来的研究系统地整理出来。研究西行法师对我来说有两个难点：西行生活于日本的平安时代，要想研究他，无疑要读懂相关的古代日语文献，而这对于日语水平不高的我来说，是第一大难题，常常为弄懂一段话而花费大量的时间；西行是和歌歌人，要研究他，不仅要读懂他的和歌，还要把他的和歌翻译成汉语，这是第二大难题。

对于第一大难题，除了自己努力学习之外，我还要感谢在日本读研时的同学山田克利先生，每当遇到读不懂的古代日语文献时，我都是向他请教；关于第二个难题，尽管现在已经成书，书中也有大量的和歌翻译，但我还是觉得很多和歌的翻译未能尽如人意。诗歌翻译是文学翻译中难度最大的。我曾指导 2010 年毕业的研究生写过名为《论俳句的不可译性》的硕士学位论文，在指导学生的过程中，我也学到了许多翻译理论，深知翻译诗歌的困难程度。开始研究西行法师时，我曾用五言绝句翻译他的和歌，经过几年的摸索，最后决定以两句七言进行翻译。和歌只有 31 个字母，如何在尊重原作意思的基础上，将和歌的美感翻译出来，是最令人头痛的事。特别是西行的和歌有很多类似于唐代诗人李商隐的无题诗，其内容朦胧，很难理解。日本学者也常常为西行的某一首和歌而各抒己见。本书中虽然翻译了一些西行的和歌，但只有少数几首差强人意，而大多数无法令自己满意。这是最令我遗憾的事。

感谢季红真教授为本书作序。她是我大学时代的同窗好友，如今是国内外知名的文学评论家，她所取得的成就是我永远无法望其项背的。

课题组的张晓宁、鲁畅两位教授、马保彪、韩海莲、徐娇玲、李清华几位青年教师，在资料的收集、整理等方面给予我很大的支持，在此表示衷心的感谢。

对日语系阎雪雯、周蕊两位教授在本书撰写期间所给予的关心与帮助，对外语学院领导及日语系其他老师所给予的诸多帮助，也在此一并表示感谢。

还要特别感谢我的朋友刘永志，她是我留学日本时的同学，当年我们曾一起学习，一起打工。几年来，我为撰写论文和本书多次到她工作的北京日本学研究中心图书馆查阅资料，她一直都给予我大力的帮助，对此我感激不尽。

半路出家研究日本文学及西行法师的我，不自量力地撰写了本书，其中的谬误之处一定很多。之所以不揣鄙陋出版本书，意在抛砖引玉，如果能为后来的研究者起到一点开路作用的话，我将感到不胜荣幸。同时在此恳请专家学者不吝赐教，为我今后的研究之路指点迷津。

王贺英

2015 年 4 月 12 日于沈阳听雨轩